青山学院大学総合研究所叢書

大学のあり方

諸学の知と神の知

The State of the University

Academic Knowledges and the Knowledge of God

Stanley Hauerwas

スタンリー・ハワーワス［著］

東方敬信［監訳］

塩谷直也／大森秀子／清水　正／山室吉孝／
髙砂民宣／東方和子／清水香基／西谷幸介［共訳］

YOBEL,Inc.

The State of the University
Academic Knowledges and the Knowledge of God
by Stanley Hauerwas

Yoshinobu Toubou, Supervisor of the Japanese translation

装丁：ロゴスデザイン・長尾 優

まえがき

西谷幸介

ここに、久しくキリスト教書籍の出版を続けておられる株式会社ヨベルより、スタンリー・ハワーワス『大学のあり方 —— 諸学の知と神の知』（二〇〇七年）の本邦訳書を、読者にお届けできることは、この上ない喜びである。本書は、一昨年に法政大学出版局より刊行されたパウル・ティリッヒ『諸学の体系』（一九二三年）、そしてまた本書と時期を同じくして教文館から刊行されるヴォルフハルト・パネンベルク『学問論と神学』（一九七三年）に続く、青山学院大学総合研究所・研究プロジェクト「キリスト教大学の学問体系論」（二〇一〇〜一三年）の研究作業が生み出した三冊目の翻訳書である。

上記二著作がドイツにおける神学的学問体系論であるのに比べて、本書は現代アメリカの指導的神学者の一人 —— ハワーワスは二〇〇一年の「ギフォード講演」者であった！ —— がまさに近年のアメリカの大学の状況を見ながら記した学問論であり、その多読や多彩な知的交流からくる興味深い情報提供や論点提示は、それだけでも有益で刺激的な示唆を私たちに提供してくれる。何よりも具体的であり、アメリカの大学の諸問題が手に取るようにわかる。しかし、読者は、そうした本書の多彩で具体的な議論の根底に、大学の学問のあり方を深く問う —— しかもキリスト教信仰の立場からそうする —— 著者の姿勢があることを看取されるであろう。私たちはそこから示される指針を真剣に受け止めたいと思う。

私自身は、ハワーワスの大学の問題状況のとらえ方はまさに的を射ているが、ただ、その克服の方向・方法の点で、自分としてはいささか異なるかと考えている。日本の大学、とりわけキリスト教大学の状況を考えれば、それはある意味で当然のことであろう。いずれにせよ、第三ミレニアムにおいてもなおこうした学問体系論——見かけからそのように意識しない向きもあるかもしれないが、これは歴とした大学の学問体系論である！——が出続けているという、その事実が、私たちの研究プロジェクトの問題意識にとっては意味深長である。次年度にこの研究をまとめた書物を刊行することが求められているが、プロジェクトメンバーにとって本書とティリッヒおよびパネンベルクの書はそのための重要なレファレンスとなる。同様の問題意識をもつ日本の大学人（本書が言う「アドミニストレーター」の方々も含め）、またキリスト教学校の教師の方々には、ぜひお読み頂きたいと思う。

ここで、本書の翻訳の責任分担について、私の立場から、しるしておくことが至当であろう。本研究プロジェクトの研究対象として本書を加えるというアイディアは、プロジェクトメンバーの一人でもある東方敬信先生（青山学院大学名誉教授）からもともと出てきたものであった。先生はある程度の下訳をもっておられたが、本書邦訳の責任分担ということで言えば、東方先生を監訳者とし、そのもとで各自の担当箇所を決め、巻末の訳者一覧のようになったということである。塩谷直也先生が最も早く全体の三分の一以上を、これに続き高砂民宣先生が一つの章を訳された。さらにこれに加わる仕方で、他のメンバーが東方先生の下訳を参照しつつ、担当部分を訳出した。

学術的な貢献という以外に何の報いもないこうした仕事に、これらの方々が貴重な能力と労力を傾注してくださったことに、心よりの謝意を表したい。ありがとうございました。

二〇一四年二月二八日

上記研究プロジェクトを代表して

序　文

グレゴリー・ジョーンズが本書を著すようにと私に薦めてくれました。そういうわけで、この書のよいところもまたよくないところもすべて、彼が弁明を引き受けてくれるかもしれません。グレッグはよき友人であるだけでなく、私の所属する神学部の学部長でもあります。彼には神学部を支えるために請け負うべき多くの仕事があり、その働きに感謝しない人はほとんどいないと思います。それ故、本書を献呈する方々のお一人に、彼を加えさせていただくことは私にとって大きなよろこびです。

私は毎朝、午前五時に起床し午前六時から仕事にとりかかります。しかし、シルヴェスター、ドナルド、サヴァンナ、ドーン、エイドリアン、ポーラ、ウィリーは長きにわたり、神学部を未来に向かって備える働きをなしてきました。彼らにもまた神学部を支えるために担わねばならない沢山の仕事があり、その働きに対して多くの人が感謝していることは確かです。従って、私は、彼らにもよろこんで本書を献呈したいと思います。

私の母、ジョアンナ・ハワーワスは、仕事一筋の人生を歩んできました。彼女はテキサスのレンガ積みの夫と結婚するために、ミシシッピーの河原からやってきました。母は九二歳で二〇〇六年五月二日に天に召されました。彼女は私の人生を支えるために多くの仕事をこなし、私はそれを感謝しても感謝しきれません。だからこそ、本書を他の方々と共に母に捧げることは、この上ないよろこびです。

私の助手であるキャロル・ベーカーは、本書の出版のために必要な仕事を引き受けてくれました。さらに重要なことに、彼女は原稿を読んで、しばしばうまく表現していないところをアドヴァイスしてくれました。シーラ・マッカシーはこれらの論文を読んで批評し、全体的に本書の形をどうするかについて共に考えてくれました。

私の妻ポーラ・ギルバートなしには、私の人生もこのような書物を著すのに必要な研究もあり得なかったことでしょう。彼女もまた熱心に仕事に従事していますが、彼女の愛によって、私は安らぎ方を教えられ続けました。

S・ハワーワス

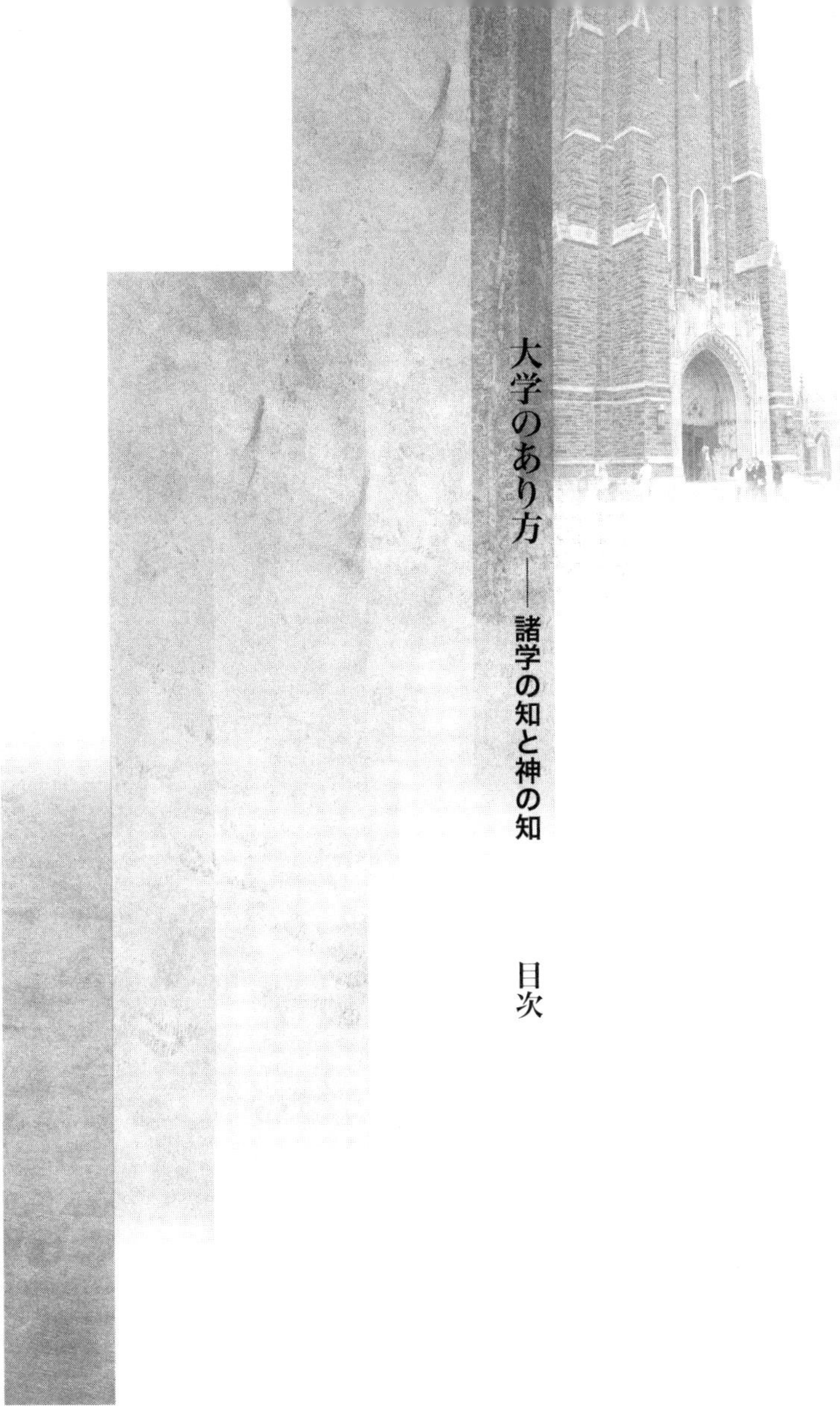

大学のあり方——諸学の知と神の知

目次

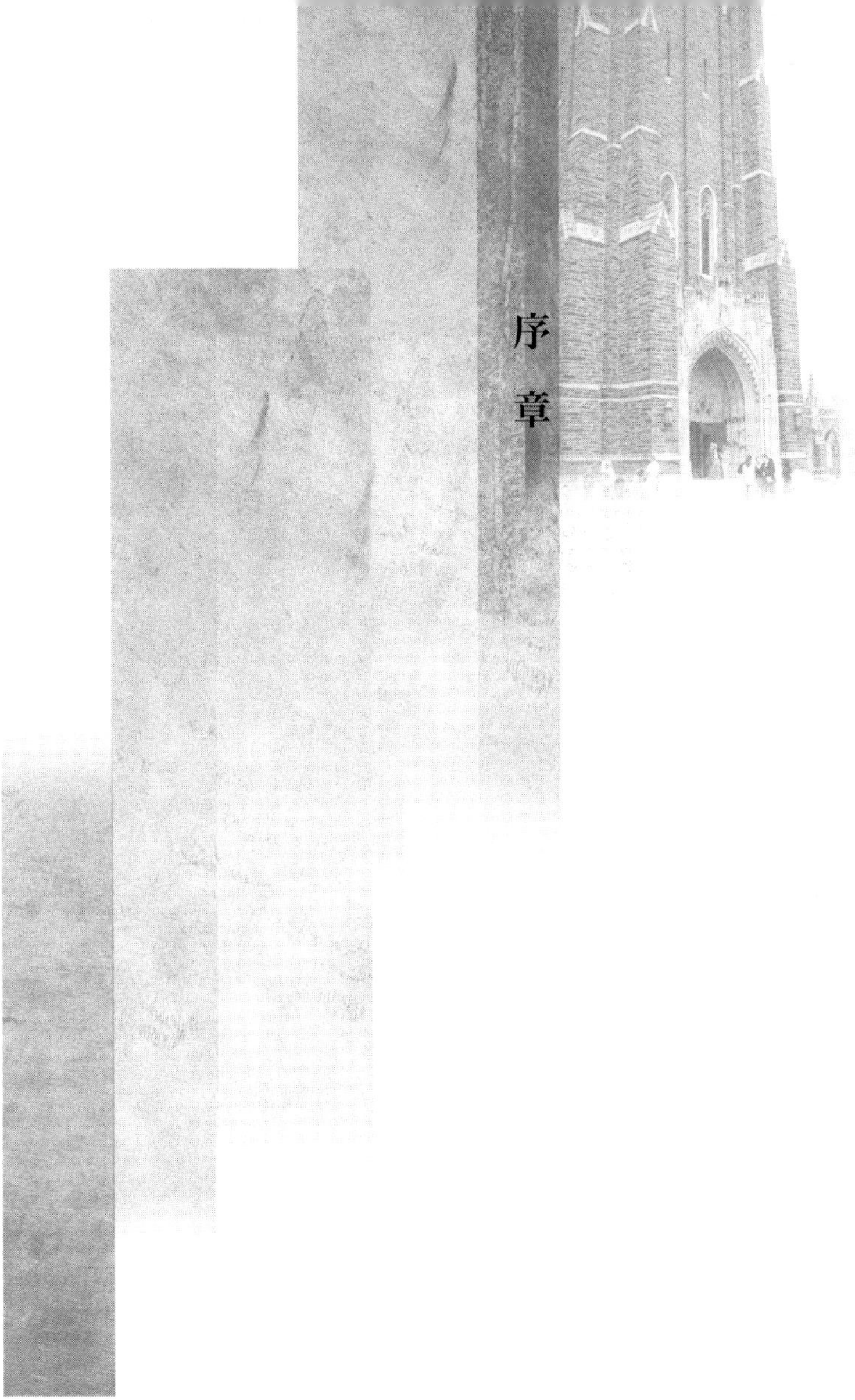

序章

私はこれまで、別個でありながら相互に関連する二つの世界――大学と教会――で生活してきた。私の生活に対し、どちらの世界が決定的な形成力を持っていたのか、はっきりしない。それ故、自分の生活を理解するために、私が教会と大学との関係についてしばしば熟考し、執筆活動を行ってきたのは確かなことである。本書は、キリスト教の実践が大学の働きの理解に役立ち得る重要性についてだけでなく、キリスト者によって私たちの大学の働きへのかかわりがいかに理解され得るのかについて、私が体系的に探究し続けてきた最初の試みである。[1]

しかし、『大学のあり方――諸学の知と神の知』は、教会と大学との関係についての原理的な一冊の書物というわけではない。私は、ジョージ・マーズデンとジェイムズ・バーチェルの書物から学んだが、本書は主として、教会と大学との関係がどうであったか、また今どうあるべきかを問うものではない。むしろ、私がキリスト教神学の方法論をどのように教えられ、自らそれを教授し続けようとしているのかを探求し、検証しようとするものである。従って、『大学のあり方』は、拙著『宇宙の結晶粒と伴に――教会の証しと自然神学』(*With the Grain of the Universe: The Church's Witness and Natural Theology*)の最終章の示唆をさらに発展させた内容となっている。[2] そこでは次の探求に着手している。つまり、近代的大学に特有な諸学問が神学的にどのように構築され得るのかについて、また、「自然神学」に関する私のバルト的考察が諸学問に役立ち得る重要性について探求している。

私は『道徳的探求の競合する三形態――百科全書主義、系譜学、伝統』というギフォード講義で自らの論考を検証した、アラスデア・マッキンタイアにならって、近代の大学組織に対する密接な関係を考察することを通して、前掲書『宇宙の結晶粒と伴に』の最後を大学論で締めくくった。[3] 私は彼と同じようなやり方で、諸学問の形成において大学の役割を分析することが有益であると考えたのである。なぜなら、キリスト者はその学問形成を通して、私たちの信仰実践を共有しない人々と同様、キリスト者自身にとっても信仰内容を合理的に理解するのが、しばしば難しいことがあるからである。

もちろん、ある人は私の神学的方法ではキリスト者が世界を理解したり、世界にかかわったりすることはできないというかもしれない。私は本書をそのような判断に反論するために書いたのではない。しかし、本書の数章によって次の人々を少なくとも手こずらせたいと思っている。それは私に対して、キリスト者が世界から撤退するよう奨励していると責める人々である。私が本書で表した「ヒューマニズム」を、読者に発見してほしいと願っている。本書は、私のキリスト論的、教会論的確信を共有する方々が、それを共有しない人と対話できないと考える人々に挑戦するものとなっている。ブルース・マーシャルは、ジョージ・リンドベックの著作に関する論文で、私の取り組みを次のように語っている。

「キリスト者のアイデンティティが、（まさしく教会ではない）この世の生に対する私たちの身体性と死を引き受けた神によって鍛錬されるなら、その時、まさに教会はキリストにあるアイデンティティへの専心を増大していくのに伴って、この世へのかかわりを強めていくだろう。また、教会が教会固有のアイデンティティの意味を失うのにつれて、この世へのかかわりを減じていくだろう。この場合、教会が世界に対して、キリストを受け入れるよう働きかける使命をはっきりと意識することと、教会自身のアイデンティティを構成する教義にかかわることとは反比例なのではなく、正比例して変わっていく傾向をみせるだろう。文化的同化への社会学的抵抗と、世界からの神学的分派主義的撤退との間に、論理的なつながりはない[4]」

さらに、マーシャルの知見によれば、リンドベックは、次のように主張する。つまり、自分たちの信じるものが真実であると言い張るキリスト者の意図を理解するのに、実践と信仰には強固な結びつきがあるという。そして、その主張は、リンドベックが体系内的な「真理」を否認していることを意味していない。むしろ、それは――少なくとも私にいわせれば、――キリスト教的確信の真実性が真実な生き方の証しに依存することを意味するのである。そのような証しの必要性に訴えることは、ある人たちに、証しには認知的主張を含まないと思わせるかもしれない。しかし、実際、私の全著作の中でも、本書の最も重厚な部分についていえば、それは神学が大学（世俗的な大学であれ、教会によって後援される大学であれ）のカリキュラムの中に正しく表現されるべき学問であることを示すことによって、先の前提に挑戦するのである。

ランディ・ラシュコーヴァーは『啓示と神の政治学 —— バルトとローゼンツヴァイクと賞賛の政治学 ——』(*Revelation and Theopolitics: Barth, Rosenzweig, and the Politics of Praise*) において、バルトとローゼンツヴァイクが「証しの神学」を表明していると論じる。証しの神学によって、ラシュコーヴァーは次の神学を意図している。つまり、ここでいう神学は、「神を識ることが、超越的な神の愛する行為を道徳的に証ししようと求め続ける、選ばれた個人の倫理的な働きの場においてのみ可能となるという概念に基づいている」[5]。このような証言や証しが、愛し命じる神に服従する応答であるとラシュコーヴァーは論じている。しかし、バルトもローゼンツヴァイクも宗教的生を盲目的服従にはしない。「むしろ、ローゼンツヴァイクにとって、神学的証言は、プラグマティックな検証という証しによって世界に表現され、関連づけられる。バルトにとって、証しは神の国以前の、世界における神の言葉を表明する、自己批判的努力によって生起するものである」[6]。従って、バルトとローゼンツヴァイクにとって、証しは実践的行為である[7]。

ラシュコーヴァーの「証しの神学」の説明は、私がキリスト教的確信の真理を考察する必要条件として「証し」を強調するのと同じである[8]。さらに、証しの特性は、生活の中で実証されるだけでなく、そのような生を生みだし表出させる諸学問によっても実証される。そのように、大学は私たちの知が証しされ表現される場の一つである。従って、私は大学に焦点を当てることによって、私たちの信じることが啓示され、宇宙の筋道に沿っていると、キリスト者が主張する意図を探求したいのである。

このような企てから、本書の数章が直接、大学に関するものでなくなっている。たとえば、第2章「廃墟をあとにして —— 福音と文化形成 ——」で、ヨーダーの「コンスタンティヌス主義」批判から、キリスト者は物的文明の創出にかかわっていないという推論が引き出されていないことを示すだろう。まさに、正反対のケースもある。つまり、ヨーダーのいうように、コンスタンティヌス主義の代替案は、反コンスタンティヌス主義ではなく、世界に対する代替案として、教会になくてはならない可視性を維持することのできる、地域の生活スタイルを発達させるケースがあるということである。従って、「廃墟をあとにして」では、教会を見えなくさせてしまう近代の大学固有の学問分野に抵抗するのに、十分な諸学問を生み出せる教会があるとするなら、私は記憶というものがいかに物的形態を伴わせているにちがいないかを示そうと思う。

この上述のコメントによって、本書は私が「反モダニスト」論争といわれる論争を続けていると、ある人たちに思わせるかもしれない。しかしながら、本書の分析を通して、一般的に「近代主義」という呼ばれる何かを否定する考えが私にはないことを示したいと願っている。私はまさに多くの「リベラリズム」と「世俗主義」があるように、多くの「近代主義」といわれるものがあることをよく知っている。だが、私はまた、教会を私的領域に追いやる政治学と、平和の名のもとに教会を国家の下位に置くことを正当化する大学の諸学問との間に、つながりのあるケースが存在すると考えている。本書の数章で、特に『宗教多元主義』の終焉」［第4章］において、多くの大学の科目で所与とみなされている記述、つまり、「諸宗教」とか「多元主義」といった記述が政治学と、それに相互に関係する学問を正当化していることを論じるつもりである。なぜなら、もし私たちが「近代」世界の要求を満たすことができるとするなら、キリスト者はそうした学問に挑戦しなければならないからである。(9)

本書の章構成は独特かもしれないが、私は読者にとって、各章が有益な配列方法になっていることを発見してほしいと願っている。各章は、私の叙述の時間的順序を表してはいない。私は第1章「神学の知と大学の知 ―― 探求の開始 ――」を、「教育の危機とはいかなる危機なのか？」［第3章］と「エクレシアのため、テキサスのため」［第8章］を執筆した後に記した。しかし、「神学の知と大学の知」を最初に置いたのは、その章が全体を俯瞰させ、後続の章が最もよく読まれ得ると考えたからである。私は読者が慎重にその章の副題「探求の開始」を読みとってくれることを望む。私は確かに本書で、「神学とはいかなる種類の学問か？」という問いに答えていないと思う。また、私は神学が他の諸学問とどのように比較され得るのかを十分に示すことに着手していない。

私は、本書がこれらの問題を論じるよき始まりとなることを望んでいるが、それはまさに始まりでしかない。ハンス・フライは『キリスト教神学の類型』という書の中で論じた論文「一八一〇年のベルリンの場合」で、神学の問題に取り組みたいと思う人なら誰もが、そこから出発すべき必要な場を提供している。[10] フライがベルリン大学に焦点を定めたのは、焦点を定めたのは、現実にそれが科学的学問（*Wissenschaft*）フライによると、ベルリン大学は、大学を構成する諸科目が内在的に相互に統合性を保つために、すべての専門領域が「普遍的で合理的な原理への探求」の検証を実現すべきであるという前提に立っている。[11]

フライの説明によれば、この大学理解が世俗的であったのは、宗教的に中立であるという意味においてだけでなく、いかなる忠誠に対しても批判的理性の自由な行使を妨げないようにするためであった。キリスト教神学は、カントが「諸学部の争い」において論じたように、まさに批判的理性の検証を受けることのできないような忠誠の類だったのである。[12] このような体制の下で、神学は歴史学分野への変容を遂げることで、大学の科目に唯一なり得たのであった。神学プロパーが、国家に奉仕する市民的奉仕者として訓練されるべき牧師の専門職養成に必要な学問として理解されるようになるならば、神学は大学の中に取り込まれるだろう。

フライがベルリン大学によって決定づけられるような神学の運命について分析した内容は、『大学のあり方』の議論にとって必要なバックグラウンドとなる。なぜなら、アメリカにおける大学の本質については全く異なる前提があるにもかかわらず、近代的大学に内包されているとみなし得る学問としての神学に対する示唆は、フライがそのベルリン大学に関する論文で記したものと大変よく似ているからである。もちろん、アメリカの大学は、一つの理念型の模範では決してない。アメリカの大学はかつても、今でもしばしばそうであるが、ドイツの研究大学と、大学を学生の道徳的性格形成の場であると考えるイギリスの大学の伝統、また、「中産階級の若者を国家の官僚や社会の奉仕者となるよう」[13]訓練する、フランスの大学の試みを奇妙に結合している。アメリカの大学の複雑な性格と、特に様々な教会による多数のアメリカ大学支援を考慮するならば、神学が大学の働きに対する重要な学問として認められてきたと、人々は考えるだろう。しかし、学問一般としての神学がアメリカの大学でベルリン大学ほどうまく事が運ばなかったのは事実である。

従って、『大学のあり方』というタイトルは、本書においてある程度現在の大学のあり方を評価するような働きがあるとはいっても、私にはそのあり方を評価しようとするつもりはない。このタイトルによってむしろ、公立であろうと私立であろうと、世俗的であろうと宗教的であろうと、私たちが大学であると認知しているような大学は、国家を反映し、それに奉仕する学問を形成すると共に、再形成するものであることを示すつもりである。大学は近代における正統性を示す偉大な制度である。その近代の課題とは、物事のあり方を物事のあるべき姿として私たちに確信を得させるところに置かれていた。近代的大学のカリキュラムを構成する学問の専門化は、別の見方では学問の断片化として述べられているけれども、現状に対して忠実に奉仕するよう人々を形成するのに、不可欠な要素であり、とりわけ近代的国民国家においては欠くことができない。

もうひとつの学問の専門形態として、大学の中に神学を含めることを正当化してみたい。しかし、他の諸科目との間で神学を一つの科目として配置しようとする試みは、神学を神学とは別のものにすることにならざるを得ない。[14]神学として適切に理解される神学とは、それを一つの「領域」に限定できない神学であることを意味している。従って、『大学のあり方』において、私は教会の恩恵を受けて存在している大学で、神学が学問形成に役立ち得る重要性を示唆したい。もちろん、幸いにして、私はこの努力において孤立していない。多くのキリスト者の大学人は彼らの信仰が自らのテーマを追究する方法に役立ち得る重要性を探求し始めている。[15]しかしながら、ここで探求に必要とされる問いは、キリスト者として、一領域の研究理解の方法に役立つ重要性についての問いをはるかに超えて、発展的である。もし私たちが福音の徹底的性格によって形造られる、私たちの諸学問を有することができるなら、おそらくキリスト者は、キリスト者の表す学問分野が教会に仕えることのない大学で形成された学問分野とは全く異なったものであると認めるであろう[16]。

ここで私がいわゆるキリスト教大学といわれるものについて議論しようとしていないことに注目してほしい。サム・ウェルズは私に対して、次のように注意してくれた。もしキリスト教大学の「キリスト教」が形容詞として用いられるのなら、あなた方はコンスタンティヌス主義の習慣を再生産しているとはずだと。むしろ、私は、教会の実践が大学における真の知の形成に役立つ重要性について問題提起している。たとえば、あなたの敵を愛せよという福音の命令を考慮するなら、それが慣習の実行にどのような影響をもたらすことになるかという問いである。またすべての被造物が神の栄光を現していると信じるなら、創造を「自然」の機械論的説明に還元する試みに対して私たちはどう考えるべきかという問題となる。これらは教会によって形成された大学でたんに問われるべき、また問うことができると考えるような問題ではなく、大学の名に値するあらゆる大学の協議内容においても問われるべき問題である。

私は本書で展開した立場を曖昧にしたくないし、否定しようとも思わない。たとえば、私が世俗大学を批判するとすれば、私がキリスト者にそのような大学で教え続けてほしいと思うだけでなく、支援し続けてほしいのではないかと思う人々もいることだろう。さもなくば、私がキリスト教的実践によって形成されたカリキュラムを通して決定される、新しい大学をキリスト者に設立してほしいのだろうと思うでしょう。これらの問題に私はどう答えたらよいかわからない。私は確かにキリスト者に世俗大学を捨てるように望んでいるわけではない。このような世俗大学が、徹頭徹尾、世俗大学でないのと同様に、あくまでキリスト教であると主張する大学がどこまでもキリスト教的というではない。私はどの大学も完全に理念を貫いた大学であるとは考えてはいない。従って、もし「世俗」大学がその挑戦に開かれているなら、その時、キリスト者がその機会を放棄してはならないと考える。思うに、実際、多くのいわゆるキリスト教大学より世俗大学の方がキリスト教的な諸学問を快く受け入れる可能性のある中間時に、私たちは生きている。
もちろん、私が『大学のあり方』で示唆するように、問題は、大学が教会の実践によって形成された学問に開かれているかどうかではない。むしろ、教会は福音によって形成される学問を生みだすために存在しているのかどうかという点である。本書において、私はキリスト者の想像力と知性を抑える病理を幾つか指摘しようと試みた。特に、私は、ウェンデル・ベリーが今日の大学を特色づける、抽象化の傾向に正しく挑戦してきたと論じたい。金銭ほど抽象的なもの、あるいは抽象化するものはない。不幸にして、大学によって正当化された諸学問が、なぜ大学の科目にならねばならないのか、また、このような諸学問が誰に仕えるのかについて、大学そのものが明確にすることを金銭は頻繁に不要なものとしてしまう。学問それ自体が目的であるというモダニストの前提は、資本主義市場において大学によって与えられると人々が期待するような、まさしく正当化の理由にすぎなくなっている。不運なことに、その前提は普遍的であることの意味と、近代の悪しき普遍主義を特徴づける抽象化とを混同するようにキリスト者を誘いこむ条件となり続けている。
興味深いことに、地域性はコンスタンティヌス主義に対する別の選択肢であったとしても、自由主義国家を正当化する諸学問の十分な根拠となる代替案であるだけでなく、自由主義国家によって生み出される、抽象化に対する代替案にもなるのである。『大学のあり方』における後半部分の各章は、教会の地域性と礼拝時間が、いわゆる「グローバルな」[17]大学の議論を支配する抽象化に、何かしら抵抗する可能性をどの程度有するものなのか、その実例を示そうと思う。特に、「エクレシアのため、テキサスのため」は倫理教育が卒業生の美徳を保証するに足るものであるという確信に挑戦している。[18]
たとえば、私は合衆国のイラク侵攻が大学の働きにとってゆゆしきテストケースだと信じて疑わない。たとえアメリカ大学にかかわる多くの人がイラク戦争に批判的であったとしても、大学を通して世界理解を形成してきた人々によって、戦争が考え出され、遂行され、正当化され続けているのである。[19]私が「キリスト者と（私たちが住む）

国家と呼ばれるもの」に関する章〔第9章〕を含めたのは、二つの理由による。ひとつは、もし私たちが二〇〇一年九月一一日以降、戦争のレトリックから批判的距離を置くなら、キリスト教的視座によってどのような効果が生ずるのかを示唆するために、もうひとつはこの章で、戦争がいかに抽象化によって引き起こされるかを暗示するためである。もしアメリカの大学が教養ある人に特有の言葉使いをするよう、卒業生を訓練し続けてきていれば、「さあ戦争だ」という、二〇〇一年九月一一日以降の要求に対する反応として、彼らは少なくとも何がしかの疑いを差し挟んだかもしれない。[20]

私が「民主主義の時代」〔第10章〕を本書に入れたのは、「世俗の国家」〔第11章〕についての議論を始めるためだけでなく、スタウトの『民主主義と伝統』(*Democracy and Tradition*)における挑戦に応答することを通して、神学の再考が全く別領域の政治学にも及ぶことを示すためである。私は反民主主義者ではないが、しばしば民主主義に訴えることで、私たちが神礼拝の特別な時間を持って生きていると信じることを、キリスト者に忘れさせる時代説明に誘い込んでしまうのではないかと懸念する。近代的大学を特徴づける諸学問は、いわゆる民主的プロセスに仕える働きを生み出したけれども、平和という困難で、ゆっくりとした仕事をする時間が私たちにはなさそうだという見込みを裏切る。「世俗の国家」で後述するように、祈りによって形成される大学は、少なくとも世界の苛立ちに代わる忍耐を具体化する諸学問を生み出す可能性があると私は信じている。さらに、私は民主主義の名に値するものが、このような忍耐によって規定される知識[21]を身につけた人々の存在を必要としていると確信する。

大学は、エリートの制度である。しかし、特に民主主義が貧しい人々の声を沈黙させることを拒む政治学として理解されるなら、それは人々を必然的に反民主主義者にさせたりしないと私は考えている。キリスト教は貧しい人々の信仰である。私は「神と貧しい人々と学問とを愛すること」という章〔第12章〕で、貧しい人々への愛によって訓練される、教会の教育的課題がどのようなものかを示したいと思う。新しい学問への探求を通して生み出す大学の働きは、しばしばこのような学問が貧困の解消と悪弊の除去の力を私たちに与えることを要求することによって正当化される。これに対して、少なくともナジアンゾスのグレゴリウスに従って、キリスト者は貧しい人々を愛することを学ばなければならない。このような愛によって私たちは貧しい人々の苦境を減らすために働くべきであると促されるけれども、まず貧しい人々を愛することを学ばなければ、このような働きは崩壊してしまわざるを得ない。このような愛は、私たちが如何に学び、教え、そして知るかということについて、何をどのように知るかということに関して、大学に特徴をもたらすに違いない。

私は本書の付録に講演集を加えた。それらは私にとって好ましいものであり、本書の趣旨に合うからである。最初の付論「この場所の善さ」は、二〇〇四年のリチャード・ブラドヘッドの就任祝いの一部としてのパネル討議のために記したものである。この小さな「スピーチ」を通して、私が数年にわたり研究し教える場として恵まれた大学でよき奉仕者になろうとしたことを示したい。またそこで私は、リチャード・ブラドヘッドに対する敬意を表している。大学は、気品のあるスピーチを展開することを義務づけられる。デューク大学は、幸いにして、そのようなスピーチを信じ、また実例となる大学長に恵まれている[22]。第二の付論「苦境に立たされる神学校」は、少なくとも諸大学に公平さを欠いて、その神学校を「選択」したとは思っていない。教会に直接的な責任ある制度である神学校は、私が大学でかかわったあらゆる諸問題を表出している。故に、私がヴァージニア神学校で行った卒業記念講演を、本書の終わりの方に置くのが適当だと判断した。この講演は時間について扱ったもので、神学的訓練に関する諸問題に関係している。さらに、本書の最後を飾るのにローワン・ウィリアムズへの賛辞がふさわしいと思い、掲載した。ウィリアムズのような人物を輩出し、かつ支えるために大学が何をする必要があるのか。それは大学がまさに問われるべきことを問うための、一つの方法である。

さらに、ウィリアムズに注目するのは、本書を構成する論考の性格を明らかにしたいからである。私はこれらの論文が特別な文脈と課題のために書かれたことを、読者に隠すつもりはない。アイルランド、オーストラリア、ワコー、テキサス、いわゆるアメリカといわれる国家は、私の議論の問題とすべきことである。私が展開しようとする議論に意味を与えるには、ブルース・ケイ、ルイジ・グイサンニ、ディビッド・バレル、スタンリー・フィッシュ、ウェンデル・ベリー、フレッド・ノリス、ナジアンゾスのグレゴリウス、ジョン・ハワード・ヨーダーの存在は不可欠であり、少なくとも本書で論じられている。読者はこれらの人々を、私が知っているようには理解しないかもしれない。それでも、彼らの生涯と業績について何らかのものをそれぞれの章で明らかにしたい。

しかし、私は本書が論文の寄せ集めの一冊であるかのような印象を読者に与えたくない。本書のある部分が私の全著作で述べている内容と重なっていると考える人もいるかもしれないことは、承知している。確かに私の書いたもののほとんどは、ある聴衆のため、またある主題のために依頼されて記したものである。しかし、私は一冊の本にまとめ得る議論を展開できるとすれば、自分が取り上げる必要のある後続の主題を、いつも心に描いて取り組んでいる。確かに、フレッド・ノリスに敬意を表すために、ナジアンゾスのグレゴリウスについて記すように依頼された時は、その論文で自分が展開した議論を、まさか自身が発見するなどと思ってもいなかった。しかし、さもなくば発見されずに終わったであろう関連づけは、すべて偶然の産物なのである。私がかつてそうであったように、読者にもその驚きを享受してほしいと願っている。

しかしながら、その驚きを期待しつつ、この「序章」を記すべきだったかどうかは釈然としない。私は読者がこの「序章」を読んで、本書の要約が得られるなどと思っていない。むしろ、『大学のあり方』を読んだ後、「序章」が本書の各章の複雑な相互関係を理解するのに十分役立つものではないことを発見してほしい。確かに、最終的に『大学のあり方』を読むのに親切な章を提供できていないかもしれない。むしろ、私が本書の執筆を楽しんだのと同じ分だけ、読者に本書の内容を楽しんでもらいたいと願うばかりである。私が本書で目指したことが少しでもかなうとすれば、他者を神学の研究に招き入れることであろう。

序章注

（1）私が出版した最初の論文の一つは、市民権運動とベトナム反戦運動によって起こった、大学を取り巻く混乱を論じようとしたものである。私はそれをイリノイ州ロックアイランドのオーガスタナ・カレッジで教鞭をとった二年目に記した。それは "Problematics of a 'Christian College' " というタイトルで、ルター派の雑誌 *The Cresset*, 34, 4, May, 1997, pp. 6-8 において出版された。The Cresset が昔から論文の出版を開始し、数ある諸論文の中から選ばれた一つが、The Cresset,66, 5(June, 2003), pp. 54-7 に掲載された "Problematics of a 'Christian College' " であったことを感謝して記したい。大学に関する私のこれまでの考察に関心がある方には、*Christian Existence Today: Essays on Church, World, and Living In Between*, Grand Rapids:Brazos Press,1995, pp. 199-237 に大学に対する教会の関係に関する二つの章がある。*Christian Existence Today* は最初一九八八年に出版された。それらの章は、"Truth and Honor : The University and the Church in a Democratic Age" と "How Christian Universities Contribute to the Corruption of the Youth" というタイトルであった。*After Christendom?* Nashville: Abingdon Press, 1999. には "The Politics of Witness: How We Educate Christian in a Liberal Society," pp. 133-52 というタイトルの章がある。この第2版の序文は、スタウトの私に対する批判に続く内容に関心を示している。*Sanctify Them in the Truth: Holiness Exemplified*, Edinburgh: T &T Clark, 1998, pp. 201-18 には "Christians in the Hands of Flaccid Secularists: Theology and 'Moral Inquiry' in the Modern University" がある。

（2）Stanley Hauerwas, *With the Grain of the Universe: The Church's Witness and Natural Theology*, Grand Rapids: Bra-zos Pre-ss, 2001, pp. 231-41.

（3）Alasdair MacIntyre, *Three Rival Versions of Moral Enquiry: Encyclopedia, Genealogy, and Tradition*, Notre Dame: University of Notre Dame Press,1990, pp. 216-36.

（4）Bruce Marshall, "Lindbech Abroad, " *Pro Ecclesia*, 15,2, Spring, 2006, p. 232.

（5）Randy Rashkover, *Revelation and Theopolitics: Barth, Rosenzweig, and the Politics of Praise*, London: T&TClark, 2005, p. 3.

（6）Rashkover, *Revelation and Theopolitics*, p. 5.

（7）このように拙著『宇宙の結晶粒と伴に』のバルト神学の提示においては、ジェイムズの『信じる意志』の検証理解を例証している。すなわち、私たちの信じる多くの真理は、物事のあり方を知るために求められる美徳を持つことに依存している。（*With the Grain of the Universe*, pp. 50-61.）

（8）思うに、ラシュコーヴァーの個人の自己同一化とは、個人を個人たらしめる共同体から離れて存在するような個人を想定していることを意味しているのではない。また、彼女の「超越性」への要求は、神のイスラエルの民との契約によりもっと決定的な神を特定するような超越を想定しているのではない。私がこれらの問題に触れるのは、たんに次の理由によるものである。つまり、それらの問題を通して、ラシュコーヴァーによる証しの理解は私の証しの理解と異なることを示していると考える人がいるからである。しかし、私は、そのようには考えていない。

（9）ピーター・オークスは私たちの課題が、近代性の傷を「拒否」することではなく「治癒」することであることをまさしく私に思い出させる。その傷はあまりにもしばしばキリスト者の不誠実によって加えられてきた傷である。

（10）Hans Frei, *Types of Christian Theology*, edited by George Hunsinger and William Placher, New Haven: Yale University Press, 1992, pp. 95-115.

（11）Frei, *Types of Christian University*, p. 98.『大学のあり方』は、Thomas Albert Howard の *Protestant Theology and the Making of the Modern German University*, Oxford: Oxford University Press, 2006. が出版される前に書かれた。ハワードの書物は次のフライの説明を確実なものにしている。それは、神学が大学の一科目になるために、神学の変容が必要であったということである。しかし、ハワードの述べるところによれば、シュライエルマハーは大学と神学に対する国家の関心を容認しながら、国家が「次第にそれらを専有し自らの中に取り込む結果、誰も大学と神学が自由にそれぞれの目的のために存在し続けるのか、それとも行政支配によって存在し続けるのかを決定できなくなるのではないか（p. 170）」と懸念した。しかし、ハワードの説明は、ハルナックのその最も完全な実例だとして、「神学」の発展という名のもとに起こったことを明らかにした。ハワードは彼の著作の最後で、一九二三年から相互に交わした、ハルナックとバルトの往復書簡に触れ、彼らの「議論の両極化した論点や対立する主張、過去の反響、未来の葛藤の予想、さらには、制度的にはるかかなたの、知的な個人の深みにまで踏み込んだ主張が、今日、豊かで適切な遺産でありながら、深い葛藤をもつ遺産として残っている」（p. 418）という。近代的大学を構成する諸学問は、私たちが「時代の間に」生活することを否定するよう目論まれていることを了承するなら、素晴らしい結論になる。私は『大学のあり方』において提起した問題に関心を寄せる人々にとって、ハワードの書物を必読書として推薦する。

(12) Emmanuel Kant, *The Conflict of the Faculties in Religion and Rational Theology*, translated and edited by Allen Wood and George DiGiovanni, Cambridge：Cambridge University Press,1996. 大学の変容に対するカントの役割の詳細については、Randall Collins, *The Sociology of Philosophies: A Global Theory of Intellectual Change*, Cambridge: Harvard University Press,1998, pp. 618-87 を参照。

(13) Steven Marcus, "Humanities from Classics to Cultural Studies: Notes Toward the History of an Idea," *Daedalus*,135,2, Spring, 2006, p. 15. アメリカ高等教育の発展に対する様々な影響に関するマークスの説明は、あまりにも単純化したものとなっているが、このような一般化は実に有益である。『大学のあり方』の議論は、カントの議論に戻る。医学、法学、神学が大学に含まれ得るのは、それらが国家に仕えるからだと、カントは論じている。「下級」学部は、ただ理性によって発見される真理にかかわるので、政府から独立すべきなのである。カントの理性にかかわるとみなされた、同時代の多くの科目も今や、国家に一義的に奉仕し、神学は自由な合理的な存在である機会を与えられた数少ない学問分野の一つであると論じたい。

(14) ポール・グリフィスは、この点を James Stoner, "Theology as Knowledge: A Symposium" in *First Things*, 163, May, 2006, pp. 24-6 に対する応答で明らかにした。グリフィスは、神学を政治学や小鳥や宇宙を扱う学問分野とは全く異なる学問分野に位置づけながら、まさに神学の対象が神であると論じた。適切に考察されるなら、神が宇宙の形而上学的道具の一部にはなりえないと彼は考えた。従って、グリフィスは、神の本質が理性によっては理解され得ないと論じる。なぜなら、このこと自体が神を神そのものとさせないからである。つまり、神学が大学の他の科目と異なることを意味するのである。しかしながら、グリフィスが論じるように、神学が、科学的学問（*Wissenschaft*）に裏づけられた大学に場を持たない学問だとは私も考えない。グリフィスは、近代的大学の哲学的前提それ自体が深く混乱していると見ている。

(15) たとえば、最近の論文集、*Christianity and the Soul of the University: Faith as a Foundation for Intellectual Community*, edited by Douglas Henry and Michael Beaty, Grand Rapids: Baker, 2006. と *Scholarship and Christian Faith: Enlarging the Conversation*, edited by Douglas Jacobsen and Rhonda Hustedt Jacobsen, Oxford: Oxford University Press, 2004. を参照。

(16) しかしながら、確かに私は、強い宗教的確信の尊重を妨げる領域がもつ、方法論的な制限に疑問を呈する人たちに敬意を表する。たとえば、Scott Thomas の国際関係の領域に対する近年の挑戦的著作 *The Global Resurgence of Religion and the Transformation of International Relations: The Struggle for the Soul of the Twenty-First Century*, NewYork: Palgrave, 2005. を参照。私はまた Wentzel van Huyssteen の学際的研究の労作 *Alone in the World: Human Uniqueness in Science and Theology*, Grand Rapids: Eerdmans, 2006. に大変印象づけられた。確かに人間の合理性の多次元性を認めれば、私たち神学者は「多元的な学際的対話」(p. 17) に参加できるし参加しなければならないという、彼の示唆は正しいと思う。私たちが人間の独自性を語る時に、私たちが何を語っているのかを理解するということについて、ヴァン・ヒュスティーンが確信しているほど、私は確実なものと思っていないことを告白する。しかし、人間の独自性の問題が実り豊かな議論の対象だと考える。ヴァン・ヒュスティーンのように私もイマゴ・デイの思弁的な説明には批判的である。しかし、私の関心は彼の関心よりもっと多くキリスト論的諸問題によって形成されている。たとえば、私たちが救済の摂理において人間の特別な役割について考えねばならない、主たる理由は、三位一体の第二格がマリアに宿っていることであると、私は信じている。最終的に、ヴァン・ヒュスティーンの説明は、神を「証明」することができないのではなく、むしろ、せいぜい宗教的次元と宗教経験が人間にとって本質的であると暗示している点に、彼の賞賛すべき明瞭さが認められる。しかし、たとえこのような次元が私にとって、いかなる神学的意義を有し、また、持つべきなのかがはっきりしなくとも、ヴァン・ヒュスティーンのいう通りであろう。

(17) この礼拝と時間と政治学の理解を深めるために、*Liturgy, Time and the Politics of Redemption*, edited by C. C. Pecknold

and Randi Rashkover, Grand Rapids: Eerdmans, 2006. を参照。

（18）私は「エクレシアのため、テキサスのため」［第8章］を、Harry R. Lewis が *Excellence Without a Soul: How a Great University Forgot Education*, New York: Public Affairs, 2006. を出版する以前に記した。しかしながら、思うに、彼の著作は現代の大学に関する私の分析を確実なものにするだけでなく、厳密な意味で世俗的な場においてなぜ建設的な応答が存在しないのかを論証している。ルイスは、「大学が学生の魂を形成する道徳的権威をすでに失い、実際のところ自ら放棄した」（pp. 159-60）とまさしく論じている。しかし、彼は「人間の自由の啓蒙主義的理想」（p. 62）に対する訴えがこのような権威の喪失の理由であると理解しそこなっている。ルイスは、道徳教育が市場に直面して衰弱したとはっきりと見てとった。しかし、カリキュラムに表された諸学問が、今、ルイスにとって問題性があると感じている世界をいかに造り続けてきたのかについて、彼は認識を欠いている。

（19）アンドリュー・ベイスヴィッチは、アメリカ外交政策を立案した知性的発展を実証する決定的な研究を続けている。その政策は、戦争、特にイラク戦争を不可避としたと見られるものである。彼の著書 *The New American Militarism: How Americans Are Seduced by War*, New York: Oxford University Press,2005. 参照。なぜなら、ベイスヴィッチの主張を支持する分析が Donald Kennedy, "The Wages of a Mercenary Amy: Issues of Civilian and Military Relations," *Bulletin of the American Academy*, LIX, 3, Spring, 2005, pp. 12-16 でなされているからである。

（20）大学を特徴づけるべき諸学問を形成するのに必要とされるものとして、私自身が示そうとしている革新的な思考の類は、Enda McDonagh の論文と私の "Appeal to Abolish War" に例証されている。たとえば、私の論文 "Reflections on the 'Apeal to Abolish War'," in *Between Poetry and Politics: Essays in Honor of Enda McDonagh*, edited by Linda Hogan and Barbara Fitzgerald, Dublin: Columba Press, 2003, pp. 135-47 と、Stanley Hauerwas, Linda Hogan, Enda McDonagh, "The Case for the Abolition of War in theTwenty-First Century," *Journal of the Society of Christian Ethics*, 25, 2, Fall/Winter,2005, pp. 17-36 を参照。

(21) 私は、この民主主義理解を私の同僚であり友人でもあるRomand Colesと共にすぐにでも探求したいと願っている。彼はすでに民主的実践がどのようなものかを考察する点で、私よりかなり先行している。彼の *Beyond Gated Politics: Reflections for the Possibility of Democracy*, Minneapolis: University of Minnesota Press, 2005. を参照。コールズの論じるところによれば、「特別な伝統と熟慮ある共同体と社会学的経済学的政治的行動、そして、美徳、善もしくは神のヴィジョンを発展させることに焦点を合わせること」(p. xvii) によって、民主主義の未来にリベラルな民主主義の支配的形態を越える動きがみえてくる。それを実現する上でコールズは、地方政治によってお互いに寛容さをもって傾聴するのに必要とされる習慣を発達させる、重要な場が用意されるべきだと考えている。この訓練の場は、私たちが官僚的専門化を避けなければならない唯一の代替案となるのである (p. xxviii)。

(22) もちろん、デューク大学はある体育系のチームの恐るべき行状で最近有名になった。私は、この事件についてなぜもっと語らないのかと、しばしば質問される。私の答えは本書にある。もちろん、この事件はデューク大学に特有なものではない。しかし、デューク大学を脅かした無場所性 (placelessness) が問題の一部であることを私は心配している。このような事件がどういうわけで南部に起こり得たのか。それは忘却を暗示している。つまり、忘却は、私たちが学生に与える知的形成に何かしら深い問題のあることの表れである。特筆すべきは、知的形成が彼らの道徳形成と決して区別されるべきではないということである。

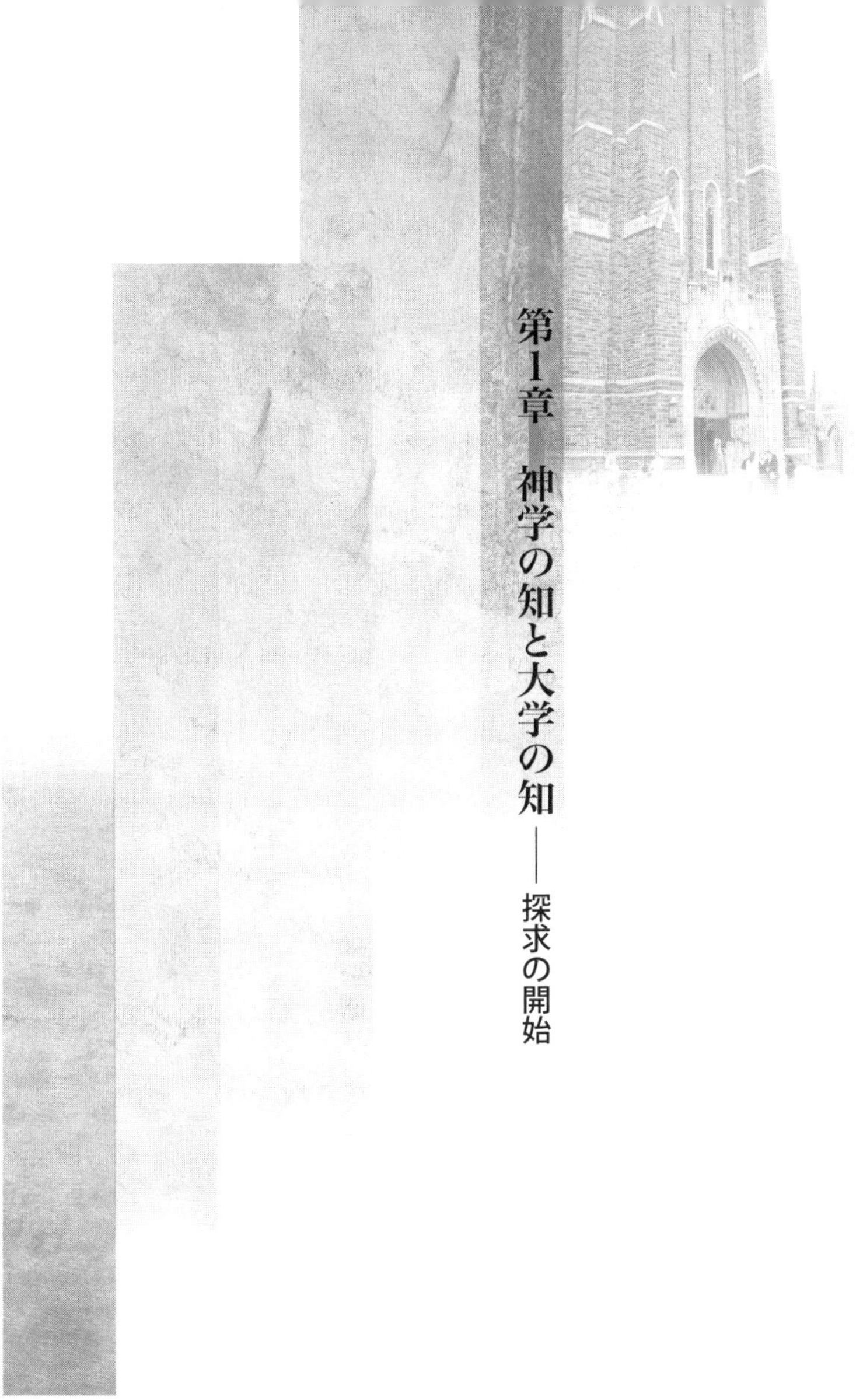

第1章　神学の知と大学の知

——探求の開始

1 探求の開始

近代の大学で神学がもはや必要な科目と考えられていないことは周知のことである。私は歳を重ねてきたが、没してしまう前に、次の課題は果たしたいと願っている。すなわち、なぜこのような状況になってしまったのか、また、神学は近代的大学のカリキュラムの一部であるべきではないと考える人々に再考を促すために、どんなことが言えるのか、そのことをよりよく理解してみる、という課題である。ただし、この問題をどう探究すべきかということについて確信はない、ということも認めざるをえない。悩ましいのは、この問題をめぐっては、これまでの歴史的発展、政治的発展、知的発展の経緯がそれぞれ存在し、それらが簡単には分離できない、ということである。そこで、本章の副題である「探求の開始」は、私がこの章で述べることについて正直であろうとしていることの表現であると同時に、支援の要請でもあるのである。この問題について、どのように問うのが正しいのか、どこから考え始めればよいのか、そのことを教えてくれる人々がいるなら、私はそういう人々を本気で歓迎したいと思っている。

近代的大学において神学は適切な科目でないと想定されている、ということは、当然視されている。しかし、神学が示すような知が、他の学問的教科目と比べて、なぜ不適切だと想定されるのか、そのことは明確にされてはいない。もちろん、こうした想定にたいして、神学とはキリスト者によって過去に信じられていたことあるいは今も信じられていることのまさに報告であると考える限り、近代的大学でも神学を教えることは可能である、と述べて、異議を申し立てる向きもあるかもしれない。しかしながら、そのような見解は問題をあまりにも単純化しすぎている。神学プロパーはそのような〔歴史的〕報告も含んでいるかもしれないが、一つの学問分野としての神学は、キリスト者が、あるがままの事物について、これは神による創造なのだ、という彼らの確信の光に照らして、何を信じ、また、いかに信じているかということをめぐる、知の構築であり、規範の設定である。(1)

以上で触れたような論題に関して私たちが何らかの進展を図りえない限り、キリスト教大学が他の大学とどう異なるかについての私たちの議論はただのおしゃべりか、あるいはもっと否定的に言えば、イデオロギー的なものに留まってしまう、というのが、私の確信である。キリスト教大学であるにしろそうでないにしろ、現代の大学の複雑な現実を考えると、なぜ神学的な知が大学における正当な主題でありうるかどうか、あるいはそれがいかにして可能であるかどうか、といった問いを問う、その探究法を知ること自体が、容易なことではない。ほとんどの大学人は、例えば経済学部やビジネス・スクールが資本主義的秩序にたいして規範的地位を占めることについて、何の問題もない、と考えている。しかし、これに比して、神学にはなぜ以上のような問題が存在するのであろうか。神学がなぜ大学から排除されるのかという問題にたいする答えは、大学によって異なるとは思う。しかし、この問題の具体例として、イェール大学の学長リチャード・レヴィンの講演を取り上げてみよう。私が思うに、この講演は、なぜ、神学が良くて学生教育のために不要と考えられ、最悪の場合は学問でありうるための認識論的基準さえ満足させない科目と考えられているのか、その主要な幾つかの理由を示してくれる、格好の例証である。

2　問題点の暴露

イェール大学の学長になって間もなく、リチャード・レヴィンは、一九九三年の新入生のクラスで講演した。それはレヴィンが行なった学長としての最初の講演であり、明らかに彼の思想がそこに大きく込められたものであった。その講演は「独立した思索の力」("The Capacity for Independent Thought")と題され、その後『イェール大学報』(*Yale University Magazine*)に収録されている。レヴィンはこの講演を、イェールへの新入生と彼らの両親たちが「あれだけのお金〔入学金や学費〕を出して買ったもの」[2]が何であるかを明確にしておくことは重要であると指摘するところから、始める。彼によれば、新入生や両親たちが買ったのはリベラル・エデュケーションであり、それは専門教育や職業訓練とは異なるものである。

ある人々はリベラル・エデュケーションを文学、哲学、歴史の偉大な作品に連なるようなカリキュラムという観点から定義する、とレヴィンは述べる。他の人々は、ニューマン枢機卿に倣って、リベラル・エデュケーションとは精神の自由な実践ということ以外に何らの目的ももたない、それ自体における目的である、と論じる。しかしながら、レヴィンは、これら〔二種〕の見解が必ずしも対立するものではなく、実際、一八二七年の――当時の学長であったジェレマイア・デイの署名付きの――イェール大学の教員たちのレポートは、精神の質の向上と特殊な内容〔技能〕の習得とは不可分である、と論じていた、と見る。レヴィンによれば、イェールの教員たちは、リベラル・エデュケーションに固有な一連の知識は変化しないものではない、と認識していた。すなわち、「知識が変化するにつれて、教育も変化すべきである」(3)と述べていた。

レヴィンは、この一八二七年の「イェール・レポート」の著者たちは、アメリカのリベラルなカリキュラムの展開の観察者また予知者として、きわめて正しかったのだ、と主張する。カリキュラムは変化したが、大学はそれでもリベラル・エデュケーションを提供し続けている。ただし、レヴィンは、「私たちは例えば修辞学や神学を必修科目とはもはや考えない」と述べる。彼によれば、そのような科目はリベラル・エデュケーションの中心にはなりえない。なぜなら、このような〔リベラルな〕教育の本質は、「批判的かつ自立的に考え、自らの精神を可能な限り陶冶し、自らを偏見と迷信とドグマから開放する、その自由を発展させる」ところにあるからである。

それゆえ、科学と数学はそのような精神の発展にとって重要である。例えば、純粋な数学と理論物理学において、人は明確に定義された前提から理性的に演繹する方法を学ぶことができる。経験科学において人は帰納的方法つまり証拠から適切に推論できる方法を学ぶことができる。同様に、西洋哲学の偉大な諸作品も、いかにして知性を偏見から解放するかを教える模範を提供してくれる。いかに知り、いかに行なうか、という問いにたいする答えは、理性をそれに厳格に適用することによって得られるのである。

レヴィンは読書の大切さについても論じるが、著者たちの人種や民族やジェンダーに注目するより、彼らが人間的であるとはどういうことかという問題にどう向き合ったかに注目しなければならない、と言う。

しかし、カリキュラムがどのようなものであれ、レヴィンは、何を考えるかよりどのように考えるかを新入生に教えることが大学の役割だと論じる。レヴィンは、この点を強調するために、トマス・ジェファーソンが一七八一年に甥のピーター・カーに宛てた忠告を引用する。「理性を判定の場に据えなさい。すべての事実、すべての意見を裁く場に。……あらゆる偏見を退けなさい。何物も信じたり拒絶したりしないように。たとえ他人が拒絶したり信じたりしても、あなた自身の理性が天から与えられた唯一の審判なのである。また、あなたは、その結審の〔単なる〕正しさのためでなく高潔な正しさのために、答えることができるのである」。このような理性および自立的な批判的思考はこれまでその重要性を喪失したことはけっしてなかったと、レヴィンは、述べる。「大学は今なおこれら啓蒙主義的価値に賭けているのである」。

レヴィンは、自身の議論が「役立つ」知識には対抗するものであるという点で、功利主義的議論は高等教育を支えるものではないとして、そうした議論を拒絶したニューマン枢機卿と自分とは同盟関係にある、と見ている。しかし、レヴィンは、ニューマンが「多少皮肉混じりに」、純粋に理性の力を発達させるという目的のみに向かう教育が、結果としては善い市民を生み出すのであるから、それは功利主義的根拠に立って擁護されうると示唆したことにも、注意を促す。こうした〔リベラルな〕教育が善い市民を輩出するのは、そのように鍛錬された人間は明確にかつ自覚的に自身の見解と判断とを有するようになるからである。そのような人間は「それら〔自身の見解と判断〕を展開することにおいて真理をもち、それらを表現することにおいて雄弁となり、また力をもつ。そのことが彼や彼女に物事をあるがままに見、ただちに要点を把握し、思想のもつれを解き、詭弁を喝破し、不適切なものを排除するように教えるのである。そのことが彼や彼女をして、空いたポストをいつでも信頼されながら埋めることができるように整えさせ、またどんな事柄でも有能さをもって会得することができるように導くのである」。

従って、レヴィンによると、リベラル・エデュケーションは「個人的自由および民主主義の保持」のための重要な源泉である。民主主義諸国家はリベラルな教育を受けた市民に依存する。すなわち、その命運は、理性と省察と批判的判断の力を有する人々にかかっている。そのように教育された市民こそが、自由な探求や表現を不断に脅かす偏見と不寛容の力に抵抗するのに、最も信頼できる源泉なのである。

以上がレヴィン学長のリベラル・エデュケーションの説明の要点である。わざわざこれを紹介したのは、私がそれをとりわけ歪んだ説明と考えているからではなく、それがアメリカの教育において当然視されている一般的想定を見事に言い表わしているものだからである。もちろん、トマス・ジェファーソンとニューマン枢機卿はある点では同意しうるのだと考えることのできるアメリカの一流大学の学長になるには、どうしたらいいのだろう、と不思議に思われる向きもあるかもしれない。しかし、おそらく、レヴィン学長がその質問に回答できるとは考えないほうがいい。彼は経済学者である。ただ、彼のスピーチ・ライターがもう少しましな分別をもつべきだった、ということは確かである。

3　大学の統合性欠如（incoherence）

レヴィンが自身の見解を補完するために用いる資料よりもさらに問題なのは、彼の説が彼の統御する大学の実状にはそぐわない、ということである。私は、レヴィンが彼のリベラル・エデュケーションの唱導において意識的に二枚舌を使い分けている、と言うつもりはない。むしろ私が指摘したいのは、イェールが代表しているような近代的大学という多様な現実に関するまとまりのある説明は彼には無理であり、それはまた尤もなことだ、ということである。なぜなら、イェール大学は、他のアメリカの大きな大学と同様に、レヴィンが唱導するリベラル・エデュケーションとは両立しない功利主義的な価値観と研究の努力によって成立しているものだからである。新入生たちは、最初の週に、レヴィンのスピーチはイェールの現実とはほとんど無関係だ、ということを発見するだろう。
一八六七年から一九一〇年までの決定的に重要な時代のアメリカの大学に関するその卓越した研究によって、ローレンス・ヴェイシーは、私たちが今身を置いている大学の成立の経緯がどのようなものであったのかをよく理解させてくれる。ヴェイシーが気づかせてくれるのは以下のような経過である。すなわち、大学はその初期には、プロテスタント・キリスト教徒が正統主義として理解していたものを擁護することに懸命であったのであり、古典的言語の厳格な学習をとおして学生たちの精神的かつ道徳的な能力を鍛錬する場所としてその正当化を図ったのであるが、しかし間もなく敗北を喫してしまった、という経過である。こうした形態の教育が敗北を喫したのは、それに代わる明確な教育理論や実践が出てきたからというわけではなかった。ハーヴァードやイェールを誕生させた社会秩序とはきわめて異なる社会秩序がその後に生じ、大学はそれにたいして自己を正当化する必要を感じ、それに応じようとした。その結果、上述のような形態の教育は敗れ去った、というわけである。
ヴェイシーによれば、南北戦争後、高等教育におけるほとんどすべての重要な変化は「改革に向けての功利主義的な要請に譲歩する方向に」向けられた。[4] 学生たちは「現実生活」のために教育された。つまり、彼らは自分が望む職業にふさわしい技術を大学において訓練されることにより、民主主義的国家の市民とされるべきであったのである。ヴェイシーは、民主主義へのアッピールが至るところでなされた分、それはまた漠然としたものであった、としるしている。[5] しかし、そうしたアッピールは大学がかつて排除された諸科目を再度受け入れることを正当化するのに役立った。コーネル大学の設立はこうした種類の大学の制度的形態の雛型となった。しかし、民主主義へのアッピールは、ハーヴァードにおいても、エリオット学長のもとで、様々な展開をもたらした。[6]
「サーヴィスできる大学」（"serviceable university"）の発展は、新しい多様な学習型学部の開始により、カリキュラムの変革を招来した。教育学科、家政学科、経営管理学科、保健衛生学科、体育学科、工学科が、新たに受容された大学のカリキュラムの一部となった。デイヴィッド・スター・ジョーダンは、コーネル大学、インディアナ大学、スタンフォード大学の学長を歴任した人物であるが、一八九九年に次のように宣言した。すなわち、「知識の相対的諸価値に基づいて決断するのは、大学ではない。各人が、自身の基準に基づいて、自身の市場を創造するのである。すべての基準が本物であり、すべての業績が真実である、ということを見届けるのが、大学である」[7]。

功利主義的正当化がアメリカの大学を形造っていたのと同時期に、研究を重視したドイツの大学の影響もアメリカの大学に及んでいた。しばしばジョンズ・ホプキンス大学の設立に絡ませてであるが、「純粋科学者」という理念がアメリカの大学に広まった、とヴェイシーは論じる。科学のための科学の強調は、興味深い仕方で、知識の専門化の増大をもたらした。しかもそれは実用性への志向をもった知識の専門化であった[8]。しかしながら、実際、「新しい知識を求めてやまない探求者」の諸前提は、かつては宗教に伴っていた特徴を帯びていたものであった。ヴェイシーは、これらの決意して研究者であろうとした人々は、大学の理念に奉仕する新しい修道士たちであったのだ、とさえ述べる。つまり、大学は宗教的過去に取って替わるものと見なされたのである[9]。

しかし、ドイツの影響はオックスフォードとケンブリッジによる継続的なアッピールによってバランスが取られた。すなわち、多くの人々にとって、大学はいぜんとして紳士の育成を通じて文化をリベラル化するための重要な制度だ、ととらえられたのである[10]。教養ある性格を鍛錬によって育成することは、まず第一に今日私たちのいう人文学によってなされる、と考えられていた[11]。「成熟した個人」を教育するという名目のもと、人文学に集中することは、しばしばカレッジで行なわれていたことであったが、それはイェールやプリンストンにおいても影響力をもっていた。しかし、エリートの形成としての学問への傾倒ということは（それはときおり民主主義と緊張関係にあると見られることであるが）、ハーヴァード大学の哲学者ジョージ・サンタヤナといった人物において見届けられることである。彼は次のように述べている。すなわち、「事物の諸相を芸術的にまた哲学的に洞察することが自分の主要な関心事であるというような少数者が、つねに存在するものである。彼らは役に立たない個人であるが、私もたまたまそうした階級に属しており、私自身は彼らを人類の他の人々よりはるかに卓越した存在だと考えている」[12]。

大学に関わるいかなる者にとっても、ヴェイシーが南北戦争以前のアメリカの大学のうちに位置づける以上の諸展開の継続的影響を見ることとは、難しいことではない。しかし、これらの多様な強調点に関するヴェイシーの記述はたしかに有益なものではあるとしても、それよりはるかに重要と思えるのは、一八九〇年から一九一〇年までになされた大学の制度化の展開にたいする彼の注目である。一八九〇年まで大学はアメリカ的情景の一部であるととらえられていた。要するに、それは一つの成功であった。[13] 成功という意味は、教員たちが大学の務めをどのように理解していたにせよ、大学の主要な性格が次第に強化されつつあった官僚的構造によって規定された、ということである。大学は今や「経営管理」("the administration")によって認定される制度となったのである。すなわち、理事たち、学長、学部長たち、学科主任たち、そして教員たちによって構成される、階層秩序により性格づけられた、一つの制度である。[14] 教員たちが様々な教育的選択肢についてどんなことを考えているにせよ、経営管理者はこの制度に奉仕する存在であろうとすれば、如才ない人物や行政家でなければならない。そのような職務に就く者は妥協を食物として生きていく存在であり、あらゆる種類の人々を満足させながらやり過ごすのである。[15]

ヴェイシーは、次のように見ている。

「そこで、ここに、アメリカの学術的生活における、主要な、しかも論争の的となった、新しい力が登場してきたのである。それはどんな条件に対応するものとして現われたのであろうか？　この問いにたいする最重要の答えは、制度に関わるものである、ということである。知的にも、そして構造においても、アメリカの大学はあまりにも多様な存在となってしまったのであり、もはや簡単には定義されたり統御されたりすることは不可能な存在となったのである。大学のリーダーたちによる多様な教育哲学への執着、学習を分化し結晶化して作られた様々な学部の登場、肥大化した学生数 ―― これらすべてが、この結果をもたらした。その概念においては基本的にイギリス的な学部大学が、しばしば、ドイツ的な大学院大学と、融通無碍な財政的紐帯によって、結合された。ヨーロッパ人の目には、ハーヴァードのようなアメリカの大学は「混沌」と映るであろう。いかなる総合的な知的形態も、以上のような〔多様に分化される学部の〕断片化に抵抗する〔あるいはそれを覆い隠す〕ことはなかった。キリスト教という宗教も、実証科学も、人道的な文化も、知識と判断の全領域から意味を取り出す力をもつということを、自明のことのように、証明することはできなかった。そして、もしそれらの〔複数の〕視点から議論が可能ならば、大学は一つではありえないであろう。サンタヤナは絶望気味に次のようにコメントした。すなわち、『各人は自らの仕事の価値を知っている。……しかしまた、人類の利益の全体を見渡し、自らを普遍的な生に確信をもって適合させることができなければ、各人はその仕事と価値の相対性を感じるしかないのである[16]』。

私は以上のヴェイシーの解説が、レヴィン学長の講義がきちんと筋は通っていないが興味深い文章でもある、という、その理由を説明してくれていると思う。レヴィンは、大学の目的にたいするリベラルな理解を擁護するために、諸学問は合理性の帰納的形態と演繹的形態の双方を同時に提供できるのだと言いくるめようとしているのである。彼は、諸学問における訓練と西洋哲学の偉大な作品の読書とが民主主義を支えうる人々を生み出す、ということだけを肯定的に述べ、それ以外の功利主義的正当化は否認しているように見える。しかし、先に示唆したように、そうした説明は、レヴィンの専門である経済学も含めた多くの科目のための功利主義的正当化にたいしては、公平を尽くしてはいない。功利主義的正当化によって成立している科目で満ちていること、そのことが近代的大学の特徴なのであり、それはまさにイェールにも当てはまる。また、諸学問が自身を「純粋」学問として理解してはいないということも確かである。むしろ、それらは、全国学術基金（NSF）や全国保健機構（NIH）によって資金的に支援される研究テーマを追いかけており、その将来の展開の見込みによって正当化を受けているのである[17]。おそらく、それよりももっと問題なのは、レヴィンが合理性をめぐる彼自身の理解が問題性に満ちていることをまったく理解していないように見えることである。彼は、私たちがそこから解放されるべき「偏見、迷信、ドグマ」は、大学の知的発展によって決定的に問われようになったのだ、と理解しているように見える。[18] そうした見解から、彼は神学を棄却する。そして、明らかに、この棄却は理性に関する彼自身の諸前提から正当化される、と考えている。しかし、それこそまさに単なる恣意にすぎない。[19] このような神学の棄却は、実は、神学が大学の一つの学問として適切であるかどうかという問題よりも、リベラルな社会秩序の政治の問題のほうに、より深く関わっているのではないか、と疑われても仕方がない。神学が大学のカリキュラムにふさわしいものとして考えられていない理由の一つは、リベラルな社会が宗教的確信を私的なものとして保持しようと決意したということ――これが最重要の理由ではないとしても――である。大学のカリキュラムは、「論争を招く」と思われるどんな科目の設置も回避しようと、ますます決意を固くしているように見える。そういう科目はリベラルな社会における個々人の相互協力を保障するために必要な知識を示すものではないからである。

私がレヴィンの講演をアメリカの大学の「統合性欠如」を代表するものとして描き出すことが正しいとすれば、人はこうした統合性欠如が神学を近代的大学における一つの科目として再導入するチャンスだと考えるかもしれない。[20] すなわち、おそらく宗教研究の学部に特有な「方法論」の一つと考えられる科目としての神学である。もちろん、神学をそのように位置づけることは有利とはならないであろう。近代的大学においては「宗教学部」ほど論争の的になっている学部はないのである。[21] 実際、歴史学部や宗教学部が客観性と合理性に関する近代的諸前提からは最も乖離した学部である〔と見られている〕ことは、きわめて示唆的だと、私は思っている。

ジョン・ミルバンクは、近代的大学が自身の存在理由と見なしている条件が、彼が大学における神学の〔存在の〕ための冷笑的理由と特徴づけているものを提供しうる、と見ている。その冷笑的理由とは次のようなものである。すなわち、

「明白な統合性の欠如も、理性の批判的検証に耐え切れない能力の欠如も、それが現金と消費者をもたらすなら、問題とされずに済む。このポストモダンの時代においては、ただ形式的なだけの真理を客観的にリアルなものとして示し、それによって本質的なものの全領域を不可知論的諸力に明け渡してしまう、啓蒙主義の『自由で合理的な探究』は、そうした不可知論的諸力によって不可避的に侵略されてしまった。なぜなら、形式というものは、本質的なものをただ餌にして生きのびるだけで、けっしてそれ自体の純粋性のうちに存在するものではないからである。それゆえに、啓蒙主義は、最も純粋で最も無制約的な従って最も厳格な論理に、最も自由で拘束されない虚栄と流行の影響を加えた、ポストモダンな混合体に、進展していかざるをえないのである。〔その意味で〕『宗教学部』は、色々な仕方で、現代にうまく適合している。しかし、私たちは以下のような警告にも気づいていなければならない。すなわち、流行のポイントは変化するものであるという警告、また、宗教支持層もいつかは消滅していくか、あるいは、最もありうることとしては、彼らも変異し、どこか大学からは遠く離れたところで新たな顧客として現れるであろうという警告である〔そうでなければ、彼らにどんな未来が残っているだろうか〕」。[22]

4　神学と大学 —— ニューマンは助けになるか？

私が思うに、ミルバンクは〔以上のように論じることによって〕近代的大学の統合性欠如につけ入って神学のための場所を確保しようなどとは考えないようにと、私たちに正しく警告しているのである。以上に加えて私がミルバンクにいささか共感を禁じえないでいるのは、少なくとも大学の統合性欠如の理由の一つは大学が比類なく現実的なものを研究するという神学の課題を放棄したからである、という彼の主張にたいしてである。「諸学部の争い ―― 神学と諸学問の経綸」というその論文において、ミルバンクは、カントとは反対に、神学は今では大学の目的を再主張しうる唯一の学問であると、例の大胆な語り口で論じている。[23] そう言いうるのは、神学にとっての真理とは現実的なるものにたいする知の適切化であり、神のみがこの全く現実的な実在そのものであるからである。神は無限に現実的であり、かつ無限に認識する存在である。[24] それゆえに、問題は、大学における神学の正当性というようなことではなく、むしろ、すべての「他の学問が（少なくとも暗示的にも）神学に向けて秩序づけられなければ（すなわち——アウグスティヌス的伝統に沿って表現すれば——神の自己認識に参加するのでなければ）、それらは客観的にまた明示的に無意味であり無価値である〔ということである〕。そのとき、それらは、共に全体として、真理に欠けているということになる。諸学問は、何らかの意味を有するためには、かの適切化に参与しなければならないのである（単なる「統合性」は因習的な統合性や外見上の統合性に関わるだけだからである）」。[25]

私は、ミルバンクの立場がかくも攻撃的であるというだけで、彼の側につきたくなる誘惑にかられている。さらに、周知のごとく、こんな立場が大学において実現するはずもないと思えるので、ますます魅力を感じるのかもしれない。しかし、私たちは、それでもなお、ミルバンクの神学の説明は神学の課題をめぐる教会の理解にたいして適切であるのかどうかを問わなければならない。例えば、ニューマンが今日生きていたとしたら、ミルバンクが言ったようなことを言うであろうか。その問いに答えるためにも、しばらくニューマンの神学理解と大学における神学の役割の理解を見てみることは、価値あることであろう。

ニューマンの『大学の理念』はしばしば「リベラル・アーツ・カレッジ」を擁護するために用いられてきた。大学は第一に教えるために存在するのであり、新しい知識を創造するために存在するのではない、とニューマンは主張する。もちろん、彼は新しい知識の探求というものに反対しているわけではない。しかし、以上の主張が、この書物が将来世代に「偉大なテキスト」[26]を手渡すことに一生懸命な人々にアッピールしてきた理由の一つでもあるのである。私は「伝統」を守るためにニューマンを用いてきた多くの人々を疑問に付すつもりはまったくない。ただ、私は、そのような読み方が、知識というものについてニューマンが与えた繊細な説明にたいして、とくに神学の知の説明にたいして、公平を尽くしていない場合もありうる、と考えているのである。

例えば、『大学の理念』の冒頭における、「大学は普遍的な知識を教える場所」である、という主張は、しばしば、ニューマンを、知識とはそれ自体で完結的な自己目的である、ということを提唱した者として、近代的なニュアンスで、解釈してきた。[27] ニューマンが次のように論じたことはたしかに事実である。すなわち、「リベラルな知識」とは、「それ自身の主張に立つものであり、結果に左右されず、補完も不要であり、いかなる目的にも影響されず、いかなる技術にも呑み込まれることのないものである。そして、それは、知識がそれ自身をわれわれの観想にたいして正しく提示するためである」、[28] と。しかしながら、私は、ニューマンが、芸術のための芸術であるとか、それ自体で完結する自己目的としての知識であるとか、そういうものを推奨しているのだとは考えない。というのは、〔彼において〕決定的に重要な言葉は、「観想」("contemplation") だからである。ニューマンは、良きアウグスティヌス主義者として、観想の対象たりうるのはただ神のみである、ということを知っているからである。[29]

大学を構成する知は「何の役にも立たない」ものであるというリベラルな観念を支持してくれるものとしてニューマンを引き合いに出す、レヴィンのようなやり方は、ニューマンが「普遍的な知識」ということで何を意味しているのかを問い損ねている。ニューマンは、「普遍的」("universal") ということで、リベラルな学習を構成する諸々の学問はそれらの効用性によっては正当化されない、ということを、言おうとしているのではない。彼が言おうとしているのは、むしろ、すべての学問は相互に関連している、ということなのである。なぜなら、「宇宙 (universe) は、その長さと広さにおいて、密接に結合しているからである」。[30] 教育を受けるということは、あれこれの科目について、多く読み、あるいは、多く知る、ということではない。むしろ、それは、

「知性の真の拡大である。それは多くのものを一度に全体で見る力であり、普遍的体系のなかでそれぞれを確かな場所に位置づけ、ふさわしい価値を理解し、相互依存関係を定めることである。そうして、個々の知性

において設定される普遍的学問の形態であり、それぞれを完成するのである。このリアルな照明にとらえられると、理性は、学問の個々の部分を一つ一つ思い起こすことなしには、あるいはこの想起から起こる諸々の連想をもつことなしには、その学問の延長にある広範囲を見渡すことができない。それはすべてをすべてに関連させるのである。つまり、それは全体のイメージを個々の部分に伝達するのである。しかも、全体は霊のごときイメージになり、構成部分のすべてに浸透し、到達し、それらに一つの全体的意味を与えるのである」[31]。

ニューマンは、神学ではなく、哲学を、すべての科学とは区別される学問である、と信じている。すなわち、「ある意味で」、哲学は「諸学問の学問」である。ニューマンは、大学が多くの科目から構成され、いかなる者もそれらすべてを探究することはできない、と考える[32]。それぞれの技芸（art）の完成を保証するためにも、分業が必要である。ニューマンは、大学においては、例えば、富がどのように生み出されのかということについて、注目されるべきと考える。従って、そこでは政治経済学が期待されるのである[33]。しかし、哲学とは、そこで「一つの学問が別の学問を支えることに関する認識（comprehension）、またそれぞれがそれぞれを用いることに関する認識、またそれらすべてが相互を位置づけかつ制限し、また相互に適応しかつ相互を評価することに関する認識」が遂行される、「知性の習慣」である。ジェラード・ローリンは、ニューマンにとって、哲学とは「他の諸学問から区別された一連の知識というよりも、それらの学問がそれによって把握され、そうして統合される、いわば知性の鋳型である」と述べる。「それは、『多くのものを一つにまとめる知的な把握』である。それは、万物ではなく、万物の共同体に関する、統一された全般的理論である。まさに、それは、その普遍的な展望と理念における、大学それ自身である」[34]。

ニューマンにとっての哲学の意義が最も明確に示されているのは、まさに次のような彼の主張においてである。すなわち、その主張とは、「神学抜きの大学教育はまさに非哲学的である」ということである。ニューマンは次のように論じる。すなわち、「神学、つまり神についてわれわれが知る諸真理を体系化する、あの神の学問は、天文学と同様に、一つの場所を要求し主張する良き権利を有するのである」[35]。ここで注目すべきは、ニューマンは大学に神学を含めるための神学的議論を展開しているのではない、ということである。彼は、むしろ、知識の対象が真理であるなら、神学は —— これも一つの知識であるが —— 大学から排除されえない、と論じているのである。従って、

「知識の様々な部門 —— それらは大学で教えられるものである —— が、互いに関連しているものであるなら、そのどれもが偏りなく、他を完成させるものとして、無視されることはできないのである。また、神学が知識の一部門であり、広く受け入れられており、哲学の構造に属しており、表現できないほどの重要性をもち、卓越した影響力をもつものであるなら、これらの二つの前提からわれわれが引き出す結論は次のこと以外にはないのではないか？　すなわち、パブリックスクールから神学を撤退させることは、完全性を損ね、そこで実際に教えられているものすべての信用性を無価値にしてしまう、という結論である」[36]。

こういうわけであるから、他の諸学問は神学を必要とする。様々な学問の真理を保持するために、私たちは「真理全体」("the whole truth") をもたなければならない。神学は単にもう一つの科目ではなく、知識全般の条件なのである[37]。そのような真理は、科学、哲学、文学に浸透する「啓示された真理」を含んでいる。すべての学問が神学の欠如によって同等に影響を受けるわけではない。純粋数学はまったく損害を被らないであろう。化学は政治学よりは少ないがその〔神学が欠如していることによる〕違いを感じるであろう。政治学が感じるその違いは歴史学、倫理学、形而上学よりも少ないであろう。しかし、様々な科目が相互に関連するのに比例して、神学の排除による有害な影響は大きくなるであろう。例えば、哲学は、「教会の影を感じるとき」、道徳という大義に貢献するが、しかし、「それ自身の意思を有するほど強力なとき」、それが反対すべき悪に貢献する仕方で、倫理学の体系を形成する誘惑を

感じるであろう。[38]

さらに言えば、神学が他の諸学問を必要とする。[39] それゆえに、『大学の理念』の第Ⅳ講は「他の学問諸分野の神学との関連」（Bearing of Other Branches of Knowledge on Theology）と題されている。ニューマンにとって、教会はあらゆる事柄を「キリスト教的」に仕立て上げる試みには興味がないという、カトリックの信仰は真実である。なぜなら、大学は――神学を中心に据えていない世俗的な大学でさえ――関連のなかで真理を発見するという探求が失われない限り、カトリック的囲いの外で存在することはできないからである。[40] 真理は真理である。キリスト者は、真理を所有していると主張する必要を感じることなしに、自らが真理を発見するところで真理を受容する。[41] 結局、キリスト者は「すべて善なるもの、すべて真なるもの、すべて美なるもの、すべて益なるものは、それが偉大なものであろうと小さなものであろうと、完全なものであろうと断片的なものであろうと、自然的なものであろう超自然的なものであろうと、精神的なものであろうと物質的なものであろうと、そのすべては神から来る」と信じているのである。[42]

教会が大学における様々な学問や文献を支配する必要を感じていないということは、それらにたいする批判がなされてはならない、ということを意味しない。しかし、そのような批判がなされるのは、学問が行なう業それ自体にたいしてではなく、学者が施した学問にとって本質構成的ではないような理論や彼らが取った態度にたいしてである。問題は、大抵の場合、その方法論が許容する以上の説明を学問が行なおうとするときに起こる。例えば、人間は無限に続く肉体的因果関係の産物でしかないと断言されたら、そのような主張をする学問には何か深刻な誤りが進行しているにちがいない、と判断せざるをえないのである。[43]

それゆえに、大学は教会に関わる体質も有していると同時に、それから自立もしているのである。しかし、現実の観点から言えば、大学は教会からの支援なしに「普遍的な知識」を教えるという課題を成就することはできない。なぜなら、大学は、すべての被造物と同じ大学は教会なしにその健全性（integrity）を維持することはできない。なぜなら、大学は、すべての被造物と同じように、その本性に加えられる賜物を必要としているからである。それなしでは自然は不完全なままなのである。[44] あるいは、ニューマンが『大学の理念』で述べているように、大学は、必ずしもそのために教会を必要としない善である、知的教育という職能を有している。しかし、教会は、大学がその職能を遂行しうるように、大学を安定させる必要があるのである。[45]

さて、以上、ニューマンの大学をめぐる緻密でしかも複雑な説明、とくに大学における神学の役割をめぐる説明を跡づけてきたが、私がそれを十分に提示しえたというふりをするつもりはない。いずれにせよ、ニューマンは、いかにキリスト者が私たちの大学にたいして建設的な役割を果たしうるかということについて、非常に有効な一連の助言を提示してくれる。ニューマンは、ジョン・ミルバンクと同じように、大学を構成する多くの学問分野の傲慢さと狭量さが神学的に問題である、と考えたのではないか、と私は思っている。しかし、ニューマンは様々な学科にたいして神学に従えとは要求しなかった。私もそれは正しいと考える。ただ、ニューマンは、私たちの神学的課題は、大学の様々な学問分野がそれら自身の限界やまた可能性を、また他の分野との連携を探求する際の手助けをすることである、と説いているのである。私は、ニューマンが、そのような企ては結果的に大学の全学問に関する統一的な説明となる、と考えていたとは思わない。そうした結果はたえず次の段階の問いを招くであろう。〔むしろ〕神学の課題とは、正しくも、問われるべき問いを問うことを促す、ということなのである。

もちろん、今私がしるした一文をニューマンがしるすというようなことはなかったであろう。彼は、限界や可能性や他学科との関連をめぐる問いを提起するのは哲学者の役割である、と論じている。ニューマンの哲学者の役割に関する意見に私が反対する理由はない。私が懸念を感じているのは、ニューマンが哲学者の課題として理解した課題を、自らの課題と理解している哲学者は今やほとんど皆無である、ということである。哲学の「専門化」(professionalization) が今の現実である。哲学者は「専門家」(experts) になってきた。そこで、神学者の大学に関する第一の務めは、彼らがそれをするのに脇に押しやられてしまった仕事を、今度は哲学者がするようにと、彼らに要請することである、と思われる。

5　不満足な結論的後書き

さて、それでは、これでお終い、ということであろうか？　もし私たち〔神学者〕が大学に戻る方法を探し出そうとするなら、神学が哲学を必要とするという結論よりも、もっと大々的な結末があるべきだと、読者は考えるにちがいない。たしかにもっと多くのことが言われうるはずであるし、言われる必要があると思う。しかし、哲学の重要性に関するニューマンの主張は過小評価すべきではないであろう。もちろん、大学で哲学がその役割を取り戻すことよりもはるかに重要なことは、その役割それ自体である。すなわち、私たちは、とにかく大学においてニューマンが「普遍的な知識を教えること」と名づけたものを回復しなければならない、ということである。しかし、私たちが承知しているとおり、〔大学における諸学問の〕相互連関がどのようになされうるのか、またなされえないのか、そのことを判断し〔制度的に〕実現する責任を、誰も、どの学科も、どの部署も、課せられてはいないのである。その相互連関は、しばしば、非公式に、作り出されてはいる。しかし、それは、大抵の場合、幸運な偶然の出来事であり、これを前例とはしない、として行なわれるものである。

ニューマンが大学の核心と考えた、以上の〔諸学問の〕相互連関を構築できない状況を見ながら、ある人々は神学がその任務を引き受けるべきだと考える。もし神学が「すべてをまとめる」任務を遂行すれば、おそらく、神学は大学における一つの正当な学問として認められるにちがいない。しかし、それはきわめて不適切な戦略であろうと私は思う。神学者がしばしば大学での彼らの存在を自己推奨するような社交的知的計画を示すことを、私は知っている。神学者たちが他の学科の多くの同僚よりもはるかに広範囲にわたって研究するのは、私たちが大学の底辺を支える者として幸せな立場におり、他の同僚たちは私たちが何を考えているのか知る必要がないけれども、私たちは他の同僚たちが何を考えているかを知らなければならないからである。神学者たちがヘーゲルが言う〔主人にたいする〕奴隷の立場に自らを見出すことはとても良いことである、と私は考えている。

しかしながら、神学が「相互連関を作り出すこと」に専心することについては、もう一つの、より重要な理由がある。神学が語る知は、神に関する知である。もちろん、神学者は、そのような知はまず第一に否定的なものである、ということをただちに理解する。すなわち、私たちが神について語らなければならないことの多くが、実は、神についてどのように語ればよいのかを私たちは理解してはいないのだということなのであって、神学とはそのことを私たちに教える、いまだ途上にある学問なのである。しかし、私たちが〔神について〕語りえないということを知ったとしても、そのことは、神学者が、私たちが神について知られることまた知られないことを、私たちが知っているすべてのことから、完全に分離することができる、ということを意味しているわけではない。まさにそのことが、ニューマンによる次のような示唆は正しいと私が考える理由である。すなわち、その示唆とは、神学は潜在的に他の諸学問にたいして語るべき何かをもっているが、それと同様に重要なこととして、神学が神学であるためには他の諸学問から学ぶべきである、ということである。[46]

それゆえに、神学とは、知られていることのなかで、それが遂行しなければならない業にとって不都合なことは何もない、という「分野」なのである。しかし、先に示したように、そのことは、神学は、すべて〔の学問〕が「合致する」("fits") 場所を示す学問であることを約束することによって、大学におけるその存在意義を確立するよう努めるべきである、という意味ではない。そのような野望は無謀であろう。なぜなら、私たちは、私たちが知りえたことすべてが、事実、「合致する」ことが明白であるような時代には、生きてはいないからである。ただし、神学者は、せいぜい、哲学者の助けを借りながらではあっても、私たちが知っていることが、なぜ、かくもしばしば、ごた混ぜとなってしまうのかを、理解しうるように助ける必要はあるのである。

これは私自身の神学的確信から出てくることではあるが、神学が大学の諸学問の無秩序を整えて秩序化する学問の素振りをするのは愚かなことであるという、もう一つの理由がある。すべてをまとめようとする企画は、〔かつての〕キリスト教世界（Christendom）の習慣を再生しようとする懐古的な試みになるのではないか、と私は恐れている。このキリスト教共同体は、教会が至高の機関であったのと同じように、神学が至高の学問となるように、キリスト教大学を創造した。もちろん、私は、教会が、他のすべての忠誠心を相対化する仕方で、私たちの忠誠心を正当に要求する共同体である、と真剣に考えている。しかし、教会がそうするのは、教会は僕として統治するだけだからである。従って、神学は、謙遜ということがその働きを決定づけているときのみ、学問の「女王」なのである。

そういうわけで、大学のカリキュラムにおける神学の役割に関して私たちが直面する状況は、私たちが神学者として召命を受けている課題にとっては、多くの点で、好ましいものであると、私は思っている。現代の大学が示している諸学問の認識論的慢心を前にして神学が〔それが慢心であるという〕証明の重荷を負うことは良いことである。この挑戦は、私たちをより真実で誠実な神学者にするばかりでなく、神学的に思索する別の方法を発見する方向に導いてくれるかもしれない。かつての神学のやり方がやはり今日の神学のやり方であると考えることはもはやできないのである。もちろん、神学は、けっして、大学で受けを良くするような仕方で、なされるべきではない。神学は、神に栄光を帰し、神の民に仕える仕方で、なされるべきである。神学がそのようになされるとき、大学にいる人々は、神学者たちが語ることはきわめて興味深いというので、神学に関心をもつようになる、というのが、私がつねづね抱いてきた確信である。

この章のはじめに示唆したように、私たちは神学が神学部や宗教学部に格下げされえないということを見出すであろう。私は世俗的諸学問は世俗的であることを認められるべきだというニューマンの議論を評価する。しかし、キリスト者が教会を構成している諸実践を知的に真剣に受け止めるようになれば、経済学や生物学や物理学などにたいする私たちの考え方が、現在の大学で構成されているそれらの学問の在り方とは、いかに異なってくるか、ということに、気づくであろう。そのことは、経済学や政治学のような分野を支配する知的パラダイムを考えるときに、とりわけ当たっていると思う。[47] もちろん、問題は、大学でも、大学を構成している諸科目でもない。問題は、自身をキリスト者と認識している私のような人々である。すなわち、挑戦を受けているのは、大学で行なわれていること、行なわれていないことについて、これまでとは異なった仕方で考えるようにさせる、キリスト者としての生活を私たちが充実して送っているのかどうか、ということなのである。

しかしながら、私が確信しているのは、キリスト者が現在の大学にたいして否定的な見解をもつだけなら、神学が近代的大学において一つの科目となるということは起こらないであろう、ということである。私たちが知っている大学が深刻な問題に陥っているということは明らかである。しかし、そのことは、私たちが大学なしでもやっていけるということを意味しない。私たちはこれぞ大学と呼べる大学はそもそも存在しないということを覚えておく必要がある。そして、そのことが意味するのは、それぞれの大学は、そこで神学を教えるとすれば、それぞれに異なった挑戦を示してくる、ということである。神学がすべての大学がそれをカリキュラムに含みたいと願う正当な営みとして認められるためにも、神学者は恐れることなく神学の研究を続けなければならない。神学が意義あるものとして認められるために、神学者は語るべき意義ある何かをもたなければならないのである。

あらためてこの私たちの務めである学問を考えてみると、神学者が語るべき興味深い事柄を何も持ち合わせていないと想像するほうが難しい。神という存在を人間を退屈させるものものに仕立て上げるほうが難しいし、それを私たちの生き方や考え方にとってほとんど意味をもたないものだ言いくるめるほうが、かえって難しい。それゆえに、私たちの眼前にある挑戦とは、神学が重要であると大学の他の同僚たちに説得できるかどうか、ということではない。その挑戦とは、神学の主題が要求する喜びと確信をもって、神学の仕事を遂行しうるかどうか、ということなのである。[48]

第1章　注

（1）私は神学がキリスト者に固有な活動だとは考えていない。多くのユダヤ教徒の思想家が神学者であることは明らかである。私はイスラム教徒の思想家がしばしば神学を「営んでいる」と思っている。私が神学をキリスト教的なものと認識しているのは、それが自分が知っている神学だからである。しかし、私の感覚は、神学の必要性はユダヤ教徒、イスラム教徒、キリスト教徒によって異なるであろう、ということである。予感している。このことについて論じることはまた別の日に、また私よりこのことについてよく学んでいる人に譲りたい。この主題についての最善の研究は、デイヴィッド・バレルの『自由と創造』*Freedom and Creation*, Notre Dame: University of Notre Dame Press, 1993. である。

（2）レヴィン講演からの引用文の頁を記すことができないのは、それらがゼロックスの機械で切断されたからである。しかし、この講演は『イェール大学報』の3頁分をカヴァーするだけのものであった。

（3）レヴィンは、一八二七年のイェール・レポートが言う「精神の質」の意味するところと、それが世紀の転換期に意味するところとは、きわめて異なっていることに気づいていないように見える。『アメリカの大学の出現』*The Emergence of the American University*, Chicago: University of Chicago Press,1965. において、ローレンス・ヴェイシーは、イェールのノア・ポーターのような人々は、大学の課題とは学生たちを抽象的な諸科目において厳しく研究させ、彼らの精神的、道徳的能力を訓練することである、と考えたと指摘している。ヴェイシーは、ウイスコンシン大学のフレデリック・ジャクソン・ターナーが次のように以上の見解を例証しているのを引用している。「解答の見えない問題をけっして放置したままにしないという習慣を身につけた学生は、例えば、見慣れないギリシア語の動詞の意味の問題にぶつかった場合、その語源におけるあらゆる要素を分析し、またあらゆる要点を理解するまで探究を止めないという知性の習慣を獲得する。それがまた、法学上の詳細かつ複雑な問題を同様の精確さをもって解決する能力を、彼に授けることになるわけである」。レヴィンは、イェール大学が一九世紀には必修であったギリシア語とラテン語をもはや必修科目とは考えていないと指摘している。

（4）Veysey, p. 60.

（5）ヴェイシーは、民主主義の少なくとも七つ異なる意味が大学に適用されたと見ている。すなわち、⑴技術であれ小説であれ、すべての領域の平等性、⑵大学に参加するすべての学生たちの取り扱いの平等性、⑶大学に通学する者はすべて有資格者として入学を許可された者であるということ、⑷大学で教育された者は個人的成功に向けて位置づけられた者であるということ、⑸学問が社会全体に幅広く浸透することが願われているということ、⑹大学はその方向性を学問のない大衆から直接的に受け取るべきであるという理念、⑺個人の道徳性の高い標準を設定すること、である（pp. 63-4）。

（6）ヴェイシーは、エリオットが、イェール大学のハドリー学長の文書にたいして、いつものように大胆に、次のように応答したと報告している。すなわち、「アメリカの大学は中世の大学からも、中世の人々からも、学ぶことは何もない」（p. 94）と。

（7）Veysey, p. 114.

（8）Veysey, p. 142.

（9）エドワード・シルズは次のように見ている。すなわち、「いわゆる実用主義的で『物質主義的』な南北戦争後のアメリカ社会には、教会的なキリスト教の教義によって独占されることを止めた深い敬虔がなお残っていた。諸大学が根本的な知識をそれをもって探求した真剣さは以上の持続的な敬虔にとらえられた人々の尊敬を喚起した。彼らの根本的な学習にたいする関心によって、諸大学は、ある意味で、教会の後継者となりえたのである。より専門化された、より実践的な大学は、そのような継承性も、あるいは個人的支援者や州議員からの継続的支持も、獲得することはできなかった」。（" The Order of Learning in the United States: The Ascendancy of the University, " in *The Organization of Knowledge in Modern America*, edited by Alexander Oleson and John Voss, Baltimore: Johns Hopkins Press, 1976, p. 31.

（10）ノース・カロライナのトリニティ・カレッジの教授である、チャールズ・ジョンソンは、一八九二年に、文学的鑑賞力にとって必須であると彼が考える以下の五つの要素を確認している。すなわち、⑴母音および子音の「音韻的配列」にたいする評価力、⑵言葉の意味の認知力、⑶思考体系の認識力、⑷その著書を最高の良書とする、著者のパーソナリティの微妙な開示にたいする認識力、⑸創作における活力に満ちかつ一貫した性格の具体化にたいする認識力、である（Veysey, pp. 184-5）。

（11）しかし、「人文学」という表現が統一された学問を指すと考えるのは過ちである。一八八〇年代の終わりに人文学者たちは二つの異なったグループに分かれたと、ヴェイシーは記している。「文化」という言葉で確認された第一の陣営は、専門化と科学的正当化の傾向に抵抗する者たちであった。ドイツ的学術性に影響を受けた他の陣営は、高度な研究を提唱し、Ph. D. を伴うような学術性の正当化に必要な専門性を要求した。ヴェイシーは、前者は大学で訓練されたエリートと結びついた価値を信奉したが、キリスト教正統主義に伴なわれた過去から継承された諸科目を擁護することはしなかった、と記している。(Laurence Veysey, " The Plural Organized Worlds of the Humanities, " in *The Organization of Knowledge in Modern America*, edited by Alexander Oleson and John Voss, Baltimore: Johns Hopkins Press, 1976, pp. 35-6). *The Emergence of the American University* において、ヴェイシーは、リベラルな学習への傾倒がしばしばキリスト教神学の降格を意味したと見ている。これは文化の支持者が懐疑主義者であったということを意味するのではない。むしろ、宗教が彼らの学術的展望にとって中心的焦点ではなかった、ということである。ヴェイシーは、一八八一年に次のように宣言したジョン・バスコムを引用する。すなわち、「宗教が道徳の根底であるというよりは、道徳が宗教の根底なのである」(p. 203)。

(12) Veysey, *The Emergence of the American University*, pp. 213-4.

(13) しかし、看過すべきでないのは、大学の「成功」が必ずしも大学における学生たちの――教師たちと同様の――知への傾倒を意味したわけではないということである。ヴェイシーは、ほとんどの学部生は継続的な意味での大学での学習と自分たちとを同一化しなかった、と見ている。彼らはひた向きな職業人であるよりは徴兵された兵士に似ていたのである。ヴェイシーは「ある見方からすれば、大学は学生たちを――親の承諾を得て――一時的に留置する場所として存在していたのである」と述べて、以上の比喩を続けている(*The Emergence*, p. 269)。ヴェイシーは、ほとんどの学生は学習のための学習をしたことがなかった、と述べている。そのことは、運動、とくにフットボールの「目を見張る」台頭をよく説明してくれる。それは学部生の大学生活にとって(最も、ということはないにしても)一つの重要な側面であった。

(14) Veysey, *The Emergence of the American University*, pp. 302-11. ヴェイシーが学務担当副学長に言及していないのは、彼が記したのが一九六五年であったことを意味するだけである。

(15) Veysey, *The Emergence of the American Univercity*, p. 311.
(16) Veysey, *The Emergence of the American Univercity*, p. 311.
(17) 私は、八年間（飛び飛びの時期にではあったが）デューク大学の「採用・昇任・終身在職委員会」のメンバーであった。それは学内的には昇任、学外的には採用の件で学長を補佐する委員会であった。この委員会は、〔専門の〕「領域」をではなく、多様な領域の人材だけを判断していたが、そのことは現代の大学を構成する諸学問の多様性を示唆している。「領域」は、昇進や採用のために指定された人物が「その領域で最高の人材」であることを主張するために、ますます専門化してくる。委員会に出てくるその領域の委員長が、彼の学部の領域の一人のメンバーについてほとんど何も知らないのだということを暗示するのは、よくあることである。
(18) アラスデア・マッキンタイアの業績は、理性のための理性がただ可能であるだけでなく、人間を解放し自由にするものでもある、というレヴィンがしたような想定にたいする決定的な批判として立っている。まさに重要な発展の一つは、諸学問はその時間的空間的脈絡から切り離されるなら、不適切に理解されるのである、という認識の増大である。たとえば、デイヴィッド・リヴィングストンは、最近、「イギリス的学問」、「フランス的学問」「ロシア的学問」というように地域的形容詞を用いて、学問的ヨーロッパの勃興には地域的な特徴をもったパターンがあったのだと、適切に論じている（*Putting Science in its Place: Geographies of Scientific Knowledge*, Chicago: University of Chicago Press, 2003, p. 15）。リヴィングストンは、近代の実験室の発明が「場所に限定されない」科学の創造の試みであったことは否定しないが、実験室の学問でさえ、地域的になるものである、と論じる。それゆえに、異なった実験室から〔同一の〕結果を再生することが困難であるという問題も生じるわけである。リヴィングストンは、「科学」という言葉は「そのレッテルのもとで取り引きし合っている共通点のない活動を仮面で覆う、想像上の単位」なのではないか、と疑うのに十分な理由がある、と論じている。
　ジェイムズ・ガスタフソンは、『信仰の検証 —— 自分を疑うことの恵み』*An Examined Faith: The Grace of Self-Doubt*, Minneapolis: Fortress Press, 2004. で、学部生が学ぶ多様な学問や諸科目によって生み出されている不調和について、またその不調和が学生がしっかりした神学的確信を維持するのをいかに困難にしているのかということについて、説得的な説明を提供している。ガスタフソンは、「学部生のためのカリキュラムが、彼らが──神学は言うに及ばず──人間科学や人文学のなかにさえある不調和についても熟考できるような、また彼らに露わにされている他の選択肢をも検討できるような、そうした学問的雰囲気をほとんど提供していない」ということは、不幸なことだ、と見ている (p. 32)。

(19) 大学の多様な科目における多様な理論の形態の説明が可能なのかどうか、私にははっきりしない。「採用・昇任・終身在職委員会」に奉仕することで、私は、様々な学問分野がその分野で優秀な業績を叙述するのに特別な言葉を用いることを学んだ。例えば、物理学において最善の研究は「エレガント」だと言われる。それが意味しているのは、その研究の諸含蓄も、あるいは研究それ自体も理解されないかもしれないが、そこで用いられている数学は非の打ち所のない美しさをもっている、ということらしい。数学の業績も時折、エレガントだと言われるが、数学者たちは大抵は最高の研究を「深い」と表現する。深い数学とは、通常、数学の共同体でよく理解されていない数学のことである。ただし、「深い」と言われたことが一般に理解されるようになると、それは応用数学になる。生物学の業績は、通常、「興味深い」と表現される。それが意味するのは、その研究が、かつて私が理解できていなかったことを理解し、「分かる」ようにしてくれる、ということである。社会科学で用いられる主要な言葉は、「頑健な」、「力強い」、「有用な」である。「確固とした」が通常意味しているのは、その研究が最初提示しようとした諸含蓄よりもさらに広範な諸含蓄を同僚の社会科学者たちに提供してくれるような、そうした業績のことである。人文学においては、業績は「影響力がある」と表現される。それは、その主題について何がしかをしっている他の学者たちの知性を変化させるような研究を意味する。人文学の領域、例えば哲学では、この研究は力強い議論を提示している、と表現される。私はしばしば神学を最もよく叙述するのは「忠実である」(faithful) という言葉だと考えている。そうすると、神学は社会学よりも数学や物理学に近い学問だということになるのかもしれない。少なくとも、数学と物理学においては、依然として、最高の研究は、「これは真理に関わっている」というふうに、表現されている。

(20) ある人々が、アメリカの大学を「統合性欠如」(incoherence) 状態と描き出すのは不適切である、と考えるのも尤もかもしれない。結局のところ、私たちの社会におけるどれほど多くの制度が「統合的」(coherent) なのであろうか。「統合性欠如」という表現はほとんどの教会についても当てはまるのではなかろうか。この表現で私が意味しているのは、大学は一体何のために存在するのか、あるいは大学は誰にたいして奉仕するのか、誰もそのことを発言する権威をもつ者がいない、あるいは誰もそのことを言うだけの知的資源をもつ者がいない、ということ、まさにそのことである。人は、大学が何のためにあるかという問いにたいして幾つかの回答ができるし、また回答すべきであると、私は考えるが、しかしそれらの回答が相互に筋が通るものであるかどうか、けっして明らかではない。それゆえに、ヴェイシーの近代的大学の発展の説明は重要なのである。それによって彼は私たちが次のように理解するよう助けてくれた。すなわち、大学が「管理されうる」のである限り、私たちが大学の存在理由を性格づける活動の「統合的」説明を提供できるようになる必要はない、ということである。全体として、大学はその活動を統合的に説明する可能性を超えてしまっている、と主張する論文集としては、*The Postmodern University? Contested Visions of Higher Education and Society*, edited by Anthony Smith and Frank Webster, Philadelphia: Open University Press, 2002. を参照のこと。論文 "The Postmodern University" で、ピーター・スコットは、最近の大学について考え始める自然な出発点は、私たちの住んでいる世界において知はどのような特徴を帯びているのかを知ることである、と見ている。しかし、その「特徴」は規則性を示唆しており、それこそ私たちの世界における知が有していない特徴である、と見る (p. 36)。このような世界で、ジグムント・バウグマンは、今、知識人を特徴づける権威は、デカルト的コグニト〔我思うゆえに、我あり〕ではなく、「私について語られているゆえに、私はある」(pp. 21-2) だと示唆している。

(21) 宗教研究にたいして何らかの統合性を設定することが可能か否かという問題を論じた多くの文献を引用することは可能かもしれないが、それはまた別の機会に譲ろう。ただし、ある〔特定〕宗教「に関する」講義を〔客観的に行なうことと主観的に行なうことへと〕分離することは、講義者がその宗教への帰依者である限り、いかに困難なことであるか、という問題が存在する。そうした問題に関心をもつ、とりわけ正直で啓発的な論文を紹介するとすれば、次のものである。すなわち、Martin Jeffery, "Personal Self-Disclosure, Religious Studies Pedagogy, and the Skeptical Mission of the Public University," *Bulletin*

of the Council of Societies for the Study of Religion, 33/2, April 2004, pp. 29-34。そのシカゴ大学での博士論文 "*Uses of Religion: The Dual Role of College Religion Departments at Mid-Century*", June, 2002. で、ロバート・ウイルソン－ブラックは、今世紀半ばの宗教プログラムの設立者たちは、内部的な対立とまではいかなくとも緊張を含んだ状況に直面しつつ、宗教学部を造り出した、と論じている。「大学の管理者たち、多くの教員たち、そして卒業生のリーダーたちは、西洋的道徳と市民的価値観を含んだ宗教コースを望んでいた。同時にまた、そうした学部では、学生たちは、自らはある特定の宗教的価値観への帰依者でありつつ、同時に、その外側に、あるいはそれに加えて、宗教を継続的な学問的科目として認識するようになることが、期待されていた。結局のところ、これらの設立者たちにとって、究極の問いは次のようなものとなった。すなわち、そこで教える者は、いかにして、自ら帰依しているキリスト教信仰と生活から、宗教学の教授としての自己を分離するか、ということである。キリスト教的生活は西洋文明および高等教育の危機を克服する要素として期待されていたものである。しかし、宗教学の教授はまた、そうしたキリスト教信仰への自らの帰依を疑いの横目で見ている学問的同僚たちにたいして、自らの学者としての信頼性を確立することが求められた。一九四〇年から一九五〇年にかけて彼らの宗教プログラムを設置していくなかで、多くの設立者たちは宗教学の講義を、哲学などの学問的諸科目や『教会』や『教派神学』や『キリスト教』や、はたまた『キャンパス礼拝プログラム』から区別しようと試みることで、以上のような矛盾する要求に対処したのである。彼らによる宗教学の講義の有用性のための熱弁やカリキュラム改善やその他の議論は、この宗教学部の自己同一性のための断片的な確認を提供した〔にすぎなかった〕。そして、その残滓は今日まで存在しているのである」。

(22) John Milbank, "The Conflict of the Faculties: Theology and the Economy of the Sciences," in *Faithfulness and Fortitude: In Conversation with the Theological Ethics of Stanley Hauerwas*, edited by Mark Thiessen Nation and Samuel Wells, Edinburgh: T&T Clark, 2000, p. 40.

(23) ミルバンクは、明らかに、読者にカントの有名な「諸学部の争い」を思い起こさせるために、またもちろん、カントの立場に対抗して議論するために、論文の題をそのようにつけている。カントは、法学と医学と神学を上級学部として、下級学部〔哲学部〕

から区別した。前三者が大学に上級学部として存在したのは、それらがただ政府にとって有用であったからである。下級学部は、〔カントによれば〕より上級の秩序によって採用される教育によって構成される学部ではなく、自由で自律的な理性によって構成される学部である。カントは、ほとんどの人々が上級学部によって説得されたのは、彼らが指導されることを、あるいは言いくるめられることをさえ、自ら望んでいたからである、と見る。しかし、カントは、政府が上級学部だけを権威づけることが無政府状態を招くことになるのだ、と論じる。政府は、いかなる歴史的主張も合理的源泉を有しているのだと断言するために、下級学部に服す〔べき〕上級学部の真理に肩入れするのである。カントは、キリスト教が合理的宗教の最も適切な形態であると論じるが、下級学部が〔そのキリスト教教義にたいする〕釈義によって審判〔者の位置に〕に立つべきだと主張する。カントはまた、三位一体の教理は、「字義通りに取れば」、実践的適合性をもつと考える理由はない、と見る。従って、カントは、「歴史的信条は義務であり、それは救済にとって本質的なものである、と主張することは、迷信である」という、直截的な断言にまで至るのである（Immanuel Kant, *The Conflict of the Faculties in Religion and Rational Theology*, translated and edited by Allen Wood and George DiGiovanni, Cambridge: Cambridge University Press, 1996, pp. 238-338; the last quoted is from p. 285）。

(24) Milbank, pp. 42. 神学が現在、主として神学校でなされているということが、問題の一部である。教会の規範的学問としての神学は、牧会伝道のために人々を訓練するのに重要なのだ、といみじくも考えられているが、しかし神学は〔そこでは〕「専門的な学問」ではない。もしミルバンクが正しければ —— 私は彼は正しいと思っているが —— 神学は、大学が公言する目的を掲げることを願う、大学のカリキュラムの一部でなければならない。

(25) Milbank, pp. 45-6.

(26) ニューマンは、『大学の理念』の序文において「発見」と「教育」を区別している。*The Idea of a University*, edited with Introduction and Notes, by Martin Svaglic, New York: Rinehart, 1960, p. XL. 人はニューマンには遠慮して反対しないのがつねである。しかし、私は、彼が発見と教育を厳格に区別するのは間違いだと思う。私は彼が単純に分業を考えたのだと思っている。しかし、良い教師というものはすべて、教えることは発見をまた求めるということを、発見していると考える。アクィナスは、発見することと教えることとが分離できないということの、一つの例証として存在している。

(27) 私は *The Idea of a University*『大学の理念』というタイトルは、しばしば人々を誤解させていると思う。彼らは「理想」(Ideal) や「本質」(essence) を意味していると考えてしまうが、しかし、イアン・カーが明らかにしているように、ニューマンが「理念」と言う場合、それは、現実の多様な側面間の関係を理解する私たちの能力を徐々に成長させるもの、を意味しているのである(Ian Ker, *John Henry Newman: A Biography*, Oxford: Oxford University Press, 1988, pp. 302-3)。それゆえ、ニューマンは、'The Idea of a University' という書物は、存在していない理念ではなく、彼が存在してほしいと願っている理念を推奨する書物なのだ、と考えていた。*The Idea of a University* というタイトルのなかの不定冠詞"a"を無視しないことが、非常に重要である。ニューマンは大学は〔それぞれの〕歴史 (a history) をもつということを承知していた。それゆえ、ニューマンの *Rise and Progress of Universities and Benedictine Essays*, Notre Dame: University of Notre Dame Press. 2001. を、『大学の理念』を補足するものとして、読むことは重要である。ニューマンにとって大学は、その名を冠する機関がなかった時でさえ、存在していた。例えば、彼は、学びへの意欲と教師を求める願いのゆえに、大学はつねに存在し、また繁栄してきたのだ、と言う。需要のあるところ供給はあり続けてきたのである (*Rise and Progress of Universities*, p. 51)。大学は金持ちの援助をしばしば享受してきたが、教師たちは、彼らの教えることが本質的な価値をもち、また魅力をもちさえすれば、それだけで、強かったのである (pp. 164-5)。ニューマンにとって大学は確かに「理念」であった。しかし、その理念を教えたり、学んだりする現実の人々が存在しない限り、それは残念ながら単なる「理想」になってしまう。さらに言えば、大学は存在する場所をもっていなければならない (p. 24)。それは、大学の「理念」は、時代と場所が多様に変化していくにつれて、きわめて多様な形態を取る、とニューマンが理解していたことを意味している。

(28) Newman, *The Idea of a University*, p. 81.

(29) グレゴリー・ジョーンズは、ニューマンが「知のための知」を推奨していることを、批判する。つまり、そうした知にたいする見方が擁護されうるのは、それが、私たちの神への礼拝によって構成される、より包括的な目的と共に位置づけられるときにのみである、と見ている（未公刊の論文 "Do Universities Still Care about Ideas? Newman's Proposal and its Implications for Christian Higher Education"）。しかし、ジョーンズはニューマンと一致していると思う。ジョーンズが言うことはニューマンがまさに言おうとしていることである。問題が起こるのは、ニューマンの大胆な意見の幾つかが彼の神学的枠組みから無関係に抽出されるときである。ニューマンは専門職の教育のコースを拒否してはいないとジョーンズは見るが、ニューマンはそのような教育は大学の第一の目的ではないと考えている。ただし、ニューマンはそうした教育は大学ではもっと良く教えられるとも考えている。

ニューマンの、知それ自体を目的とする知、という見解は弁護できるものと考えるが、彼が知と徳とを分離するのは間違いだと思う。哲学は、どんなに啓蒙されようとも、感情に命令はしないものだ、と彼は論じる。そして、それはたしかに、哲学が一つの科目にすぎないという —— もちろん、それはカリキュラムにおいては最も重要な科目であるのだが —— 見解を受け入れることである。そのことを断わった上でのことであるが、私は、「リベラルな教育が作るのは、キリスト教徒やカトリック教徒ではなく、紳士である」、とニューマンが言うのは正しいと思っている（*The Idea of a University*, p. 91. を参照）。ニューマンの『大学の理念』をめぐるその説得力のある再検討において、ヤロスラフ・ペリカンは、知のための知、という原理は、「より広範な、より包括的な、一連の第一原理と共に、すなわち、それらは（アリストテレス学派がしたように）『知的美徳』という題目のもとに、統合されなければならない」と論じる（*The Idea of the University: A Reexamination*, New Haven: Yale University Press, 1992, p. 43.）ペリカンはいみじくもアリストテレスに注目するよう促すのだが、そのことが意味しているのは、知的美徳は道徳的美徳とは分離できない、ということである。プリンス・エドワード島大学の会議でのその論文「信仰、自由、高等教育機関 —— 二一世紀における大学論」"Faith, Freedom, and the Academy: The Idea of the University in the 21 Century", October 1-3, 2004. で、イアン・カーは、ニューマンが「紳士」の語によって意味したことは階級とは関係なく、むしろ彼は紳士とは教養ある人物のことである、と考えていたと、説得力をもって論じた。カーはまた、ニューマンが、そのような人物はキリスト者であるだろうし、あるべきだ、と考えていたと主張した。

（30）Newman, *The Idea of a University*, p. 38.

（31）Newman, *The Idea of a University*, p. 103. その著 *John Henry Newman: A Biography*, 1988. とくにその九～一〇章で、イアン・カーはニューマンが普遍的（universal）ということで「全体」における〔諸構成要素の〕相互関連の把握ということを意味していた、と強調している。

（32）ニューマンが「一般教養科目」（liberal arts）で構成されるコア・カリキュラムの擁護者であると主張する人々は、しばしば、彼がアイルランドのカトリック大学で「アイルランド研究」が学科の一部として教えられるべきだと強く主張していたことに気づいていない。キャサリーン・テイルマンは Newman's *Rise and Progress of Universities and Benedictine Essays*, Notre Dame: University of Notre Dame, 2001. の序論で、ニューマンはアイルランドの歴史と考古学の講座を担当していたユージン・オカリーの講座に「いつも出席していた」と記している（p. LXXIII）。ニューマンがオカリーの講義に出席していたことは驚くべきことではない。なぜなら、ニューマンは六～七世紀のアイルランドがキリスト教を救ったと考えていたからである。彼は、「アイルランド人の天賦の能力の輝きは時おりギリシャ人と同様に気まぐれや変遷の予兆でもあると考えられてきたが、彼らの昔の敵対者たちが信仰の賜物を失った後もずっと、この諸聖人の学問を信じ続けてきた」、と述べている。

（33）ニューマンは、『大学の理念』で、次のように述べている。すなわち、「政治経済学は富に関する学問である、と私は思う。それは端的に合法的で有益な学問である。というのは、名誉を追求することが罪ではないように、金儲けも罪ではないからである。ただし、それは同時に危険な学問でもあり、罪への機会を誘導するものでもある。同じことは名誉の追求にも当てはまる。従って、もしそれ自体で研究され、『啓示の真理』（Revealed Truth）の統御から離れてしまえば、必ずや投資家を非キリスト教的な結論へと導くのである」（p. 64-5）。さらに、ニューマンは、すべての技芸はそれを教授する者を一つの研究に拘束することによって改善される、と論じる。しかし、その技芸はそうした集中によって向上するが、その学問分野に従事する個人は「後退する」。ニューマンによれば、共同体が有する利点は、そのような集中した研究に専念する者〔が有する利点〕とは、反比例するものである、ということである（pp. 127-8）。

（34）Gerad Loughlin," The University Without Question: John Henry Newman and Jacque Derrida on Faith in the University", unpublished paper, pp. 18-9. 引用文内の再引用は *The Idea of a University*, 1852, p. 423, 421, 428. より。ローリンのニューマンとデリダをめぐる省察はニューキャッスル大学の宗教学部の閉鎖を機会とするものであった。その数年前に哲学部も閉鎖されていたが、ローリンはその際、副学長に、哲学部のない大学というのが可能なのでしょうか、と質問した。副学長の回答は、宗教学部もなしでも大学は可能である、というものであったが、彼はその理論的可能性を現実のものにしたのであった、というのが、ローリンの報告である。

　ニューマンの哲学の役割の理解とアラスデア・マッキンタイアのその説明とを比較することはきわめて啓発的であろうと思う。Alasdair MacIntire," Aquinas' Critique of Education: Against His Own Age, Against Ours", in *Philosphers on Education: New Historical Perspective*, edited by Amelie Oksenberg Rorty, London: Routledge, 1998. マッキンタイアは、ニューマンと同様に、神学がそれについて語りえて、哲学はそれについて何も知らない事柄が存在し、他方で、哲学のみが解答しうる類の問いが存在する、と論じる。しかし、また、哲学と神学とが共有する、人間の本性をめぐる一連の問いが存在するのである。そこで、マッキンタイアは、神学者が人間の状況や神の摂理や律法や救済と恩寵といった事柄について語る際には、哲学の助けを借りることなしには、その務めを果たすことはできないのだ、と論じる。つまり、神学者は、人間の力や理性や意志について、また人間の究極的な善との関係について、語ろうとするなら、哲学者にならなければならないのである (pp. 98-9)。私は、マッキンタイアが神学と哲学とのあまりに厳格な区別にこだわるので、時おり、彼を批判してきたが、神学者は哲学をする必要があるという点では、彼はまったく正しいと思っている。プリンス・エドワード島大学で発表された、イアン・カーの、ニューマンの『大学の理念』に関する論文で、カーがニューマンの「哲学」観について想起させてくれたことは有益であった。カーによれば、哲学ということで、ニューマンは、平衡性、中庸性、そして智恵によって性格づけられた知性の習慣ということを意味したのであった。それは大学における一学部としての哲学ということではないのである。

（35）Newman, *The Idea of a University*, pp. 31-2.

(36) Newman, *The Idea of a University*, pp. 52.　ニューマンの「パブリックスクール」への言及は彼の言説は大学には適合しないということを意味しているのだ、と言ってしまえば、それには異議が唱えられるかもしれない。ニューマンはたしかに、学校や単科大学は総合大学とは区別された仕方で「道徳形成」を適切に考慮すべきである、と論じた。しかし、私は、彼は神学が学校と単科大学だけに関係し総合大学とは関係しないと主張している、とは考えない。ニューマンはまた、彼が必要と考える神学は自然神学である、と信じている。しかし、引用したのと同じ頁で、彼は自分がカトリック教徒ではない人々のことも考慮していたので、ただそう述べたとも言っている。さらに、彼は、神学がそれ自身の適切な研究を行なうためには、もっと多くのことが「啓示された諸事実と諸原理」についてでなければならない、と示唆する。

(37) Newman, *The Idea of a University*, p. 52. ニューマンは彼のいう「神学」は「自然神学」であると主張する。なぜなら、彼はカトリック教徒ではない人々を「納得させたい」からである。しかしながら、彼は、「誰も、自分が今想像しているよりもはるかに遠くへ進むことなしには、知的な創造主の教義を十分に習得し教えることができるように自分自身を整えることはできない」(p. 52) と述べる。従って、ニューマンが主張していると思えるのは、自然神学は啓示の諸真理を要求するということ、そして、それらは、「他の諸学問にたいして、それらがけっして到達しえないがそれでもそれらに託された諸事実を提供するということ、そして、自然神学は、諸学問が自分たちに託されたと想像する見せかけの諸事実の妥当性を否定するのである」(p. 54) ということである。「事実」ということによってニューマンが意味しているのは、解釈を受けないままの「事実」ということではなく、むしろ誰かがあれやこれやのその重要性を私たちに示すことによってのみ、私たちが知りうるような事実のことである。

(38) Newman, *The Idea of a University*, pp. 155-6.

(39) ローリンはニューマンの見解を正しく描き出している、と私は思う。彼はそれについて次のように述べている。すなわち、「知を探究する務めは諸学問に分割される。『ある学問が遠くにあるとき』、私たちは真理にたいする『不完全な理解力』しかもたない。すべての学問は真理の探究のために、それがなされる大学において、必要とされる。こうして、ニューマンが私たちに示すのは次のような見解である。すなわち、創造主との関係のうちにある、創造の統一的な存在が、私たち〔人間〕という特別でしかも有限な者たちによって、無数の相互関連する学問を通じて、研究されなければならない、という見解である。これはたしかに真理の学際的な探究である。そして、この協働は神学と他の諸学問との相互依存関係を含むのである。神学は、創造者がかつて存在へと呼びだし今も存在させておられる世界に関するそれらの学問による研究を通じて、神学自身に固有な神的主題を研究するわけである。ニューマンの説明に則れば、神学は「諸学問の女王」としてではなく、同等のもののうちの最初のものとして登場する。なぜなら、神学において知られる真理こそすべての学問の根本的条件だからである」(pp. 18-9)。教会は「学問を恐れることはない。それは、すべてを浄化する。すなわち、それは、私たちの本性のいかなる要素をも抑圧することなく、むしろ全体を培う(cultivate)のである」(p. 178)、とニューマンは指摘する。

(40) Newman, *The Idea of a University*, p. 163.

(41) ニューマンは次のように見ている。すなわち、「教会の真の政策は、文学を世俗の学校から排除するということではなく、自らの判断でそれを承認するということである。教会は学問を恐れることはない。それは、すべてを浄化する。すなわち、それは、私たちの本性のいかなる要素をも抑圧することなく、むしろ全体を培うのである」(p. 178)。

(42) Newman, *The Idea of a University*, p. 50.

(43) Newman, *The Idea of a University*, p. 44.

(44) Newman, *Rise and Progress of University*, pp.180-3.

(45) Newman, *The Idea of a University*, p. XXXVII.

(46) 従って、ガスタフソンの *An Examined Faith: The Grace of Self-Doubt* における、神学は大学の諸学問により提示される挑戦を避けることはできないし、またすべきでもない、という主張に私は同感である。しかしながら、ガスタフソンは、私が可能であると思うより、もっと容易に、そうした挑戦は位置づけられると考えている。神学と諸学問を統合しようとするどんな努力も無益である、とするガスタフソンは、たしかに正しい。しかし、ガスタフソンは、学問の成果はつねに神学者にたいする挑戦となる、と考えているようである。確かに、幾つかの学問的成果は、挑戦となるかもしれない。しかし、衝突の原因となりそうなのは、「それらの成果であるよりは〕その学問に潜在している形而上学的主張のほうである。例えば、もし物理学が、機械論的因果関係がすべての変化を「説明する」、ということを示す学問であると考えられていたとするなら、神学と物理学との間に本当の衝突が起こると私は思う。例えば、ケネス・ミラーは、いみじくも次のように見ている。すなわち、世界に関するダーウィン説の中核で主張される「偶然性」は、「神の観念と一致するばかりでなく、真に個別的な物理学的現実が存在することのできる唯一の方法である」（*Finding Darwin's God: A Scientist's Search for Common Ground Between God and Evolution*, New York: Harper, 1999, pp. 234-5）。ミラーは、科学者として、神を宇宙の形而上学的調度品の一つとしないという良識をもっている。それゆえに、彼は、「進化は操作されない」、そして、彼の神への信仰は「ゲームを定めている神を措定するようなことを要請しない」（p. 238）、とまったく正しく論じるのである。

（47）私は、もちろん、経済学のみならず他の多くの社会科学における、合理的選択の支配ということについて考えている。私は合理的選択から学ぶべきものは何もないと言いたいのではなく、その「方法」が挑戦されるべき人間の協働についてのリベラルな前提を明らかに再生するように思える、と示唆しているのである。

（48）同様に決定的なことは、神学の研究がなされることを要求する人々がいるかどうか、ということである。私はこの章で大学に焦点を当ててきた。しかし、大学と同様に重要なのは、大学の研究がなされるのを要求するだけでなく、それを必要としている、教育を受けた一般の人々（また教会）が存在するかどうか、ということなのである。現代の大学が直面している最も深刻な問題は、そのような一般の人々の消失ということである。この問題をアラスデア・マッキンタイアほど明確に理解している者はいない。彼は次のように述べる。すなわち、「専門の哲学者や政治学者ではなく、ごく普通の人々が、これらの問題に関して、体系的で理論的な討論に共に関わることのできる制度的な舞台は、私たちの社会には存在しない。本当は、そこで、理論的に根拠の確かな意見や、政治的に実現していくかもしれない共通の考え方が、表明されるべきなのである。しかし、現在の社会生活の組織を支配する諸形態は、そうしたタイプの制度的舞台を出現させることにたいしては不利に作用する。政治的言説として通用するものを支配する諸様式も、結局は妨害的に作用しているのである。私たちは、実践的に効果のある社会思想を維持するために必要な、教養ある一般の人々を、擁してはいないのである。その代わりに、私たちが現代社会で有しているのは、個別の小規模な学術集団を一つにまとめた団体〔大学〕である。その各々の集団のなかで理性的言説が展開されてはいるのだが、しかし、その言説は社会生活を営む態度にたいして実際的影響は何も与えていない類のものなのである」("Some Enlightenment Projects Reconsidered," in *Questioning Ethics: Contemporary Debates in Philosophy*, edited by Richard Kearney and Mark Dooley, London: Routledge, 1999, p. 257. マッキンタイアは彼の論文のなかで、学識ある一般人とはどのようなものであるかについて、その一例を展開している。"The Idea of an Educated Public," in *Education and Values: The Richard Peters Lectures*, edited by Graham Hudson, London: University of London Institute of Education, 1987.

第2章　廃墟をあとにして——福音と文化形成

1　ブルースとルイーズと共に過ごしたアイルランド

私たちはアイルランドのケリー州にあるディングル半島にいた。ブルースとルイーズ・ケイ夫妻と休暇を過ごすのは、それが二度目の休暇であった。一度目は、彼らの息子ナイゲルがケリーと結婚式を上げるために彼らがこちらに来たときのことで、そのあとにアメリカ西部を見て回った。アメリカ西部には素晴らしい風景があるが、有名な中世のカテドラルというものはなかった。私たちが訪れたアリゾナには、「古代の人々」によって作られた珍しい岩窟住居の遺跡があるが、息を呑ませられるのはグランド・キャニオンや、モニュメント・バレーといったものだった。アイルランドの場合は、そうではなかった。アイルランドの風景は美しく、しかも過去の住人たちの遺跡で満ちていた。

さらに、その住人たちはおよそキリスト者たちであった。そこにはもちろん、円形の砦や蜂の巣型の小屋、印象的な支石墓、神秘的なストーン・サークルのある新石器時代のアイルランドの姿があった。しかし、時折妻パウラと私が何度もアイルランドへと呼び戻されるのは、そのキリスト教の遺跡のためであろう。ブルースとルイーズが私たちとアイルランドでの行動で休暇をともにしてくれたことによって、この特筆すべき国への愛を分かち合うことができたのは、この上ない喜びであった。

私たちはゴールウェイから運転を始め、バレンを抜けて、ディングルまで来て、休憩した。ディングル半島はケリー周遊路ほど有名ではないし、ディングルにはケリー州の山々にあるほどの高さはないが、それとはまた別の固有の美しさがあった。くわえて、ディングルはガララス礼拝堂のある場所でもある。それは特筆に値する教会であり、全体がドライストーンの石造でできており、壁は四フィートの厚みがある。七世紀初頭に作られたものらしい。これはかつて祈りと学びを共にしていたアイルランドの修道士が特異な発達を遂げたという証拠であろう。アラン諸島にある聖フィニアンの小さな岩小屋を一目見れば、かの修道士たちが一体どうやって、このように孤立し荒れた場所で、学びへの従事を持続するなどということができたのか、驚嘆せずにはいられない。推測ではあるが、もしかしたら絶え間なく祈るために孤立を求めた修道士たちは、あの岩だらけの場所を勉強に理想的な場所と考えたのかも知れない。

ガララス礼拝堂をあとにして間もなく、私たちは次の修道院の遺跡を探した。地図に場所が記されていない上に（アイルランドではよくあることだ）、道中の案内板もしっかり表示されていなかったが、努力の末なんとか探しだした。そこは質素な廃墟であったが、初期アイルランドの古典的な修道院の様式に見られる円形の囲い塀を有し、その中には円形の石の小屋に囲まれて小さな長方形の教会があった。これら修道院の様式は、おそらくグレンダーロッホとクロンマクノイズで最も劇的に例示されているものであると思われるが、共同体において聖務に従事していたアイルランドの修道士たちが、その祈りを守るためのものであった。もちろん、共同体の中にいることは、神学的な理由にのみよるのではなく、ノルウェー人や海賊といった略奪者たちに殺されることを避けるために必要だったからである。それゆえ、修道士たちや村人はだいたい修道院の近辺にあるあの特筆すべき円形の石塔に住み、自らの身を絶え間ない侵略から守っていたのである。

しかし、私たちがディングルで見つけた小さな修道共同体の廃墟には、その巨大な円形の塔はなかった。そこに残っていたのは、周囲の壁と教会と小屋の基礎の部分だけであった。私たちがその修道院を見に行くために農場をつっきっていくと、これもアイルランドではよくあることだが、羊たちがそれを囲んだ。囲い塀の内側へと入っていくと、ブルースが七世紀から残されたこの質素な廃墟に対して、心を打たれているのが目に見えてわかった。「あの修道士たちが祈りと学問に生涯を捧げたことによって、彼らは私たちがキリスト者であることを可能にしてくれたのだ」とブルースは言った。「それらの人々に対して、そして私たちがこの場所に来ることが許された名誉に対して、腰を下ろし神に感謝を捧げなければなるまい」と彼は提案した。

ブルースが無名のアイルランドの修道士たちのことで、神に感謝をする必要を感じたことに私は驚かなかった。ブルース・ケイは、ある制度を設立しようと努力してきた。未来のキリスト者たちが、ひょっとしたらそのことで神に感謝をすることになるかもしれないために(1)。つまり、そのような企ての核心には、私たちが思いがけない友人同士であると、人々に思わせるか、悪くても、私たちの友情がある差異に頓着させないのだと、人々に思わせるほどのものがある。なぜなら、私の反コンスタンティヌス主義のために、私だけは彼のやろうしている計画をサポートすることはないだろうと多くの人々は考えるからである。ブルースがやろうとしているキリスト教制度の設立と、キリスト教の物的文化の発展は、私のような反体制的キリスト者（anti-establishment Christian）を苛立たせるようなものなのか？ その答えは「ノー」である。ブルースが試みていることは、私を苛立たせるようなことではなく、むしろ私は幾年もの未来に生きるキリスト者たちが —— もちろん、七世紀のアイルランドの修道院の遺跡とは大きく異なる文脈においてであるが —— 福音への奉仕を支える制度を発展させるために、世界中の、特にオーストラリアの聖公会の人々の手助けをしたブルースの果たした偉業に対して、神に感謝をするようになることを願っている(2)。

私がブルースの試みていることをそれほどまでに重要だと考えている理由は、オーストラリアと初期アイルランドとの類似性にある。アイルランドは優れた修道会となったが、そのためには幾度も行動を起こすことが必要とされた。多様であるケルト人は、いつも自然にキリスト教を受け入れたわけではなかった(3)。もちろん、オーストラリアは異なる側面でキリスト教の勝利を示している。しかし、それは古代アイルランドにおいてそうであったように、キリスト教の諸習慣が世代を超えて維持されていくための道を見つけるという試みがより重要だということを意味する。オーストラリア —— その世俗性が私には非常に魅力的にみえる極めて世俗的な社会 —— には、信仰の非国教的な信仰実践を確立させる、あらゆる試みを根付かせるほどのキリスト教の役割がまさに求められる。そのため、オーストラリアでは古代のアイルランドより、そのような習慣を確立することに困難が伴うと思われるのである(4)。

今日の教会の前に立ちはだかる挑戦について、ブルースと私の理解との間には緊張関係があると推測する人もいるだろう。その緊張関係は、私たちの最初の「なれそめ」において上手く具体化されている。ある日突然、私はニュー・サウス・ウェールズ大学のニュー・カレッジの代表（Master）と名乗るブルースから、一九九〇年のニュー・カレッジ・レクチャーを担当して欲しいとの手紙を受けとった。ニュー・カレッジの代表というのが何を意味するのか、ニュー・サウス・ウェールズ大学がどういう類いの大学なのか、オーストラリアがどういう国なのか、私にはさっぱり分からなかった。とはいえ、妻パウラと私はオーストラリアに行こうという考えで一致した。そして、私は自分がどういうところに行こうとしているのかについて、ほとんど何も知らないままその招待を受けることにしたのであった。

なんにせよ、私はブルースの助けを借りながら、オーストラリアについての文献を読みはじめた。そしてようやく妻パウラと私は、ブルースがどれだけ驚くべきプロジェクトを成し遂げようとしているのかを理解しはじめた。社会と大学はどんなによく見てもキリスト教に無関心である。ブルースは「失われたキリスト教世界」に果てることなく短気に嘆き悲しむのではなく、誤りのないキリスト者の声を制度化しようと試みていた。もちろん、オーストラリアがイギリスから遠く離れているという現実を否定することのできた、ごく少数の熱意ある聖公会の人々を除いては、オーストラリアに神の国があったことなど一度もないのであり、それゆえオーストラリア人にとって失われたキリスト教世界を嘆き悲しむというのは、そもそも的を射ていないということはブルースから学んでいた。

私はそのレクチャーと、その後になって出した本に『キリスト教世界の次は？』（*After Christendom?*）というタイトルをつけたが、おそらくそれはオーストラリア社会の特徴を述べる上で誤りであったであろう。[5]もしロックがアメリカにおけるセミ・キリスト教哲学者であり、アメリカ人にアメリカがキリスト教的出発を有しているという幻想を抱くことを可能にしたというのであれば、オーストラリアではその前提は成り立たない。オーストラリアの公共哲学者はロックではなく、ベンサムである。アメリカにあって私は自分の仕事を、キリスト者たちがキリスト教とアメリカを混同しないよう助けることだと思っていた。というのは、私は頻繁にキリスト教の効果と福音とを混同している人々を批判しなければならなかったことを意味する。他方、ブルースはといえば、自分がいる社会において、教会が「効果」を生み出すことに上手くいっていないことを発見した。[6] ブルースは、私が疑問を呈しているものを立ち上げようとしているように見えた。

しかし、私は私たちの課題の間には、一見してそう見えるより、優れた調和の可能性があるように確信する。私は『キリスト教世界の次は？』の議論が、ブルースのニュー・カレッジ・レクチャーの設立を成し遂げようとしている目的と相容れないものとは思わない。福音は文化形成に関わらざるを得ないのだという彼の考えについて私は、それが正しいと納得している。キリスト者は、物的文化を生み出すだけでなく、私たちもそうしなければならないのである。イスラエルの民、キリストの民、そして教会の民は、世界にその場所を築いていかなければならない。したがって、特に私たちの時代では、時の流れによる荒廃から生き延びてきた過去の廃墟が頼りになり、私たちを助けてくれる。それは、ただ生き残るためではなく、福音に対して真実に生きる（live faithful）ためのものである。私が反コンスタンティヌス主義の立場からこの事例をどのように考えるか、それをこれから説明していこう。

2　文化形成としての福音

「近代性」は明らかに複雑な現実の名前である。チャールズ・テイラーは、非西欧社会がそれぞれ独自の方法で近代化を遂げてきたので、近代性の一般理論を不可能としている数多くの非西洋文化を、区別して指し示すために「複数の近代性」が求められているのではないかと問いを発した。[7] テイラーは「ある種の社会的想像」が西洋社会を形作ってきたと述べている。さらにこの想像は、それがいかなるものであれ、この想像によって造られた世界の代わりとなるようなものを心に抱く事もできないほど自明なものである。たとえば、この想像と相補関係にある社会形態 ―― 市場経済、公共圏、人々による自治 ―― は、単純に疑いようのない「所与」のものと受けとめられている。

テイラーによると、私たちは「個人からはじまり、社会が彼らの利益のために確立されたものであると理解する。政治社会は政治以前の何かのための手段と見なされる」[8]という、この社会的想像が形成した世界に暮らしている。政治社会は、安全を提供し、交換と繁栄を要請することによって、個々人が相互の共通利益のために奉仕する手段として理解されている。そのような社会では、「その世界で、政府機関と、政府機関が規範に従った要求を行う状況についての所有者の感覚すなわち自由を反映している」[9]とされる権利の重要性が強調される。

しかし、テイラーはそのような自由を享受している個々人が「脱身体化」していると指摘する。「自由」な個人は、もはや不可欠な秩序を反映した社会に所属することによって、自分自身が何者なのかを想像できる魔術の世界に生きるものとして理解されなくなる。[10]今となって個人は脱身体化し、彼らが何者になりたいかを彼ら自身が選ぶことを要求する。私の言葉でいえば、テイラーのいう近代性とは何の物語ももたないという物語を選んでいることを除けば、いかなる物語も持つべきでないと信じる人々が生産されていく時代に与えられた名前である。つまり近代とは、私たちの仕事は時間を打ち負かすことだと考える時代のことである。テイラーによれば、結果的に近代のヒューマニズムとは、個人がそれよりも高きにある何者とも関係を持たなくても栄えるものだと考えられるような前例のないものとなっているのである。[11]

この想像に制約されながら社会秩序を支える所与としてあるうちの一つは、公的領域と私的領域の区別である。テイラーによれば公的領域（それは政治権力を制限する社会的葛藤から、制約を受けない論争の文脈を維持する試みのことである）は、ラディカルに世俗的でなければならない。

このような世俗の理解はラディカルなものである。なぜなら、何らかの神的な基礎があってその上に社会が築かれなければならないという前提とは対照的に、先にあげた社会理解は「その時々の共通の行為を超越した何か」[12]によって社会秩序が構成されるという前提をおくからである。そのような社会において、時間とは「純粋な世俗」

として理解されるべきものとなるだろう[13]。

このような「近代」におけるキリスト者たちにとって、キリスト教とは人々の生を「意味あるもの」とするために必要な一連の諸信念だ、というような仮定に至るのを避けることは難しくなってきている。保守派とリベラル派のキリスト者たちは、彼らが神と人格的関係を有していると信じる。その関係は多くの場合、決定的な出来事や経験によって結びつけられ、あるいは教会に行くことによって強化される。ここで重要な主張として横たわっているのは、「教会に行くこと」というのは明らかにキリスト者であることの意味の核ではないということである。それゆえ、近代とは、キリスト者たちにとって彼らの信仰のスピリチュアル化を避けることがほぼ不可能な時代をいうのである。皮肉なことに、自らを「保守的」と識別する多くのキリスト者たち、つまり彼らが「救われてきたこと」こそが非常に重要だと捉えている人々は、彼らのキリスト教理解が古代のグノーシス主義と多くの点で共通していることを理解し損なっている[14]。

この私の考える「近代におけるキリスト者であるところの私たちの場所」の理解は、私やジョン・ハワード・ヨーダーの著作における教会（特に見える教会）の強調が、なぜ頻繁に誤解されるのかを理解する手助けとなり得る。ヨーダーは、コンスタンティヌスの下でのキリスト教公認の結果の一つとして、教会の非可視性が生まれたと論じている。ヨーダーの著作は、福音の終末論的特徴と必然的相互関係にあるものとして、教会の可視性の再生の試みを提唱するものであった。キリストによってもたらされる救済は「スピリチャル」なものではなく、むしろそれまでの世界に対する別の選択肢を構成する新しい共同体の創造であった。ヨーダーは次のように述べている。

イエスは信仰深きイスラエルに、神の存在に関する何か新しい理論やそれに関連する儀礼（ritual）といったものは何ももたらさなかった。彼がもたらしたのは新しい民であり、また共に生きる方法であった。まさにそのような集団の存在は、それ自体が深い社会変動であった。

その非常に真実な現臨は、イエスが十字架にかけられなければならないほどの脅威であった。いっておくと、その集団はただその存在が社会的情景において新奇だというだけではない。もしそれが忠実に生きられるなら、またそれは最も強力な社会変動のツールとなるのである。[16]

問題は、政治 ―― 近代的想像についてテイラーの説明するところの政治 ―― がキリスト者たちを形成する時代において必須である教会の可視性の理解をどのように打ち立てるかである。[17] そして、その努力は、より不可視なものとなって現れてくる。このような時代において、過去のキリスト教成立の遺産として相続された遺跡は、教会の可視性を再生する想像的方法をもたらしてくれ得る。

たとえば、ヨーダーは、カエサルからカロリング朝までの初期中世の時代、聖性のキリスト教実践によって保たれる公正な王族の存在なくして文明が生き残らなければならなかった時期の「カトリックの識別力の一形態」に関心をよせていた。ヨーダーはアイルランド人について触れなかったが、彼らは確かにヨーダーが関心をよせるプロジェクトに関与した人々の内に含まれるだろう。ヨーダーはその時代の道徳教育は、権利の放棄と退修に生きた聖なる人々の物語を語り聞かせることによってなされたと書き留めている。そしてその人々は、多くの場合彼らの洞窟から、あるいは彼らの大修道院長を務める者から、司教になるようにと呼び出されたという。「この時代は司教が、彼が赦しのサクラメントを管理することを通して、共同体における主要な道徳教師となり、そしてまた聖域権の執行を取り仕切ることを通して、最も強固な市民の平和保持者（peacekeeper）となった時代であった」[18]

ヨーダーは、修道士たちの生活よりも一般化することのできる何かを探求したスコラ学者たち、次いで修道院制度にともなう悪習を告発した宗教改革者たちによって、私たちの西洋の道徳世界が貧窮化されたと見ている。そして、その結果として、私たちは道徳における聖人伝の場所を奪われてきたのである。注として述べておくと、「分派主義者」と称されるヨーダーは、今日の信仰的な生き方についての私たちの想像力を形づくるために、修道士の聖務などを含むキリスト者の遺産の中からかつての信仰生活の様式を発見しようと過去に目を向けたのであった。彼がそうしたのは、私たちが自分たちがどこにいるのかよく分からなくなった時に、向かうべき道を与えてくれるような物的実践によって構成される可視的な共同体を形成することをキリスト教信仰は求めているのだと、まさにそう理解していたからである。[19]

もちろんキリスト者が生み出す生活様式は信仰に忠実な生き方にとって必要であるが、未来に対して遺跡を残すためではない。まさにキリスト者が未来のキリスト者に忘れられないように保証しようと試みるのは、神への信頼を欠くことになる。なぜなら、私たちは、神はこのような「石」からでもその民を造り出すことがお出来になることを知っているからである（マタイによる福音書第三章九節）。むしろ過去の遺跡は、未来のキリスト者が今私たちが大事にしているものを造ったのと同じくらい生産的である必要がないことを示しているからである。[20] 今私たちは、聖書正典が教会に与えられた素晴らしい賜物であることを主張できる。しかし、この賜物は、正典を私たちに与えた人々と同じように勇気があり、大胆であることを求めている。

この観点において、教会の遺産とヒトラーの建築に向けた野心との対比は、良い学びの材料となる。後に軍需大臣となるアルバート・シュペーアは、第三帝国において建造する建築物が「遺産的価値」を有することになろうという企てを説明している。彼は次のように記録している。

ヒトラーが求めている未来の世代への「伝統の掛け橋」の様式に対して、近代的な作り方の建築物は見合っていない。ヒトラーが賛辞した過去のモニュメント、錆びたがれきの山が英雄的なインスピレーションと通じるところがあるとは想像し難いものであった。特殊な素材を用い、特定の静力学の原則を適用することによって、それがたとえ腐朽した状態であっても、私たちは何十万年もの（これは私たちの推計だが）の後に、大体古代ローマ・モデルのような建造物を建てることができるはずである。[21]

シュペーアは、そうしてデザインされた建築は修道院であったと振り返っている。そうであったのは、それらがその誇りに満ちたあり方と、第三帝国の野心を誇示せずにはいられなかったからである――それは第三帝国そのものほど有害なものではなかったが、その誇りに満ちたあり方と野心は、国家体制とあまりにも通じるところが多かった。キリスト者たちはそのようなプライドとあり方から解き放たれておらず、まさに私たちの信仰の特徴がそのプライドを露見してしまうことを避けるのを困難にしている。教会の生み出す遺産は、荒れ果てた遺産とならざるを得ないのであり、ゆえに罪深き人々だと言えよう[22]。キリスト者にとって残り続けるものがそうであるのは、建築され、書かれ、歌われてきたものが永遠に残るためではなく、神を讃美するためだったからである。ティンターン大修道院の脆弱な美しさ、そしてそれに似た多くの大修道院は謙虚さによって形づくられた世界を作ろうとした修道士たちの意志を証明している。

聖人たちの生き方の意義へと、そのような生き方を保った司教の聖務へと向けられたヨーダーの関心は、世界は和解のサクラメントによって保たれていたのであり、またこれからもそうであり得るということを思い出させてくれる。キリスト者たちの危険は、福音へと繋がる建築様式、修道院制度の形式、神聖であるための道、考え方や書き方、歌い方がただ一つだけであると考えてしまうことである。アイルランドの修道院の形式には改革されなければいけない時がきた。円形の小屋は、それに苦難がなかったとは言わないが、シトー修道会の教会や修道院に取って代わられた[23]。キリスト者にとって変化とは、ただ避けることのできないものではなく、多くの場合痛みを伴うものであり、また必要なものである。それはなぜなら、私たちの礼拝する神が、私たちの手によって行われる仕事と、私たちが讃美しようとするお方（the One）のものとを同一のものとして扱うことを禁じているからである。この確信は、キリスト者の喜びに満ちた義務がこの世界に在るものとする、ブルース・ケイの努めてきたその仕事に命を吹き込むのである。

キリスト者にとって、とくに私たちの時代における近代において、私たちが自らの属する世界に奉仕しようとするのなら、世界に空間（spaces）をつくるための手段を見つけ出さなければならない。もし喜びとともにそのような空間が生み出されるのであれば、それは、今私たちの住まう遺産を生み出した人々とは、極めて異なる問題に立ち向かうキリスト者たちにとっての想像力の資源となるであろう。「遺産」は異なる形と様式を持つようになり、変わることのない物語の語り直しを要求するようになる。岩でできた遺産は、キリスト者たちが信仰をスピリチュアル化するように誘惑されるこの時代にあって、とくに重要なものであるように思う。しかしあらゆる遺産、建造物、書籍、あるいは絵画は、記憶を必要としている。さらにその記憶は、キリストの物語によって統治されなければならないものである。私たちに立ちはだかるこの特異な問題 —— つまり、近代のキリスト者たち —— とは、私たちの記憶を決意あるものとするための資源を、私たちが有しているかどうかを問うているのである。そこで、私はこの章の最後を記憶で締めたい。

3　ブルースとルイーズと共に過ごしたコロラドのリードヴィル

私たちは、アメリカ西部で過ごす休日の終わりに近づいていたところだった。グランド・キャニオンとモニュメント・バレーに行った後に、私たちは北へと向き直りロッキー山脈に入っていった。私たちは、コロラドにある絵のように美しいシルバートンの町で一晩を過ごした。シルバートンを取り囲む山々の美しさは、そのハープの曲線がシルバートンへと到達するのが必然であり、またそれに見合うものとなるようにしていた。私たちはもう一度、コロラドのリードヴィルで一夜を過ごそうという計画を立てた。リードヴィルはシルバートンが魅力的であったほどに、魅力を持つものではなくなってしまった。リードヴィルはシルバートンより標高の高いところに位置していたが、その景色は感激というほどではなかったし、その町の名前もしっくりくるものではなかった。そこは古い鉱山の町で、リード（鉛）とは彼らの採掘していたものの名前であり、それはまた彼らの町に活気がない（リーデン）ことも意味していた。

リードヴィルでは町自体の魅力の代わりに、何百人もの参加者の集まる自転車レースが行われており、おかげでほとんどの部屋が空いてなかった。私たちは運良く滞在することのできる場所を見つけたのであったが、実際には予想していたよりも早く到着し、自転車乗りたちの群衆をかき分けてこなければならなかった。その日は土曜日であり、それは日曜に行く教会を見つけなければならないことを意味していた。ブルースとルイーズにはある行動の指針がある。というのは休暇の時には、その時滞在している地域に暮らす人々が、歴史的に通い続けてきた教会に行くべきだというものである。そして彼らは、私とパウラの抵抗をものともせず、日曜の朝にはリードヴィルにあるメソジスト教会に行くべきだと主張したのであった。

そして、私たちは電話帳で見つけた住所をたよりにメソジスト教会を探しはじめた。リードヴィルは人口が二、三〇〇〇人以下の町ではあるが、教会を探すのは簡単ではなかった。私たちはようやく小さな木造の教会を見つけたが、廃業してからしばらく経っているらしく、板打ちがされていた。そこで、私とパウラは二人が望んでいたこと、つまり聖公会の教会を見つけることにした。再び捜索は困難を極めたが、私たちは教会を見つけることができた。その教会の表口には、牧師は数百マイルも離れた町から来るので、礼拝は一〇時頃から始まりますという旨の張り紙がされていた。

朝食を済ませた後、私たちがちょうど適当な時間に教会へと向かった。私たちの他には二組のカップルがいて、礼拝が始まるのを待っているのが見受けられた。牧師を待っている間に、私たちはそこにいるすべての人が「外からの人」であったということに気づいた。私たちは牧師が来るのを待ち、そして彼は四輪駆動車を運転しながら現れた。彼は遅れてきたことについて極めて申し訳なさそうにし、しかしリードヴィルに来るため山を越えるのに激しい雷雨の中を走らなければならなかったと釈明した。彼は教会の鍵を開け、私たちを中へと招き入れた。そして礼拝のため教会の準備をした。

彼はアメリカ西部の男性が着ているような装いで、ウエスタンシャツにジーンズという服装をしていた。しかし礼拝を始める時になると、彼がストールをつけたということを覚えている。その教会には聖公会祈禱書のコピーがなかったので、礼拝は主として聖書の朗読、説教、聖餐式によって行われた。説教は非常に思慮に富んでおり、私たちはそれに応答できるようになっていた。ある夏の終わりに、コロラドのリードヴィルにある小さな聖公会の教会に、神を礼拝するために赴いたこの六、七人の私たちに対して、その牧師が自らの義務を果たした厳粛さに、あなた方は心を打たれずにはいられないだろう。

聖餐式にうつる前に、私たちはどこから来たか、コロラドには何をしにきたか、そして何をしたかといったような一般的な自己紹介をするように求められた。私たちはそれに従い、その過程で会衆の中で私とルイーズだけが一般信徒（lay people）であるということが分かった。アメリカの聖公会の人々がキリスト者であることに真剣に取り組んだ場合、多くの場合彼らは按手されるべきであると考えるので、私は米国聖公会が、すべての一般信徒が彼ら自身の牧師を有している最初の教会に違いないだろうとよく考えていた。ここコロラドのリードヴィルでは、その予測は現実のこととなっているように見える —— その現実についてさらにいえば、それはブルースが疑いもなく何か曖昧なものを感ぜずにはいられない対象であり、教会の証しにとって一般信徒の役割が重要であるという確信を彼に与えるものであった。

神はご自身が私たちの時代の教会とともに何をなされているかをご存知である。私はあの日曜のコロラドのリードヴィルでの礼拝が、ただ希望のしるしというだけでなく、またブルースが彼の人生において示そうとしている仕事の証言であったのだと信じている。コロラドのリードヴィルは、聖公会にとって自然な拠点となる場所ではないが、それはオーストラリアにおいても同様である。私がオーストラリア人を好む理由の一つは、彼らがテキサスの人々によく似ているからである。というのは、彼らは何かに従って生きるというものを、何も持っていないのである。アメリカ西部に居住する人々は、過酷な土地によって育てられたたくましい人々である。しかし、私たちの会ったことのない人々は、コロラドのリードヴィルで、今日この日に及んでさえも、毎週日曜に聖餐式を行えるような聖壇をともなって、小さな木造建築を造って保つことを重要だと考えたのであった。それらの知られざる兄弟姉妹たちは、私たちにコロラドのリードヴィルで神を讃美することを可能にしてくれた。それだけでなく、困惑し寄り集まってできた米国聖公会は、あの記憶すべき日曜の聖餐式を行う牧師を生み出してくれたのである。

疑いなく、リードヴィルの教会はその維持だけでなく、建築についても多大な努力が求められたことであろう。しかし、それがキリスト者の行いである。それがブルースの、オーストラリアだけでなく、世界の聖公会に向けて行ったことである。彼は、私たちが過去からの贈り物を発見する手助けとするために、極めて平易に、オーストラリア、ドイツ、イギリス、そしてアメリカでの経験を用いたのであった。その贈り物は、多くの場合、遺産として、そして私たちが共に生きるための資源としてもたらされた。その過程において、日曜日ごとに私たちが神の言葉と食卓に導かれる限り、私たちが特定の場所や歴史に記された一つの民としての友人であることを発見するのを彼は手助けしてくれたのである。

彼はオーストラリアのキリスト者たちに決して申し訳なさそうな態度をとらないことによって、世界中のキリスト者たちにどのように生きるかをより良く知る手助けをしたのであった。またそのことによって、もし仮に私たちがコロラドのリードヴィルの小さな白い木造教会よりも印象的なものを何も残せなかったとしても、未来のキリスト者たちが私たちの進めた行いについて神に感謝するであろうことを願う。

（1）ブルースのその制度の必要性に対する思想、およびその制度の究極以前の特徴については、次にあげる彼の著作に書かれている。*Web of Meaning: The Role of Origins in Christian Faith*, Sydney Aquila Press, 2000, pp. 115-57. ブルースによる制度の重要性の理解は、アングリカニズムをコントロールする神学的確信としての、ナザレのイエスという人格における神の受肉の中心的役割についての彼の理解と関わっている。受肉についての彼の議論には、例として次の著作のものがあげられる。*Church Without Walls: Being Anglican in Australia* (North Blackburn, Victoria: Dove Publications, 1995), pp. 149-51. ブルースは確かに制度の重要性を強調しているが、しかしまた彼は「父・子・聖霊である神の力と存在を含めること」(*Web of Meaning*, p.131)は制度的には不可能だということを決して我々に忘れさせることはない。

（2）あるいは、ブルースの創設した"*Journal of Anglican Studies*"よりも重要な制度などないのかも知れない。そのジャーナルの目的、つまり「(聖公会の) キリスト教信仰の伝統の再開のため、国際的な学術的対話を助長すること」は、建設的であり有益なものである（"Editional,"*Journal of Anglican Studies*, 1. 1, August, 2003: p. 9 を参照)。そのジャーナルの存在はまさに、希望と普遍性（catholicity）の徴である。初期の教会が世界中に散らばり、自分たちの繋がりを探求するため苦闘したのと同じように、イギリスの特異な教会である聖公会もまた、現在世界中に散り散りになっていることを自覚したのである。この離散は疑いなく、痛みを伴う不調和と曖昧模糊とした権威形態の源泉である。しかし、このブルースの素晴らしい贈り物は、この離散が我々にとって聖霊の働きを見いだす機会でもあると捉える手助けをしてくれたのである。

（3）私の考えるところでは、ブルースはケルト人の教会にまで遡って聖公会の始まりの足取りを追っている。*Church Without Walls* (p. 14-15) を参照。アングリカニズムの物語を宗教改革から始めることに対するブルースの拒絶は、我々が誰であったか、我々は誰になり得るかというだけでなく、これから我々は何を望むべきかということを理解するために、非常に重要である。読者の中には、私はメソジストであるという前提から、一つ前の文での私が「私たち」という言葉を使ったことに首を傾げた人もいるだろう。私はメソジストであるが、ノース・カロライナのチャペル・ヒルにあるホーリー・ファミリー教会の陪餐会員でもある。さらにいえば、私の伴侶であるパウラ・ギルバートは、彼女の監督からホーリー・ファミリー教会に任命を受けたメソジストの牧師である。メソディズムは聖公会の聖餐における改革運動であり、私たちも地元でその運動を始めたいと考えている。

（４）もちろん、*Web of Meaning* においてブルースが、オーストラリアが世俗的である記述することは有益でないと提示していることは承知している。なぜならオーストラリアは、教会と国家の「分離」を無視するという慣習によって政府事情に宗教的伝統が関与することが許されているアメリカとは対照的だからである。しかし、オーストラリアを「世俗的」と称することによって私が考えているのは、法的措置のことについてではなく、オーストラリアにおける市民宗教の不在についてである。そのため私の「世俗的」という記述の使い方は、賛辞を意味してのものである。

（５）この本はもともと一九九一年に Abingdon Press から出版されたもの。今は新しい「序文」ともに第二版が出ている。私はその「序文」の中で、私のことを「分派主義（sectarian）」と呼ぶことに固執している人々から、なぜこの本が誤って理解されていたのかを説明することを試みている。

（６）私が述べているのは、オーストラリアの教会がオーストラリア社会に何の効果ももたらさなかったとか、あるいは教会が変化を起こし続けてこなかったということではない。しかし、たとえば、教会がスポンサーをしている大学が不在であるということは、オーストラリアのキリスト教の前に立ちはだかる問題がアメリカのそれとは極めて異なるということを指し示している。もちろん、アメリカでキリスト者によって創設された大学が「良いもの」であったかといえば、それはまったく明らかでない。

（７）Charles Taylor, *Modern Social Imaginaries*, Durham: Duke University Press, 2004, p. 1.（邦訳『近代――想像された社会の系譜』、上野成利訳、岩波書店、二〇一一年）。

（８）Taylor, *Modern Social Imaginaries*, p. 19. *Web of Meaning* において、ブルースは「社会が単純に個人の密集化(agglomeration)であると想像することは愚かだ」と的確に指摘している（p.148）。私は彼が正しいと思うが、現在のアメリカにおける政治理論は確かにその「愚かさ」を犯しているように見受けられる。私が考えるところでは、ブルースは社会的多元主義とは、現実において集団と制度の多元主義（pluralism of groups and institution）であると的確に述べている。

（９）Taylor, *Modern Social Imaginaries*, p. 21.

（10）Taylor, *Modern Social Imaginaries*, pp. 49-67.

（11）Taylor, *Modern Social Imaginaries*, p. 57.

（12）Taylor, *Modern Social Imaginaries*, p. 93.

（13）Taylor, *Modern Social Imaginaries*, p. 98.

（14）最も近いうちにブルースとルイーズを訪ねた時、我々はタスマニアを満喫する機会に恵まれ、中でも特にビシュノの町でペンギンが良かった。その折に、ブルースは彼の敵はいつでもファンダメンタリズムであり、また私の敵はいつでもプロテスタント・リベラリズム（Protestant liberalism）であると観察して述べた。それに対して私は「同じものだよ」と返した。ファンダメンタリズムもリベラリズムもキリスト教の形態であり、私はファンダメンタリストとリベラルを現代のキリスト教の成り立ちに「個人」によって信奉される「信念」を反映させたキリスト者だと捉えていることを注記しておく。ファンダメンタリズムとリベラリズムのいずれも、自制心を失った敬虔主義の私生児の連れ子である。ファンダメンタリズムと歴史批評主義が同じコインの両側面であるという私の議論の例としては、次の文献を参照のこと。*Unleashing the Scripture; Freeing the Bible from Captivity to America*, Nashville: Abingdon Press, 1993.

（15）John Howard Yoder, "The Constantinian Sources of Western Social Ethics," in his *The Priestly Kingdom: Social Ethics as Gos-pel*, Notre Dame: University of Notre Dame Press, 2001, pp.135-49 に所収。

（16）John Howard Yoder, *The Original Revolutions: Essays on Christian Pacifism*, Eugene, Or: Wipe and Stock, 1998, p. 31.

（17）*Performing the Faith: Bonhoeffer and the Practice of Nonviolence*, Grand Rapids: Brazos Press, 2004. において、私はボンヘッファーが著作の核心が可視的な教会を復活させるという試みにあったことを示そうと努めた。しかしながら、ボンヘッファーの重点を置いたのは、世界の放棄をまったくともなうことなく教会の中心的役割を捉えることであった。まさに *Letters and papers from Prison* の「この世的なもの」は、彼のキリスト論によってこなされたものだったのである。たとえば、*Ethics* において彼は世界と人間はただイエス・キリストを信仰するためだけに存在するのかと問いかけており、また次のように述べている。「イエス・キリストは世界と神のためにいたという感覚において、この問いかけに対しては肯定的な回答がなされるべきであろう。それは、マタイ六章三三節（三三節）にも記されているように、すべてがイエス・キリストへと向かう場合のみ、世界は本当に世界となるのであり、人間は本当に人間となるということを意味している。すべての創造されたものはキリストのために存在し、またキリストによって支えられている（コロサイ一章一六節以下）ということを認めることによってのみ、完全に真剣に捉えられる世界と人間となるのである。それらの前提を所与のものとするのであれば、教会はもちろん信仰のプントゥム・マテマティクム（puntum mathematicum）」にのみ関心をよせるのではなく、この世的な問いを問題とするある特定の態度の形成における経験的な存在物、特にいえば地上の状態について関心をよせなければならない」(Dietrich Bonhoeffer, *Ethics*, translated by Ilse Todt, Heinz Ecuard Todt, Ernest Feil, and Clifford Green, edited by Clifford Green, Minneapolis: Fortress Press, 2005, p.361）ブルースの教会が「世界に空間を作らなければならない（take up space in the world)」という主張は、ボンヘッファーによる教会の「この世的なもの」の必要性の理解と似ているものとに見受けられる。

(18）John Howard Yoder, *For the Nations: Essays Public and Evangelical*, Grand Rapids: Eerdmans, 1997, pp. 212-13.

(19）不思議なことに、多くの場合私のことを「分派主義だ」といって非難する人々は、私の仕事におけるキリスト教信仰の物質性（materiality）が強調されている点を見逃している。その例としては、次にあげる私の文献を参照して欲しい。"What Could it Mean for the Church to be Christ's Body?" in *In Good Company: The Church as Polis*, Notre Dame: University of Notre Dame Press, 1995, pp.19-31 に所収。

(20）インディアナのゴセンにあるメノナイトの大学、ゴセン・カレッジでは長い間、未来の世代から、カレッジの制度を維持するために必要な道徳的コミットメントや犠牲を取り除こうと勧める形では基金を募っておらず、あるいは募ろうともしていない。このようなコミットメントは、キリスト者は自発的に決意をしなければならないというメノナイトの確信を反映している。しかしながら、キリスト者であると呼ばれることの意味が、「自発的」であるということを正しく理解することであり、その洞察は我々が危機に瀕する中で失われてしまったのか、私は確信に至っていない。もちろん、どの「遺産」が未来のキリスト者のコミットメントを支え助け、あるいは邪魔立てするかという判断はつねに問題となることである。

（21） Albert Speer, *Inside The Third Reich*, translated by Richard and Clara Winton, New York: Avon Books, 1970, p.93.

（22） もちろん、私はラスキー・レノの *In the Ruins of the Church: Sustaining Faith in an Age of Diminished Christianity*, Grand Rapids: Brazos Press, 2002. のことを念頭においている。聖公会にかかわる最近の議論への応答として、レノは「キリスト者の住まうところとしてとして、遺産は不適切ではない」と提案している。なぜなら、キリストにおいてキリスト者が招かれたのは、力や権力や美しさを愛するためではないからである（p. 27）。レノは、今我々の抱える混乱の中において、なぜ教会に暮らすべきなのかということを雄弁に語っている。遺産において教会が少なかった時代があり、さもなければ少なくとも教会は荒廃してしまうであろうというのが、そのヒントである（p. 94）。後者について私は何の苦労もなく受け入れられるが、しかしこれまで教会が「遺産において少ない」ことがあったかどうかは定かではない。レノが、昨今の聖書リテラシーの欠如、特に信条といった伝統の喪失、協調のしるしとなる司教の不足に注目を集めようとしていることは、また疑いのないことであり、また正しいことである。しかし私はいまだに、これまでかつて罪から自由になった教会が存在したということには首を傾げるまさに、キリスト教世界における教会の地位を形成する誇りの承認が、避けられないこととなっていることは、我々の時代の教会へ与えられた賜物の一つであろう。もし現在の教会が屈辱を受けているのであれば、それは我々が屈辱 —— そして名誉 —— の人生を送ることが必要な状況にあるということでもあるだろう。

（23） それらの変革については、次の文献を参照。James Lydon, *The Making of Ireland: From Ancient Times to the Present*, London: Routledge, 1998, pp. 37-61.

第3章　教育の危機とはいかなる危機なのか？

――アメリカの状況からあれこれ考える

1　言うべき興味深い何かがあるとは思えない時どうすべきか

私は自分自身が極めて嫌な立場にいることに気づく。少なくとも私にとって、それは極めて嫌な立場なのである。私は議論よりも見解を持つ方が良いと考える人間の一人である。恣意的ではない真の判断ができるかどうかに議論の質はかかっていると読者が私と同様信じるのならば、一つの見解は議論の一種だとも言えよう。だから私は、言うべきことが何もない自分に気づく、などということは滅多にない。私が何に関してもあまりにすすんで意見を述べるが故に、私があまりにあれこれ言わねばならぬことがあるのだろうと、実際ほとんどの人は考えている。まさに私の弱いところは、私が興味のない事柄がほとんど存在しないということなのである。同時に私の強いところもまた、興味のない事柄がほとんど存在しないということなのである。

さらに私は教育だけではなく、とりわけルイジ・ギッサーニ師のキリスト教活動として教育を再生しようとする革新的な提案に興味を抱いている。当然、私はギッサーニの著書『教育の危機』に関し言いたいことがたくさんある。[1]しかし私はギッサーニに基本的に賛同しているし、その考えに対し私にできる全てのことと言ったら残念ながら「それらを私が言えたなら」である。だが本当のことを言えば、私はギッサーニが彼の本の中で書いたことのいくつかを既に語っていた。私が語ったことは基本的に大学の働きに対して向けられたものであったが、現代の大学への私のこの批判のほとんどが、ギッサーニの中等教育における世俗教育の実践への批判と重なっていると感じる。[2]

これから論じようとすること、アメリカの諸大学で学生が受ける教育についての私の関心の幾つかが、ギッサーニの世俗教育への批評を裏付けることを示すだけで終わることを私は恐れる。もちろん私はギッサーニの研究対象が、大学生より若い世代の生徒教育であることは分かっている。しかし私は「高等教育」に焦点を絞ることは不合理なことではないと考える。それが最高のものであるからという理由だけではなく、より重要なことに大学で起こることは通常中等教育に直接的な影響を与えるからである。中等教育の教師たちは、彼らがかつて大学で身に付けた過ちをあまりに頻繁に再生産する。つまり大学で始まった教育の失敗は、より下の学年に伝授される。そしてそのことは彼らが後に受ける大学教育を疑問視するための能力を、何ら身につけずに育つであろうことを意味している。

ギッサーニの業績に共感する理由の一つはおそらく、教育、特に現代の大学に代表される教育についての私の考察が、あらゆる倫理的生活に関する諸説に対しつねに美徳の重要性を取り戻す計画の一部であり続けたということであろう。美徳に焦点を当てることで何を知るようになるかと、どの様に知るようになるかを人は簡単に区別できないということが分かる。所有するに価値ある知識はすべて、私たちの存在を、同時に私たちの世界に対する理解を形作らない訳にはいかない。従って私はその点が認識されているか否かに関わらず全ての教育はモラル形成であると考える故に、教育よりも「モラル形成」と言う表現を取る。特にこれは「倫理学」とは公式に見なされていない諸コースにおいて大切な問題だと思われる。例えば医学教育におけるモラルに対する真剣さを、今日の神学生が受ける訓練と比較して考えていただきたい。神学校の学生たちはキリスト論のコースを取るよりはむしろカウンセリングのコース（それは結局のところどのように人助けをするかということなのだが）を取ることの方が自分たちにとってより重要であると考えることがあまりに多い。しかし医学部に、解剖学の授業を受けようかそれとも受けないで済ませようかと考えている学生などいない。もしも医者になりたいのなら、解剖学は受けることになるのであり、それができないのであれば医者となる目標はあきらめざるを得ない。解剖学は倫理学のコースには見えないかもしれない。しかし若い医者たちが解剖学を学ばねばならないとしたら、彼らに要求されるこの手の課題はモラル形成として正当に論じられると私は思う。

神学校教育に比して医学教育が持つ知的かつモラル的真剣さは、医学生と神学生の訓練を理解するに不可欠な一連の文化的前提条件の中にその原因をたどることができるだろう。正直に言わせてもらえば、今日不適切な訓練を受けた聖職者が、人々の救済問題を損なうであろうと信じる者などいない。しかし人々は、不適切な訓練を受けた医者が人々を傷つけ得ることなら確信している。要するに人々は彼らの司祭が誰なのかということよりも、彼らの医者にふさわしいのは誰なのかという問題により深い関心を抱いているのだ。私たちがどれほど真剣にキリスト者としての自分自身を考察しようとも、結局私たちが神への確信の度合いを露呈する生活を送るであろうことを、当然ながらこの現実は指し示している。

ロバート・ウスノーはその著書『アメリカの宗教の再構築』で、前世紀後半アメリカにおける教会生活の潮流の一つは、大学教育を受けた信徒たちの急激な増大であったと論じている。一九五〇年代、バプテスト、ルーテル派もしくはカトリック教会において大学教育を受けた人が七人中一人以上いることは極めてまれであったと彼は指摘する。メソディストと長老派でおおよそ大学教育を受けた割合は一対四であった。これが少なくとも一九七〇年代までにほとんどの教派で四人中一人が大学に通い、また幾つかの教派では大学教育を受けたものが明らかに多数派を占めるまでになった。「もしも大学教育を受けた人々が一九六〇年代に群れをなして教会から離れなかったならば、この比率はさらに大きくなったであろう」と彼は述べている。[3] 少なくともウスノーの研究が正しいなら、一個人が教会と関係するかどうかを指し示す一つの最良の尺度は、彼らが大学に行ったかどうかで規定されるだろう。[4]

これら一連の経緯を説明する多くの根拠がある。ベトナム戦争、もしくは性行為の変革と連動した一九六〇年代の社会不安は、教会が自分たちの生活にとって的外れなものになったと多くの者が考えるに至る状況を作り上げたのかもしれない。もしも人々が――私は、私たちが福音によって信じることが要請されていると信じているが――キリスト者になることを熱望するならば決して豊かにはなれないと信じるなら、大学教育と、大卒者たちの増大する所得力との関係性が影響力を持ち続けることに疑いの余地はない。ただアメリカの主流となるプロテスタント教会における会員の減少について、十分な説明となる単一の要因はないことは確かである。

だがそれでもやはり大学で多くの者が学んだ内容、すなわち学び取っている思想が彼らをしてキリスト教を捨てさせたという事実を、真剣に取り上げなかったのは誤りであろう。学生たちが、現実の諸問題についてのキリスト教の主張と何らかかわりの見えないコースを次から次へと取得することで、キリスト教は良くて的外れ、悪くて誤りとの結論が避けがたいものとなる状況が確実に生み出された。言い換えれば、キリスト教を大学での学びを終えて投げ捨てる多くの人々は、神によって真理を熱望するよう創造されたが故に、そのような行動に至ると思われる。ただその熱望とは、キリスト者が信じる内容が真理であると考えることを不可能とするような諸学問によって形作られてきた。彼らはせいぜい教会が精神的もしくはモラル上の問題にとって重要であろうとは思っているようだが、人生におけるこれらの領域が、真理問題に関わるとは考えていない。

カトリックとプロテスタント両者共、多くのキリスト教大学の戦略は、不幸にも教育の「キリスト教」部分は「真理」とは関係ないとの前提を受け入れるのに役立った。その学校を「キリスト教主義」にする何かとは、諸課程の内容ではなく「全学生」に対する配慮であった。それ故学生生活がキリスト教のあらゆる表現の中心地となってしまった。現代の大学において生活の「個人的」側面への強力な宗教的信念はその位置を下げてしまったが、このことはリベラルな政治体制によって教会に強いられた、個人と公共との区別を指し示している。キリスト教神学者たちはダグラス・スローンが真理の二領域として理解した事柄を支持しながら、この発展を推し進めた。この視点は科学的真理――それは客観的で非人格的だと考えられている――と、主観的なものと呼ばれ、感情、慣習、要するに「共通の人類の経験」の中に根付いた信仰的真理とを峻別する。

キリスト教信仰と、大学の品質証明といえるより客観的な知識形態とされた事柄との間に「平和協定」を構築するこれらの試みは徐々に問題視されてきている。しかし不幸なことに、現代の大学を強力に支配する知の形式に対する挑戦的な批判が、キリスト教の神学的資源から生み出せてはいない。実際これらの挑戦は、私たちがあらゆることを知りうるかどうかとの問題を頻繁に提議してきた。その結果この現代性への諸批判は、繰り返し大学カリキュラムの断片化を支持するだけで終わっている。この結果として、アラスデア・マッキンタイアは考察する。

アメリカ高等教育そしてむしろアメリカの教育においてカトリック信仰が今日、より一般的に直面している問題とは、基本的には物事の秩序に関する新しい信仰の様々な種類の事ではない。そうではなくむしろ物事を統合しうる、もし理解しがたいのならそれを理解しそして理解に至る動き、それすら存在しないとの信仰に直面しているのである。この現代的視点に立てば、専門化され職業化された学問分野とそれにかかわる領域によって供給される内容以外に、理解すべき事柄など一切ないのである。高等教育は仕分けされ混成されたひとかたまりの主題に対する、仕分けされ混成された専門的研究のひとかたまりとなってしまったし、一般教育とは専門的研究にすすむために終了させるべき何か、つまり研究を始めるにあたり必須とされる基本的スキルの教えと一緒になった研究入門のひとかたまりなのである。この視点を前提とする訓練によって教育された時、学部の専攻は —— あまりに当然と思われることが多い故、あからさまに語られないが —— 大学院に決して行くことがないであろう人々にとってでさえ、いよいよ単なる大学院への序論となっている。そして大学院は、各々の特殊な研究の枠内での成功条件として、年長の専門職従事者によって明示された観点から、知性の狭量さが叩きこまれる場所となっている。(6)

いかなる学問、まさに哲学でさえ、細かい探究を抜きにしてその働きを成すことは出来ないが故に、マッキンタイアは専門化自体に反対しているのではないと明言する。しかし現代の大学カリキュラムでは、あらゆるコースが入門コースになってしまう恐れがある。何故なら各自の個別の研究においてさえも、教員たちが後の教育を有効にするために何を最初に学ぶべきか、この点で同意に至ることができないからである。結果として学生が取る全てのコースは、学生から見ればころころ変わり続ける入門編から始まらねばならない。このことはとりわけ人文系では当てはまる。だが個別の諸科学がますます専門的な性格を持っていることを考慮すると、科学分野も人文系と同じ運命に苦しみ始めている。

マッキンタイアの視点からすると、カリキュラムの断片化を通し、真理を愛する人々にとって必須のスキルを学生たちに教えようと主張する全ての熱心な教育にとって、哲学が重要であるとのカトリック大学の認識がなおさら大切な問題となったのである。マッキンタイアによれば、大学を構成する諸研究がいかに万物の秩序を理解することに寄与するかを知るために必要な探索に関わっている研究が哲学なのであり、これは諸研究が単独ではなしえないことなのである。(7) もしも学生が哲学を学びの始めのみならず終わりにおいても学ぶことを命じられないのなら、カトリック大学はその目指す形にはなりえない。

だがマッキンタイアによると同じぐらい大切なことが神学研究なのである。もしも全てのものは神によって存在へと導きだされ、神が創造したものに運命づけけた死へと方向付けられている、との認識から理性が分離するならば、万物の自然秩序は理性によって十分には理解は出来ないと、カトリック教義は当然のことながら主張している。神について自然から学ぶ事柄はつねに私たちの罪の結果としての人間の限界と歪みに従属するし、同時につねに不十分なものになろう、とマッキンタイアは記している。しかし「大学が、私たちの諸研究に関連するキリスト教的啓示の真理を携える神学的視点によってのみ与えられる、ヴィジョンの拡大と誤りの修正という両者をつねに必要とする」との状況に変わりはない。(8)

もしキリスト教的大事業としての教育を取り戻すためにその意味するところを真剣に考えるなら、私たちの前に立ちはだかる諸問題に関するマッキンタイアの説明に私は基本的に同意する。そしてキリスト者は教会の務めとしての教育をなぜ、そしてどのように取り戻さねばならないかを見せてくれたギッサーニの試みに対し、私は共感しない訳にはいかない。「一九九五年版への序論」の中で彼が語る、理性だけが頼りで信仰に関わることなど信じなかった学生たちとの最初の衝突についての彼の物語は、なぜ教育が重要でまたそれがなぜモラル形成にとって重要なのかを教える素晴らしい実例である(9) (p. 19)。さらにギッサーニが信仰は「良識の最高形態」であると主張する

(p. 19) 点は正しいと思う。しかしこれを論じることは、ギッサーニの如く、ミッチネシ教授のようなタイプの人間、すなわち信仰は真理と何ら関わりがないと考える学生の教師たちに代表される現代的な虚偽と、衝突しなければならないことを意味する。(10) そのうえ私はミッチネシ教授が今日の教育でキリスト者が直面している難題を示す良い証拠になってしまっていないか不安である。簡単に言えば、キリスト教信仰をキリスト教信仰とならしめる当然の事柄を彼らが理解しない、いや実際理解できないとの認識さえないほどに、世俗世界があまりにも愚かになってしまったことが問題なのである。

それだからこそ、ギッサーニの教育に関する一般的な議論のみならず、彼の総合的観点を裏付けるために彼が用いた優れた議論に、私は思いがけず深い共感を覚える。私がプロテスタントだから、つまりギッサーニに言わせれば「信仰と服従」(p. 116) を分離するキリスト教形態の代表だから、このことは奇異に映るかもしれない。しかし、残念ながら私はプロテスタンティズム、少なくとも今日存在するプロテスタンティズムに関するギッサーニの特徴説明は正しいと思う。言い換えてみよう。現在プロテスタンティズムとは、改革の名のもとに偶発的で付随的な事柄からキリスト教信仰の「本質」を分離しようと試みる、キリスト教の形態を意味している。その結果としてキリスト教は、教会が提供される黙想を必要としない、個人が利用可能な信仰システムへと形を変えたのである。それ故に、キリスト者青年教育にとって必須のキリスト教的「服従」に関するあらゆる力強い理論すら破壊する恐れのある勢力に、抵抗できる生き方を形成する源泉を失った状態で図らずもプロテスタントは現代に存在していることに気付いたのである。このことは今までのところ最大のプロテスタント国家、つまりアメリカ合衆国においてとりわけ真実であろう。

2　キリスト教信仰の実質とそれが教育に生みだす相違

しかしながら前の文章で述べた内容が、アメリカでのモラル形成教育に関わる私たちを、ギッサーニが提供してくれた最も重要な課題へと導いてくれる。ギッサーニは教育が教室内に閉じ込められるならば、教育など不可能であると実によく理解している。これはとりわけキリスト教教育を守ろうとする私たちにとって真理である。ギッサーニはこのように語る。

> キリスト教が語る事実は、歴史の全体にわたって不変である。それは決定的出来事であるゆえに、一つとして変えることが不可能な体系を持っている。それにも拘わらずその時代の文化的社会的そして政治的情勢を取り扱いながら、この出来事の外側で生活するキリスト者は――彼が知性に欠けるかもしくは全くもって怠け者という場合を除き――時代の支配的な考えと彼の生きた信仰的視点からの体系を評価せざるを得ない。その結果、もう一つの文化ともう一つの体系を生み出そうとの欲求は避けられないものとなる。(p. 117)

「信仰主義で宗派心の強い特定のグループに立つ者」としばしば非難される私ではあるが、キリスト教信仰は日々の生活習慣の中での表現を求めるとのギッサーニの考えは、実に正しいと考える。[11] この考えはもちろん、信仰が「服従」を求めること、つまり「キリストを認めること、キリストの出来事が私たちの心をとらえた時間と空間の条件によって形作られる彼への愛を求めること」(p. 116) を踏まえた、ギッサーニの主張の到達点なのである。さらに、信仰は良識の最高形態であるとのギッサーニの強い主張は、キリスト教信仰を目指す信仰は世界との緊張を容赦なく見せつけられる共同体の実践の中で具体化されなければならないとの彼の主張と、相関関係にあると私は考えている。

私たちが今自らを見出すこの世界から教会を引き離すために、教会の必要性について私がなしてきた議論のいくつかのように、私がギッサーニをあまりに支持したかのように見えるかもしれない。しかしもしも私が彼を誤解していたならば、私よりも彼をよく知る人々が私を正してくれるであろうと信じている。ただ、教会がリベラルな社会で自ら「スピリチュアル」な世界への格下げを受け入れないことが、いかに重要であるのかについての私がなしてきた主張の数々をどうして何人かは誤解してしまうのか、その理由を語る手法を、ギッサーニに対する同意を通して私は手に入れたと思う。私の反コンスタンティヌス主義の考えを聞いて、私がこの世界で「純粋」になることを放棄して生きるようキリスト者を説き伏せようとしていると、何人かは考えているのではないかと不安である。だがこれほど真実とかけ離れた話もない。もしも私が展開しようとしてきた議論の数々を理解してもらえるなら、存在すべき教会とはギッサーニ言うところのこの世的な現実でなければならないのであって、そしてその現実は同様に政治、リクリエーション、アート、売買、「個人的」関係、つまり私たちの生活すべてのこの世的現実を同様に形作ることが分かるだろう。

私たちが教育について考えようとする際この点はとりわけ重要であろう。なぜならもしもギッサーニが主張するように「教育とは人間の魂を現実の全体性の中へと導いてあげることである」(p. 105) ならば、その時キリスト者によって教えられる教育内容は、世俗的な主題と明確に違う形になるだろう。マッキンタイアは正しくも論じる。カトリック大学の立脚点から学生たちが学ばねばならない何かとは、物理学であろうが歴史学であろうがもしくは経済学であろうが「ある程度哲学的な研究によって啓蒙されるまでは」不完全であること、「そしてその哲学的教育を含むすべての教育は神学的な根拠を持つ洞察によって啓蒙されるまでは不完全だ」ということなのである。[12] ただギッサーニの方が、マッキンタイアよりもより強い主張を提示し続けていると思う。何故なら、もしもう一つの文化を信仰の現実が必要とするならば、その時そのような信仰によって形作られた物理学、歴史学もしくは経済学の本質は独特なものとなることが少なくとも可能だろうからである。[13]

私は言い続けている事柄に対し、ここで明確にしておかねばなるまい。私が主張していることは、キリスト者が物理学を通して意味することは、信仰を共有しない人々が物理学を通して意味することと明らかに違うものなのだとする世俗的状況を、キリスト教信仰を構成する実践がいかに形成していくか、なのである。私は実際「キリスト教物理学」それとも「キリスト教経済学」のようなものの存在を提唱しているのだろうか？　これに関しては「教会が自らの価値を見出す社会において、物理学もしくは経済学が意味するところの性質次第だ」としか答えられない。たとえキリスト者としての何の自覚もない人々によって研究調査が着手されても、世界の誠実な研究調査から学ばねばならない事柄をキリスト者は決して恐れてはいけない[14]。さらに世界の知識がキリスト者によって無批判に受け入れられるような「既定事実」であるなどと決めてかかってもいけない。

例えばもしもマッキンタイアや私が信じるように、あなたも高利貸しはキリスト者が避けるべき業務の一つであると信じるなら、経済学と呼ばれる知識の理解のされ方は、高利貸しについて私たちと見解を共有しない人々の理解と比べ、明らかに異なるものとなるであろう。それともしもあなたが、軍事力は正しい戦争という根拠があるときのみ正当化されると考えるなら、あなたが国同士の関係をどう理解するかは、国際関係と呼ばれる重要課題研究に携わり勢力均衡のモデルを形にしようとする人々の仮説と、かなり異なるものとなるだろう。もしくはキリスト者がそうするようにあなたも創造論は自然よりもさらに根底にある考え方だと信じるなら、あなたが当たり前に考える植物学と生物学研究の間にある差異の中に重要な問題が生じるであろう。すべてのものは目的をもって造られていると信じるキリスト者にとって、人生を機械的に理解する試みは確かに疑わしいものに違いない。

諸学科間のつながりを見出すのに必要な知的スキルを、学生たちが獲得できるよう援助することの重要性をマッキンタイアが強調することはまことに正しいが、キリスト者が「教育のリスク」を引き受けようとするなら、まさに教えられる内容自体の問題を避けることはできないことを私は言い続けているのだ。考えるに、現代に生きるキリスト者が、ギッサーニのいうところの私たちがなるべき存在、すなわち新しい文化と体系を創造する人間になりえていないことが問題なのだ。結果として、自らの価値を見出す世界をキリスト者が理解する方法を次第に喪失させるキリスト教学校において、私たちは知識の外枠だけを教えてきたのである。「子供たちに教育を受けさせることは、信仰に再び目覚めるために神が私たちに与えてくださった偉大なる機会の一つである」とのギッサーニの言葉は全く正しい（p. 131）。しかしながらキリスト者が喜んで未来世代に譲り渡す責任のある知恵を子供たちに学ばせるとの特色を指し示すことに、とりわけアメリカでキリスト者は失敗したのではないだろうか。

一例として医療、そして医療に仕える科学をどう理解すればよいのか、ギッサーニの実に何気ない考察――「幸いにも、時は私たちに老いを与える」（p. 72）――が意味するところを考えてみたい。幸いにも時は私たちに老いを与えるとのギッサーニの考察とは相いれない、苦しみと死に対するけた外れの恐怖を誘発した今日の「ゲノム学」（伝えられるところによると、これは病気になる前に私たちを「治療する」ことさえ可能とするらしい）への熱狂は否定できないだろう。私たちの文化は加齢それ自体が病であり、もし可能なら生きながら人生から脱出できるよう約束してくれる研究を、私たちが創造し資金提供しなければならないとの見解に徐々に近づいているように見える。私たちは塵であり塵に帰る、との御言葉で受難節を始める人々が、この手の研究を支持するとは信じられないのである。

死の恐怖によって形成された大学で生産され教えられる知識に対抗し、それに代わる新しい文化と体系を創造しようとすることは、キリスト者にとって避けて通れない課題であろう。さらにこの新しい文化内で私たちの子どもたちを教育するということは、それと全く違う文化によって形作られた世界で成功者となることを可能とする教育を、私たちの子どもたちが前提とできない、と言うことを意味する。キリスト者にとって、現在自らの価値を見出すこの世界のために子供たちを教育するということは、彼らが受ける教育が彼らをリスクの中に置くであろうことを意味する。しかし少なくとも彼らは、大学の教室で教えられたから真実だと見なされた虚偽に対し、何らかの抵抗するチャンスを手にすることだろう。

3　民主主義の文化と教会の文化

ここまで、教育手法を形成する新しい文化と体系をキリスト者が生みだすべきだとのギッサーニの提案を私は読み込みすぎている、と考える向きもあるかもしれない。まるでギッサーニが実際立っている場所よりも過激な立場を提唱しているかのように、私が彼の意見を強調していると受け止める方もいるだろう。しかし私はここで、私の弁明をギッサーニの民主主義に対する所見に注目することで閉じてみたい。彼の民主主義の議論は、教育は他者認識なしに不可能だとの議論の一部に登場する。彼の提示するこの認識は、私が何ものなのかをより理解するために必要な、対話の可能性を作り出してくれる。しかしもし私たちが何らかの自己認識を持たずに対話に入るなら、対話は不可能となることも等しく真理である（pp. 93-94）。共通理解に至るために私たちの確信を曲げてまで対話を成さねばならないと考えるならば、私たちはいかなる真剣な対話をも始めることは出来ない。

民主主義は社会的で政治的な生活形態であり、そしてそれは可能であるのみならず必要に迫られて対話を作り出すとしてしばしば擁護されてきた。しかしギッサーニは民主主義と一体化した「支配的な精神性」としての相対主義こそが、対話を不可能にしていると論じる。またある「大変著名な大学教授」がミラノの選ばれた聴衆に向かって大胆にも「カトリックの人物は、彼がカトリック教徒であることが動かしがたい事実によって、民主主義国家の市民であることは出来ない。何故ならカトリックは絶対的な真理を知っていると主張するからだ。だから民主主義社会で彼と対話すること、もしくは共に生きることは不可能なのである」と言ってのけたとさえ彼は報告する（p. 96）。ギッサーニはこの見解に同意するかどうかは言わないが、彼は明らかに民主主義と同一化するイデオロギーや実践が、彼がキリスト教教育を維持するために必要と考える文化と、しばしば緊張状態にあると考えている。

ギッサーニは民主主義的エートス維持の名において教えられる「価値」をほとんど相手にしない[15]。例えば彼は、人間が「全体的な自律性」を身につけるとの仮説に基づく教育を正面から疑問視する。いわば「学生が自ら決断できる」よう教育すべきだなどと彼は全く考えていない。この手の教育の試行は、彼の言うように、ティーンエイジャーからあらゆる発達基準を奪い取り、本人を好き嫌いと本能に任せる形で終わるのみである（p. 82）。学生の自律性を前提とする教育は世界と直面することへの恐れを土台としたものであり、結果としてそれは狂おしいほどに問題を抱える世界に対応できない人々を生み出さざるを得ない、とギッサーニは見ている。

自律性を前提とする教育を承認する合理主義は「自己が基本的に依存していることを忘れるかもしくは否定している。つまり事実を明らかにする現実が偉大で独自の驚きに満たされていることを忘れるかもしくは否定している」[16](p. 69)。皮肉なことに、民主的社会を維持する必要に迫られての合理主義の擁護は逆効果を発揮することもありうる。研究継続に求められる透明性と共に教育されるのではなく、学生たちは初期に受けた教育とより上級での諸学科とのつながりが分からない故に、どのように研究を継続したらいいか、それを知る覚悟が出来ていないと感じている。その結果が懐疑主義であり、そしてそれはなすべき人生の選択は独断的でよいのだと信じる人たちを生み出している。

皮肉だが、このような人たちは民主主義を支えることが出来ない。なぜならギッサーニの述べるように、

> 魂に影響を与える懐疑主義は、熱狂主義 —— 一方的現実からの妥協を許さない主張によってのみ克服される。この状況はまた、依然として教えられた宗教的倫理的教育を守ろうとする、口論から抜け出てきた学生たちに適用される。自分たちを守るために彼らは防衛的になる —— 警告を無視してか、恐れからかまるで城塞の中に引きこもるように —— そして攻撃される恐れを感じる周囲の状況をシャットアウトする。同様に他の覚悟のできていない学生たちは、それを調べることすらしないで受けてきたすべての宗教教育を無視し、それを拒否することを決める。(p. 61)

合理主義的教育の結末に関するギッサーニの見解が、アメリカですでに起こっている事柄にいかに鋭い分析を提供しているかを理解することは難しくないだろう。例えば「宗教的権利」は、「民主主義」を支持することによっ

て宗教的確信を守ろうと試みるが、それによって彼らが支持する生活形態が、しばしば彼らの信仰をひそかに傷つけていることを見えなくさせてしまう。なぜこのようなことになるかというと、より広い文化に広がると彼らが信じて疑わない合理主義から「信仰」を守るべきだとの前提で、彼らは生活を部門ごとに区分けすることを強いられるからだ。まさに彼らのこのキリスト教擁護が、あまりに頻繁にキリスト教信仰を反合理主義システムに見せてしまっている。私は「宗教的権利」は炭鉱のカナリアに似ているとよく思う。それらはきちんと何か悪いものの存在を理解はするが、キリスト教信仰理論が敵によって形成され続けることを理解することには失敗する。

アラスデア・マッキンタイアの区分け化理論は、合理主義が懐疑主義にいかに行き着くか、その結果に対するギッサーニの分析を上手に補完している。マッキンタイアは以下のように考察する。

研究開発に重点を置くトップ大学の卒業生は、焦点を狭く当てる専門職になりがちである。彼らは非常に脅迫的にすら思えるほどの過重労働を行い、彼らの専門化された職業領域内で評価されつつ心を乱されるほどに競争的であり、成功に向けて没頭し、時にはその成果はまったく素晴らしいものとなる。価値あるものでも自分の仕事に関係なければまず読むことはない。時には困難の中にあっても、彼らは家族生活のために、熟語が洞察を持って語るように「時間を作る」。競争的なスポーツの短いが骨の折れる一試合が、そして時として彼らの職業生活を崩壊させないよう上手に仕組まれた宗教の一種への健康的な耽溺が、彼らの息抜きとなりやすい。(17)

この様な人生は少なくとも以下の二つの形で区分け化されている。すなわち（ｉ）自己は異なる役割の寄せ集めにすぎないとの基準のもと、個人は様々な領域それぞれを通過することが前提とされ、（ii）その異なる役割は、個人が彼女もしくは彼の人生を全体として眺めることを不可能としている。(18)

それ故カリキュラムの断片化は、民主的社会の維持のために必須と見なされる生活形態を正当化しなければならぬ現代社会の、区分け化された特徴を示す制度的表現となる。何故なら現代の大学カリキュラムから生み出されるこの手の人生はあらゆるものに対して批判的になり、何も信じないことが前提であるからだ。しかしもし懐疑主義が熱狂主義の土壌を作っているとのギッサーニの意見が正しいなら、現代の民主主義的体制イデオロギーとしての合理主義が、成功を収めることは決して自明とは言えまい。

社会を構成する国民が正義を備えているかどうかを考慮に入れないまま、現代の民主主義理論は、民主主義は正義であると説明する試みで明け暮れてきた。もちろん懐疑的態度などのある種の美徳に関して、リベラルな民主的社会は確かに人々に影響を与えたが、それも大して明白なものではない。リベラルな教育実践の中で、美徳の訓練に関する事柄が認められるはずはない。何故ならどうも全ての人のため教育に必要とされる中立性が、全ての教育は倫理教育と率直に語ることを不可能としているからである。しかしこの様な教育が生み出した断片化された自己が、人格を備えた人間を形成する美徳を支持する必要性をある程度当たり前に感じるようになるかどうか、判然としない。

これらは実に大きな課題ではあるけれど、キリスト教信仰にとって必要とされる教育内容という、ギッサーニ理論の核心でもある。加えて彼が提唱するキリスト者の教育が現代合理主義に基づく事柄よりも、民主主義を守る理論を供給しうるとの主張は正しいと思う。実際ギッサーニがヨハネ・パウロ二世のように、もしも私たちがお互いに平和に生きようとするなら、求められるのは「愛の社会化」（Centesimus annus 10,2 訳注：ヨハネ・パウロ二世の一九九一年の社会回勅）であると恐れずに言っている点は、大変興味深く感じられる。ギッサーニが現実との接点を見失ったとの指摘を、疑いなく多くの人々は、私たちの現代の課題の核心は愛に他ならないとの主張として解釈するであろう。しかしこれは、キリスト者が礼拝する神がイエス・キリストの神でないと考えるときにのみ起こる状況である。何故ならキリスト者は真理が重要であること、そして私たちは —— ルイジ・ギッサーニはそれが義務であると論じた――「教育のリスク」を受け入れ続けることができるとの確信を神から与えられており、その確信によって構成された自らの人生を発見しているからである。

第3章注

（1）ルイジ・ギッサーニ『教育の危機――私たちの進むべき究極を見出しながら』(Luigi Giussani, *The Risk Of Education: Discovering Our Ultimate Destiny*, translated by Rosanna Frongia, New York: Crossroad, 2001)

（2）教会と現代の大学に見る諸教育に関する一連の小論を長年私は書き続けてきた。例えば私の「キリスト教大学はどのように若者の堕落の一因となっているのか」、『今日のキリスト者の存在――教会、世界、そしてその間に生きることについての試論』所収（"How Christian Universities Contribute to the Corruption of the Youth," *Christian Existence Today: Essays on Church, World, and Living In Between*, Grand Rapids: Brazos Press,2001) pp. 237–235.『証人の政治学――リベラルな社会においてどの様にキリスト者を教育するのか』「キリスト教世界の次は?」所収（"The politics of Witness: How We Educate Christians in Liberal Societies," in *After Christendom?* Nashville: Abingdon, 1999) pp. 133–154.『力なき世俗主義者たちの手の中にいるキリスト者――現代の大学における神学と「モラルの探究」』及び『キリスト教教育を、さもなければ社会不適応の学生の造成』「真理において彼らを聖別する――例証された神聖さ」所収。（"Christians in the Hands of Flaccid Secularists: Theology and 'Moral Inquiry' in the Modern University";"Christian Schooling, or Making Students Dysfunctional" in *Sanctify Them in the Truth: Holiness Exemplified*, Nashville: Abingdon, 1988）pp. 201～226.

（3）ロバート・ウスノー『アメリカの宗教の再構築』(Robert Wuthnow, *The Restructuring of American Religion*, Prince-ton: Princeton University Press, 1988）p. 160.

（4）たとえ大学教育を受けた人々が教会と関係を保っていたとしても、彼らが伝統的キリスト教と関係を持っている可能性は低いという現実を、ウスノーの研究ははっきりと示している。

（5）ダグラス・スローン『信仰と知識 —— 主流のプロテスタンティズムと高等教育』(Douglas Sloan, *Faith and knowledge: Mainline Protestantism and Higher Education*, Louisville: Westminster/John Knox Press, 1994)

（6）アラスデア・マッキンタイア『カトリック大学 —— 危機、希望、選択』「大学教育とカトリックの伝統」ロバート・E・サリバン編 (Alasdair MacIntyre, "Catholic Universities: Dangers, Hopes, Choices," in *Higher Learning and Catholic Traditions*, edited by Robert E. Sullivan, Notre Dame: University of Notre Dame Press, 2001) pp. 5–8. 大学がどれほどこの崩壊状況に近づいているかを測定する有効な方法を彼は提供している。彼は問う。その研究がいかに統合された諸理論に寄与するかを伝えられる素晴らしく影響力のある学部教員 —— しかしその著作は教育手法に関する優れた論文一つである —— が大学の終身在職権を手にしたであろうか？　それとも「最先端研究」に従事し、学びの進んだ大学院生だけを教えたがり、学部では教えることができないか教えたくない教授に在職権が与えられるのが当然だったであろうか？　もしもこれら二つの問いに「いいえ」そして「はい」と答えるなら、その人は、少なくともそこがカトリックの大学ならば、深刻な改革の必要性がある大学にいることは明らかである、とマッキンタイアは述べる（p. 6）。マッキンタイアはデューク大学の就任・昇進・終身在職委員会で働いた経験を通し、この様な問題の取り上げ方を身につけたと私は確信している。私もまたこの委員会で七年間働いていたが、ますます細分化された研究へと進む専門領域の性格に対する、彼の理解の源がここにあるのは間違いない。この委員会に属していた時期、実に狭い分野で働くあまり「専門領域」の構成員はたった5、6人となってしまうという事実によって、人々がその領域で「指導者」となる姿を私は目撃してきた。終身在職権を受けると見なされたその人が何をしているか理解出来ないがけれどその人は「彼もしくは彼女の専門領域」で最高の人物である、と私たちは何度となく学部長から聞かされたものだ。

（7）マッキンタイア『カトリック大学 —— 危機、希望、選択』p. 5.

（8）マッキンタイア『カトリック大学 —— 危機、希望、選択』p. 4.

（9）ギッサーニの参照箇所は文章内に記す。

(10) マッキンタイアはギッサーニの立場に大部分同意すると思うが、彼がギッサーニの言ったように信仰が良識の最高形態とすすんで言うかどうかは分からない。マッキンタイアは哲学が厳密には世俗の研究であると論じている。そしてそのことは哲学がどの様に正しく理解されるのかとの彼の議論が、いかなる神学的前提条件にも頼っていないことを意味している。マッキンタイアによれば「これはカトリック的でもあり世俗的でもある世界なのだ。そしてここでは目的は内向きであり、人間とその他の事物は明瞭な万物の秩序にとって不可欠であり、大学にふさわしい研究活動を通して私たちに明瞭な万物の秩序を作り上げようとの計画は、それ自身が万物の秩序の一部分として理解されるのである」(p. 4)。マッキンタイアがこの言説を通し信仰が不合理だとは考えていない点に疑いはない。しかしマッキンタイアが、信仰が哲学と言う「世俗」研究と同じように理にかなったものだと考えていたかどうかは不明である。時おりマッキンタイアが自然と恩寵の区別をあまりにも厳しく分けている点に、一つの暗示を見出す。

(11) 例えば私の『宇宙の結晶粒と伴に —— 教会の証しと自然神学』(*With the Grain of the Universe: The Church's Witness and Natural Theology*, Grand Rapids: Brazos Press, 2001) を参照。

(12) マッキンタイア『カトリック大学 —— 危機、希望、選択』p. 8.

(13) ギッサーニは文化をこう定義する。「経験の批判的、体系的発展。経験は私たちを現実の全体性へと切り開いて進ませる出来事である。つまり人が信じる究極の理想と意味とは何かと言うことと、人が感じる究極のそれは何かと言うこととの二つの比較を経験はつねに暗示している。文化は、全ての人間経験の一部としての完全性と全体性に向けて、この暗示を展開するよう働くのである」(p. 133)。ギッサーニほど文化を「経験」に依存させることはさすがに躊躇する。何故ならとりわけリベラル・プロテスタンティズムにおいては、最終的主張として「経験」が教会にとって代わるからである。

(14) 知的な努力の中でもはやそのような恐れを持たないキリスト者の出現は、ギッサーニが正しくもキリスト教的確信の特徴と考えた「服従」の信頼できるしるしである。さらに非キリスト者が果たした業績は、キリスト者が果たした業績よりもむしろキリスト者の方向づけられた物の見方に影響を及ぼしているかもしれない。この事実はこれらが複雑な問題であることを気づかせてくれる。

(15) 実際、まさに価値という言葉は —— すなわち道徳的生活は主観的欲望に依存するという仮説は —— 経済学の言語が真面目な道徳的生活を破壊したという指標になっている。

(16) アラスデア・マッキンタイアは彼の著書『依存的合理的動物 —— なぜ人類に美徳が必要か』(*Dependent Rational Animals: Why Human Beings Need the Virtues*, Chicago: Open Court, 1999) の中で依存性と合理性の関係性を見事に展開している。

(17) アラスデア・マッキンタイア『依存的合理的動物』p. 15.

(18) アラスデア・マッキンタイア『依存的合理的動物』pp. 15–16.

第4章「宗教多元主義」の終焉

——聖十字架修道会デイヴィッド・バレルに敬意を表して

1 「宗教多元主義」が存在しない訳(1)

数年前、私はアーカンソー州コンウェイにあるヘンドリックス・カレッジで講義を行っていた。もはやその講座が何であったか思い出せない。だがたぶんそれは、神が重要であるとの私たちの信仰をなぜキリスト者は自分自身と隣人に対しはぐらかすのを止めねばならないか、その理由を示そうとした試みの一つであったと覚えている。さてその講義を終えた時だ。ヘンドリックスの宗教学部の教授の一人がはっきりと、その話はもう十分だと言ってきた。彼はジョン・カブから教えを受けてきたが故に、プロテスタント・リベラリズムとプロセス神学の奇妙な混合を語っていた。キリスト教的確信の中心点には、キリスト者に仏教徒との対話を可能とさせるような理論は存在しないとの私の強い主張を含んだ講義内容に、彼は反応したのであった。この「理論」によって、人はしばしば二つの伝統を調停する第三の言語の必要性を言わんとする。そして「公共」の場においての違いを調停するため、「多元主義者」社会においてそのような言語が必要とされると、これもしばしば論じられる(2)。

私はその理論に対し不十分な知識しか持ち合わせていないことを謝った上で、あえてこう尋ねた。「このコンウェイに何人の仏教徒がいるのですか？　あともし仏教徒たちと話したいならば、その理論は何の役に立つのですか？　思うのですが、もし仏教徒と話したいなら、あなたはただ行って彼らと話すことでしょう。きっとあなたはそこで例えばこう始めるでしょう。『君たちはコンウェイで一体何をやっているんですか？』」　私はその場で、コンウェイでの本当の課題とは仏教徒と話すことではなく、キリスト教原理主義者との対話の試みではないか、と述べた。仏教徒でさえ私たちと話したいと思うほどに十分に興味深い何かを、私たち自身が持っているかどうか、私たちはまた問うべきなのである。

この出来事を話すのは、コンウェイでの私の応答が、今からここで述べようとする主題、すなわち「新宗教多元主義と民主主義」への私の応答と多少なりとも同じものであるからである。私の応答が、多くの人にとってみれば無責任なものに映ることを、私は良く自覚している。しかし同時に、「責任性を引き受ける」との名のもとにキリスト者を「世界を動かす責任」へと駆り立てようとする試みは、疑わしいものだと思う。私はつまるところ、一人の平和主義者である。もちろん私は「平和主義」との記述は好きではない。その記述が暴力に対してあまりに「受動的」な意味合いを含むというだけでそう思うのではなく、より重要なことは非暴力の立場を説明可能にするために必須と信じるキリスト論的確信から、戦争や暴力を分離してしまう立場を、「平和主義」が多くの人に印象付けるから好きではないのである。(3)

「セクト（the sects）」の標榜する平和主義は首尾一貫したものではあるが無責任な立場である、との批判を展開したラインホールド・ニーバーに、正確に反論したのがキリスト論的平和主義の立場を最も代表するジョン・ハワード・ヨーダーである。(4)ヨーダーは、ニーバーの責任性への言及は、ウェーバー主義者の政治理解を取り入れた「必然性」の偽った合法化であることを指摘した。ヨーダーによると、責任性への言及は以下のことが意味されていた。すなわち、キリスト者は

社会秩序の責任を取ろうとする生来の義務を持つ。しかもその社会秩序は、愛ではなく社会秩序それ自身によって命じられる方法を実践することで、生き残り、改善されるという関心の中に存在する。この社会秩序は、罪深いものであるが故に、それを行政管理する「必然性」の手法もまた、罪深い。「責任」はかくして他から影響を受けない自立した道徳的絶対性となり、罪深い社会が倫理の標準として受け取られる。そして社会が暴力を容認するとき、（より悪意の少ない暴力が好ましいとの「識別」機能を備える場合を例外として）愛の律法はもはや決定的な力を持たない。もちろん平和主義者の信念によると、社会秩序に対する現実的な責任は存在する。しかし責任はキリスト教的愛の派生物であって、矛盾に満ちた自己規定する倫理規範のそれではないのだ。(5)

ここで読者は、目前の主題が平和主義ではなくむしろ「新宗教多元主義と民主主義」であることを私が忘れたのではないか、と戸惑いを感じるかもしれない。しかし「新宗教多元主義」の挑戦に対するキリスト教からの応答が、キリスト教非暴力と実に深い関係があると示すことこそが私の主張の要点となろう。キリスト教平和主義は「無責任」であるとの主張にヨーダーが反論しなければならなかったように、私も目前に横たわる、挑戦をしかけるこの用語に挑まねばなるまい。私に言わせれば、「多元主義」とは、プロテスタント・リベラル自身が将来もアメリカ支配の中にいるとの幻想、もしくは少なくともそれに対し責任を持っているとの幻想を抱くため、彼らによって用いられたイデオロギーなのである。怪しい民主主義が、相違の中で栄えるとの幻想を持ち続けられるよう、その強固な信念を民営化し無害化するために「宗教」という称号が創造された。実際、現状に関し何か「新しい」ものがそこにあるならば、それはすなわちアメリカでのプロテスタント支配の終焉が近づいているということだ。

ブッシュ政権に代表される「宗教右派」と呼ばれる者たちの台頭を考慮に入れるなら、確かにこれは奇妙な主張である。実際、私の強固な神学的視点と、宗教右派に繋がる攻撃的なキリスト教を結びつけて考える人々もいるかもしれないだろう。だが私の知る限り、宗教右派を代表する中で私を盟友だと断言した者は一人もいない。彼らが私をそう呼ばないのは、確かに理にかなう。なぜなら私は宗教右派を、仮にそれが偶像崇拝的なものでないとしても、キリスト教のひどく不完全なものとみなしているからである。事実私は宗教右派を、アメリカ市民宗教の一形態として自らを意味づけようとする、プロテスタンティズムの絶望的試みと理解している。[6] 宗教右派に代表されるキリスト教が、執拗に声高でありながら同時に無力である理由がここにある。

『初めのものと後のもの —— イエス・キリストの主張と他の宗教伝統の主張』という本は、キリスト者のキリストに対する決定的な卓越性理解が、他の宗教伝統に対する称賛を含む理解を締め出すことなどないということを、実に有益に提示している。著者ジョージ・サムナーはこの本の中で、他の宗教伝統の存在が「キリスト教それ自身が問題となったまさにその時に、キリスト教の伝統に対する問題となったし、またいまだに問題なのである」と考察する。(7) キリスト者はつねに他の宗教伝統が存在することは知っていた。それなのになぜ他の宗教伝統が存在すると言う知識が、これほど問題となってしまったのだろうか？(8) サムナーは、他宗教からの抗議は、より一般的な啓蒙主義が普遍的理性の名のもとに宗教的特殊恩寵に対してなされた抗議の一部である、との考えを示している。(9) 他宗教からのどのような抗議が起こっているかとの言説は今や、キリスト者にとってほとんど啓蒙思想家によるキリスト教批判の結果だと理解されている、とのサムナーの考えが右寄りであることに疑いの余地はない。しかしながらプロテスタント・リベラリズムが啓蒙主義発展の産物であったのと同じく、現在理解されているプロテスタント右派の姿すらも、啓蒙主義の産物であったことを決して見落としてはならない。(10)

「宗教多元主義」の問題に取り組むプロテスタント神学の発展が決定的重要であることを、サムナーは私たちに正しく思い起こさせてくれた。しかしもしも私たちがこれらの問題が巻き起こった情況を理解するならば、この神学の発展の「力関係」を見落とすことは出来ない。ウィリアム・カバナーは現代におけるキリスト教の運命について説明してくれたが、もしそこでのキリスト教と民主社会との関係分析の言葉が、どのようにキリスト者が自らの信仰を考えるべきかを図らずも表しているということを私たちが理解するなら、その説明は非常に決定的なものである。カバナーによれば、現代国家の物語とは、宗教改革によって大量に生み出された物議を醸す宗教派閥から、国家は人々を守る必然があると仮定された救済の物語なのである。カトリックとプロテスタントが教義への忠誠の名のもとに互いを殺し合うのを止めさせるため現代国家は必要なのだそうだ。「宗教の民営化」は、いかなる特殊恩寵信仰の実践以上に基本的とされるまさしく宗教理解の産物であるが、これは戦いあう宗教派閥間に平和をもたらすことを仕事とする現代世俗国家の発展と必然的な相似性を持っている。(11)

この現代国家の発展の物語は、現代政治論の主要素である。例えばカバナーは、ジュディス・シュクラーの著作「ありふれた悪徳（Ordinary Vices）」の中の彼女の説に、以下のように関心を寄せる。

リベラリズムは……宗教戦争の残忍さから誕生したのである。そしてそれはキリスト教的愛の要求を、全ての宗教制度と派閥への非難に永遠に変えたのである。信仰が少なくとも生き残ったのであるなら、それは実に個人的なものである。私たちの眼前にある選択肢は、伝統的美徳かリベラルな放縦のどちらか一つなのではない。残酷な軍隊、モラルの抑圧、暴力か、それとも全てのキリスト者の自由と安全を保護するために権力者に制限を設けようとする自制的寛容なのか、なのである。[12]

宗教的無法状態と暴力から現代国家がどの様に人々を守ろうとするのかを示す物語は、あまりにも何度も繰り返されてきたが故に、まるで公式な権威まで手に入れたかのように考えられている。ただその物語にはたった一つの問題がある。その問題とは、その物語が真実ではないという点だ。クエンティン・スキナー、チャールズ・ティリーそしてリチャード・ダンの研究を利用しつつ、カバナーはいわゆる「宗教戦争」は現代国家を生みだした出来事なのではなく、むしろそのような諸国家を創造する際の産みの苦しみであったと論じている。[13] 中世の秩序が終わりを迎えた後に進展した新しい権力図への関心を軸に、プロテスタントはプロテスタントを、そしてカトリックはカトリックを殺害したのである。この国家権力の発展にとって決定的だったことは、プロテスタンティズムとカトリシズムを宗教として再説明したことであった。その上宗教は「信仰」として、個人的信念として今や理解されているのであり、それはその人の国家に対する公共の忠誠心というものから分離して存在できるのである。「宗教の考案、そして教会の民営化は国家の勃興と相関関係にあるのだ[14]」。

カバナーはあまりにも「宗教」の叙述に気を遣いすぎだとの反論があるかもしれない。つまるところこの叙述は、クリスチャン・スミスの言葉を使えば「超経験的秩序（superempirical order）」を取り扱うように見える人間行動の多様性に意味を与えようとする試みに過ぎない[15]。しかしながらこのような宗教の定義は、莫大な資質を断ち切ってしまわざるを得ない。例えば受肉理解の中にあるキリスト教信仰を考慮にいれれば、「超経験的秩序」としてキリスト教を意味づけることなどほとんど不可能である。さらに現代の大学の宗教学部による宗教理解の試みに慣れ親しんでいる人々は誰でも、互いに共通性をほとんど持たない多様な諸問題を叙述する、不正確な用語として宗教を理解することが最善であると気付かない訳にはいかない。[16] もっと論争的に言わせてもらえば、宗教学部の創設は、合法的な学問を国家権力に提供するための、大学の進行形の発展段階として理解されうる。[17]

しかしながら宗教概念の持ち合わせる解決しがたい性格は、多元主義に意味を持たせようとするあらゆる試みの反映なのである。人は自らの才能を発見するという世界の支配下にいるとの前提のもと、権力者が自らを安心させようとするイデオロギー、それが多元主義であると私はここまで論じてきた。一例として、ジョン・ミルバンクは、多元主義者が許容する限界基準と同じく重要な諸伝統同士の出会いに関する特権的カテゴリー、すなわち対話と多元主義を与えてくれる論説の言葉自体、グローバルな覇権を前提とするより広範な西洋の論説中にしっかりと埋め込まれているものだ、と論じる。結果として、他文化と伝統を称賛することが同時に「キリスト教の影響という重荷を用いた、西洋の基準とカテゴリーを駆使した他文化の抹殺」となっているのである。[18]

ミルバンクの議論は誇張されたものだと思う人々もいるだろうが、多元主義とは相違を避けるためのレトリックなのだ、とのミルバンクの議論は彼もしくは彼の研究に特有なものではない。例えばケン・シュリンは人類学者バーナード・マックグランの研究を参考にしつつ、他者を「啓蒙されていない者」と見なす啓蒙主義的理解を通して非ヨーロッパの「他者」を理解するキリスト教的試みから、他者を文化的に異なるものと見なして調べようとする私たちの現在の試みへの推移は、文化的帝国主義の変わらぬ継続プロジェクトだと論じている。シュリンが「相違」の「民主化」と呼ぶものは、その帝国主義の好例である。非ヨーロッパの他者はもはや化石のような過去の深みにはいないと考えられるので、そのような民主化は進歩に見える。しかし「過激にも相違を民主化することで、今では彼もしくは彼女は私たちと同時代の人々である。……非ヨーロッパの他者はいまだ異なっているが、彼らはただたんに異なっているだけなのである」[19]。シュリンによれば、多元主義の名のもとで相違を称揚することは、いわばマクドナルド・ハンバーガーがいかにして第一のユニバーサル・フードとなったかに似て、「アメリカ人の生活様式」という普遍的イデオロギーを承認することとなるのである。結果として新しい世界秩序の支配的イデオロギーは、もしも手に負えない特殊性の中で国家、文化、宗教が凝り固まった古い形式を維持するなら、それらに対し時代遅れだと公言する、とシュリンは論じている[20]。この新しい現実とイデオロギーの付随物、つまりマクドナルドをユニバーサル・フードにのしあげ、宗教多元主義の支持者によって提唱された世界的エキュメニズムを維持する考え方は、

諸現象を理解可能なものとする認識、もしくは理論的枠組みを生みだしたのである。よってマクドナルド・ハンバーガーに代表されるような文化的侵害に抵抗することは、この世界的エキュメニズムによって作られた同種の破壊に抵抗することと似ている。それはこれらの侵害を可能とするような世界観に抵抗しようとすることである。まさにここでの問いとは、この世界観の認識を承認しないでヒンズー教徒、仏教徒、シーク教徒、ユダヤ教徒、キリスト教徒同士の関係性をいかに理論化するかなのである。仮に沈黙だけであったとしても、この世界のクラマー、ラーナー、カントウェル・スミスそしてヒックスのような人々の表現の中に具体化された理論を承認する事なしに、どうやって宗教の異なる人々が互いに会話できるのだろうか？　ここで必要とされること、同時に私が提唱しようとしていることとは、究極的にこの話法の形態を丸ごと置き換えることなのである[21]。

クラマー、ラーナー、カントウェル・スミスそしてジョン・ヒックスのような人々は、包括主義者であるドミニコ修道会ジョセフ・ディノイアに共鳴するキリスト者たちである。すなわち彼らは「すべての宗教コミュニティは、

必然的にキリスト教コミュニティが最も問題なく推奨できる救いをめざすとの見解、もしくは救いが非キリスト教コミュニティのメンバーに対しても十分現在起こりうるのだとの見解の、様々な変化形を支持する」キリスト者たちなのである。[22] ディノイアによれば、多元主義者とは、全ての宗教コミュニティは様々な組織特有の支配のもとにありつつも救済を目指し行動していると信じる、包括主義者タイプの一例に過ぎない。だが当然の如くシュリンは、このような類型化を設定する試みがイデオロギー上の前提をむき出しにしてしまっていると信じているので、いずれのタイプの価値も認めていないと言えよう。

しかしながら宗教と多元主義が、それらの持つイデオロギー的機能を私たちから隠して人心を惑わすものだとのカバナー、ミルバンク、そしてシュリンの考えに、もし私が同意するならば、私はどこへとたどり着くのだろう？シュリンが必要だと唱える「論説の全体としての形式」を、私は提供しようとすべきなのだろうか？　もしも私たちが民主的に互いの宗教的な差異を乗り越える道を見出そうとするならば、このことはまさに必要な事柄に見える。もしも私がこれに関する説明をしそこなうならば、まったくもって非民主的であるとのジェフリー・スタウトによる私の著作への評価を、ただ裏付けるだけになりそうである。[23] しかしながら、私たちが他の諸伝統との関わりを持たねばならないとシュリンが示す論説に、私は応じることは出来ない。確かに私はこの困難な課題に対し知的な力を持ち合わせてはいないけれども、その様な課題を必然と考える「私たち」の代表の一人であることなど全くもって出来ないのである。同時に私はこの民主的な社会と言われる中で、どの様に宗教的な差異が調整されるであろうかと提示するようないかなるモラル、もしくは政治的助言を持ち合わせてもいない。だがジョン・ハワード・ヨーダーの著作を引きつつ、私は少なくともヨーダーの非コンスタンティヌス時代におけるキリスト教理解が、どのように一つの選択肢を、少なくとも宗教的「他者」と直面した際のキリスト者にとっての選択肢を提供しているか述べてみたいと思う。

2　コンスタンティヌスの否認――ジョン・ハワード・ヨーダーの信仰間の対話理解(24)

一九七六年、研究休暇中のジョン・ハワード・ヨーダーはエルサレムのタントゥールにある高等神学研究のためのエキュメニカル研究所（the Ecumenical Institute for Advanced Theological Studies）において、そこで「コンスタンティヌスの否認――信仰間対話における一つの選択肢としての視点」と題するレクチャーを行った(25)。ヨーダーがエルサレム――ユダヤ教、キリスト教そしてイスラム教が対立する現場――にいたという事実は、ヨーダーの課題への向き合い方に影響を及ぼした。しかしキリスト教の非コンスタンティヌス形式への理解が信仰間の関係性を生みだすとの特色を検討しようと、ヨーダーがこの機会を用いていることもまた事実である。「もしもその最も強力な『権力組織』によって代表されるあらゆる『宗教』の代わりに、宗教の権力組織の否定がキリスト教信仰告白の一部として明確に回復されるならば、この働きが今後信仰間対話にどんな相違を生みだすか探る」ものとして、ヨーダーはこの課題をとらえている(26)。

ヨーダーによると、キリスト教は彼が呼ぶところの「コンスタンティニアン・シフト」によって変化させられてきた。このシフトの意味を語るヨーダーの理解が、コンスタンティヌスの誠実さという結論に至ることはなかった。むしろヨーダーは帝国において合法的組織になりつつある教会が手にしたキリスト論的そして教会論的影響に大変強く興味を持ったのである。例えば、組織設立に先立ってキリスト者たちは神が教会に臨在すると確信してはいたが、神はまたこの世界で行動を起こされると信じなければならなかった、とヨーダーは考察する。そして組織設立後には、教会の複雑な特徴が与えられ、キリスト者たちは神が世界で行動を起こされると確信することとなったが、今度は神が教会の中に臨在することを信じなければいけなくなった。とりわけテオドシウス帝がキリスト者でないことを市民犯罪とした時点で、キリスト教は非暴力的信仰、すなわちテオドシウス帝以前には回心をとおしてキリスト者になるしかなかった信仰から根本的に変質したのである。テオドシウス帝以降、キリスト者になることは強制的なものにならざるを得なくなった。

ヨーダーにとってのキリスト教的回心の非暴力的特徴は、彼のキリスト論と関連がある。何故ならヨーダーのキリスト教理解の核心には「とりわけ、歴史的な、そして結果としてイエスの中にみられる新約聖書信仰のユダヤ的属性と本質への配慮」があるからである。(27) 結果としてヨーダーは妥協のない「特殊恩寵主義者」であり、ジョージ・リンドベックの言葉で言えばヨーダーは「キリスト論で最大限の要求をする人（Christological maximalist）」なのである。つまり彼は考えうるあらゆる重要性は、神は唯一であり、アブラハム、イサク、ヤコブ、そしてイエスの神であるとの原則と相反しないイエスに、その原因を帰すると仮定しているのだ。(28) 考えるにヨーダーは、前述したジョージ・サムナーが、彼の述べるところのイエス・キリストによる「決定的優越」の形式によってキリスト者における信仰間対話への接近は決められねばならない、との主張にもまた同意したであろう。すなわちキリスト者が「経験したことのない主張」やコミュニティに立ち向かう時、彼らは「キリストは物語が辿り着くただ一つの目標であり、そしてそこから真理が（物語が真理である限り）生まれ出るお方なのだ」との確信を持って行動せねばならないのだ。彼は final legis（律法の目標）であると同時に prima veritas（最も重要な真理）なのである。(29)

従ってキリスト者は、神はキリストにあって行動された、との自らの信仰を証するミッションに生きることを避けることは出来ない。「ミッション」という言葉はその植民地時代の歴史から否定的な意味となったが、キリスト教信仰の正しい語法としてのそれはキリスト者が伝令者であることを命じている、とヨーダーは述べる。その伝令の告知を通してしか知り得ない出来事を伝えるため、キリスト者は伝令者でなければならない。さらに彼らは、その告知する内容が真実であると信じている。ヨーダーは論じる。

もしもそれが真実でないならば、伝令者は、彼もしくは彼女の声を大きくはしないであろう。しかも誰一人、信仰を強制されてはいない。伝令者が報告するのは、永遠の、時間を越えた論理的洞察ではなく、不確かで特別な出来事である。もしもこれらの出来事が真実であり、さらにもし他の者たちがこの伝令者の言葉を担って合流するならば、多少とも適切な伝え方を整えるために、彼らは時と共に教義体系を発展させることであろう。しかしながらその体系、式文は彼らが伝える内容と異なるものになってしまった[30]。

従ってもしそれが証言として真実なものでありうるなら、ヨーダーのキリスト論は、伝令者、証言者が非強制的な立場にとどまることを求める。人々はもはや決して信じる必要はない。何故なら(i)そのメッセージは、歴史的報告と対決するような関係性をもつ不確かな出来事に関与しているからであり、そして(ii)伝令者は人々を信じさせる力を持つことができないゆえに、人々はそれを信じる必要はないのである。伝令者は、信仰を拒むいかなる人に対しても殺害したり迫害したりする立場にいることなど出来ない。脆弱な者、それが伝令者である。「伝令者から強制性を捨てさせるものとは、疑い、もしくは旧式の見解による動揺ではない。伝令者は弱さを受け入れる、との信仰に生きているのだ。何故なら伝令者が伝えるメッセージは苦難の僕に関することであり、彼の従順さこそ世界の国々に正義をもたらすからである[31]」。

従って、ヨーダーに言わせれば、キリスト者にとってコンスタンティヌスの否定は公共の悔い改めを必然とする。教会の完全無欠なコンスタンティヌス体制という想定は疑問視されなければならない。だがその疑問視は「私たちはいまだ正しいと考えるが、あなたがたも正しいかもしれない」もしくは「ええ、あれは誤った考え方なのですが、実際言いたかったのはこれなのです」という言い方にはなりえない。そのような応答は(ラーナーの他者理解「匿名のキリスト者」のように)寛容な方法でコンスタンティヌス体制の権力を善意のもと維持しようとする意識を生産する[32]。むしろキリスト者は言わなければならない。「私たちは間違っていました。帝国主義、十字軍、聖地にまつわる諸紛争、そして『キリスト教西洋』の名による戦争によって与えられたイエスの姿は、忘れるべきものであるのみならず、許しを請うべきものであるのです」と。[33]

このような許しはたんに過去の過ちにたいする後悔にはなり得ず、方向転換を求めてくる。キリスト者にとっての新しい生き方の発見は、私たちの過去の失敗における「部外者たち」による気づきを通してより良く行われるだろうが、「少なくともキリスト者にとって変わりなき批判の手段として、新約聖書を通して与えられたイエスの歴史的存在の継続した妥当性は、それ自身がメッセージの一部を成している。自己批判の能力、いやむしろそれへの要求は、他の信仰とイデオロギーを持つ人々と共有せねばならないものの一部である」[34]。

それゆえヨーダーは、キリスト者が他の信仰や伝統と対話する際の一般的な理論や戦略などを展開もしくは推奨しようとはしない。そのような理論や戦略がコンスタンティヌス体制の慣習を再生産するにすぎないと言う理由から、彼はそれが出来ない。「事柄の性質から」と彼は考察する。「安定した反コンスタンティヌス体制モデルを、推論的にまた歴史的実例から構築することは不可能である。異教化に対する預言者の告発はつねに伝道とならざるを得なかったし、そしてそれはその場限りのものである。その告発の言い回しは、それが批判する悪徳とおなじく局地的で、時宜にかなったものになろう」[35]。前進のための道は、断片的で、一時的なものでなければならないのだ。何故なら「異教化に対する断定的で新しい、本質的な批判とは、更新されたメッセージによって創造された目に見えるコミュニティという具体性のことなのだ。階級制度的記述に代わるものは、局地的記述なのである」[36]。

ヨーダーの「地域主義」は、他の諸伝統との対話を避けるための戦略の如きものではない[37]。むしろそれは「対話の相手の中にある抑圧できない人間としての尊厳」に注意を払うために、真理内容の問題点、もしくは考えの妥当性、もしくは体制や実績としての他宗教の体験などから焦点を外す試みなのであり、「隣人としての彼もしくは彼女との（市民として、社会的に、経済的に）連帯は、第一に明確にされなければならない（そして明確になしうる）事柄なのである」[38]。ヨーダーにとって、理論上、現状を問いただしているのであり、例えばキリスト教信仰と向き合う仏教、との問いはコンスタンティヌス体制的なものなのである。確かに私は、彼がポール・グリフィス、ジョセフ・ディオニア、そしてジョージ・サムナーによって代表される綿密な他宗教研究に反対していたとは見なしていない[39]。実際ヨーダーは、他の諸伝統の文献を丁寧に読むことを奨励するあらゆる根拠を持っていた。しかしその手の学問的な方法が、決して自分と異なる隣人との具体的な出会いと、置き換えられることはないのである。

創世記一一章のバベルの塔の物語に対するヨーダーの理解は、彼の説明の核心に触れている。ヨーダーの視点から言えば、神のバベルの塔の破壊は、あまりにも頻繁に裁きとして解釈される。しかしヨーダーによればそのような読み方では、人間コミュニティが自らを絶対化するために奮闘するという、バベル本来の意味を味わえないのである。塔を建てた人々は、文化の多様性があるべきだとの神の意志に反抗しようと試みた。反逆する人類は、神への依存を取り払い、何とかそこに彼ら自身の天国の創造を置こうとした。「彼らは歴史的に広がる多様性を克服するため、彼ら自身の文化的力に意識的に焦点を合わせることで模索しつつ、礎を創った最初の人々であった[40]」。

故にバベルから人を追い散らした神の行動は、憐れみ深いものであった。少なくともルカを通して使徒言行録で報告されているように、パウロはバベルで起こったことをそのような視点から見ている。（使徒一四章、一六章以降、一七章二六節以降）バベルの「混乱」は同一性を強いる帝国主義的単純さへ対抗するときにのみ評価される。だからこそバベルとは分散と多様化のプロセスを継続させるための神による恵み深い介入なのであり、そのことを通して、私たちは他者を尊敬することと謙虚さを学ぶよう強いられるのである。「このように『言葉の混乱』は罰でも悲劇でもなく、新しい始まり、袋小路からの解放という賜物なのである[41]」。

従ってヨーダーから見れば、他の重要な諸伝統の存在はキリスト者にとって「問題」なのではなく賜物である。これこそが、キリストを知らないと決めてかかった他者にキリストを伝えようと出向き、また出向き続けるキリスト教宣教師たちが、あまりにしばしば彼らが出向いて仕えたその他者の中に逆にキリストを見出した、と告白して帰ってくることの理由なのである。一九世紀の偉大なる宣教師の奮闘は、時として疑いもなく西洋の傲慢さに支援されていたが、それは結局神がその手の傲慢を打ち砕いて来た手法の事例となったともいえよう。[42] 少なくとも伝道はキリスト者に自分たちが本当にマイノリティの宗教の者であることを思い起こさせてくれる。ヨーダーはこの結果にこそ、神の意志が現れていると理解したようだ。

まとめてみよう。ヨーダーはキリスト者がコンスタンティヌスを否定することを勧めてはいない、なぜなら私たちの罪、もしくは無知、ましてや教派内での自己正当化から抜け出せない不安を私たちが抱えているからではない。私たちもしくは祖先、私たちもしくは私たちの言語システム、私たちもしくは私たちの強さや弱さに関わらず、いやこれらを越えて、私たちが語りあう人々がイエスと出会うために道をあけるという能力こそが、私たちが根本的に信仰間対話に提供すべきものであるからだ。言っていることは単純ではあるが、その実践は単純ではない。それは悔い改めなしには起こりえないであろう。もしも私たちが歴史上のイエス、つまり新約聖書におけるユダヤ人イエスを、ここ彼の生まれた土地で――ベナレスや北京、ティンブクトゥは言うまでもなく――言明するつもりであるならば、細心の注意を払い、力なきままに、悔い改めつつ、我慢強く、地域に根をおろして、ビザンチウムのキリストそしてトルケマダのキリストからイエスを解き放つこと以外に選択肢はないのである。コンスタンティヌスの否定は混乱を意味するのではなく、それはイエス・キリストは主であると告白する歴史的真剣さの現れなのだ。[43]

3　デビッド・バレル、C・S・Cに敬意を表して

キリスト者による信仰間対話についてのコンスタンティヌスの否定の後にどんな影響が続くか、とのヨーダー理解に対する私の説明は、眼前にある問題を回避しているようにある人には見えるに違いない。コンスタンティヌス

体制に対するヨーダーの批判は興味深いかもしれないが、アメリカ社会の当面の問題である「新宗教多元主義」という難題とは関わりがないように見える。せいぜいヨーダーはキリスト者内部の議論を代表しているのであるが、その議論はより広い公共政策に影響を与えるものへと転化していない。もちろん私は決して読者にバラの花園を約束したわけではない。しかしながらもしヨーダーがコンスタンティヌスを否定することで意味することが正しければ、より大切なこととは、アメリカで増大する宗教的多様性に応えた公共政策を明確に述べる可能性になぜ私は接することが出来ないのか、その理由を理解することなのである。

「当面の問題」として提議した課題を解く方法の一つが、アメリカにおいてキリスト教を政治的そして社会的にますます廃止していくことだと思うかもしれない。合衆国憲法修正第一条は、キリスト教は法的に国教としての地位はないが、事実上法的な制定を不要にする文化的権力機構にいまだ恵まれている、との前提をアメリカのキリスト者に与える。人々が主張してきた如く、もしもアメリカ人が文化的により世俗社会へと移り変わっているならば、そのことは（少なくともヨーダーが正しいとした上で）信仰間相互作用のため私たちが貢献しうるキリスト教の復権にとって決して悪いニュースではない[44]。

私たちがアメリカで特有の役割もしくは特別な地位を持っているとのこの前提からひとたび自由になるなら、よりよい信仰間対話のためにアメリカにいるキリスト者でさえ貢献ができると私は確信している。その人生を他の諸信仰にさらそうと専念する人々そのものが、はっきり言ってその貢献に値する。私は特にこれに関し、友人でありかつての同僚であった聖十字架修道会デイビッド・バレルが思い浮かぶ。デイビッド・バレルは私が一九七〇年から一九八四年までノートルダム大学で教えていた時の神学部教授であった。彼はアクィナスに関する種々の革新的な本を書き上げた、哲学に通じる優れた神学者である。特に彼はアクィナス、とりわけアクィナスのアナロジー理解がどの様にヴィトゲンシュタインに影響を与えたかについて斬新な解釈を提示した一人として、その功績がしばしばたたえられている[45]。

バレルの在職期間を通して、ユダヤ文献学の講座設置のための費用が支払われた。このような講座に現れる誘惑は、ユダヤ教をエキゾチックな他者として扱ってしまうことである。しかしバレルは、これはキリスト教神学に本質的に関わる問題であるゆえユダヤ教をキリスト教に先立つものとしての役割に格下げすることは出来ないと、ジョー・ブレンキンソップとロバート・ウィルケンのような同僚によって学ばされつつ気づくに至った。(46) だからこそ彼はこの誘惑を断固として退けたのであった。よってユダヤ文献学の同僚による働きがキリスト教神学に必要不可欠であると明らかにされたカリキュラムの中で、ユダヤ文献学は位置づけられ体系化されたのであった。

この時期、バレルはエルサレムのエキュメニカル・センター設立準備に携わるノートルダム大学学長である聖十字架修道会ヘスバーグ神父をも助けていた。ヘスバーグ神父はカトリック、プロテスタントそして東方正教会の研究者達がイスラエルで学び交流可能となる願いのもとにエキュメニカル・センターの設立をパウロ六世から求められていた。そこでは（パウロ六世の言ったごとく）「私たちはかつて一つだった」のである。その結果バレルはエルサレムに頻繁に訪問することとなり、ノートルダムでの神学教授の任期終了後にはセンターの所長として働くほどであった。そこでまたしても、彼はますますユダヤ人の生活に惹きこまれる自分、しかし同時にパレスチナ人の苦境に共感する自分を発見したのである。(47)

バレルの学問業績を考慮に入れれば、彼が第一に司祭であるということをほとんど無視できよう。大学が彼にとって重要であったとしても、それが彼の司祭としての表現のために、つねに最も助けになる環境であったわけではない。その結果として一九七五年には、バングラデシュで一世紀以上も続く神学校で教えるようにとの管区長からの要請に彼は熱心に応えた。そこで彼はその生き方を支えることは出来なくとも、逆に影響を受けることとなったムスリムたちと出会うこととなる。最終的に彼はコーラン読みたくなった。しかしアラビア語の習得なしにコーランは読めないと気付いた。彼はイスラエルに住居を構えるや否や、彼のヘブライ語でのミサの実践は、アラビア語の勉強の機会を与えることとなったのである。

もちろんバレルは自分がアクィナスの研究者であることを忘れた訳ではなかった。アクィナスはイブン・シーナとマイモニデスの研究者だった。ユダヤ教とイスラム教の広がっていく知識に頼りながら「知られざる神を知る――イブン・シーナ、マイモニデス、アクィナス」をバレルが書き上げたことはそれゆえ驚くことではない。[48] この本でバレルは、これら思想家たちが、創造が生んだ相違を守るために不可欠なものとして、生命の秩序の中においての本質と存在間の決定的区別を、各々特有の手法によっていかに守ろうとしたのかを探究した。「他者から学ぶべき」との伝統を押し付けることなしに、バレルは実際、ユダヤ教とイスラム学者から影響を受けたアクィナスの最も基本的な思想の進展の幾つかを提示することができた。

しかしながらバレルはアリストテレスとアクィナスの研究者として、形而上学的問いが友情に、とりわけ神との友情に奉仕することを決して忘れてはいなかった。たとえば「友情と真理への道」に収められた「アル・ガザリとアクィナスにおける神との友情」と題された章である。[49] この章でバレルは、二人の神学者がそれぞれの聖典に頼りつつ命が贈物であること、つまり私たちの創造主が私たちの命を成立可能としていること、そしてその創造主と被造物としての私たちが必然的にどの様に関わっているのかを二人が示そうとしていたか、を紹介している。ムスリムと唯一の神との相互愛というアル・ガザリの提案がイスラムを「服従」と訳すことで決定されたイスラムのステロタイプへの挑戦であると、バレルがいかにイスラム神学の本質に迫り主張するに至ったかをこの論文を通し私たちは知るのである。バレルのイスラムへの労力の投入は、アル・ガザリの『神の九九の美しい名前』を翻訳するという広がりまで見せることとなる。

バレルは明らかに優れた知性と霊性の持ち主ではあるが、私は彼が例外的だとは思っていない。むしろ彼がコンスタンティヌスの否定によって生まれたチャンスを例示してくれることを通して、彼のような人生は起こりうると考える。バレルがローマカトリックの司祭であることを考慮に入れると、おそらくこれは奇妙な主張かもしれない。ローマカトリックの司祭であること、とりわけノートルダム大学で生涯を費やして教鞭をとった彼と言う存在以上に、コンスタンティヌス的な何かが存在しうるだろうか？　しかしバレルは『友情と真理への道』で私たちにカール・ラーナー（「匿名のキリスト者〈anonymous Christian〉」のラーナーと同一人物）を思い起こさせてくれる。ラーナーは歴史上キリスト教がユダヤ教と袂を分かって以来、極めて相違を浮き彫りにしつつ他の諸信仰と対峙したキリスト教を提示するために、「西欧キリスト教」の一九世紀の終焉を告げ知らせることが第二バチカン公会議の本質であると論じた[50]。

バレルがユダヤ人とムスリムの生活に沈潜していったのは、彼がコスモポリタンだからなのではない。むしろ彼がカトリックだからユダヤ人とムスリムの生活に沈潜したのだ。彼はイエスに惹きつけられれば惹きつけられるほど、逆にキリスト者の如く父と子と聖霊に向けて祈るということをしない人々に惹きつけられるに違いない、とのヨーダーの主張を例証したのである。さらにヨーダーは、ユダヤ人とムスリムたちが彼らの人生についてキリスト者から祈られていることを知っている、ということを学び取って来た。この彼らの認識に立つ時、私たちは恐怖心のためにお互いを拒否するよう運命づけられてはいない、との希望が存在する。

キリスト者としての私は「新宗教多元主義」の問題を解決する理論も方策も持ち合わせてはいない。しかし提供する何かは確かに持っている。私はデイヴィッド・バレルの実例をあなたがたに提供する。ある方々は民主主義を前にしてこの難問を解決するのにこれでは十分だとは考えないかもしれない。しかしながら私はもしもデイヴィッド・バレルのような人々が存在しなければ、民主主義の呼びかけも何ら役に立たないものになるであろうと確信する。

第4章注

（1）この表題はスタンリー・フィッシュの著書『自由な言論なんてないけどそれも良し』（*There's No Such Thing as Free Speech and It's a Good Thing Too*, New York; Oxford University press, 1994）所収の短いながら痛烈なエッセイ「リベラリズムは存在しない（Liberalism Doesn't Exist）」（pp. 134-138）を真似ている。ここでフィッシュは、「政治」に支配されない自由を守るために、諸信仰に拘束されない「合理性」を代表しようとするリベラリズムの試みは、誰一人として取り得ない立場であると論じる。私も同じようなやり口で、説得力ある説明を抜きに誰もが「宗教多元主義」を語れる場所など存在しないと論じたい。

（2）しかしながら、第三の言語を必要とすることで、そんな言語が中立のものでもなんでもないという点が忘れられてしまう。さらに、諸伝統がそれぞれ完全に密閉されたシステムであるとの仮説はあまりにも単純化されている。価値ある伝統は、驚くほどにたびたび他の諸伝統とのつながりを生みだす、様々な影響の混合物なのである。対話ができないとの仮説を出す前に、人は聞き、見るべきなのだ。「公共神学」に携わる人々は、第三の言語は公用語として必要だと強調する。しかし、例えば「権利」などで表される第三の言語が必要だとの主張は、このような言い換えの必要性を理解しない伝統に比べ、第三言語を述べる人々の優位性を承諾する試みだ、と私は見ている。この「全ての謙虚さ」を備えた「公共」の代表者たちは、自分たちが他の諸伝統よりも優れていると決めてかかっている。なぜなら他の諸伝統が自分たちの伝統の良さを理解できない中で、彼らこそそれらの伝統を「正しく理解できる」からである。

（3）私はキリスト論的な規定をされていない平和主義の形態を非難しようとしているのではない。むしろ率直に、キリスト教的非暴力の最も優れた弁明論が何なのかを取り上げ示そうとしているのである。その他の平和主義の形態の可能性と限界に関する優れた説明として、ジョン・ハワード・ヨーダーによる『それにもかかわらず ―― 宗教的平和主義の多様性と問題点』(Nevertheless: *The Varieties and Shortcomings of Religious Pacifism*. Revised and Expanded Edition; Scottdale, PA: Herald Press,1992) を参照されたい。

（4）ニーバーの見事な平和主義批判は、主に第二次世界大戦後の主流派プロテスタンティズムに支持されたリベラル平和主義に向けられていた。彼はその終末的もしくは禁欲的形態として彼が呼ぶところの「宗教的絶対主義」を尊重していた。彼は終末的形態をイエスのような改革的左翼と見なしていた。それは経済と政治秩序の相互依存に鋭く並立する形で、到来する神の国の絶対的原則、つまり不屈の愛と無抵抗の原則を設定するが禁欲主義は引き受けなかった。ニーバーによれば、フランチェスコやトルストイに代表される禁欲主義によって、あらゆる肉体的窮乏が起こるというよりもむしろ個人の精神的理想が研ぎ澄まされる。ニーバーは、彼らが「政治から身を引いて」いなければならないと自覚する限りにおいて、それを一つの選択肢として尊重していた。（ラインホールド・ニーバー『愛と正義』p. 261. Reinhold Niebuhr, *Love and Justice*, edited by D. B. Robinson, New York: World Publishing Co., 1967）

（5）ジョン・ハワード・ヨーダー『教会平和ミッションパンフレット ―― ラインホールド・ニーバーとキリスト教平和主義』(*Reinhold Niebuhr and Christian Pacifism: A Church Peace Mission Pamphlet*, Scottdale, PA: Herald Press, 1968) p. 18.

（6）コーネル・ウェストは著書『民主主義の諸問題 ―― 帝国主義との戦いに勝利する』で、コンスタンティヌス主義に関する「保守的キリスト者」を正しく批判しているが、ウォルター・ラウシェンブッシュを預言者的キリスト教の代表の一人として称揚している。（Cornel West, *Democracy matters : Winning the Fight Against Imperialism*, New York: Penguin press, 2004, pp. 146-55） 私もまたラウシェンブッシュを心から称賛する一人ではある。しかし彼は当時、今日の宗教右派と同じようなコンスタンティヌス的計画に関連していた。クリストファー・エバンスは、ラウシェンブッシュの後半生において、彼は「社会秩序のキリスト教化」への要請を修正はしたが、アメリカ改革の必然としてプロテスタントキリスト教の確立は当然と見なし続けていたと述べている。クリストファー・エバンス著『王国はいつも確かにに到来している ―― ウォルター・ラウシェンブッシュの生涯』を参照（*The Kingdom is Always But Coming: A Life of Walter Rauschenbusch*, Grand Rapids: Eerdmans, 2004)。ウェストは宗教右派と同じく左派もコンスタンティヌス的という点を見落としている。例えば彼の近著『世界は呼んでいる ―― 政治と社会における教会の証言』(*The World Calling: The Church's Witness in Politics and Society*, Louisville: Westminster John Knox, 2004) の中で、トム・オグレトリーは、キリスト教社会倫理の前に横たわる難問とは何か、以下のように強調する。「現状の社会秩序に内在する文明化した倫理と、キリスト教社会理念を独自に関連付ける建設的な方法を発見することである。ここには、キリスト者であろうとなかろうと特定の社会を体系化する組織的な諸原則と一致できなければ、標準的な社会教育は社会に影響を持ち得ない、との主張が隠されている。ある場所で可能なことは、別の場所で完全に非現実的かもしれない。このような諸原則の一致が達成されるならば、次には必然的に『文化的総合』、すなわち君臨する『文明化した倫理』の本質と、キリスト教的価値体系の独特な形での創造的コンビネーションが求められる。例えばアメリカの文脈で考えるならば、実現可能な総合を問おうとすれば、必然的に合衆国憲法前文にある名高い『自由のもたらす恵沢（blessing of liberty）』に対し特権的な地位を与えることとなる」(p. 4)。左派のために、文化的キリスト教のより明快な説明など、私には思い描くことなどできない。カトリック右派は、興味深い方法でオグレトリーの関心と多くのものを共有している。一例として最近の記事、「大切な事柄（First Things）」誌一四九号に載った「最低限の理神論者（The Deist Minimum）」を挙げよう。(January, 2005) ここでエイベリ・カージナル・ダレスはもしも多元主義が野放しならば、国家はアメリカ史を特徴づけてきた共同の未来像や集団としての目的を喪失するだろうとの懸念から、理神論が表明する最低限の合意を擁護している。(pp. 25-30)

(7) George Sumner, *The First and the Last: The Claim of Jesus Christ and the Claims of Other Religious Traditions*, Grand Rapids: Eerdmans, 2004, p. 3.

(8) なぜそうなのか不明だが、私たちの時代のキリスト者は、他の宗教伝統の存在によってキリスト教信仰の真理とその明瞭さが決定的な抗議を受けていると思っているヨーダー。白状するが、私たちが信じることを全ての人が信じないならば、私たちの信じる内容に問題があるヨーダーと彼らがなぜ考えるのか、私は単純にただ理解できない。私の知りうる限り、そのような視点を持つ聖書的根拠など存在しない。実際以下で述べる如く、キリスト教の聖典、とりわけバベルの塔の物語は、私たちが相違を当然のこととして予測すべきであることを暗示している。

(9) 宗教的諸伝統が、相違と同じく共通性をどの様に見出しうるのか提示する形で「認識論的危機」を認め、同時に伝統が創造しうる可能性、そして伝統的に確定した合理性に関するアラスデア・マッキンタイアの説明を、サムナーはここで利用する。サムナーのマッキンタイア説の利用に、論理的に奇妙で異常な一面があることを、サムナーは正しく明示する。要するに、彼は「限定された状況での多元主義の一貫した特徴理解を擁護するため、引き続きキリスト教神学伝統から発展した様式の中に議論を位置づけることを助けるため、マッキンタイアの哲学的提案をまとめよう」としているのである。（*The First and the Last*, p. 6）言い換えれば「(例えば伝統に制約されるという）人間が知ると言うことの特質、もしくは人間のコミュニティの特質（例えば生活の独自性の中に組み込まれている習慣）に対する一般的な見解を示しながら、伝統の特性と独自性を弁明しようとする時、そこには本質的に皮肉な結果が起こるのである」(pp. 10-11)。キリスト教神学者がこの緊張に対応してできる唯一のことは、特殊恩寵のキリスト者の確信が異なるコミュニティとどの様に関わり、また関わっていないかを明らかにすることだ、とサムナーは明快に理解している。サムナーが彼の研究の中で本質的なものとみなしているこの緊張は、哲学と神学の間にある絶対的な区別を保とうとするマッキンタイアの試みの中にある緊張と同様のものだと私は長らく考えてきた。

（10）プロテスタントのリベラリズムとファンダメンタリズムに共通する起源に関する私の説明として、『聖書を解放する —— アメリカ捕囚から聖書を自由に』（*Unleashing the Scripture: Freeing the Bible From Captivity to America*, Nashville: Abingdon Press, 1993）を参照のこと。

（11）ウィリアム・カバナー『神聖政治的想像力 —— 世界的消費至上主義の時代における政治的行動としてのリタジーの発見』(William Cavanaugh, *Theopolitical Imagination: Discovering the Liturgy as a Political Act in an Age of Consumerism*, New York: T&T Clark, 2002) pp. 20-21.

（12）カバナー『神聖政治的想像力』p. 21.

（13）カバナー『神聖政治的想像力』p. 22.

（14）カバナー『神聖政治的想像力』p. 31. キャロリン・マーヴィンとデヴィッド・イングルは、その優れた著書『血の犠牲と国民』(Carolyn Marvin and David Ingle, *Blood Sacrifice and the Nation*, Cambridge: Cambridge University Press, 1999) の中で「合衆国の宗教多元社会において、宗派的信仰が市民にとって任意のものであることは知られている。アメリカ人がキリスト教もしくは他のいかなる宗派的信仰のために血を流し、犠牲になり、死ぬことは稀であった。アメリカ人はしばしば彼らの国家のために血を流し、犠牲となり、死んだのである。この事実は（国家の持つ）宗教権力についての重要な手掛かりとなる。教派の存在が合衆国で認められているにもかかわらず、それらの信仰が公式には真理ではないため、それらによる殺害行為は認められてはいない。あらゆる社会において実際の真理となるのは、何のためであれば価値ある殺害となるか、そして何のためであれば市民が命をささげるよう強いられて良いのかという点である。私はここにカバナーが述べた国家生成過程の完成があると見る。たぶん「私はイエス・キリストが世界を救ったと信じますが、それはただ私の個人的な意見なのです」との良く聞かれる表現の中に、その結末が最も明白に表れることだろう。人々が国家権力に抵抗する能力を欠いた、このようなつまらないたわごとを表現しようとすることは間違いない。

(15) クリスチャン・スミス『モラル、動物たちを信じて —— 人間の人格性と文化』(Christian Smith, *Moral, Believing Animals: Human Personhood and Culture*, New York: Oxford University Press, 2003), p. 98.

(16)「宗教」をいかに理解できるかという点について、何らかの同意に至るまでの困難さに関する卓越した議論としてポール・グリフィスの『宗教多様性の課題』(Paul Griffiths, *Problem of Religious Diversity*, Oxford: Blackwell, 2001), p. 12-16 を参照のこと。たとえ諸宗教の中に天来の本質があるとしても、私たちは宗教が何でありまたその境界線がどこにあるのか知る立場にはいない。しかもこの事実は、もしも私たちが諸宗教から本質を取り分けるようこだわるなら、そんな取り分けは便利な作り話として見なされるべきであることを意味する、とグリフィスは論じている。アサドの批評への応答として、宗教の「描写」を提供する最も適切な試みであるブルース・リンカーンの『聖なる恐れ —— 九月一一日後の宗教を考察する』(*Holy Terrors: Thinking About Religion After September 11*, Chicago: University of Chicago Press, 2003), pp. 5-8 を参照。

(17) この主張の発展したものとしてティモシー・フィッツジェラルド『宗教学のイデオロギー』(Timothy Fitzgerald. *The Ideology of Religious Studies*, New York: Oxford university Press, 2000) を参照。もちろん、現代の大学でとりわけ国家の利益に貢献する学問として、宗教学だけを取り上げるのは間違っているだろう。国家利益に方向づけられていない大学内の学問を見つけるのは難しい。

(18) ゲビン・デコスタ編『キリスト教の独自性を再考する —— 諸宗教の多元主義的神学という神話』におさめられたジョン・

ミルバンク「対話の終焉」p. 175（John Milbank, "The End of Dialogue," *in Christian Uniqueness Reconsideration: The Myth of a Pluralistic Theology of Religions*, edited by Gavin D' Costa, Maryknoll, NY: Orbis, 1990）

（19）ケニス・シュリン「言論のポリティクス――マクドナルドハンバーガーの時代の宗教多元主義」、『キリスト教の独自性を再考する』所収 p. 198. (Kenneth Surin, "A 'Politics of Speech': Religious Pluralism in the Age of the McDonald Hamburger" in *Christian Uniqueness Reconsider*)

（20）カバナーは国家に貢献する普遍性の力について同様の指摘をしている。「グローバリゼーションは民族国家終了の合図ではなく、現実的には地方を普遍性の下部に組み入れるという、民族国家のプロジェクトの過大な拡張なのである。近代国家の隆盛は教会、貴族、ギルド、氏族そして町々から力を収奪する主権国家内で、地方を制圧する普遍性の勝利によって特色づけられる」と彼は述べている。（「神聖政治的想像力」p. 99）

（21）シュリン「言論の政治学」P. 201.

（22）ドミニコ修道会ジョセフ・ディノイア『宗教の多様性』(Joseph Dionia, O.P., *The Diversity of Religions*, Washington, DC: Catholic University Press of America,1992) , p. 201.

（23）ジェフリー・スタウト『民主主義と伝統』(Jeff Stout, *Democracy and Tradition*, Princeton: Princeton University Press, 2004), pp. 140～161 参照。スタウトに対する私の最初の応答は『信仰を生きる――ボンヘッファーと非暴力の実践』(*Performing the Faith: Bonhoeffer and the Practice of Nonviolence*, Grand Rapids: Brazos Press, 2004), pp. 215–241 参照。

（24）ヨーダーの「対話」の用法は、ミルバンクの視点から批判の余地があることを私は分かっている。私は対話にはヨーダーの諸状況に関する見解が必須であると考えるために、読者にあれこれ関連付ける前に、まずは忍耐していただきたいと願うばかりである。よって「対話」という用語に関するミルバンクの中心的含意は、ここで適用していない。

（25）ジョン・ハワード・ヨーダー「コンスタンティヌスの否認――信仰間対話における一つの選択肢としての視点」はマイケル・カートライト編『王の系統をひく祭司――教会論的、エキュメニカル的エッセイ集』("The Disavowal of Constantine:

"An Alternative Perspective on Interfaith Dialogue," in *The Royal Priesthood: Essays Ecclesiological and Ecumenical*, edited by Michael Cartwright, Grand Rapids: Eerdmans,1994）に所収。pp. 242–261 を参照。ここでの詳細はこのエッセイのマイケル・カートライトの序文による。カートライトがヨーダーに関する最高の入門エッセイの一つを私たちに向けて執筆してくれたことと同じく、ヨーダー自身のエッセイをその書に収めてくれたことに、私たちが負うところは大きい。

（26）ヨーダー、『コンスタンティヌスの否認』p. 247.

（27）ヨーダー、『コンスタンティヌスの否認』p. 247.

（28）ジョージ・リンドベック、『教理の本質 —— ポストリベラル時代の宗教と神学』(George Lindbeck, *The Nature of Doctrine: Religion and Theology in a Postliberal Age*, Philadelphia: The Westminster Press,1984), p. 94.

（29）ジョージ・サムナー『初めのものと後のもの —— イエス・キリストの主張と他の宗教伝統の主張』pp. 6–17 参照。キリスト者はキリスト教ヨーロッパにはつきもののキリスト教帝国主義を修正しようとの試みの中で、特殊で、中心ではない、独特の聖書の中身を切り捨てようとの誘惑に頻繁にさらされているとヨーダーは指摘する。普遍性や他の諸伝統との共通性は、特異性を犠牲にしながら探求される。しかし彼はそこに別の道があると強調する。「勝利主義の時代の誤りとは、その時代がイエスに拘束されたことではなく、それが彼を否定した、まさに権力の座について隣人を軽蔑したことなのだと言えるかもしれない。そうであれば新しいコンセンサスを捜すことではなく、従来の古いコンセンサスを批判することこそがその誤りを正すものとならないだろうか。その誤りとは、キリスト教を世界中に広めたことではなく、広めたその内容が十分にキリスト教的でなかったことなのである。キリスト教界の熱意と威信の損失を埋め合わせるには、イエスについてより少なく語り、宗教についてより多く語ることではなく、むしろその逆を行うことである（『コンスタンティヌスの否認』p. 257）。

（30）ヨーダー『コンスタンティヌスの否認』p. 256 参照。「教義」に関するヨーダーの理解については、彼の『神学への序文』(*Preface to Theology*, Grand Rapids: Brazos Press, 2002) 参照。ヨーダーのキリスト論的集中は、理性と啓示の明確な区別を生みだしてはいない。実際「自然神学」の可能性を擁護しようとする最近のデニーズ・ターナーの試みを、ヨーダーは否定しようとは考えてはいなかったと私は推察する。アクィナスを擁護してターナーは次のように論じる。「神の存在証明とは神秘の存在証明であり、存在する神を提示するとは、結局人間の知性が『存在』の意味を理解する力を失ったことを提示することなのである。つまりこのような論証は、創造それ自身の中で、私たちの最も奥深いこの世界での体験と共に、知り得ない経験の神秘なるものが、創造されたものの特性の中でなぜかつねに存在することを提示するよう立案されるのである」。（『信仰、理性、そして神の存在』*Faith, Reason, and the Existence of God*, Cambridge: Cambridge University Press,2004, p. xiv）。ターナーの「自然神学」擁護で特筆すべきは、このような理性擁護がキリスト論とのかかわりで避けられないものとする彼の理解の仕方である。もし私が『宇宙の結晶粒と伴に――教会の証しと自然神学』（*With the Grain of the Universe: The Church's Witness and Natural Theology*, Grand Rapids: Brazos press, 2001）を書きあげる前にターナーの著作を読んでいたなら、私はヨハネ・パウロ二世がキリスト論的集中をカトリック神学に取り戻そうとしていることが、どの様に信仰と理性（Fides et Ratio）の問題に無関係でないか、より良い形で提示できたことであろう。

（31）ヨーダー『コンスタンティヌスの否認』p. 256. 以下の引用文に先立って、ロム・コールズはヨーダーが明確にしたこの視点の基本的な影響に私の関心を引き寄せてくれた。「私たちはすべて『名目上の信者』である。この世において完成した信仰を持つ者などいない。他者の信仰の中にくつろぐものを感じ始め、その私を惹きつける力が私のそれまでの（キリスト者としての）忠誠を新たにする時にのみ私が他者の信仰を本当に理解できるのだとの洞察を、長い間最も刺激し続けたのはイスラム学者のケネス・クレイグかもしれない。同様に対談者が、私の信仰を共有しようとしていると想像できる時にのみ、私は自らの信仰を適切な形で露わにしているのである。おそらくミッションという言葉は、乱用によって幾つかのコンテキストの中で使用できないものとなって来たが、誠実な対話の尊重は、両者に対し、私の証言の原則を否定することが相手にとっての選択肢にはならないと要求するのである。ミッションと対話は、二者択一のものではない。互いに相手の中でのみ、適切な形として存在し、正しく理解されるのである」（p. 255）。

（32）ポール・ニッターは宗教的差異への正しい対応のため、ラーナー主義者の視点からの最高の試みを確実に形にした。彼の

「その他に名前なし —— 世界の諸宗教へのキリスト者の態度に関する批判的調査」を参照。(*No Other Name: A Critical Survey of Christian Attitudes Toward the World Religions*, Maryknoll, NY: Orbis, 2003)

(33) ヨーダー『コンスタンティヌスの否認』p. 250.

(34) ヨーダー『コンスタンティヌスの否認』p. 251.

(35) ヨーダー『コンスタンティヌスの否認』p. 250.

(36) ヨーダー『コンスタンティヌスの否認』p. 253. シェルドン・ウォリンは、「政治とヴィジョン」の第2版を、民主的政治は地域主義（localism）の復権に依存することになるだろうとの提案を持って締めくくる。ウォリンしてみれば、ただ具体性に注意を払うことによってのみ、私たちはアメリカの巨大権力という性格に戦いを挑むのに求められる、政治的体験を回復させることができる。ウォリンとヨーダーの政治理解の一致は実に注目に値する。『政治とヴィジョン』（*Politics and Vision*, Expanding Edition; Princeton: Princeton University Press, 2004), pp. 601 ~ 606 参照。

(37) ヨーダーはとりわけキリスト教とユダヤ教間の対話を継続することに関心を注いだ。彼の『ユダヤ教徒とキリスト者の分裂再考（*The Jewish-Christian Schism Revisited*, edited by Michael Cartwright and Peter Ochs, Grand Rapids: Eerdmans, 2003)』を参照。

(38) ヨーダー『コンスタンティヌスの否認』p. 256.

(39) しかしながらヨーダーがグリフィスの著作『宗教的多様性の諸問題』（*Problems of Religious Diversity*, Oxford: Blackwell, 2001）よりも『宗教的解釈 —— 宗教的実践における解釈の位置づけ（*Religious Reading: The Place of Reading in the Practice of Religion*, New York: Oxford, 1999)』をより好んでいたと私は推察する。思うにその本に表された解釈に関する現実的な実践に対するグリフィスの関心に、ヨーダーは惹きつけられていたのだろう。ヨーダーはまた宗教的な要求がどの様に衝突を引き起こすのかを見出す試みにも強く共鳴していたヨーダー。しかしながらウィリアム・クリスチャンの『宗教教理の抵抗 —— 宗教間対話の論理における一考察』（William Christian, *Oppositions of Religious Doctrines: A Study in the Logic of Dialogue Among*

Religions, New York: Herder and Herder,1972) が、伝統の複雑さに対する公平な評価に失敗した形で、実践から「信仰」を分離したことにヨーダーは気づいていたと思われる。この書物に応答した手紙でポール・グリフィスは、実践から信仰を分離するこの手の批判が、人々が信じるものを出来る限り正確に述べまたそれに批判的に関われることを意味しない、と私に気付かせてくれた。

(40) ジョン・ハワード・ヨーダー『国々のために —— 公共的そして福音主義的試論』(John Howard Yoder, *For the Nations: Essays Public and Evangelical*, Grand Rapids: Eerdmans, 1977) p. 63.

(41) ヨーダー、『国々のために』p. 63. 宣教上の計画が、そのことを意図しないにもかかわらず、聖書翻訳に必要な母語の再生を通して土着文化をしばしば強めてきたことを、ラミン・サネーは実に説得的に展開している。彼の著作『キリスト教は誰の宗教か？ 西洋を越えていく福音』(*Whose Religion is Christianity? The Gospel Beyond the West*, Grand Rapids: Eerdmans, 2003) pp. 24-25. 参照。ヨーダーの立場から言えば、キリスト者はキリスト者でない人々との対話をつねに強く求めねばならないが、私たちが話したいと願う人々が、私たちと話したいであろうと仮定することは出来ない。キリスト者としての私たちの第一の務めは、他者が私たちを行動へと駆り立てる力をさらに知りたいと思わせるような、そんな希望のもと、私たちをキリスト者たらしめるものに信仰的に向き合って生きることである。

(42) ラミン・サネーは『キリスト教は誰の宗教か？』の中で世界のキリスト教の新しい現実に関する興味深い説明を加えている。世界の教会は迫害のもとにあるが、それに対して国家による保護の形態という応答をとるべきではない、とのヨーダーの提案の内容を知ることは極めて興味深い。しかし国家の諸制度の中で、しばしば低い社会的信用しか得られていないとの現実に直面している際、教会は「公共倫理」に衝撃を与えるために宗教の民営化と縁を切るべきである。(p. 29) ヨーダーはサネーの「公共倫理」の理解に問題を感じてはいるが、それは彼がサネーの世界における教会の公共的役割に関する提案を拒否しているということではない。ヨーダーは率直にもっと知りたいと望んでいたのである。カトリシズムがどのように植民地主義への諸抵抗の力を提供したかについて、実に面白い研究がダミアン・コステロ『ブラック・エルク —— 植民地主義とラコタ族のカトリシズム』(Damian

Costello, *Black Elk: Colonialism and Lakota Catholicism*, Maryknoll, NY: Orbis, 2005）である。コステロは、ネイハルトの有名なブラック・エルクに関する説明はブラック・エルクのカトリシズムを考慮していない、と説得力を持って論じている。

（43）ヨーダー、『コンスタンティヌスの否定』p. 261.

（44）私は「世俗化」に関する議論に立ち入る意図はない。スタウトは『民主主義と伝統』pp. 92–117で世俗化の論点に関する種々の学説を明らかにするという優れた働きをしている。

（45）バレルのアクィナスに関する最初の著作は『アナロジーと哲学的言語』（*Analogy and Philosophical Language*, New Haven: Yale University Press,1973）であったが、彼の『アクィナス――神と行動』（*Aquinas: God and Action*, London: Routledge and Kegan Paul, 1979）はアクィナスに関する彼の最も重要な著作と見なされている。ヴィトゲンシュタインとアクィナスの関係に関する最も良い本としてはジェフリー・スタウトとロバート・マックスウェイン編集『文法と恵み――アクィナスとヴィトゲンシュタインの再公式化』（*Grammar and Grace: Reformulations of Aquinas and Wittegenstein*, edited by Jeffrey Stout and Robert MacSwain, London: SCM Press, 2004）を参照のこと。

（46）ノートルダムのカトリック的性格がバレルのユダヤ教理解の手法に密接に関係している。カトリックは彼らがプロテスタントに対してしばしばユダヤ教のようになったと理解した。つまりプロテスタントがカトリックを上回って来たと理解したのだ。このことが最も顕著に見てとれるのは、第二神殿時代のユダヤ教が死せる祭司支配の宗教となり、そしてそれが新約聖書のカリスマ的キリスト教に置き換わるというあたりの聖書研究領域の学者団体である。プロテスタント聖書学は宗教改革における彼らの勝利という形で、この物語を単純に再生産している。

（47）ジョナサン・サックスがその著作『相違の価値――文明の衝突をどの様に避けるか』（*The Dignity of Difference: How to Avoid the Clash of Civilizations*, London: Continuum, 2002）の中で展開した立場にバレルは大きな共感を寄せている。

（48）David Burrell, C. S. C., *Knowing the Unknowable God: Ibn-Sina, Maimonides, Aquinas* (Notre Dame: University of Notre Da-me Press, 1986)

(49) デビッド・バレル『友情と真理への道』(David Burrell, C. S. C., *Friendship and Way to Truth*, Notre Dame: University of Notre Dame Press, 2000) pp. 67–86.

(50) バレル『友情と真理への道』p. 38.

第5章　大学の悲哀

——スタンリー・フィッシュの立場

1　事のはじまり

大学の教員や理事たちから、まず問われることのない質問が二つある。「大学は何のためにあるのか?」と「大学は誰に仕えているのか?」である。これらの質問が問われない理由は疑うまでもなくたくさんある。質問を出す必然もないほどに、それらの質問に対する一つの解答、もしくは諸解答があまりに明白であると決めてかかっている故にある者たちは質問しないのであろう。その上に大学はうまくいっており、みんな教育を受けることは良いことだと考え、これらの質問が検討される必然はないのである。それらの質問に対する答えは多様であり、種々に特化した大学まで考慮に入れるならば、いかなる答えもあまりに込み入っているが故に大して役に立たないとみなしている、というのが真相かもしれない。

しかしこれらの質問に答える気にならないという気持ちの背後に、私はもっと単純な理由が存在していると考えている。すなわち私たち、つまり大学で運営と教育に携わる私たちは、与えるべきあらかじめ用意された答えを持っていない、と漠然と気付いているから問わないのである。大学とは教育によって深められなかった人生は生きるに値しないとの主張を具体化する場所である、との自負があるかもしれないが、多くの人々や大学を見ればそれが偽りであると私たちは知っている。作家のピーター・デブリースは教育によって深められなかった人生は生きるに値しないかもしれないが、教育され深められた人生もまたいいことばかりではないのだと述べていた[1]。

大学が何のために存在し、誰のために仕えるべきなのかという質問に対し、何をどのように答えればよいのかという考えを、現代の大学を運営しまたそこで教える人々は持ち合わせてはいない。結果として私たちは、批判的に思考しうる教育を受けた人間となる大切さ、とのよくあるスローガンを連呼し、自らを慰めることに甘んじている。以下、自説を述べることとなるが、この事実は大学、とりわけトップクラスの大学に通った者たちがより強大な経済力を手にするであろうことを意味している。

私はこの諸問題の状況に関し、誰をも非難しているのではないと、ここではっきりさせねばなるまい。世界、とりわけ大学の世界はそのように進んでいくものだ。しかしこれらの質問に対する答えを取り上げ、探りだそうとすることに対する大学人の無能さが、大学の健全さもしくは生き残りに寄与するとはどうしてもまた思えない。私たちがこれらの質問にどのように迫っていくか――そして互いに関連しあう質問に答える道筋をどう探っていくか――を知らないとき、大学を何か本来あるべきではない姿へと変えがちな答えが、大量に与えられるのである。

この実情を示すために、高等教育新聞（*the Chronicle of Higher Education*）の一連の論説の中において、大学は目的や奉仕と言う問題に答える必要はないと主張するスタンリー・フィッシュによってなされた主張を検証してみよう。それはこの問題に関しフィッシュ以上に明快に主張出来る者はいないからであり、また彼の語る大学の目的と正当性は、実に文芸批評家としてのスタンリー・フィッシュの働きを根拠づける内容となっているからである。私はスタンリー・フィッシュが言わねばならなかった事柄があまりにも偽りのない内容であるが故に、彼の大学に対する立ち位置に注目したいのである。フィッシュは思うに、誰でもが言うべきことを言っているにすぎない。すなわち真・善・美に関するあらゆる普遍的な見解などもはや存在しない世界に気付き、それを容認すると言っているのだ。そんな世界における最高の大学は、自らの意味を創出する一つの愛すべき詩である、と考えられる。人は大学が何のためのものか、誰に仕えるのかと問う必要はない。なぜならそんな質問は大学の本質を脅かすからである。

しかしながら私は、そのように了解された大学は、支持されうるものでも正当化されうるものでもないと論じようと思う。フィッシュの大学理解の問題点は、大学のお金に対する従属という現実によって明らかにされる。しかしお金は、諸大学ができることまたすべき事柄について心を砕く人々に向けて、大学が果たすべき必要なサービスを指し示す手段にすぎない。諸大学が何であって何に仕えるのかという質問を大学は避けることはできないということの、別の形の表現がここにある。(2)

有用性と奉仕の問題を強く掲げようとする私自身のこの重要課題について、私は誠実でなければならない。教会と呼ばれる組織に対し一個の大学は仕えるべきであるという問題の重要性について、私は考え抜こうとしている。諸学問がいかに知覚され関連付けられるかを求めて神を礼拝する群れから、その目的を獲得しようとする大学のために、事柄がいかに重要なのか探りたいのである。ミルトンが神の問題を考察したが故に、スタンリー・フィッシュにもミルトンを研究するように求める、そんな大学で彼は教鞭をとった方がよいだろうと、フィッシュの好みを知っているからこそ私は彼に伝えたい。

スタンリー・フィッシュの大学に関する主張に対し、私は批判的であろうとするが、私の批判が彼と彼の業績に対して深い称賛の反映とならんことを願っている。実際私は一人の称賛者であるだけでなく、スタンレーが私を一人の友人と認めてくれていることをも光栄に思っている。私たちは長年単なる仲間であるというだけでなく、デューク大学の同僚でもあった。デューク大学新聞局長としてのスタンレーの在任期間中、私はデューク大学新聞委員の職にあった。だからこそ私は読者のみなさんが、スタンレーの立場に対する私の批判が、友人同士の一つの対話であることを理解してくださるよう願っている。

2　フィッシュの大学擁護

「高等教育新聞」の論説中、スタンリー・フィッシュは、現代の大学においてあらゆる社会的、政治的、もしくは道徳的な一つの立場を取らねばならない教員もしくは理事はいないのだと論じている。[3]『あなたに与えられた時代に世界を救え(Save the World in Your Own Time)』と題された最初の論説で、フィッシュはニュースクール大学の学長ボブ・ケリーが、イラクの政権交代を要求したことについて非難している。フィッシュはケリーが一市民として一つの立場を取っていることに反対しているのではない。フィッシュに言わせれば、もしもケリーが一大学の学長として語っているならば、彼は大学の代表者としての役割を放棄したのである。[4] フィッシュの見解によれば「大学人や大学機関が道徳的見解を公言することは不道徳である」と言う理由で、彼はまさに放棄したのである。

大学は道徳的目的を持たない、とフィッシュが主張していない点に注意を払うことは重要である。彼は大学人たちが、道徳的見解を公言することが「不道徳である」と明快に述べているのだ。大学の目的と本質的な関わりのない道徳的理想を支持するために大学を利用しようとする人々に対し、彼は道徳的な議論を展開しようとしているのだ。フィッシュは大学の目的を、一九六七年シカゴ大学の学長に提出された学部報告の中の「大学は、教育と研究という限定された目的によってのみ存在している」を引いて明らかにしている。そしてその報告は次のように結論付けられている。「大学とは、限定された独特な目的ためにのみ存在する一共同体であるが故に、時の論争に関わる集団行動を取れば必ずその存在と影響力を危険にさらしてしまう共同体なのである」。

大学はその教育の使命、すなわち学問の完成、剽窃という罪悪、一般教養教育の価値など、当面関わる諸問題について行動を起こすことができるし、また起こさなければならないとフィッシュは主張している。しかし彼は、自由民主主義を維持しようとの関心から大学は「自由な発言の場」でなければならない、と主張する人々には反対する。同様に南アフリカ、もしくはイスラエルにより正義が実現されるよう圧力をかけるために、諸大学はその豊かな資源を用いるべきではないのである。賛否両論の発言者もしくはその主張に場所と時を提供する行動、つまり大学によって熟慮を要するあらゆる行動を最終的に決定する問いとは、その行動決定が教育現場で正当化されるかどうかなのである。

この問題はまた教室にも適用される。教員の道徳的責任とは彼らの専門を教えることである。彼らの仕事は戦争もしくは平和を教えることでも、ナショナリズムもしくはアンチナショナリズム提唱することでも、彼らのお気に入りの理想に学生たちを招きいれようとすることでもない。そんな事柄は教員たちの研究分野に本質的に関わりがある時のみ、授業の一部を成すのかもしれない。教室において唯一適切な提唱とは、真理探究のために必要とされる「完全、不屈、知的公正さ」の知的価値を明確にするもののみである。アメリカの大衆が教員に期待しているものとはすなわち、真理を探究せよ、そしてもし真理探究の中にいないのなら、大学の中にいるべきではない、ということなのである。(5)

続いて書かれた『低く狙え(Aim Low)』と題された論説で、フィッシュは民主主義の価値と学問の価値との混同に対して注意を呼び掛け、その立場を詳しく説明している。研究者の任務が、道徳や市民の責任に携わるような学生を生みだそうとするものであってはならない。他者への尊敬を身につけることは、学生たちにとって良いことかもしれないが、そのような尊敬の心を発達させることは、研究者養成のゴールではないしまたゴールであってはならない。実際大学の働きにとって他者への尊敬などというゴールが重要な位置を占めるのであれば、大学が基本的に取り組むべき事柄がおそらく軽んじられるであろうとフィッシュは強調する。だがここでさらに重要なのは、フィッシュが、大学は出来ることを目指そうとすべき、と論じている点である。その主張は、道徳や市民教育の提供を請け合う大学を作ろうとする勢力から、実に遠いところにある。認識されるべきは、民主主義と教育的価値は同じではなく、これらの混同が教育的使命を腐敗させうるということなのである。

最後に『同じ古い歌(The Same old Song)』と題された論説でフィッシュは、自分の大学に関する議論は、研究という社会から隔絶した狭量さに対する弁明の中で、長い間形作られてきた実態の変形に過ぎないと語っている。少なくともその研究テーマが他の学問分野に有用なのだと、専門職従事者に証明させる明確な視点によって、研究は研究となる、つまり大学での称賛に値するような研究となるのである。手短に言うと、研究者たちが、彼らが示す狭い目的があるからこそ知識は役に立つのだと主張する限りにおいて、研究は重要なものとなるのだ。

さらに全体を見るならば、研究における真理は、大学の真理でなければならない。もちろん、親や政治家たちからの高い給与、政治的には保守的な立場というゴールを達成せよ、との圧力に大学はさらされている。しかし、大学がなることのできないものになれと要求するこのような人々に、大学は抵抗すべきである。むしろ大学の目的は

「実に単純に学問的知識を（教育と出版を通し）産みだして普及させることであり、そして将来その任務を引き受ける人々を訓練すること」なのである。大学はそれ自身の目的として真理の探究をビジネスとするのであり、その任務への忠誠は、大学が人格形成や市民形成をビジネスにできないことを意味している。つまり大学とは「自らを消費する」人工物なのである。

3　大学に関するフィッシュの議論の背景

大学のノンポリ的性格を擁護するフィッシュの議論は、彼の著書『プロフェッショナルとしての正しさ――文学研究と政治変革（*Professional Correctness: Literary Studies and Political Change*）』でなされた主張への補足にすぎない[6]。フィッシュは、政治変革への関心を持った文学研究が自らの任務と考える新手の歴史主義者や文化研究者に対し、強い批判をこの本で述べている。そうではなく、文芸批評家とは生来的な知識人ではないし、またそうであってはならない（グラムシ）、むしろ「彼の持つ技能の長年の伝統によって定義され限界づけられた『専門家』」であることを熱望するべきなのである。「そしてその仕事の条件とは、少なくとも合衆国の状況においては、社会構造の中でのいかなる変化への努力からも離れ続けることなのである」（p. 1）。

それゆえ文芸批評とは独特の企てでなければならない。独特と言う表現によって、フィッシュは率直に、文芸批評が本来あるがままでなければならないし、何かほかのものであってはならないことを言わんとしている。明確に独特であるということで、その研究に自立性が確保されるが、しかしこの自立性は文芸批評に関わる人々が「社会が果たしてほしいと願っている仕事をする」責任を持っていることを的確に表している[7]（p. 20）。かつてはある者たちがその地位を確保するために宮廷で文芸生活を続けていたが、それは過去の話となったとフィッシュは述べる。今では、文芸活動はますます、技量が学問水準によって評価され学問ギルドの門衛によって報酬が与えられる場所、大学において続けられている。名付けてこれをプロ意識（professionalism）という。たがいに評価する人々を生みだすことを目的とした、特別訓練コースによって会員権が手に入るという組織の一形態である。会員権が手に入るのは、彼らが継続的に同じ晴れがましい公式の場で会っているからではなく（MLA［近代語協会］の会合とエリザベス朝時代の宮廷を同じにするものがいなければの話だが）、彼らが同じ「ゲーム」の中で同じ「動作」を演じるからである。つまり彼らは同じ「内向きの分かりやすさ」に積極的に関わっているのである。しかもその中身ときたら —— 対外的でなく —— 「内部向け」の目的のひと固まりという始末である（p. 32）。

文学研究専門職の出現は、ここ百年の最近の進展であることをフィッシュは認めている。さらにそこには「かつては関わることが可能だったより大きな活動の場に、もはや文学作品をつなげられない困難さ」という、進展に対する代価が存在する。ある者はこの進展を嘆くかもしれないが、フィッシュはこの現状は変えることができないと語る。詩よりもむしろテレビに関心を持つことで社会を変えられると見なす文化研究者たちは、ただ欲求不満を抱えるだけであろう。大学にふさわしい道徳的規範の代わりに、政治課題を取り扱いたいとの新歴史主義者たちの熱望は、一向に現実化していない。

もしも一定数の文学研究者たちが即効性のある政治効果を狙って働き、そして彼らの行動を文学研究と呼ぶならば、確かに彼らの行いも文芸批評であるだろうということをフィッシュは否定しない。しかしフィッシュはそのような展開があまりにも多大な損失を生むこと、つまり文学研究専門家にその独特のアイデンティティを付与した、厳密な読解技術が損なわれるであろうことを述べている。フィッシュは新批評から学んだ厳密な読解が、新歴史主義者によっては置き換えられないと主張しているのではなく、そのような置き換えが、もはや彼らが行っていることが文芸批評ではないことを意味すると主張しているのだ（p. 69）。

いつもの率直さで彼は私たちに、彼の流儀で、彼が仕事を行う理由を伝えてくれる。その理由とは「私はそれをしている時の、その感覚が好き」である（p. 110）。それ自身が報酬である美徳と全くおなじことを、ここで彼は言っている。なぜなら、美徳のように、文芸批評は難しいものでありうるが、それはフィッシュをより文芸批評に深く関わらせていく難しさなのである。彼は述べている――

体験したがいまだ分析的に理解していない現象によって、驚いて立ち止まってしまうことが私は好きである。無感動で単調な言葉の中で、全く無感動でも単調でもない言葉の偉業を説明しようとすることが私は好きである。その物理的性質をむき出しにしようとすると同時に、その言葉の物理的な「持ち味」を守ろうとすることが私は好きである。そしてこれらの喜びが（一時的に）消え失せてしまった時には、一つの詩にある一瞬を他につなげること、そう、同じ作者の他の作品や、もしくは彼の先達、同時代の人々、継承者たちによる作品の中にある時間につなげることが私は好きである。これらを続けることさえできれば、文芸批評に関わる時に味わう自己内省を与えられる活動から、認知と触知という収穫を刈り取るなど、結局のところ問題ではないのである（p. 110）。

ちょうど大学が試みるべきではないと彼が既に論じたように、フィッシュは文芸批評としての彼の仕事にも、外的な正当性の提供を試みはしない。唯一の正当性とは、文芸批評の修練そのものにある。どんな修練であっても、評価できるような一つの標準的秩序があるべきだとの反論を唱える人たちは、そのような秩序は存在しないのだという現実が見えていない。むしろ正当性とは、研究の歴史の中で、ただ、与えられうるものなのだ。「正当性とは決してハンディキャップなしに、スタートラインから同時にスタートはしない。それはもしも正当性が論証したい全てが、すでに当たり前である時にのみ、ただ発生するのだ」(p. 113)。

その結果、道徳的哲学的な議論を根拠に、職業や研究分野を選ぶ者はいないとフィッシュは論じる。人は人生の仕事を、たくさんの出だしのつまずきの後に発見するのである。「全ての活動の中に憶測を広げながら、お決まりの仕事に巻き込まれつつ、何かを行う只中において自分自身を見出す」日までに。「そして正当性への希求、すなわちその生活の只中からあなたの応答唱、学問自賛の定型句を伴う応答唱が来る……それがもしも言葉であるならば、正当性は推論の一連のつながりではない。それは一つの円環である。それは、全ての細部は、細部の中でのみ知覚されるが、つねにそれを凌駕する影響力ある精神の具体例であるとの物語を語りつつ、前進する」(p. 113)。

大学ができることとまたすべきこと以外の業務を、正当化しようとする企てへのフィッシュの反論は、文芸批評と言う彼の研究分野に対する理解の延長線上でなされていることは明らかである。大学の実際と、社会と政治変革の関係を、彼は程度の問題だと言っているのではない。例えばカリキュラムに公式に認められていない教科書を導入することは市民、教会人、親など、それぞれの役割の中にいる学生たちに影響を与えるかもしれない。しかしそんな「成功」に隠れた問題の方が、とりわけ合衆国で少なくないのである。

ある者は合衆国にとって状況はさらに悪いというかもしれないが、フィッシュは大学が「隔離されている」ことに利点があると見ている。例えば進歩という理想の名のもとに、自由な社会が増大させた興味を近年追い続けてきた学者たちの多くは、右翼の巻き返しに耐えねばならなかった。それゆえフィッシュは「合衆国において経済や政治を動かす力を持つ人々が、私たちの教室や学術誌で何が起きているのかあまり真剣に受け止めていないということは、結局のところ悪いこと」ではないかもしれない、と論じている (p. 96)。

私がフィッシュの「高等教育新聞」の論説中の議論、つまり理事も教員も社会的政治的理想を守るために自らの地位を利用してはならない、を取り上げた理由がここにある。彼は政治から大学を守るために、大学が政治と無関係であることを熱望しているのだ。そのことはつまり、大学は誰に仕え、それは何のためにあるのかと言わねばならない地点から、彼が離れた立ち位置にいるということである。

4　お金

しかしこの全体像から見失われている何かがあるようだ。私が思うに、その見失われたものとはお金である。熱心な消費者であるとのフィッシュ自身の言明を考慮に入れると、これは奇妙な話である。人は消費者であるためにお金を必要とするが、それでいてスタンリー・フィッシュは良い給料を得ていることについて決して弁明しない。彼はまた同僚である大学人たちが良い給料を得ることを望んでもいる。彼は大学がお金で動いていることを鋭敏に感じながらも、彼の大学の本質議論の中に、このお金の必要性が入っていないようにみえる。

大学教育によって、学生たちの金を稼ぐ能力が伸びるだろうとの期待に満たされ、多くの親が子どもを大学に送りこんでいることを彼は確かに認めている。フィッシュはそのような現状が大学教育の副産物であることを否定する論拠を持ち合わせていないが、お金を稼ぐことを大学の目的とすることに抗議しているかのようだ。しかし、大学は子どもたちにより多くの金を稼ぐよう手助けするべきだとの考えを、フィッシュの語る大学の正当性で捩じ伏せようとするその根拠ははっきりしない。例えば、どうして彼がミルトン研究から喜びを得るなどということのために、人々はスタンリー・フィッシュにお金を払うべきなのだろうか?[8]

フィッシュは、彼の大学の説明がそんな疑問を吹き飛ばすと反論するかもしれないが、私は彼自身の現場においてさえも、それができているとは思わない。彼の言う大学の正当性の中で、彼は誠実な「真理の探究」と言う学問的美徳と並んで「教養教育の価値」に訴えている。しかし教養教育の「価値」とは誰にとってのものであるのか、またフィッシュが彼のミルトン研究から得られる喜びは「真理の探究」となぜ関連付けられるべきなのだろうか?もしも教養教育が一つの価値を有するなら、その時それが誰にとっての価値なのか確かに説明される必要がある。

さらに教養教育に価値ありと考える者は誰でも、私たちが持つ唯一の価値基準、即ちお金を持って、その教育を維持せねばならないのだ。

「プロフェッショナルとしての正しさ」への書評の中でテリー・イーグルトンは、フィッシュの議論は「旧式にすぎない新原典批判の自立性を守るための懇願であるが、実に『厳密な読者』が最も不愉快に思う理論用語で表現された一冊である。『プロフェッショナルとしての正しさ』自体は、反理論を目指しつつ洗練された理論を展開する、著者のいつもの術策の繰り返しである。現状維持のため、前衛的な見解を推し進めながら」[9]。この本は文芸批評と言うフィッシュの仕事のいかなる正当性を述べないままに終わっている、とイーグルトンは論じる。文芸批評の際どう感じるかとの本質的には快楽主義者の公言をフィッシュに与えた過激な（政治的自由を促進させるなどという）立場だけではなく、ヒューマニストの（あなたをより良い人間に作り替えるという）立場をもフィッシュは拒絶してしまったのである。

この観点から言えば、フィッシュの厳密な読解への執着は、レントリッチアのモダニスト詩人批評につながるかもしれない。レントリッチアは、フロストやエリオットなどのモダニスト作家は、過激なる独創性の闘士そして「ある作品の登場人物」の作り手となることで、大量市場のしきたりに抗しつつ自らを定義した、と論じている。しかし市場に対して、お金に対して独立した自我を守ろうとする彼らの試みは、その市場によって打ち砕かれた。彼らが大衆受けする手法に従って書いたからではない。彼らが私たちに、「美味なる覗き趣味の体験としての彼らの詩、著名作家の生活や思想に直接近づく手段があるとの幻想としての詩を、動物園の中の珍獣のように詩中に住む詩人と共に」与えてくれたからである。「これはフロストとエリオットが生産できた唯一の商品であった。すなわちそれは商品としてのモダニスト現象であり、マスカルチャーを馬鹿にしていた人々へのマスカルチャーからの究極の復讐なのである」[10]。

同様にフィッシュの大学の自立性を擁護する試みも、自らの関心に従って大学を運営しまたそこで教える人々

――もしフィッシュと同じぐらい正直に彼らが自分自身以外に仕える気はないと主張するにしても――から目を背けた自己欺瞞戦略になる可能性は高い。実際フィッシュの大学論は、フィッシュが教え運営している大学の現実、お金が示す現実を回避している。ジェイムス・エンゲルとアンソニー・デンジャーフィールドは、以下の議論を通して、この現実を単刀直入で見事に指し示したと私は思う。

アメリカ高等教育で最も急速に広がり、たびたび強力な動機づけとなるのは、いまやお金である。教育の目的や機能は、実に頑なに自らを主張し続けている間に、徐々に富の蓄積という究極のゴールによって侵される。お金はもはや手段ではなく、高等教育の中心的目標になりつつある。日増しに、教育の目標とは文化的価値もしくは批判的思考、倫理的信念や知的技能ではなくなってきている。仮にこれらの目標が追い求められているとしても、それはそれらが多様な有用性や関連性を提供するから追い求められているのではない。しばしば、それらが現金になりそうだから追い求められているのだ。[11]

エンゲルとデンジャーフィールドは、現代の大学が好む学問分野におけるお金の影響力に注意を喚起しつつ、大学の発展の形跡を提示する。事実上、フィッシュによる専門的な研究進展の議論は、次の事実を露わにしてしまっている。現代の大学で栄えている諸研究とは、お金の研究（経済学）であり、お金の源泉（自然科学）なのだ。もしくはしばしばそれは誤っているようだが、より多く稼げる標準を約束してくれる、未来の仕事や専門性を身につけるチャンスとつながる諸研究なのである。（p. 89）結果としてエンゲルとデンジャーフィールドは人文学系の「生命兆候は低い……一九六〇年代後半より、人文学は軽視され、格下げされ、切りつめを強いられ続けてきた。高等教育の他分野が大きさ、富、そして影響力において成長する全ての時々において」（p. 88）と論じている。

エンゲルとデンジャーフィールドは、大学における人文学系の中心的役割の喪失の中で、たびたび人文学研究者たちがそれに共謀し続けてきたとみている。「ちょうどお金への崇拝が学びの文化を包囲していた時、多くの包囲された人文学の代表者たちは分裂し、『人文主義者』の名を貶めた一連の不道徳な公の論争を始めていた」(p. 98)。人文学に属する多くの者たちは、それが「学際的」なものであることを見出し、しばしばそれを具体化しようと試みたのではあるが、彼らはそれを研究の「外側」にいる人には理解できないほどに専門化した学問手法でやってしまった。本質的な仕事の一つとして人文学がいかに他の、科学ではないが努力を要する分野からの結果を、人類の価値、関連性、そして重要性の判断を下しながら統合しなければならないかを示すあらゆる挑戦が、ここに失われたのである[12] (p. 99)。

しかしながらフィッシュと異なり、エンゲルとデンジャーフィールドはもしも大学存在の目的が否定されるのなら、大学は生き残ることはできないとみる。実に明らかに、大学は資本市場でないが故に、分割された部分からなる緩やかな集合体としては存在しえないのである。大学は何か他の目的に仕える。その目的とは、市場に都合の悪いものではないかもしれないし、実際市場に利益を与えさえするだろう。しかし大学は、雇用問題に対応するにはあまりに複雑な事柄によって構成されているのである。大学は、知識のいかなる形式が最も価値を有するかについての判断を、事実上避けることはできない[13]。その結果、私たちをよりよい人間にするためには必要だとの理由で、特定の諸研究を発展させ、教えるよう大学は強く要求せざるを得ないかもしれない。

エンゲルとデンジャーフィールドは、お金が作り出した決定的な最大の大学破壊とは、大学の道徳的目的が失われたことだと見ている。お金の力は、どうやらしばしば確認が困難ではあるが、少しずつ大学の本質的ゴールと独立機能を損なうよう働くのだ。しかもその大学の本来のゴールと機能は、他の施設が追い求めることもない、もしくはほとんど追い求めないゴールと機能なのである (p. 20)。エンゲルとデンジャーフィールドが提示するゴールと機能は、エドワード・シルの主張「真理の発見と伝達は、研究職特有の任務である」に表現されている (p. 102)。

だがその点は、フィッシュもまた言っていないのだろうか？　エンゲルとデンジャーフィールドが、未来の民主主義は彼らが言うところの「複雑で危険な時代を通じて」私たちを導ける人材を生み出し続ける大学にかかっていると考えている点を見ると、彼らの考えは少なくともフィッシュと違うようではある。そのような人材は言語を学び、根拠の確かな議論をまとめることが出来、過去の歴史から学び続け、

そして作家や芸術家たちから奥深く示された人間経験の裏切りと背信行為を証言した人々でなければならない。人文学は、歓喜と美の追求のために存在するのと同時に、幅広く役立つものであることが出来るし、またそうあるべきである。その機能は多様である。とりわけ言語、歴史、そして倫理考察——すべての人に対するそれらの乱用への警告も含めて——という点において、人文学は、柔軟で適応力に富み、研究好きで寛容な考え方、そしてたんに筋の通った論説に対して開かれているだけではなく、その論説の最高の表現を形作ることに積極的に関わろうとする考え方に必要な、総合的能力を保つことができる学問なのである（p. 103）。

しかしながらこれはフィッシュが一般教養教育の価値を訴えた時、彼が言いたいことであったかもしれない。しかしエンゲルとデンジャーフィールドはある意味フィッシュと異なり、大学が知の追求と存続に対し十分でない、と言っているのではなく、人類の利益のために知識が持つ可能性の光の下で、知を考えねばならないと論じているのだ。彼らは一章を使って、大学のありふれた専門研究になりつつある倫理学を批判している。それどころか「倫理学」は大学のあらゆる分野と活動から切り離せないのだと強調している。[14]　彼らはニューマン枢機卿に言及しつつ、ニューマンがそれ自身のための知の追求をしばしば正当化したにも関わらず、彼が実際にはより高い最終的な、すなわち「応用実践されるか、ただ楽しむだけのものであるかに関わらず、全ての知は倫理的行為と人類の利益という光のもとで考察されねばならない」とのゴールを設定した点を、私たちに思い起こさせてくれる（p. 131）。

お金による破壊から大学を守ろうとするエンゲルとデンジャーフィールドの立場が、フィッシュが高等教育新聞論説で展開した立場への興味深い選択肢の一つであることを、フィッシュは気づかないであろう。エンゲルとデンジャーフィールドは、フィッシュの説明と著しく異なった大学破壊の問題に注意を喚起したようだが、フィッシュはそれに反論もせず、大学が彼の「理想」とぴったりではないことは受け入れている。エンゲルとデンジャーフィールドのすべての知識は人類の利益の光の下で考察されねばならないという提案が、フィッシュの大学理解と無関係ではないことも、フィッシュは受け入れることさえできているのだ。彼は道徳的見解を公言することが、大学研究活動にとって「非道徳」だと語った迄である。

さらにエンゲルとデンジャーフィールドは、大学を経済的に支援しようとする人々が見出せない危機にある、などとはフィッシュと同様主張していない。彼らはその著書で、「高等教育でお金がほとんど力を行使しなかった、もしくは力を持ちえなかった時代への回帰」を提唱しているのではない点を強調しようとしている (p. 1)。実際そんな時代がかつて存在したのかとは思うが、ただ大学を経済支援するために存在すべき人々とは一体誰だと考えているのか、彼らは私たちに明かさない。大学が仕えようとする人々にとって、お金は一つの名目に過ぎない。「大学は何のためにあるのか?」そして「大学は誰に仕えるのか?」は、大学の資金集めをする側にとっては避けられない問いなのだ。[15] しかしエンゲルとデンジャーフィールドが、私たちが知るこの現状を踏まえ、フィッシュのものより優れた何らかの解答を提供したかどうかははっきりしない。実際フィッシュは、このような質問に答えられない世界の中で、大学を軸に集まる様々な事象が私たちにしたいことをやらせてくれるであろう、などと望み求めないことがベストであると述べていた。社会的利益に奉仕するための、道徳的企てとしての大学正当化をフィッシュは拒絶した。しかしエンゲルとデンジャーフィールドは、このフィッシュの拒絶がお金による大学カリキュラム変質に対し何の抗議にもなり得ていない、と論じ得た。エンゲルとデンジャーフィールドは、もしも大学が真実な言論の場であるべきならば、実際大学は学生にミルトンを教えるよう取り組むことが重要だと信じている。だがそれはフィッシュが避けたいであろう正当化の類ではある。

フィッシュと対照的に、エンゲルとデンジャーフィールドが大学は道徳的目的を持たねばならないと強調したことは正しい。しかし彼らのその目的理解が、フィッシュよりも進歩したものかどうかは判然としない。少なくとも彼らは私たちに、大学が表明する道徳的目的が誰にとっての目的なのかを説明する責任がある。民主主義のために大学は重要であるとの主張も、曖昧で十分とは言えない。さらに大学の最重要点、すなわち真実な人間形成という道徳的目的を確認し表明する人々が、喜んでお金を使ってその目的実現を支えるかどうかの点を、エンゲルとデンジャーフィールドは私たちに提示する必要がある。

5　美徳がそれ自体報酬ではない理由

以上スタンリー・フィッシュが、美徳それ自体が報酬であるとする文芸批評家として、自らの言動を弁明してきた点に私は注目した。しかしアリストテレスは美徳それ自体が報酬であるとは考えていなかった。アリストテレスの美徳の教説によると、どれが良い人生と見なされるかとの考察を共同体に還元する中で、人は美徳を備えつつ確実に成長するよう求められている。対照的にストア学派の哲学者たちは、アリストテレスの美徳に関する教説を想像力豊かに教えたポリスがもはや存在しないが故に、美徳それ自体が報酬であると考えた。価値ある人生が果たして何をもたらすのか、とストア哲学者がとことん考え抜くような世界を、ポリスではなく帝国が形成したのである。美徳を備えた人生を指し示し、それを理解しうることが必然であるようなあらゆるポリスはもはや存在しないが故に、美徳はそれ自体が報酬とならざるを得なかったのだ。ストア派哲学者は、帝国に仕えるよう運命づけられた官僚たちの道徳形成に寄与する、最高の教説を提供したことになる。

それ自体が報酬であるとのフィッシュの美徳擁護が、ストア派的道徳教説の反映であるとの議論は、無理があるものだと私も分かっている。だが私は、美徳への言及によってフィッシュが意味したであろう内容よりも、彼の意見が反映された文脈に対して興味がある。ここで取り上げる文脈とは、リベラルな政治実践によって決定的に形作られている、アメリカと呼ばれる社会秩序である。「リベラル」とは、公共の利益になるかどうかの説明抜きに、物事を進める上での諸制度によって社会秩序は構成されるべき、との想定を意味する。これら物事を進める上での諸制度とは、人類全てが共有する普遍的原理と見なされる自由や平等との「価値」によって、しばしば明確に説明される。お金と教育を手にしたらすべての人々は自分たちと同じようになりたいに違いないとアメリカ人が信じるが故にアメリカは無意識に帝国的権力の座につきえているというのも、このような想定があるからこそである。

もちろんフィッシュは、リベラルな政治制度を正当化してきた、認識論的なうぬぼれに対する容赦ない批評家であり続けた。[16] しかしイーグルトンが「プロフェッショナルの正しさ」で論じたように、相対主義者のフィッシュは時として自分の立場が視野の狭いアメリカ的なものであることをわきまえている。フィッシュはこの様な言い方はしなかったが、と前置きしてイーグルトンは「全く教養もなく、金に目がない社会の中に惨めに置き去りにされた、アメリカのインテリたちの危険な状態を述べている」[17]。にもかかわらず、リベラリズムへの批判を持ちながらも、文芸批評と同様のやり方でフィッシュが論じた大学正当化の中身は、リベラル理論と実践の再生産と同様の考察であるとは、あまりに厳しいイーグルトンの論評である。もはやミルトンが信じていた神を信じないこの世界において、ミルトン、もしくは人文学系の他のテキストを読むことを正当化させる唯一の道は、そのテキストを自己消費のための遺産に造り変えることである。この結論に関し、私はフィッシュを批判しているのではないことをはっきりさせる必要があろう。他の選択肢がないということを考慮に入れたうえで、何か他のことが彼に出来ないのだろうか?

失われた選択肢、そしてフィッシュが熱望したであろう選択肢、それはアラスデア・マッキンタイアが「教育された大衆という思想（the idea of educated public）」と呼んだものである。[18] マッキンタイアは一八世紀以降の大学を指しつつ、現代の大学の目的とは、何らかの社会的役割、そして継続して新入生を集める機能を引き受ける若者を形成し続けることだと述べている。さらに二番目の目的は、若者たちに自分自身についていかに考えるかを教示することだと言う。これらの目標を達成するには、その大学の目的が「それは何のために実行されるのか？」との一連の質問に対し最終的解答を提供すると同様に、その年代の平凡な単調さの中に明確な統合を見出せるかどうかが鍵となる（p. 17）。

しかしながらマッキンタイアは、これらの必然的に両立しない二つの目的は、特に現代において両立していないと論じる。なぜなら「何のために実行されるか？」との問いに対する答えとして判定を下す、教育された大衆の存在を現代は排除しているからに他ならない。マッキンタイアによれば、そのような大衆の存在は、三つの条件が揃うかどうかにかかっている。すなわち（ｉ）共に生きる社会の暮らしに、どれほど議論が影響を持つかを知る、活発な議論の習慣と機会に恵まれる教育を受けた、多数の個人が存在する。（ⅱ）あらゆる論争の成功、もしくは失敗を判定すべき基準への同意が共有されている。（ⅲ）そして教育された共同体が存在する。そこでは特定の共同体の中で聖典的地位を占める、どこにでもあるテキスト群を読むことで幅広く伝えられた信条という、共有されたバックグラウンドが存在する。最後の条件は、そのテキストがどう読まれるべきかの解釈理解の伝統の存在をもまた必要とする（p. 19）。

一八世紀のスコットランドは、スコットランドの偉大な大学改革を理解してもらえる、教育された大衆の一つの良き実例であるとマッキンタイアは考えている。しかしながらそのスコットランドの業績は今や破壊され、その姿は私たちの現状を照らし出していると言う。マッキンタイアによれば、良識ある哲学の発展は、哲学の専門職業化に行きついたのである。しかもそこでの哲学は、ふつうの教育を受けた知性に分かりやすいものであることをやめてしまった。社会発展はまた、人口増加が美徳の繁栄をますます難しくすることに一役かった。とりわけ様々な商業や知的職業において専門化を推し進めた経済発展は、いかにして社会全体への基本的義務感を個人が理解するかという点のみならず、市民の美徳をも腐食させた。

肉体労働者と製造業従事者間の階層対立に直面する知識階級は、無力で機能不全となっている。このような社会の階層構造上に成立する経済成長の影響が、諸発展が生み出した結果をさらに深刻化させている。同時に労働の専門化と細分化の進展は、産業界に影響を及ぼしているのみならず、大学の知とカリキュラムの領域にまで波紋を広げている。とどまることのない専門職業化は、それぞれの研究の専門化した内容を、他の研究の知識を必要としない一つの主題に変えてしまう。結果として大学は、正当化があまりに多様で両立しない姿の実例とならざるを得なかった。そしてその正当化は、自分たちが何について論争すべきかの共通の知性にたどり着くことさえを不可能にしたし、今も不可能としている (pp. 26 ~ 28)。一言でいえば、スタンリー・フィッシュが称賛した大学を私たちは手に入れたのだ。

スコットランドで何が教育された大衆を終わらせたかは示していても、実際教育された大衆を作りそして作り直すことが、現代の教育システムによって前提とされる理由を示していない、との反論があることをマッキンタイアはわきまえている。しかし彼は次のように応答する。もしも共有された正当化の基準を持つ大衆、共有された社会の過去に対する視点、共有された公共の議論に参加する能力等の仮定を取り去るならば、結果として一般教養教育や自然科学によって代表される知は、その人が専門化でないかぎり、受身的に与えられた消費財へと変質せざるを得ないのだ、と (p. 29)。

マッキンタイアによるスコットランドの教育された大衆に関する論説は、ロマンチックな郷愁の中での戯れと感じる人もあろう。しかし学生の道徳形成をビジネスとする大学の正当化に、スタンリー・フィッシュがなぜ取り組まないのかを理解する一助となる有効な対照を、彼の論説は与えていると思う。思うにマッキンタイアの分析はまた、エンゲルとデンジャーフィールドが大学の知は倫理的行為に対し奉仕すべきであると考えながらも、「倫理的行為」で何を意味しようとしたのか曖昧にしなければならない訳を、理解する一助となる。フィッシュそしてエンゲルとデンジャーフィールドには、教育された大衆による、道徳的目標に向けての大学の議論を、実現化する権威が単純に欠落しているのである。

最後に、大学は教会と何らかの関係を持ったのか、そして今持ち得ているのかという重要な問題に戻ろう。なぜなら少なくともキリスト教は、あるテキストがなぜ読まれ、かつ他のテキストとの関連で読まれなければいけないのかを立証してきた伝統の、数世紀にわたる議論を公言しているからだ。教育された大衆とは、あらゆる教育された大衆に必須であるとマッキンタイアが言った、不同意を分かってもらえるようにする、との同意を共有する人々であり、キリスト者は何よりも彼らのすべての欠点のゆえに、今も学び続けながらこの教育された大衆を代表しているのだ。結果としてキリスト者は、もしも世俗の学校を前に臆病にならないならば、知識と、学生を適切に形成するその知識の相互関連性を、生みだすべきなのである[19]。

自分たちの大学が何のためにあるのか、キリスト者は知らねばならない。大学は神の愛のもとで人間を形成するためにあるのだ。自分たちの大学が誰に仕えるのか、キリスト者は知らねばならない。スタンリー・フィッシュが喜んで擁護する類の大学が最高だとする、そんな大学が私たちの求めるべき大学ではないと認めざるを得ない人々に、大学は仕えるのである。もしもキリスト者が、何が真理で善であるのかについて判断するもう一つの歴史を持つ群れであるならば、彼らはもう一つの大学を生みださない訳にはいかないだろう。このことは、キリスト者が彼らの信条とお金を調和させるような人々でなければならないということを意味している。もしも問いうる最も重要な質問の一つが、大学は誰に仕えるのかと言うことならば、その仕えられる人々が今度は同時に大学をお金で後援する人々でもあるという点が、より一層重要となる。

キリスト者に支えられる大学が、私たちの時代にどの様な形をとるのか全くはっきりしていない。しかし私は強く信じる。もしもキリスト者がそのような大学を創造しようとする意志と構想力を持つならば、その創造は疑いなく現在キリスト教を自認する大学の資産を活用する。そしてその大学がどんなに面白いかに驚くだけでなく、実はスタンリー・フィッシュこそがこのような大学で教えたいのだということを発見することでも、また驚くことだろう。なぜなら、どうしてスタンリー・フィッシュによるミルトン読解教育の姿を知らずに誰一人大学を卒業すべきではないのか、それを正当化する根拠を、大学とは本質的に与えることができるからである。

第5章注

（1）これらの質問が問われない理由は、大学で運営や教育に携わる者たちが、私たちの見つけたどんな答えにも深刻などに気づかないからであろう、とピーター・ユーベンは指摘してくれた。大学は他の施設に問いかつ答えるよう強く主張する諸質問に対し、自分たち自身は知らぬふりをする傾向があると彼は述べている。

（2）私がこの一文で文法を複数形(universities 諸大学)に変えたことは重要である。大学(the university)に焦点を当てることで、全ての総合大学や単科大学が共有する一つの「本質」を大学が持っていると暗示することが可能である。私は単純にそのような一つの本質が存在するなどと信じていない。確かに諸大学の間には、名付けるに便利で馴染みの類似性があるけれど、その「大学」をあまりに語ることは、目的と整合性に関する質問を避けるための一つの企てとなってしまう。

（3）フィッシュの論説は二〇〇三年一月二三日付、同五月一六日付、そして七月一一日付の the *Chronical Career* に見られる。またニューヨークタイムズ紙の「なぜ私たちは象牙の塔を建てるのか(Why We Build the Ivory Tower)」と題された二〇〇四年六月一日付の論説もある。私はオンラインの紙面を利用しているので、これらの論説の参照ページは示さない。

（4）フィッシュは「市民」という概念が分かりやすいものだと仮定している —— その仮説は弁明を要するが —— かに見える。単科大学及び総合大学は幾度となく若者たちを「世界市民」となるよう教育していると主張するが、そのような主張は分かりにくい。市民権は、ある特定の歴史と場所が互いに影響しあう中での責任ある役割、との観点でのみ意味を持つのである。「世界」は、市民権の分かりやすい説明を続けるに必要な仮説に、異議を唱えようとする国際的な不当な主張である。諸大学の目的をはっきりとさせるために、「世界」や「市民権」という言語を諸大学が用いるのは、大学の生命を支配する偽りの良心の兆候に過ぎない。

(5) フィッシュはこれ「自体」は「政治的」ではないと考えているようだ。フィッシュと同じく政治的に鋭い人々から見れば、あまりに奇妙な立場である。

(6) Stanley Fish, *Professional Correctness: Literary Studies and Political Change*(Oxford: Clarendon Press 1995)(本文中で言及ページは記す)

(7) どうやって研究が自立性を持ち、同時に社会の要求にこたえる仕事を行うのかについてのより広範囲な説明をフィッシュが行ってくれればと、ある者は願うところだろう。少なくともフィッシュは、研究及びそれが与える知識を生みまた生みださなかった実に不確かな情況を提供する歴史、つまり「研究」発展史の説明のあたりまでは行わねばなるまい。

(8) フィッシュはミルトンの詩を称賛する学生に対し、ミルトンが人々の称賛を求めなかった点を指摘しながら反論するのが好きだ。ミルトンは称賛ではなく人々の魂を求めたのである。それゆえミルトンにとって「神がただ神であり、競い合う諸勢力の一つなどではない」ことをもし忘れるならば、彼の作品はただ矛盾に満ちるか、痛ましいか、逆説的かもしくは結論の出ないものになることを、ミルトン作品を理解しようとする者は誰でも覚えていなければならないとフィッシュは強調する。(*How Milton Works*(Cambridge: Belknap Press, 2001),p.14) これについてフィッシュは正しいと思うのだが、彼の文芸批評理解に対する正当性については疑問がわく。なぜミルトンを「文学」書として読むべきなのだろうか? フィッシュがたびたびそうしているように、ミルトンはキリスト教神学の文脈の中で読まれるべきなのである。ミルトンがほとんどキリスト教神学者によって読まれないことが、ミルトンが英語学科の財産になってしまった一つの理由であるが、これは神学の失敗を知らしめる事実である。

(9) テリー・イーグルトン『自己批判の終焉(The Death of Self-Criticism, *Times Literary Supplement*, November 25, 1995)』p. 6. イーグルトンの批判は、理論は結論を持たないとのフィッシュの論点に対する説明要求である。例えば、フィッシュの著書『自ずと来るものをやる —— 文学と法律研究における変化、レトリック、そして理論の実践(*Doing What Comes Naturally: Change, Rhetoric, and the Practice of Theory in Literary and Legal Studies*, Durham: Duke University Press, 1989)』中の重要なエッセイ「結

論」(pp. 315-341) を参照。私は個別的なものの代わりに、一般的なものを使うことが決してできない現場で、理論に反対したフィッシュの考えに深く共感する。彼の大学擁護に対する私の批判は、大学それ自体を分かりやすいものにする「個別性」を、実は彼が適切に探し出せていないという点に向けられている。

(10) フランク・レントリッチア『モダニスト四重奏 (Frank Lentricchia, *Modernist Quartet*, Cambridge University Press, 1994)』pp. 112-113.

(11) ジェイムス・エンゲル、アンソニー・デンジャーフィールド『お金の時代における高等教育を守る (James Engell and Anthony Dangerfield, *Saving Higher Education in the Age of Money*, Charlottesville: University of Virginia Press, 2005)』p. 2. これ以降、本文中で言及ページは記す。

(12) エンゲルとデンジャーフィールドは、フィッシュと同じく、人文学が道徳的成果を保証できるとは信じていない。彼らは「すべての知識の利用と同じく、文学の利用は何をも保証しない。その知識は道具としての役割を持つのである。手術用メス、もしくはレーザー光線のように、それは偏見で大きくなった空洞を癒すこともできるし、突き刺すこともできる。それはまた破壊し、殺し、もしくは殺人を正当化することもできる。ナチス親衛隊の士官たちの多くはよく教育されていたのである」(p. 166)。

(13) エンゲルとデンジャーフィールドはミシガン大学の元学長ユードフの言葉を引用している。「州政府とそこの最重要大学との間にあった素晴らしい盟約は死んだように —— 少なくとも生命維持を要する状態になっているというのが、偽りのない真理であろう。一世紀以上の間、両者は取り決めをしてきた。すなわち納税者からの財政支援の見返りとして、諸大学は授業料を低く維持し、あらゆる所得層から学部への多様な入口を提供し、大学院生や高度な専門教育を受ける学生を訓練し、芸術と文化を振興し、地域の諸問題解決を助け、革新的な調査研究を行ったのである。残念ながら公共の研究機関としての大学は、低い授業料と固定された予算による不十分な財源という煉獄の中に見捨てられたまま、各州と重要大学間の同意事項は、ここ二五年間悪化の道をたどっている」(p. 186)。少なくとも以上の推移の理由の一つが、大学自らとその仕える相手に対し、大学が道徳的目的を明言する能力を失ったことにある、と私は見ている。その代わりに大学が様々な病気を治し、もしくは「自然」を越える力を私たちに与えるであろうとの約束をする自然科学が支持された。もはや大学の道徳的特徴が何であり、またどうあるべきか判然としない社会秩序の中で、大学の道徳的目標についての説明をどのように提示すればいいのだろう。

(14) 特に彼らは、歴史がとりわけ重要だと主張する。「歴史に対する想像力を欠いた商業上のリーダーシップは、要領の悪さ、失敗戦略の繰り返し、状況認識の欠如、そして長期的行動の戦略的誤算を生む。ビジネスで成功した人々が富を蓄え、そして社会に対し慈善行為をする用意がある時、一つの歴史的視点は影響の持続する、効果的な、意味ある寄贈を保証することとなる。科学史の知識を欠いた科学上のリーダーシップは、非倫理的な科学応用の危機に陥る。歴史意識を欠いた政治上のリーダーシップは最も良くてしくじりと無益、最悪の場合滑稽な大失態か悲劇に帰着する」(p. 121)。

(15) 一般に研究者たちは大学の資金調達サイドを軽蔑する。しかし「発展」こそが大学の教育課題の最も決定的な存在形式である、と長らく私は考えてきた。人がなぜ大学にお金を出したくなるのか、その動機を人々に伝えられるかどうかが、卒業生が受けた教育が何だったかを示す進行形の試金石となる。大学側が援助を乞わねばならない人たちが、お金を稼ぐことが良い生活を保証しないと教える研究施設になぜ資金を出したいと考えるのか、その根拠を理解するよう彼らが十分教育されることを、資金を調達する側は望むべきなのである。

(16) 一例として「リベラリズムは存在しない」(Liberalism Dosen't Exist) と題されたステファン・カーターに対する優れた反論を参照のこと(*There's No Such thing As Free Spech...And It's a Good thing Too*, New York: Oxford University Press, 1994)所収。pp. 134–138. フィッシュのリベラリズム批判は、形式主義のあらゆる形態に向けられた彼の攻撃と相関関係を持っている。

(17) イーグルトン、p. 6.

(18) Graham Haydon 編集 *Educational and Value: The Richard Peters Lectures* の中にあるアラスデア・マッキンタイア『教育された大衆の思想 (The Idea of Educated Public)』(London: University of London Press, 1987)』pp. 15–36. 参照ページは、文中に記す。

(19) 世俗の大学で教える私のようなキリスト者にとって、これが意味するところは継続中の難問である。このような難問は、制度上の組織の中に避難所をつくることで避けられる。つまり私のように、総合大学ではなく、神学校で教える形で避けられる。しかしこれはあまりに安易な回避である。ただ私の属する大学が神学校を持っているという事実は、メソジスト施設としての大学の歴史的バックグラウンドを示す証拠と言える。この歴史は考慮されるべき問題であろう。しかしさらに言えば、神学校が教育部門のひとつであるからデュークが一層良い大学であるとの議論が、もっと重要なのである。これは改めて議論されるべきことだ。しかし私は、学部にいるキリスト者は、何をして、またなぜそれをなすべきかという彼らの確信から生まれる相違を、探り出すことを避けるべきではないと言いたい。その相違はもちろん、テーマによって様々となろうが、そのような探索こそが間違いなく大学が後援するべき種類の仕事なのである。そのことが言うまでもなく他の宗教的、そして非宗教的伝統の中で働く人々にとって誠実な姿勢であろうと私は考える。当然、そのような仕事は大学をより論争的にするであろうが、それがなぜ大学の不利益となるのか私には分からない。

第6章　キリスト教大学の将来の理想の姿とは？

——ウェンデル・ベリーに示唆された試案

最も重要な種類の思索は、どこか、決まって偏狭なものである。

ロバート・ポーグ・ハリソン(1)

1 私たちに立ちはだかる課題

二〇〇三年九月二三日のカナダ・メノナイト大学のジェラルド・ガーブラント博士の学長就任記念の説教において、私は「乳牛からミルクをしぼることに暴力的な方法と非暴力的な方法がある」と語った。[2] 私は、そこでカナダ・メノナイト大学における地域主義的特色を推奨するコメントを述べた。カナダ・メノナイト大学は、その名称が示す通り、カナダにあるメノー派教徒の大学という意味で、これ以上の地域主義的特色を示す名称はほかにはないであろう。したがって、ミルクについての私のコメントは、このような大学は学問の理論的形態と実践的形態をけっして区別するわけがないとして賞賛したものである。

カナダ・メノナイト大学では、この大学の制度において説教が初代学長就任式の一部とみなされ、そのことが評価されていることを知ることは重要であると思われる。私が行った説教は、カナダ・メノナイト大学が全く別の「キリスト教教養学部」のようになってしまわないように要望したものである。私は、いま幾つかのキリスト教教養学部がキリスト教的であるよりリベラルに傾いていることは明らかであると思っている。私は、本章ではキリスト教教養学部がキリスト教的であり続けることに失敗した理由を理解することには関心がない、むしろ教会に共鳴する大学がどのような大学になりえるのかを探求することに関心がある。[3]

「キリスト教大学がどのような大学になりえるのかを探求する」ことは、もちろん、あまりに壮大すぎるプロジェクトである。そこで、私が実際に抱いた関心は、乳牛からミルクを搾る暴力的な方法と非暴力的な方法の違いを読み取ることである。乳牛からミルクを搾ることに焦点を絞るのは、大学のカリキュラムを「高い教養」を維持する必要性を前提にして決定するべきではないと思うからである。たしかに、私は、大学でプラトンやアクイナスやダンテやダーウィンを教えて、それらの人を人々に記憶させることは大学の仕事の一つとして大切だと思う。しかし、そうしたことは、西洋文明の「古典」の教養を保持する必要に焦点を合わせたものである。そのため、そうしたことは、大学におけるキリスト教の位置づけの正当化を、キリスト教的目的を達成させることに置くよりも、むしろ「階級的関心」に貢献する大学を設立することに置くことになる。カナダ・メノナイト大学でプラトンが読まれる理由とその方法は、デューク大学でそれを読まれる理由とその方法とはまったく異なるものであるはずである。

さらに、私は、ウェンデル・ベリーの大学批判が乳牛からミルクを搾る暴力的方法と非暴力的方法の違いを理解するのに重要な助けになると思う。ベリーは、今日の大学を厳しく批判する人である。私は、彼のよく知られた大学批判に深く共感している。しかし、ベリーの批判はあまりにラディカルなので、人文学の目的を取り戻すことに、ましてキリスト教の目的を取り戻すことに、全く彼に期待が持てないと大学当局が結論づけることは正当であると思われる。私は、ベリーの仕事は私たちにどのように生きる必要があるのかという問いに示唆を与えるものであるとともに、大学がキリスト教的実践によってどのように生まれ変われるかを想像する手立てを与えるものであることを示したい。

私は、ベリーのように、しばしば現代の大学を批判してきた。もちろん、大学の批判者であることは、自分を大学人として位置づけることでもある。とにかく、大学は、考えを思索する人たちで構成されている。もし、思策することが仕事であるなら、当然「批判的」であることを思索することもあり得るわけである。大学の批判者は、その大学批判が大学で訓練された人によってのみ生み出されると考えている。したがって、私たちのまさにその批判は、私たちの批判する実践を再生産することになる。この真理から言えば、アメリカにおいて大学に寄生することなしに研究生活を維持することはとても難しい。したがって、私の大学批判は、私の大学への深い愛を示すものであると認識してもらいたい。

私は自分がキリスト者であることを望むが、大学は教会というよりも、私の家である。私は、一九六二年九月にテキサスのジョージタウンにあるサウスウエスタン大学に入学した。みなさんも周知の通り、その時から現在まで、私にとって大学は生活の場である。私が生計を立てるために私が知っている唯一の生活の方法は、大学にいることである。私は、必ずしも大学人としてスタートしたわけではない。しかし、私の人生はまさに順調である。私は、レンガ積み職人になるように育てられた。これからどのような運命が待っているにせよ、学者の仕事に換えたことの理由を忘れないようにしている。

サウスウエスタン大学のあと、私は六年間イェール大学神学部と大学院で過ごし、そこで学士号と、博士号を取得した。私は、イリノイ州ロックアイランドにあるアウグスタナ大学で二年間教え、一四年間ノートルダム大学に在籍し、今はデューク大学神学部で教鞭を取って二三年目である。私の人生は、大学を維持してきた人々によって支えられてきた。自分が知っている以上に大学のおかげで今日の私がある。

しかし、私が最終段落で語ることは、大学人として努力した人たちとは異なるものである。私は長く大学で勤務してきた。そのため、大学で尽力を尽くしてきたが、それは大学人であるからだけではなく、キリスト者でもあるからである。

私は神学者である。しかし、神学は一般的には法制上は必須な学問ではない。そのため、神学者は、公式の立場ではない。もちろん、公式にはアウグスタナでもノートルダム大学でもそうではなかった。ルター派でもカトリックでも、神学がどれほど重要視されていたかは議論の分かれるところであるが、重要視されるべきであると今も昔も考えられている。デューク大学では神学部があるため、神学は寛大に取り扱われている。しかし神学部は、多くの人にとって「文化的遅滞」とみなされている。現代の大学において神学は存在を証明する重荷を背おわせられている。それは神学にとってもかえって良いことである。なぜなら、もしあなたが神学者であるなら、大学の他の学問分野の同僚が知っていることをあなたは知る必要があるが、あなたの知っていることを彼らは知る必要はない。

しかし、神学者であるという私のアイデンティティは、私が大学の中にいても大学に属していないことになる。しかし、ベリーは大学の「中」ではなくて、大学の「外」にいる。もちろん、ベリーは、大学が存在しなければ、ベリーは存在していない。彼は、大学の卒業生であり、大学院で学位を得ている。彼は、ケンタッキー大学でまた他大学で時々教えてきた。しかし、ベリーは、明らかに大学の外で「思索し」書物を書くことを選択した。それに対して、私は、ベリーより、大学の仕事に関わっている以上、大学とは利害関係がある。そうだとしても、私は、大学が教会のために役立つためには、どのように大学が変わるべきかを考えるきっかけとしてベリーの議論からはじめたい。ベリーが見込みがないと考えるプロジェクトを支持するために、ベリーの著作を利用することを断っておく。

2　大学に関するベリーの説

「抽象化は、それがどこで見出されようとも、害となるものである」[4]。ベリーの業績を要約するなら、とりわけ彼の現代の大学への批判を要約するなら上記のようになる。しかし、私は、ベリーの抽象化への批判を適切に評価するためには、彼の初期の、しかしとても重要な論文集である『言葉と立場』(Standing by Words) に注目するのが賢明だと思われる[5]。ベリーは、私たちが避けようとしている問題を生じさせるだけの二元論を再生しないように気をつけている。たとえば、彼は、客観性と主観性とを二項対立的なものとしては位置づけない。また普遍性と特殊性も同様に考える。むしろ彼は、私たちが無意味だと言う傾向性に抵抗することを援助しようとしている。

ベリーは、哲学者の哲学のいかなる認識にも滅多に反対しない。ただ、彼は、多くの詩人のように、哲学者たちに疑念を抱いているように私には思われる。しかし、彼の言語理解つまり私たちが大学で語るために教えられる抽象化に対する批判は、私たちがウイトゲンシュタインから学んだことを思い出させる。ベリーは、『言葉と立場』において、私たちの時代の個人と共同体の崩壊が言語使用についての私たちの使用責任能力の喪失に対応していると論じる。

ベリーによれば、いかなる主張も完全でわかりやすいものであるためには、次の三つの条件が必要である。

一、対象を正確に示していなければならない。

二、話し手が言明を自分の立場としていなければならない。それを信じ、責任を持ち、進んでそれに従って行動しなければならない。

三、話し手と言葉と対象との関連は、一般的なものでなければならない。その実体が何であるかを、共同体にも知られていなければならない(6)。

ベリーは、専門化が進んで、これらの共通の前提が自明でなくなったと示唆する。その結果、言語は、ますます他者を支配する武器となり、ゲームの道具となったように思われる。あるいは、シェリーなどの詩人たちは、言語の主観性が客観性に抵抗するために強調されなければならなくなったと考える。しかし、ベリーによれば、この不幸な選択を受け入れるなら、パトスが言語を単なる自己憐憫の道具に過ぎないものにしてしまう。

きわめて重要であるが、ベリーは、一般化の必要性を否定したわけではない。「特殊なものは言語を持たない」という主張には真理がある。しかし、特殊なものをコミュニケートするためには、二つの点で厳密でなければならない。第一点の厳密さの形態は、同じ場所と同じ歴史の知識を共有する人々のあいだの会話でなければならない。「あの古い空洞のあるブナの木が、昨夜の嵐で吹き倒された」という文章を例に出し、ベリーは、こうした文章を共同体言語と呼ぶ。対象に対して継続的な検証が可能であるため推奨する。このような言語は、「言語の基本であり、基礎である(7)」という。

第二の厳格でなければならい点は、「言明とそれがなされた文脈との間の緊張、あるいは言明の中にある多少とも相反する気持や考え方の緊張から生じるものである(8)」。この厳格さが表された文章の例を、ベリーは、シェリーのわれわれの死ぬべき運命に対する不平を「ここに疲れた子供のように臥し」と、ロバート・ヘリックの「この世に生まれ出たからには、別れを告げるのは身の定め……」との比較に見るが、後者の方が私たちの複雑な気持ちに合致し、しかも私たちの現実経験をきちんと表していると考える。[9]このような厳格さは、私たちの幻想にとらわれやすい傾向に対して戦うことが要求され、その戦いに勝利した結果であるとしている。

このような幻想の一形態は、全ての個人的歪曲や思い込みを避けて「客観的」であろうとする文章を生み出すことである。ベリーは、このような言語はしばしば科学者たちに用いられていると考える。彼は、その例として、スリーマイル島事件のさなか、原子力規制委員会のメンバーの間で交わされた会話の記録を取り上げる。彼らは、炉心熔解（メルトダウン）が起こったことが世間を驚かす結果になると考え、それを避けるために「技術者の新聞発表を巧妙に工作」することに務めていた。そこで、一人の理事が次のような答弁をするように示唆した。「万一そういう事態が起きた場合、温度が上昇して、核燃料棒がさらに破損することも起こりうるだろう」と。ベリーは、このような言語の注目すべき、また驚くべき点は、話している事柄がどんな結果をもたらすかを認識できていないことであるとしている。[10]

「客観的」であろうとする試みに示される会話を歪めてしまうのは、言語の使用責任を持とうとしない人たちが自分たちの権力を守ろうとする政治目的に利用するからである。彼らの目的は、言語によって人々を彼らの共通のプロジェクトに協力させることである。つまり、彼らは、人々に同じ言葉を話しているという幻想をつくりだそうとする。つまり、共産主義や独裁政権の時の人々と同じように、人々は、政府に同調するか、静かにする。また、アメリカの大学を例に取れば、アメリカの大学は異なった意見の場合には丁重に無視し、「暫定的に」反対する。しかし、その結果、混乱と拡散が生じる。権限はなおも保持することができても、真の言語、真の対話は破壊されてしまう。人々は相互に理解を失い、仲間割れし、ばらばらになってしまう。どんな類の話も、酔っ払いか狂気の沙汰に似てくる。[11]

ベリーは、この客観性に対する情熱についての別の例を提供し、興味深い牛の話をとりあげる。「アメリカの家畜農業の発展と未来」と題される論説の中で、G・W・ソールズベリーとR・G・ハートは、「アートから科学へ」のアメリカの農業の変容の重要性についての議論をしている。アートとはただ「いかにして」を問うのみであり、科学はそれに対して「なぜか」ということにも興味を抱く。その結果、彼らは、牛を「二〇世紀の適切な製造装置」とみなすことを推奨する。ベリーは、このような言い方が「牛にやさしくしてください。私たちの仲間だから」という酪農家の言い方によって示めされた言葉の使用責任を、それを使用した人から解除すると言及している。[12] ベリーは、後者の文章が自然、農業、共同体、家庭、個人という階層の連鎖に系統立てられた世界を求めると考える。このような階層は、これらの組織のどれもが相互に関連があり、どれもが互いに影響し合うという前提に基づいている。前者の文章は、つまり牛を「効率の良い製造装置」にすることは、産業経済、農業、乳製品工場、酪農家という階層に転換することになる。後者の階層は、農業を専門職にし、専門職を職業にして、連結している専門分野を分解しなければならない。

それに続くベリーの大学批判は、彼の関心が発展したものと捉えることができる。彼の関心は、大学では、私たちは、「言葉と自分の立場とを一致させること」が出来ないという姿勢で語ることを教えられているという点である。こうして、私の主張が始まるわけであるが、現代の大学においては「大学は何のためにあるのか?」「大学は誰のためにあるのか?」という問いに答えることができなくなっている。それは、大学には、答えることのできる「学識のある人」がいないということである。「学識のある人」というのは、いかに乳牛を搾るかという方法を知っている人であり、このことが私たちの問題の核心である。

ベリーは現代の大学は、言葉の不正に対して当然責任を取るべき機関の少なくとも一つである。それにもかかわらず、大学は、ますます増える専門家を通して、人と共同体の生活の破壊を再生産しているだけではなく、同時に正当化してしまっていると主張する。ベリーによれば、

「専門家たちの中心にあった興味や共通の基盤が、外側に移行し、さらに中心から離れ、ますますお互いに相手を理解しがたいものにしている。原因として考えられる最も顕著のことは、今では珍しくはないが、排他的に独創性と技術革新を強調したことである。この傾向は今やいたるところに広まっている。この傾向は、大学当局の「機構」の中でも進められ、大学内のあらゆる生活に直接的にも、実際的にも影響を与えている。そして、このことにより――イェイツが詩（"The Choice"）の中で語っている――人生より仕事を選択するようになり、それがまた個人の生活だけでなく、コミュニティにとっても重大な犠牲を強いるようになった[13]」と。

しかしながら、ベリーは、学問分野の専門化は、大学が資本主義社会から必要であると支持をうけないかぎり重要だとは考えられないと論じる。大学が発展すべきなら、発展することができるということを前提にすれば、大学には金銭が必要である。しかし、等しく重要なのは、大学が善に対立する金銭という基本的経済原理を受け入れなければならないということである。ベリーは、マルクス主義に全く賛成しているわけではないが、金銭ほど「抽象化」をするものはないと心底確信しているようである。労働者は、労働を金銭を得るのに必要なものとして捉えているだけでなく、金銭では代わりにすることができないものまでも、商品として買うために金銭を使うことが期待されている。

大学のカリキュラムの一貫していない点は、金銭によってもたらされた抽象化を正当化することに関与していることである。例えば、学習が諸学門分野間の対話によって組織されるのではなく、競合する対立を代表するだけのものになっているからである。結果として言葉の使用責任能力が失われるのである。諸科学は、それぞれ分割されている。そのため、それぞれの専門組織に従っている。「いわゆる人文科学は、人間が時々行う善の記憶、すなわち、少なくとも矯正された、あるいは懲らしめられた記憶を思い起こさせる。ところが、今やばらばらになってしまって、役に立たなくなってしまっている。コミュニケーターは、何も言わなくなり、教育者は、何も教えなくなっている」。実際、大学は、もはや読み書き能力の教育を行うところではない。したがって、英語科は、それ自身の「専門」になった。書くことの部門でさえ、書くことは新入生の書くことのプログラムの副専門分野である。その結果、明らかに伝達事項が書ければ良いのであって、よく書く必要はなくなったのである。[15]

ベリーは、次のように言っている。彼は、学問分野をどのように再組織化したらよいのかわからないばかりでなく、彼は誰かがその方法を知っているということにも懐疑的である。しかしながら、彼は学問分野の基準や目標は変わる必要があるということを確信している。

「かつては専門というものがわれわれ自身にとって有益な方法だと考えられていた。というのは、専門は私たちが生計を立てるのに必要であるだけでなく、より重要なことには、専門がお互いにとっても有益だと考えられていたからである。天職という考えがなおも生き続けているけれども、ある人が金持ちになるように、あるいは有能になるように、あるいは成功するように「天から召されている」などということは考えもしなかったにちがいない。家庭や学校では、専門ということについて二つの理由から考えられてきた。一つは専門によって生計を立て仕事をすることを可能にし、自立した個人として、コミュニティの有能なメンバーとしても役立つということであり、もう一つは専門自体が世代を越えて生き続けるということである[16]」。

大学のカリキュラムの一貫していない点は、限りのある世界において無制限な経済成長と無制限な消費は異常なことではないとする前提を受け入れているところである。今や教育は、職業上の成功を担う職業訓練になっている[17]。しかし、仕事が、学校や産業での仕事であっても、はたまた専門職であっても、労働者は、彼らの働きの成果から切り離されるように計画されている。働き手は、彼らの働きがどこかもわからぬところ、あるいはどこでも、彼らの職業や専門性においてあるいは「コンピュータネットワーク」において働きたいと考えることは認められている。[18]したがって、大学は、ホームレスのためのホームになり、ホレス・ステグナー（Wallace Stegner）の見事な叙述によると、「ブーマー（景気を煽る者）」のホームになっている。[19]

現代の大学における科学の支配は、産業社会に対する大学の従属を示している。というのは、科学の抽象化は、産業の抽象化にたやすく同化してしまうからである。

「あらゆるものが他のものと交換され、置き換えられる。……価格が正当であるならば、ある場所は別の場所と劣らないものであり、ある賃貸は別の賃貸と同じく劣らないものであり、またある生活状態は別の生活状態に劣らず良いものだということになる。……これがあらゆる部品は交換可能であるという産業の教義であり、われわれはその教えをあたかも世界の法則であるかのように、場所や生き物や仲間の人間たちに当てはめているのだ。その間中ずっと、われわれは科学を模倣したある種の月並みな言語を使用しているわけである。しかも、そのような言語は天国や現世について語ることはできず、目的が捨象されたコンセプトでのみ語ることができるだけである。これは、どこにもないような世界についての誠実さも意味もない文体であり、そのような文体は特に何かに強い関心を示すことも、ましてやそれに愛情をもつことさえも禁じられている[20]」。

ベリーは、私たちのすべての問題への解決が教育であるという仮説は誤りで、むしろ教えられる内容とますます増える暴力とは相関関係にあるとしている。私たちは『言葉と立場』における彼の分析から判断すると、ベリーは、教育という暴力が言語と共同体を崩壊させているとみる。ベリーは、「教育がますます公共化するにつれて、教育はますます無益になった。真の教育は公共の検証によってではなく、共同体の必要によって決まる」と述べている。[21]

ベリーの共同体と公共の区別は、公共が共同体の善を示すという前提を仮定するなら、奇妙なことのように思われるが、ベリーは公共という用語を単にいかなる個人的な責任と所属から切り離された人々のことを意味すると理解している。このような公共の言葉の構築は、全ての人に付帯しているものであり、誰か特別な人にだけ付帯しているものではない。これと対照的に、共同体は、まず第一に所属していなければならない。それは、お互いにそしてその場所に所属している人々の集団である。私たちは、「我々は我々の共同体に属している」というが、「我々は公共に属している」とは言わない[22]。

ベリーは、ある環境の下では公共と共同体が両立することを否定はしない。しかし、経済学と科学技術の単一文化の下では、彼等は、争わざるを得ない。共同体は家族を中心としている。その家族は、いつも場所と時間を共有している。公共は正しく形成されれば、正義に関心を持ち、個々人を中心にしている。私たちが直面する問題は、個人的自由の強調が共同体の自由を不可能にすることである。逆説的にいえば、結果として、個人的自由が強調されればされるほど、自由と権力が特定の個人に配分されるだけである[23]。

彼の小説『ハンナ・コールター』(Hannah Coulter) で、ベリーは、カレブ・コールターというハンナとナタンの息子が大学から受けた影響について描いた。ハンナとナタンは、厳しい土地から生命を生産する勤勉な農夫であった。カレブは、大学に行った三人の子供たちの末っ子であった。ハンナは、彼らが大学に行き、研究し、学んで帰ってきて、近所に家を建てると期待していた。また彼女は子供達にできるだけのことをしてあげたいという気持ちから大学に行かせたのである。しかも、彼女は、彼らが自分の期待を重荷に感じないように気を配った。ハンナは、子供たちが大学にいる間、彼らとは遠く離れてはいるが、いつも遠くで彼らを感じながら待っていた。家の中で居心地のよい椅子に座り、ドアを開けていた。ただ、彼女は不意にそこから虚しい風の吹き込むのを感じるだけであった」[24]。

カレブはそれでもコールター博士になり、教授になった。ベリーは、彼を以下のように叙述する。

「彼は、実験室を持ち、自分で実験構想を抱ける専門家になり、また評判も良い男になった。しかし彼は、母が知っているように、自分でも自分の思いを知っていた。カレブは心の中で満足していなかった。彼は農夫になるほどには農業を愛していなかった。でも彼は農業を愛していた。彼は、それ以外のことをして幸福になることができなかった。彼は自分に失望していた。しかし、カレブは、尊敬され、そのことには喜んでいた。彼は、母にとっては未知の言語で記した、彼が「出版物」と呼ぶものを持ってきた。彼はそれを誇りにしてくれと言う。また母はそれを誇りにしているが、より誇りに思いたいと望むことに悲しみも覚えていた。母は、彼が持ってきてくれた出版物をすべて読んだが、それで幸福になったとは言えなかった。その出版物は、一般的な分類に従って書かれていたので、母には、彼の声が聞こえないようであった。それを読むと、いつも、農場のことを考えた。農場をどのようにしていくのか。「農作業」をどうするのか。「土壌の種類」や「種の採集」などのことを考えた。自分たちのこの場所は、他にはない場所であり、ナタンと私に他では味わえない人生を与えてくれている[25]」。

『ハンナ・コールター』という小説は、同時代の大学についてのベリーの深い憂慮を表現している。つまり、「教育」は人々に何を与えているのか。ベリーをテクノロジー反対論者あるいはすべての専門の反対論者だと批難するのは間違いである。問題なのは、彼ではなく、テクノロジーや専門だけでは目的になり得ないし、それらだけでは人々に目的を与えないということである。彼は、それを『回旋盤の裏面』(Another Turn of the Crank) において明らかにする。つまり彼は、「共同体に賛同しているほどは、テクノロジーに反対していない。共同体の健全さと技術革新のどちらを選択するかといわれるなら、私は共同体の健全さを選択する[26]」。テクノロジーは、とりわけ産業経済学において、それが奉仕すべき目的からあまりに容易に抽象化してしまう。

またベリーは、科学にも反対していない。科学は、他の学門分野との関連で適切な場所を与えられる。とりわけ、どの学問分野も平等にみなされ、市場がどのような仕事や「知的所有」を与えようとも、同じ討論の時間を与えられるなら適切な場をあたえられる。まさに大学は、このような諸学門の対話を促進することを一つの課題としている。そのためには、私たちの人文科学が、大学においてまた大学によって統合されなければならない。ベリーは、大学は適切に以上の課題を果たすべきであると考えている。ただ、どの大学もその課題を果たすことに専念しているのかどうかは断じて疑わしいとしている。[27]

さらにこの課題は、真理は決してすべてではないが、知り得るものであるという確信を保障する「組織」が存在することを要求する。このような確信をベリーは「宗教的」と呼び、私たちが住む世界は神秘であり、それが責任のある会話と行動を可能にする。なぜなら、私は、いまやベリーの大学批判は、私たちが互いに語ることに責任があると考える彼の関心のさらなる裏の意味である。彼の視点から考えると、大学は、いかなる共同体に対しても目的について説明できない抽象化によって会話を決定する悪の根源になっている。ベリーは、現代の大学の運命が神秘を喪失した結果だとは主張してはいない。彼は、すべての「答え」が大学の中にあると確信している。

「すべての『答え』が謙虚に自制心の範囲内でうまく行わなければならない。そのため、行動の第一歩は、結果に対する行為責任能力を意図した上で受け入れることを意味するであろう。このように制限を設け、かつ維持することは、最終的に経験によって証明できる問題だと思われる。それは科学の真の「フロンティア」、少なくとも道徳科学の可能性を定義した真の「フロンティア」なのだ。それは科学を礼節や正しい調和、適切な尺度などの昔からの規範の下に置くであろう。現代では、芸術さえもそうしたものから『解放』されてしまっている。すなわち芸術的なまた科学的な仕事のすべてがその質を客観的に判断する基準を再び与えられることになる」[28]。

ベリーの大学批判は、彼の提供する二者択一より、明確である。それはおそらくあるべき道であろう。ベリーに示唆された大学がどのように変わり得るものなのか誰にもわからない。実現したとしても、それはあまりにも「芸術品まがいのもの」だと私には思える。しかし、ベリーは、大学の中心は詩作の実践であるべきだと考えている。というのは、詩作、すなわち、共同体、場所、時間に密接に結びついた会話によってのみ、私たちの生活に浸透している抽象化されている状態を抜け出すことができると思われるのである。

ベリーは、アグラリアン（農本主義者）によって育てられたと報告している。しかし、彼は自分自身がアグラリアンかどうかを大学二年生になるまで分からなかったとしている。彼は、自分がアグラリアンであることを教えられたことが良いことだと考えているようだ。まさに彼がアグラリアンであると知ったことは、詩的能力の発展と考えられる。彼がアグラリアンであることを学ぶことは、彼が金融資本に基づいた産業主義と土地に基づいた農本主義を区別できることを意味する。さらに、彼がヴァージル、スペンサー、シェイクスピア、ポウプというアグラリアンの流れを遡るのを可能にしたのは、一部にはベリーが受けた教育にある。ベリーによるなら、働いて初めて、祖母として、あるいは教師や判事として自然を尊重する態度でもって、自分がいる場所を見、そして知ることができた。それはまさにあなたが学んだ人たちと同じように詩を通してであった。[29]

ベリーは私たちが知っているように、大学に対して批判的である。また、大学に住んでいる私たちの何人かは、ベリーが批判する大学が確かに存在することも認識している。しかし、ベリーはまだ大学を愛している。結局、彼がベリギリウス、スペンサー、シェイクスピア、ポウプ、そしてジェファーソンを学んだのは大学であった。しかし、彼が実在して欲しいと願っているような大学が実在する見込みはほとんどあるとは言えない。確かに、彼が抱くような大学の可能性は、どの大学にもあると考えられる。しかし、そのような大学になるには、とても魅惑的ではあるが、抽象化された状態を受け付けない人々の存在がカギになるであろう。教会がベリーのような大学を現実化する可能性を提供すると示唆するのは愚かだろう。しかし、私は、すくなくとも私たちはその可能性を想像する方法を考えてみたい。

3　ベリーが教会を必要とする理由

キリスト者は、ユダヤ人の神を礼拝する民である。私たちは、イエスを神の言葉の受肉、メシアとして礼拝する民である。私たちが礼拝する神は、肉体になり、私たちの基本的行為は、キリストの体と血にあずかることである。したがって、私たちが礼拝する神は、「あの古い空洞のあるブナ木が、昨夜の嵐で吹き倒された」と同じように具体的物語を通して知られるだけである。私たちは、もう一つのあの古い空洞のあるブナの木が、昨夜の嵐で吹き倒されたと別の人に話されることによってあの古い空洞のあるブナの木について学ぶのである。同様に、私たちは、別の人に話されることによってイエスについて知るのである。その証しは、キリスト者が信じることの性質から成る。というのは、キリスト教の証しが真実であるためには、キリストである神の言葉によって統制のとれていないいかなる抽象化も信用しないということを要求する。

しかし、ベリーが破壊的だと考える抽象化が展開する前に、キリスト者も、彼ら自身の抽象化の形態を展開する。イエスは、弟子たちに「あなたがたは行って、すべての民を私の弟子にしなさい。彼らに父と子と聖霊の名によって洗礼を授け、あなたがたに命じておいたことをすべて守るように教えなさい」（マタイ福音書二八章一九―二〇節）と命じた。国民をキリスト者にすることを証しにするというイエスの命令は、キリスト者に抽象化の無限に終わることのない形態を認識し、批判しなければならないとする課題である。それはまた、キリスト者が「国家」という偽りの普遍性を福音と混同する誘惑でもあった。

キリスト教的抽象化の政治学は、多くの異なった形態をとった。しかし、少なくとも、このような政治学は、「コンスタンティヌス主義」という名で呼ばれる。コンスタンティヌス主義は、「国家」の力を利用しようとした教会の試みである。また「国家」は抽象化されている。それは証しに対する批判を受けずに福音を他者に強要する試みである。教会は時々必要のために抽象化した帝国のスピーチが普遍的であることと福音が具体的であることを混同した。そうしたすべての国々では、教会がそうした国々の証しであることが義務づけられている。

キリスト者は、特に近代において、私たちの普遍性の名前が「カトリック」であることを忘れている。教会のカトリック性を実行する職責は「ビショップ」と呼ばれる。ビショップの仕事は、教会が教会となるための物語が、時と場所を越えて、他の諸教会と共存されるために、私たちの会話は私たちが話すように話せない人にも同様に、他のキリスト者から学んだ方法とやり方で語り合わなければならない。神学者は教会を一つにするという教会の意志を継続する仕事を課せられたビショップに仕える下僕である。したがって、神学者は、「特別な地域性ばかりでなく多様な地域性にも答える力がなければならない。その結果、彼らは、一つの歴史を永続させるセンスを考古学的に実行し、また地形の地図を作るセンスを結び付けなければならない[30]」。

もし、キリスト者がベリー風の大学の展開を支持するのなら、私たちがコンスタンティヌス主義的偽りから自由になる必要がある。その自由は、さらに、教会のカトリック的性格の強化によってのみ与えられる。私たちのキリスト者としての会話を魅惑させる抽象化は、時と場所を越えて兄弟姉妹に要求されて可能になる言葉の配慮によって確認され、抵抗される。ジョン・ハワード・ヨーダーは、異教主義とキリスト教の混同による二項対立に気がついていた。そのため、しばしばコンスタンティヌス主義の成果は、「再現されたメッセージによって創造した可視的共同体として具体的なものにしたことである」。階層的組織の明確な限定に対する二項対立は、地域的な限定である[31]。

現代の大学は、キリスト教であれ世俗的であれ、新生の国民国家システムのしもべであった。さらに国民国家システムは地域の敵でもあった。地域の共同体は、「民衆」を組織化するニーズに効果的には答えないし、また答えられない[32]。ベリーが敵とする抽象化は、私たちの利益に役立つと主張する公共の組織を正当化するのに必要なものである。まさにこの利益という唯一の言葉は、ベリーが探求する種類の抽象化の実例である。

ベリーが「全体」の意味を主張するためには、神秘という宗教的意味を付与することを願うのは重要なことである。しかし、神秘の意味が共同体において実質的に実行されずに不在のままなら支持されないであろう。私たちの抽象化し、合法化された魅惑的な社会秩序に抵抗できる大学は、真実な会話に必要な基本的実践によって形成された人々に依存している。要するに、教会なしに、つまり私たちの想像力に取り付いた悪しき観念論を非神話化できる教会なしに、カレブ・コールターを家庭に帰るように大学で教えられる可能性はない。

もちろん、これらは、高度に理論的な見解である。これらは、教会が置かれた大学のあり方に対して何らかの意味を与えるだろうか。ある人たちは、このような大学は、どのようなことが課せられるのか想像し始めるであろう。たとえば、*Confricting Allegiances:The Church-Based University in a Liberal Democratic Society* における論文の多くは、現代の大学がさらにどのようにキリスト教的実践に責任が取れる改善を行えるのか探求したものである。マイケル・ブッデは次のように言う。「教会論的に基礎づけられた高等教育の目的は、イエス・キリストという優先順位と実践によって形成された弟子たちに仕立てることである。そして、彼らに国家を超えた、キリストの体の成員としての使命をはっきり認識できるように助けるのである。さらに、教会のミッションに貢献し、教会が約束された神の国の前もっての経験をして、天国におけるように地上にもなさせたまえと忠実にまた完全に奉仕するようになるのを助けるのである[33]」。

ブッデは、私たちの想像力が高等教育についての標準の捉え方に囚われているために、これは困難な課題だと見ている。実際、「高等」という言語が乳を搾ることが「高等な知識」ではないと主張するかぎり誤ったものになるだろう。しかし、ブッデは、大学の学問と「ミルク造り」によって表される知識とは区別する「高等」という言葉の使用が、問題の一部であることに同意している。したがって、Conflicting Allegiances の論文の多くは、現代の

郵便はがき

料金受取人払郵便

本郷局
承認

6395

差し出し有効期間平成27年2月28日まで

1 1 3 8 7 9 0

東京都文京区本郷4-1-1-5F

株式会社ヨベル行

1 1 3 8 7 9 0　17

裏面にご住所・ご氏名等ご記入の上ご投函ください。

●今回お買い上げいただいた本の書名をご記入ください。

書名

●この本を何でお知りになりましたか？

1.新聞広告（　　　　）2.雑誌広告（　　　　）3.書評（　　　　）
4.書店で見て（　　　　書店）5.教会・知人・友人等に薦められて

●ご購読ありがとうございます。
ご意見、ご感想などございましたらお聞かせくださればさいわいです。
また、読んでみたいジャンルや書いていただきたい著者はどんな方ですか。

ご住所・ご氏名等ご記入の上ご投函ください。

ご氏名：＿＿＿＿＿＿＿＿＿＿＿＿＿＿＿（　　　歳）

ご職業：＿＿＿＿＿＿＿＿＿＿＿＿＿＿＿＿＿＿＿＿

所属教団・教会名：＿＿＿＿＿＿＿＿＿＿＿＿＿＿＿

ご住所：（〒　　　-　　　　）

＿＿＿＿＿＿＿＿＿＿＿＿＿＿＿＿＿＿＿＿＿＿＿＿

＿＿＿＿＿＿＿＿＿＿＿＿＿＿＿＿＿＿＿＿＿＿＿＿

電話：　　　　（　　　　　　）

e-mail：＿＿＿＿＿＿＿＿＿＿＿＿＿＿＿＿＿＿＿＿

「あなたの原稿が本になります」（自費出版含）

本の出版の方法に対して、丁寧なアドバイスが好評を得ております。この機会にご検討ください。本ってどんなふうに作るんだろうというご質問から丁寧にお答えします。

信仰生活の証し、随想、歌集、研究書等を人生の記念として「一冊の本」にきちんとまとめて制作してみませんか。制作の困難な部分をお手伝いさせていただきます。手引き**「本を出版したい方へ」**を差し上げております。興味のある方はご一報くだされば送付させていただきます。

最近は、教会創立記念や会堂建築記念に「記念誌」、「説教集」、「証し集」等を制作する教会が増えています。足跡を辿る貴重な記録となります。機会を逃さないで制作してみては如何でしょうか。資料を差し上げます。

資料**「本を出版したい方へ」が（必要　　必要ない）**

見積（無料）など本造りに関するご相談を承っております。お気軽にご相談いただければ幸いです。

＊上記の個人情報に関しては、小社の御案内以外には使用いたしません。

大学特有の知識の組織化あるいは脱組織化に取り組んでいる。たとえば、テレーズ・ライサールトは、もしキリスト教が私たちの敵を、死という敵さえも愛することを義務付けている原則に沿って組織されているならば、生命科学はどのような形態を取っているのかを課題にしている。(34)

問題なのは、キリスト教の実践によって形成された大学がどのように生まれ変われるのかを考えるための想像力が欠けているかどうかではない。むしろ、このような二者択一な大学を可能にする物理的条件を提供できる教会が存在するかどうかである。私が考えている物理的条件とは、金銭を意味するのではなく、教会が実践によって形成されているかどうかである。その場合の実践とは、私たちの祈りや礼拝によって育まれた習慣などよりも重要な実践であって、それは、現代の大学の中でまたそれによって正当化された抽象化を問題とする学問を発展させることを求める実践である。キリスト者は、非暴力的な方法でミルク造りを学べるかどうかである。全くおかしなことに、私たちは、教会の特徴を考えなければ、大学の特徴を考える方法がわからないということである。

私たちはもう待てない。私たちの多くは、私が自分の人生で実例を示したように、ベリーの病理学の実例となっている大学でまだ教えている。キリスト者は、大学で教え続けるべきなのか。「教会提携」大学とみなされている大学で、そこの学生たちは、教会の現実とは全く異なる現実に奉仕する抽象化された状態に適合させられている。キリスト教的学術団体は、彼らの大学批判にもかかわらず、我々が大学にいるというだけで、その大学を正当化するのであろうか。

キリスト者が大学に参加することを正当化するいかなる試みも、私たちは、それが紛れもなく、自己欺瞞の要請であることを知っている。しかし、二〇〇四年のオックスフォード大学の創立記念礼拝の説教において、ローワン・ウィリアムズは、私たちを建設的な方向に向かわせる覚書を提供した。(35)ウィリアムズは、オックスフォードがカトリック教会の教会法の研究のための小室から始まったが、一四世紀、一五世紀までにオックスフォードは、王国を統治する人々を形成するために存続したと見ている。彼は、これをオックスフォードが主にエリートに奉仕する制度であったと考える人達の最悪の懸念は確かにあったと記している。しかし、ウィリアムズは、「王国を統治するために言葉の使い方を認識する必要があり、良い議論の仕方と悪い仕方を識別する必要があったと考える。また人々を道徳的に守るべき行為に説得する方法」を知らなければならないと考える。したがって、学習の体系の中に必要とされた思考するための道具を身につけるよう組み込まれていたと考える。

ウィリアムズは、オックスフォードで多くの点で変わったと認識している。合理性の抽象的理解が、今や中世の大学の「権威的」性格と考えられるものに置き換えられた。しかし、ウィリアムズは、大学が統制された議論に関わりを維持する程度、私たちは、めいめいが構成する神聖なイメージを証明する想像の内的構造に、正当さと正確さでもって、答える能力があるとする感覚が残ると主張する。したがって、ウィリアムズは、「大学の正直で希望に満ちた会話を育む大学の役割を主張することは」正しいと考える。その「会話は、適切な理性的文化と政治のためのものである」。したがって、彼は、教会が大学に対して言わなければならないことは次のことであるという。

「あなたがたの仕事は、人々に権威を身につけさせることだと主張することを恐れてはならないのである。民主主義的な時代において、それは、王室の相談者でもなく帝国の総督の権威でもない。それは、公共的理性に貢献するために教育された人の権威である。また、どんなものであれ役に立つものであるなら、科学探求であれ、公共事業であれ、行政であれ、政治であれ、ソーシャル・ケアであれ、それらの職業を力づけることを恐れてはならない。公共の生活様式において古くから続いている分野である法律や医療、奉仕、また教会での何らかの職業を力づけることを恐れてはならない。私心のない公平な研究と到達目標を定め、評価する研究との間における偽りの対立を避けなければならない。すべて適切な知的作業は、公共的価値に対する証しの形態になりうることを覚えていなければならない」

私は、ベリーの大学のあるべき姿の理解と、ウィリアムズの大学の仕事の理解は両立できるとは考えない。しかし、ベリーは大学の仕事が人々を訓練して良い議論と悪しき議論を識別できるようにするのが大学のあり方だとすることに同意するのではないだろうか。確かに、詩の研究がそのような技能の発達を助けるであろうが、科学研究でも助けることができるであろう。さらに私は、このような仕事に関わっているすべての大学に、詩人や科学者がいると確信する。不明な点は、このような詩人と科学者がいるかどうかを配慮する人々がいるかどうかである。少なくとも、キリスト者には、神の御言葉を自分の立場とする偉大な特権が与えられていたと信じているので、そのような配慮の義務があると考える。

さらに「神の御言葉を自分の立場とすること」は、大学の労働と大学の外の労働をする人々との間に結びつきを保つように助けるであろう。フリッツ・オールシュレーガーは、私の論文「神学と大学の学問」についての手紙において、知識人の仕事が最も骨の折れるものでさえ、肉体労働と比べたら大変ではないと見られている。彼は、大学においてしている仕事が重要であると考える私たちのような人々をどのように正当化できるのか訊ねている。オールシュレーガーは、バージニア技術大学の英語学部[36]で教えているが、彼自身の問い対する答えを以下のように考えている。

「それは、私には、知識を追求する力を支える労働の知識人によってよく働く記憶力と認識力が求められると思われる。それを保証する最善の方法は、知識人が他者の中に入り、彼らの労働を提供してもらい、純粋贈与として愛を理解してくれる人によって提供される真に無償な食べ物を受けることです。私たちは、最も必要とする唯一なものを生み出すことができないように、私たちは必要なものに見合う実用的なものが決して十分な基準にならないことを学びます。またおそらく聖餐式が知識人をその仕事を可能にする人々との繋がりを認識するように訓練するでしょう。その結果、学問のために学問のいかなる追求も、それを支持する労働の記憶力を掻き立てる。このイエスのミルクによって養われた共同体において形成された知識人たちは、彼らが行うことを共同体が受け取るようにさらに求めることになるでしょう。おそらくそこにキリスト者の知識人の役割があるでしょう。つまり、彼らは、諸学問間や諸学問と公共の間に入って仲介役になり、今日の大学教員が市場原理に操られずに学問を提供できるようにすることである」。

願わくば、「おそらく役割があるでしょう」という、これは希望を示すスピーチである。

第6章注

（1）Robert Pogue Harrison, *Forest: The Shadow of Civilization*, Chicago: University of Chicago Press, 1992, p. 246.

（2）"On Milk and Jesus"（説教題）は拙著 *Disrupting Time: Sermons, Prayers, and Sundries*, Eugene, OR: Cascade Book, 2004, pp. 142-8 に収められている。

（3）こうした問題の立て方はしばしば、「どの教会が該当するのか?」とか、「このような教会は存在するのか?」といった疑問が提起される。その応答は次にある。つまり、「聖なる家族の教会」("The Church of the Holy Family" [Chapel Hill, North Carolina]) が教会であり、それは確かに存在するということである。

（4）Wendell Berry, *Sex, Economy, Freedom, and Community*, New York: Pantheon Book, 1992, p. 23. 目的捨象の必要性に関して推定による権力についての含みが含まれていることを見落すべきではない。数学の発展によって象徴される学問によって理解されているように、現代の権力が理論的学問の構造や特性に実質的に反映されていることにシェルドン・ウォーリンは気がついている。ウォーリンよりも他に、明らかにこのことがわかっている人は誰もいないであろう。ウォーリンは、次のように記している。権力という概念は、際限のないものである。理由は、「権力を再生出来る学問は、その対象として自然を選んだ。また自然は、無尽蔵のフィールドだからである。……目的捨象と非史実性は、対象とそれらの関係を自由に組み立てられる学問形態のための方法を明らかにするために結合された。

（5）Wendell Berry, *Standing by Words*, Washington, DC: Shoemaker and Hoard, 1983, pp. 24-63.

（6）Berry, *Standing by Words*, p. 25.

（7）Berry, *Standing by Words*, p. 33. ベリーは、「特殊」があらゆる言語を無視しないと言っていることに注目すること。

（8）Berry, *Standing by Words*, p. 34.

（9）Berry, *Standing by Words*, p. 35.

（10）Berry, *Standing by Words*, p. 38. ジェームズ・スコットは、この種の言語が具体的観念を破壊するように計画していた国家権力と、どの程度相関関係があったかを明らかにする十分な文献を準備している。スコットは、「あの古い空洞のあるブナの木が、昨夜嵐で吹き倒された」の文章とメティスとを同一視している。メティスとは、具体的な状況における例を必要とするスピーチのことである。言い換えれば、アリストテレスが実践理性によって意味したものに近い。
Scott, *Seeing Like a State: How Certain Schemes to Improve the Human Condition Fail*, New Haven: Yale University Press, 1998, pp. 319, 335 を参照。

（11）Berry, *Standing by Words*, p. 40.

（12）Berry, *Standing by Words*, pp. 43-4.

（13）Wendell Berry, *Life is a Miracle: An Essay Against Modern Superstition*, Washington, DC: Counterpoint, 2000, p. 61. イェイツの詩集の中にある「選択」というタイトルの詩は、以下の通りである。

「人は知性を持つが故に、人生の完成か、
それとも仕事の完成かの選択をせまられる。
もし後者を選択し、天の宮居入りを拒めば、闇の中でのたうち回るであろう。

人生のすべてが終わった時に、分かるであろう。
運がよく、あるいは骨を折って、過ごした人生には痕跡が残る。
財が無いことをいつものごとく当惑するか、
さもなくば、昼は虚しさに、夜は悔恨に打ちひしがれるか」。

(14) Berry, *Life is a Miracle*, p. 123.
(15) Berry, *Life is a Miracle*, p. 68.
(16) Berry, *Life is a Miracle*, p. 130.
(17) Wendell Berry, *Another Turn of the Crank*, Washington,DC:Counterpoint, 1995, pp. 13-14.
(18) Berry, *Citizenship Paper*, Washington, DC: Shoemaker and Hoard,2003, p. 33.
(19) Berry, *Another Turn of the Crank*, p. 82. ベリーによれば、ブーマーズ (boomers) は、彼らの要求に世界が従うことを期待あるいは要求する人々である。彼らが成功すれば、世界が損害を受け、彼らが失敗すれば、彼らとその家族が損害を受ける。
(20) Berry, *Life is a Miracle*, pp. 41-2. ベリーによる科学の特質の描写は、不運なことにどれもしばしば正確である。しかし、科学は、それぞれの事柄の美を見ることを通じて行われる最も刺激的な学問の一つである。
(21) Berry, *Sex, Economy, Freedom, and Community*, p. 123.
(22) Berry, *Sex, Economy, Freedom, and Community*, pp. 147-8.
(23) Berry, *Sex, Economy, Freedom, and Community*, pp. 147-155.
(24) Berry, *Hanna Coulter*, Washington, DC: Shoemaker and Hoard,2004, p. 120
(25) Berry, *Hanna Coulter*, pp. 131-2.
(26) Berry, *Another Turn of the Crank*, p. 90.
(27) Berry, *Citizenship Papers*, p. 189.

（28）Berry, *Standing by Words*, pp. 49-50.

（29）Berry, *Citizenship Papers*, pp. 118-119. 美を奨励し、育てることは、大学の中心的な仕事の一つであると信じる。現代の生活において、くだらない作品やとても醜いものは存在するが、そうしたものを確かに大学にいる私たちの誰もが、自分の仕事にしていない指標になっている。アンドリウス・バイエルスキーは、くだらない作品の文化について論じている人であるが、自由で、民主主義社会が優勢であることと、くだらない作品の文化とは、相関関係があるとしている。バイエルスキーは、「もし公共の場で良い人生を生きることがどんなことかについて（また心理学的マーケティングの技術は政治屋が使っていて、このことを例証している）強力な道徳の判断や理性的な熟考の役割が減っているのなら、その時は、民主主義政治は、危険なほどに理性的でなくなっていることになる。くだらない作品が表現する感傷に対して抵抗する手段が、私たちに欠けているということである」と述べている。

（30）John Milbank, "The Last of the Last: Theology in the Church," in *Conflicting Allegiances:The Church-Based University in a Liberal Democratic Society*, edited by Michael Budde and Jhon Wright, Grand Rapids: Brazos Press,2004, p. 250.

（31）John Haward Yoder, "The Disavowal of Constantine: An Alternative Perspective on Interfaith Dialogue, " in *The Royal Priesthood: Essays Ecclesiological and Ecumenical*, edited by Michael Cartwright, Grand Rapids: Eerdmans, 1994, p. 253. ヨーダーの地域主義の二者択一は、シェルドン・ウォーリンの後半の作品の中に支持を見いだせる。ウォーリンは、次のように論じている。「小さいスケールは、民主主義が人々を動員できる権力の種類と量とが釣り合っている唯一の規模である。経済組織の優勢な方法によって、課せられた政治的制限を仮定すれば、民主主義の政治の権力は、多数のささやかな場所にある。その場所とは、地方の統制のもとに置かれているが、人々の要求を満たすために創案された一時的なやり方でもって、普通の人々の創意工夫によって営まれている地方の政治や制度の間に分散されている。この場合の、多数とは、反全体主義の政治を意味する。すなわち、小さい政治、小さい計画、小さいビジネス、多くの即興的な制作、そして、中央集権に対する激しい非難を意味する。ここで使われている中央集権とは、中央集権化された国家か、それとも巨大な法人組織のことである。

(32)「民衆」の国家の構築の意義を分析するのに、拙稿 " The Christian Difference : Or Surviving Postmodernism" in *A Better Hope: Resources for a Church Confronting Capitalism, Democracy, and Postmodernity*, Grand Rapids: Brazos Press, 2000, pp. 35-46.

(33) Michael Budde, " Assessing What Doesn't Exist: Reflections on the Impact of an Ecclesially Based University," in *Conflicting Allegiances: The Church Based University in a Liberal Democratic Society*, p. 256.

(34) Therese Lysaught, "Love Your Enemies: The Life Sciences in the Ecclesially Based University, "in *Conflicting Allegiances : The Church-Based University in a Liberal Democratic Society*, pp. 109-27.

(35) ローワン・ウィリアムズの説教は、カンタベリー大司教のウエブサイトにある。(www.archbishop ofcanterbury.org)

(36) オールシュレーガーは彼の著書 *Love and Good Reasons: Postliberal Approaches to Christian Ethics and Literature,* Durham, NC: Duke University Press, 2003. で、文学におけるキリスト教解釈が意味するところを考察するといった困難な仕事に着手している。

第7章　石を彫るか、もしくはキリスト教という言語を学ぶか

1　石工職人となることを学ぶ

私はレンガ職人として育った。実のところ、全く嘘というわけでもない。私はレンガ職人として働きながら育ったのだ。どうにかレンガを積むことは学んだが、一流職人だった父のスキルは身に付かなかった。正直、一流職人になるためには何年もその仕事をする必要があるため、私はレンガ職人と言うより肉体労働者だった。しかし労働者がレンガ積みのスキルを持っていないのに対し、少なくとも職人と呼ばれるレンガ職人で労働を学んでいない者は一人もいないことを覚えておくことは大切だ。何故なら上手にレンガを積むためには、副次的にモルタルを叩き切る（混ぜる）方法などのスキルを学ぶことが必然となるからだ。全ての重要な仕事と同様、レンガ積みは技能を磨こうとする人々が適切な順番でこの様なスキルを学ぶことを命じる、仕事上のヒエラルキーを伴う。(1)

もしも私たちが教育の中で、もしくは私はこちらが好ましいと思うのだがモラル形成の中で、神学が果たす役割を理解しようとするならば、レンガ積みのような仕事に必要とされる訓練に関心を向けることは決定的に重要だと確信する。数えきれないほどに私たちは、教育とは学生たちにいかに考えるかを教えることだと見なしてきたのではないか。さらに私たちは考えることは言語的活動だと思っている。確かに教育はいかに考えるかを含み、人は言語を用いて思考するものだが、「精神」の中で進行する事象の如く、思考を考えはしないのだとの点は重要である。その仕事に影響を及ぼす形で用いられた二人の石工職人の言葉を考察しながら、言語習得と同じく、思考に本質的なものとされる考えることの習得が、なぜ手仕事の世界において正しく理解されるのか私は示したい。

神学、とりわけモラル神学が教育と生活形成においていかなる役割を持っているかを探るために準備された会議では、このような視点は全く奇異に映るかもしれない。(2) 神学者は激しい労働、もしくは肉体労働と通常は縁がない。だが私は、神学者はレンガ職人であるよりは、よほど労働者に似ていると思う。つまり神学者の仕事とは、キリスト者になるという技芸の親方たちに仕えることなのだ。にもかかわらずもしもその技芸が私の考えるごとく言語によって構成されているなら、その技芸の言語を教える厳しい労働の中で人が訓練されることが何にもまして重要となる。教育に責任を持つ人々が言語、特に祈りの言語を教え学ぶことは石を彫ることを学ぶのと同じぐらい肉体的なことである点を忘れないことが、とりわけ決定的に重要である。私は技芸、特に石工のそれを学ぶことについて語ることを通し、この見解を詳しく説明できるのみである。

『石工職人 ―― ワシントン大聖堂の職人の親方たち』という本の中で、マージョリー・ハントは二人のイタリア系アメリカ人の石工親方、ロジャー・モリージとビンセント・パルンボの物語を伝えている。(3) この二人の男たちはイタリアで生まれそこで修行したが、他のイタリア石工職人と同じく、彼らも後にアメリカにやって来た。いまやアメリカ聖公会の大聖堂として有名となったワシントンの聖ペトロ聖パウロ大聖堂のような建物の完成ために、必要な技術を彼らが身に着けていたからである。(4) ロジャーは大聖堂で一九五六年から働き始め、ビンセントも一九七八年その仕事に加わることとなった。

ロジャーもビンセントも石工職人の一族に生まれた。彼らにとって石工職人になるということは、彼らが伝統の一部となるということであり、記憶の中のその伝統に息づく習慣、つまり石工の物語は一族の物語と(5)切り離せないものであった。例えばビンセント・パルンボは石を彫りつけるかのように、父親の言葉によって導かれた年月の記憶をこう述べる。

仕事場で一緒に働いていた時、私たちは父と子ではなく、まさにパートナーでした。色んな事を ―― どれが一番いい方法かを話し合いました。彼はつねに匠の技がどうしたら身に付くのか、その秘訣を教えてくれました。それは彼が私にしょっちゅう求めていたことで ―― 石は死んだ素材にもかかわらず ―― 彼は石が生きているように、会話するように、本物に見えるようにする方法を私に伝え続けたのです。特に私たちが花を彫った時のことですが、細かいディテール、花弁を動くように見せる方法を教えてくれました。あれは最高でした。そして今、私は彼の記憶の中で、自分のできる最善を尽くそうとしているのです。(p. 5)

一族が石工の長く続く伝統を表していることを理解する故に、ビンセントとロジャーは自分たち一族の伝統に誇りを持っている。石を彫ることとは、その仕事に目的を与えるより大きい物語の中に腰を下ろして、今も生きる伝統に寄与することなのである。彼らが大聖堂のために石を彫り続けている事実は、彼らが自分たちの仕事は月並みの仕事ではないと理解していることを意味しない。そうではなくむしろそれは彼らが、彼らと私たちの存在を構成する物語に参画していることを意味している。従ってビンセントは断言する。「神はモーセに石の上の十の掟を授けた。彼はこの十戒を石の上に彫りつけた。つまりこれは世界最古の仕事なのだ」(p. 3)。

ロジャーは二三年間ワシントン大聖堂の石工職人の親方だった。彼は何にもまして、それが大切な仕事だったと述べている。彼は語る。「私にとって、大聖堂は自分の家みたいなものです。ほとんど家、そう家です。言う時は何でも言い合えるし。この場所に愛着を感じますよ。ほとんどの人にとってみればこの場所はただの石でしょ、でも私にしてみればここは生きているんです」(p.37)。ロジャーのワシントン大聖堂での最後の石彫は実物大のアダム像であったとハントは述べている。彼のこのライフワークへのコメントは、「私が働き終えた所から、今度は神が働く」であった (p. 37)。彼の自らの仕事に関する発言は、より大きな目的の中で仕事がどの様に調和しているかの彼の理解を、素晴らしい形で証明している。

ロジャーとビンセントは石工職人の家系に育ったにもかかわらず、親方となるためにはどこかの石工の親方のところへ見習い修行に行かねばならなかった。確かに石を彫るためには、幾つかの正式な指導が必要となるが、ロジャーによると石を彫ることなど誰にも教えることは出来ないという。むしろ、ハンマーとのみを取って打ちつけることや、鏨《たがね》を使って切り落とすことのような、石彫りの基本は与えられる。けれど彫ることの本質、彫ること自体は盗むのだ。ここで言う盗むとは、つまり、あなたが七、八人の徒弟の少年たちと共に店にいるようなことだ。一人が他よりいくらかましと言う形で、同じ場所で二、三人が石を彫っている。そこであなたは一人を見、また他のものを見る。つまり一人からいくらかを盗み取り、他からもいくらかを盗み取る。やがてあなたはそれをあなたの中で統合する。自らの技術を向上させる（p. 41）。

しかしながらスキルと年功に基づいた明確で本質的、決定的なヒエラルキーが石工の共同体の中にあることをロジャーとビンセントは隠さない。最終的に親方を目指し見習いから一人前になるまでの各レベルを通して働くため長期のプロセスが求められるこの仕事で、彼らは職人になるための学びを「出来上がる」と称する。このようなプロセスは必須である。何故なら良い石工になるためには、建物の適切な位置に加工された石を据えることを考慮して採石場から石を入手するというように、あらゆることが出来なければならないからだ。従って石工は「石切り工としてほぼ完璧でなければならない。つまりそれは —— 私たちが六歯鏨とか八歯鏨と呼ぶ —— 変わった道具を手にして、おおよそ長さ二・五メートル、幅一・五メートルの石板にクソまじめに向き合わねばならないことを意味するのだ」（p. 68）。

石工にとって見習い期間は絶対に必要なものではあるが、少なくともその初期では、親方が徒弟に注意を払うことは期待されない。徒弟の腕が上達するに従い、親方は注意を払い始めはするが、それは親方の自由裁量に任される。ロジャーとビンセントによれば、この様な取り決めは当然のことなのである。「考えてみなければいけない」とロジャーは語る。「あなたを教える男、彼があなたに与えるんだ。贈物をくれるんだ。もしも一生懸命身をささげて学んで、それを役立てるならば、彼はあなたに絶対に誰からも盗まれない贈物をくれたことになる。お金で買えないものをくれたことになる」（p. 51）。

徒弟は親方を真似ることで学ぶが、この模倣は親方の働き方を言われるがままコピーする、と言う意味ではない。むしろロジャーの言葉で言うと、人は「自分自身の何か」を成長させねばならない。だから親方は「あなたが間違ったら正すべきだが、親方はあなた自身の技術を用いること、あなたがその仕事に対して自由に考え、自由に感じることを許すべきなのである」(p. 72)。そこで学び始めたばかりの徒弟は、異なる石材と道具での働き方を習得するために、他の石切り職人の店に出向かねばならない。

いわば良い石工は、あらゆる石は異なっており、異なる道具を必要とすることを程なく学ぶが故に、進取的にならざるを得ない(6)。だから一般的には、石を彫る一つの正しい方法などない。むしろ石工はそれぞれの特殊な石に対し、最善の仕事をなせるよう備えねばならない。ロジャーは父親が彼に対して良く言っていた言葉を紹介する。「やんなきゃいけないんだったら、とっととやりやがれ!」(p. 71)。石工は広範囲の石材を取り扱えるよう備えていなければならないが、それは素材を芸術にまで変えることが彼らの仕事だからではない。そうではなく彼らは粗悪な品質の石を取り扱うことを何よりも嫌うからである。もしもその石が、ビンセントが言うところの「ぼろぼろな」ものであったなら、「それはあなたの当初の目標を打ち砕くよ。だってやればやるほど、とてもではないが良いとは言えないものが仕上がるんだから」(p. 104)。

この様に石工は、つねに自らの道具を石の方に合わせて行かねばならない。例えばロジャーはこう論じる。ピンクのテネシー大理石は「工具に対し腹を立てている」が故に「繊細」であり、一方ボテチーノ大理石は「鋭利で、極端に折れやすい、ガラス細工」のようである。対照的にカラーラ大理石は、鑿のどんな小さな一打でも命を吹き込める材質なのである(7)(p. 105)。このことは石工が石に合わせなければならないだけでなく、彼の道具を知らねばならないことを意味する。何故ならあまりに硬く鍛造された道具であれば、それは石、とりわけ石灰岩をあまりに手荒く切ってしまうからである。

そのアプローチにおいてつねに再考が求められるこの仕事の不安定な性質はまた、話し合いを通しての学びで人は石工になるのだ、ということを教えてくれる。ビンセントは家庭の中にあった職場で、そして日々の談話の中で自分が育ったことを語る。

伝統的な家族の出身なら、話し合いから学ぶんだ。仕事の中で、私に何かが起こる。私たちはいつだってその仕事について話し合った。朝食で、夕食で、夜食で、一番の話題は仕事のことさ。この石について考えろ、どうすりゃいいんだ、誰がするんだ、その方法でやんなきゃならん。そうやって成長しながら、また聞く。やがてあなたの心は全てのことを飲み込む。そして時が来る、その時、記憶されるんだ（pp. 20–21）。

物語は、それ故、石彫りを学ぶ上で決定的なことなのだ。個人的な経験や世代を越えて引き継がれた物語の話を通して、石工は習慣、態度、そして「彼らが何者であり、何をするのかという核心部分にある」（p. 56）基準を学ぶのである。さらに物語は、石を彫る者に必要とされる美徳を指し示し、同時にそれを構成している。ビンセントは、石を彫るためには「一〇〇パーセントの集中力が必要だ」と述べる。何故なら、ロジャーによると「忍耐強くあらねばならないし、石を過大評価してはいけない。何故なら石を過大評価する時、それは跳ね返り噛みついてくるからだ」（p. 100）。

こうなると石彫りを学ぶとは、言語を学ぶようなものではない――石彫りを学ぶこと自体が、仕事それ自身と切り離せない言語そのものなのである。ハントはビンセントの成長を「言葉を学ぶ一人の子供」に形容して次のように述べる。「ビンセントは石彫りの文法を身につけ始めた。すなわち彼は仕事の多岐にわたる知識と、それらを規定する基礎となる原則をつなぎ合わせ始めた」（p. 21）。ビンセントに言わせれば、彼は石彫りの音楽を学んだのである。

はっきり思い出すよ。特に若い頃、私はそこ（彼の祖父の店）で石切りを学ぼうとしてた。私を入れて八、九人の石切りの連中だったと思う。三、四人は私とおんなじ子供たちで、その他は年老いた熟練工だ。言っただろう、仕事は全部手仕事さ。どでかい石板に、ハンマーやそれと似たようなものを手にして向き合わなきゃならん。そして働いてるときに突然なんだ、一人の男が歌い始める。それで彼が歌うと、残りの奴らもみんな歌い始めるんだ。音楽の、歌の調べに合わせて私たちは働き始める。音楽を奏でるように、私たちはびしゃん(訳注：石材表面仕上げ用の面にぼつぼつのあるハンマー）で石を打つ。歌に合わせながらね。歌を止めることも、中断することもできないからね、どんどん仕事ははかどるわけだ。大概、こんな感じだったよ（p. 62)。

ビンセントは石工が何ものであるかを述べるために音楽の比喩を用い、石工はつまり演奏者だと言う。交響曲の美しさは作曲者が美しい交響曲を書きあげることと同時に、それが演奏家によって見事に演奏されることで決定される。石を彫ることも同じである。「彫刻家なら美しい作品を作るだろうが、石の上に素晴らしい作品を完成させるのか、もしくは彫り方が分からないが故にダメにしてしまうのか、これは石工にかかっている」(p. 97)。ビンセントによると、石彫りは削減の技巧であり、その中で石工は石の塊の中に隠されたものを明らかにする。しかし隠されたものを露わにするなど、ビンセントに言わせれば、奇跡的なことなのだ。彼はこう語る。「彫刻家はクリエイターである。彼は粘土で創造する。そしてそれを石膏に入れて、粘土は死を迎える。だが彫ることは復活である。これは石ビジネスの私たちの部門のモットーである」(p. 98)。

2　ビンセント、ロジャー、そしてマッキンタイアが私たちに教えること

もし私たちがキリスト者の形成に寄与する神学的貢献について決定的な理解を取り戻したいならば、通常大学な

どによって提供される教育に関連する事柄よりむしろ、石をいかに彫るかを教えるような教育について考えることがベストだと私は思う。[8] もしも教育が、キリスト教伝統を構成する美徳を可能とするような語りの習慣の中で人格形成を行うものならば、この点は特に現実的課題となる。学校で頻繁に教えられる知識が持つ問題とは、そのような環境でのキリスト教的確信は単なる情報にならざるを得ないと言うことだ。しかし情報はその本性故に、あらゆることを成しうるとはされていないし、そのために情報はイデオロギー的歪曲にもさらされている。[9]

だから――石の彫り方だけでなく重要な生活方法の学びに必然的に伴う事柄について――ビンセントとロジャーが私たちに教えるべき内容を明らかにすることは大変重要であろう。もちろん幸運にも彼らは、いわば彼らの呼吸する空気の中、食べる食事の中に息づく、石切りの伝統に生きる家系に生まれた。厳しいその仕事の習慣は、彼らにとって馴染みあるものであった。しかし石工の家系に生まれることだけでは、十分ではなかった。石工の親方になるために、その仕事の親方のもとに見習いに出ることが必要だった。見習い期間を通して、彼らは石彫りの最高レベルの仕事に必要とされる、より基本的技術を身に付けた。忍耐なしには石の彫り方を身につけられないからこそ、このプロセスを通して彼らは忍耐することを学んだ。

徒弟が石彫りの基本技術を学ぶプロセスの中で美徳を身につけると言う事実は、教育をどう理解するかについての重要な示唆を与える。学生が手ほどきを受ける明確な技術のヒエラルキーが存在すべきだと言うだけではなく、いわば今までは別のやり方では出来なかった事柄を、これらの技術によって学生が実行する力を獲得する癖をつけるべきなのだ。結果として学生は、私たちの人生の変革を求める知識、少なくとも神学と結びついた知識を発見することができるだろう。しかしながらこの手の変革は、物語を学ぶことで獲得する美徳が、私たちに起こった出来事を理解する上で必要であるからこそ、何よりも回顧的に理解される。要するに自分がなしたことを認識するため、私たちが美徳を備え続けることを美徳は求めるのである。

本当に身に付く教育は、師を真似ることを通して生じる。だが師から学び取るための本質的な鍵は、師から学んだ事柄から本人が巣立っていく適切な時期を知ることである。同じ石が一つもないのと同様、完了したいかなる重要な物語もないからこそ、革新が必要とされる。この石もしくはあの石が表す違いという難題を認識するために、石工は「石の文法」を学ばねばならない。言語は、石彫りの現場だけでなくあらゆる重要な実践場面での本質的要素である。ちょうど石工の親方が仕事の物語を通して徒弟に教えるように、全教師は、学生が自分のしていることを表現する術を学べるよう助けねばならない。何故なら訓練を育む語りかけの中、それを通して自分たちの人生を確認することによってしか、徒弟は親方になることができないからである。

石彫りの言語を学ぶとは、その職業に本質的な物語を伝えることを学ぶことなのである。石彫りの技術が世代からその次へと手渡されるためにこれらの物語は石彫りの伝統を作り上げる。さらに石彫りの伝統は —— 全ての重要な伝統と同じく —— 変化するが、石彫りの仕事への忠誠を残しつつもその変化を確実にするため、伝統に生きる者ははっきりと自分の考えを表明することが求められる。

しかし石彫りの伝統は、その目的と明確さを他の物語と伝統から獲得している。石彫りの伝統がこれら大きな物語の中でどう調和するのかは、今後継続する議論となろう。何故なら何らかの実践と物語が、まさに石彫りの特性をゆがめてしまうことがあり得るからだ。その上、石彫りが大変邪悪な目的と伝統へ奉仕させられることは十分起こりうることである。いずれにしてもそれは石彫りが単独で自らを確かなものにできない印である。[10]

もしもビンセントとロジャーが私たちに教えたものを確かめようとするなら、私たちはアラスデア・マッキンタイアから学ばねばならない、と私は思うに至った。もちろんロジャーとビンセントが私たちに教えねばならなかった内容についての私の説明が、明らかにマッキンタイアのアリストテレスの美徳理解によって形作られてきたことは言うまでもない。マッキンタイアによると美徳とは、明確な目的に向けられ独特な道筋を取る行動のための性質である。しかしながら美徳の訓練は、美徳のためだけでなく美徳が本質的となるような人生を楽しむがためにある。それ故、美徳を備えた生活がいかにまた最高の生活であるかを理解することは、美徳が、生きるに値する人生を構

成する物事についての生きた伝統の一部でなければならないことを意味する。(11)

善い生活についての正しい判断をする能力の開発と、卓越性を測る具体的な基準を用いながら、より特定の活動形態の中で正しい判断能力をどう開発するかと言う実践との間には、重要なアナロジーがあるとマッキンタイアは指摘する。マッキンタイアによると、

運動技術のトレーニングに、運動を行う上で何が優れたものかに関する適切な認識が求められるのと同じく、彫刻もしくは建築において、これら芸術の中に存する卓越した力を認識するために、見習い期間が求められる。同様に良き生活のための物事を明確にし、秩序づける能力、他の全ての一連の物事の秩序づけを含む生活の達成は、卓越さへと進む特性のトレーニング、トレーニングの最中においてのみその特質が姿を現すトレーニングの一つのタイプを必要とする。この手の学習は他の学習と同様に、教育を受けていない、放任された人々が求めもしないし、求めることができないものである。つまり「学ぼうとするなら遊べない。要するに学びは痛みが伴うのだ(12)」（『政治学』第八巻）。

マッキンタイアに言わせると、プラトンとアリストテレスは美徳の習得と秩序づけにとって必要な修練に、コンテキストを与えるものとしてポリス、つまり政治が必要だと考えていた。しかしプラトンとアリストテレスはそのようなポリスが手に入らないことも認識していたことも事実だとマッキンタイアは述べる。アカデメイアとリュケイオンは、ポリスの持つ職務を果たそうとする、彼らの哲学的流派を発展させる試みであった。しかしポリスの仕事を実行しうる学校など存在しない。マッキンタイアはプラトンとアリストテレスが直面した同じ状況が、私たちの目の前にもあると主張する。結果として私たちは、伝統にしか果たし得ない事柄に対し、「教育」と称される何かで対応しようとしているのだ。(13)だからこそビンセントやロジャーのような石工の存在がマッキンタイアには極め

て重要なのである。この様な人々が存在する限り、私たちは少なくとも美徳の伝統に伴う残された実例を手にするとマッキンタイアは考えるからである。[14]

しかしマッキンタイアは、ポリス不在の状態で「物質が見事に秩序づけられ、そして最善を目指した合理的基準が具体化されうるための分かりやすい役割を、個人が占有しまた代わる代わる受け持つような、行動の体系的形式」の理論を提供することは不可能であると論じている。[15] このことが意味するのは、私たちがいかにキリスト者として教育に努力を傾けようとも、もしもそれが教会の実践によって形作られないならば、そこから生じる教育は福音によって規定されたものとは似ても似つかない世界理解を示すことだろう、ということだ。例えばキリスト教の教師のように、私たちは三位一体の言語を教えていると思うかもしれないが、もしもそれが教会によってなされた働きに必須な習慣と実践から絶縁した言語であるならば、その言語は私たちが教える相手にとって最良の場合「理想主義」、最悪の場合役立たずのものになるように思える。

3　キリストの文法を学ぶ

ジョージ・リンドベックは彼の著書『教理の本質 —— ポストリベラル時代の宗教と神学』の中で、言語論を伴う宗教の三つの原理の類型論を紹介することによって私たちの眼前にある課題を見せてくれる。まず認識命題(The cognitive-prepositional)タイプは、教理の言語は対象の現実と問題なく一致する、と仮定する。経験表出(The experimental-expressive)タイプは宗教的説教を相互関係のあるシンボルとして解釈し、また感覚と意見の解釈を人間の条件の特質と理解する。そして三番目のアプローチ、これがこの章での私の立場にはっきりと影響を与えたのだが、これをリンドベックは文化言語(The cultural-linguistic)タイプと呼ぶ。この文化的言語的視点から見るならば、宗教的信仰は、生活と関係する言語と類似すると考えられる。文化的言語的視点からすれば、キリスト者であると言うことは他の言語を学ぶようなことではなく、むしろ他言語を学ぶことそのものなのである。[16]

信仰を共有しない人々に、宗教を経験的に分かりやすいものにしようとする点が、経験表出タイプを代表する人々、通常神学的にはリベラリズムに親しむ人々の大きな長所だとリンドベックは考察する。[17]

宗教的言語は普遍的とされている人間の条件の特質と関連付けられる、との考えを示そうとする弁証学的な戦略を支えるために、この手の研究はふつう、認識論的基礎づけ主義の理論を前提とする。それ故に神学者の使命とは「取り組まねばならない現代の課題を確認すること、そして福音の解答を現時点で理解しうる緻密な概念に翻訳することなのである[18]」。しかしながら難しいことに、もしもそのような翻訳研究に成功するならば、信仰の言語がなぜ求められねばならないか全く分からなくなるであろう。[19]

これに対しリンドベックは「翻訳」の思想は誤りだと述べる。それどころか私たちに必要なのは、古代の教理問答の実践により近い方法なのである。新しい概念で信仰を述べようとする代わりに、私たちはむしろ信仰の言語と実践を教えようとすべきなのだ。リンドベックは述べる。

ほとんどの宗教にとって信仰を伝承し信者を獲得することが、何世紀もずっと基本的な道であり続けた。例えばキリスト教会の初期において、新しい解釈の枠組みで聖書関連素材を再記述しようとの傾向を見せたのはカトリックではなくグノーシス主義者たちであった。カトリックの主流派に改宗した異教徒は、たいていまず信仰を理解し、その後になってキリスト者になろうと決心したのではない。本当のところ順番は逆なのである。つまり、彼らは最初に決心し、後に理解したのである。より正確に言うならば、まず彼らはキリスト教共同体とその生活形態に魅せられたのである。その魅力の理由は貴族から卑しい人までそれぞれであり、参加した個人によって多様である。だがしかし理由はどうあれ、彼らは新しい生きる姿勢を訓練し、イスラエルの歴史とキリストにおけるその成就を学ぶための長期にわたる信仰問答教育に自らをささげたのである。彼らが異質なキリスト教言語と生活形態という技量を習得した後にのみ、彼らは洗礼に向け、ついに聡明にかつ責任を持って信仰告白ができると判断されたのである。(20)

キリスト教が社会的に確立した後、信仰問答の教育プロセスの類いは消えたが、実際のところ同様の結果、つまり成熟して標準化する過程の中で形が弱まることは良くあるとリンドベックは述べる。この標準化が今や、その問題の一部なのである。何故なら人々、少なくとも一般的な意味で言うところのかつての「キリスト教」国家に住む人々は、植えつけられる思想としての「宗教言語の末端の部分」と、キリスト教と言う言語を話せることが必須とされる、生活の変革を認識することとの違いを十分知っているからである。この様な形で形成された人々の文法、言葉づかいは、アメリカではしばしば次のような発言で例示される。「私はイエスが主であると信じています。でもそれは私の個人的意見にすぎません」。

従って、多くの教会につながっている者同様に教会につながっていない人々も、この「キリスト教世界後」の時代にあって、彼ら自身を実に敬虔だと考えてはいるが、その敬虔さは何の役にも立っていないと言う点が問題となる。リンドベックの言葉を用いれば、彼らはしばしば「彼ら自身の中に潜伏したキリスト教を口にしてくれる実存的、深層心理学的、もしくは解放運動家の言語へ翻訳された福音に興味を持つ」。だがそのように翻訳された言語は、ビンセントとロジャーが石工になるために学ばねばならなかった言語と似てはいても、役立たない。(21)

石を彫るために石彫りの言語を学ばねばならなかったビンセントとロジャーのように、キリスト者は、もし互いのためそして世界のために彫りつけ、やがてキリストに似せて自身が彫りこまれたいなら、信仰の言語を学ばねばならない。語彙がすべてである。日々の生活の中で、信仰の言語を教えること以上に重要な使命などほとんどない。ただ私たちがロジャーとビンセントのケースで見たとおり、言語は実行される仕事の本質でなければならない。教会と呼ばれる群れの実践を離れて、キリスト者の発言はあり得ないのである。

キリスト者が自らの発言と行動の関係を明らかにしてきた方法の一つが、美徳の伝統の中に見出される。それは驚くべきことではない。何故なら話すとは、それ自体が習慣だからである。キリスト者の言語を話すことを学ぶ、つまりキリスト者として十分に話すことを学ぶとは、それに慣れると言うことである。私たちは愛にあって真理を語らねばならないと説かれてきた。私たちの言葉を真実なものにするために必要だと私たちが信じて止まない愛、それは主観的な態度ではない。むしろそれは、真実な証人となる教会にとって必須である共同体の習慣によって形作られる。これこそが私たちの語るべきことなのである。教会の教育的使命は時として、使っている言葉が休日に消えないよう歯止めをかけるために、何かを、お望みならそれを神学者と呼ぶことができるが、取り分けておくよう命じる。

随分と長い間、キリスト者も非キリスト者も同様に、キリスト者が使う言語が何らかの重要な働きをしているとはもはや信じていない。この様な状況になれば、キリスト者の発言は使用言語としては役立たないが何らかの意味を持つことを示すために、意味論を展開することが神学者の使命だと考えたくもなろう。これに対し私は、神学者は石工であろうがなかろうが少なくとも石工であることが何を意味するか知らねばならないし、また神学者の使命とは、生活がキリストの文法によって形作られた、信仰の親方たちに関心を向けることだと強調したい。例えばドロシー・デイやジャン・バニエのような生活を考えてみて欲しい。イエスが主でなければ、彼らの生活は理解できない。

私は神、まさに真の石工の親方が、私たちの時代に新しいことを民のため実行されていると信じる。イスラエルの物語はまた私たちの物語であることを忘れていないなら、「新しいこと」は先例のないことではない。何故ならリンドベックも言っているが、ちょうどイスラエルが「縮少させられ（reduce）」たように、教会が持つ社会的政治的な力も「縮少させられ」続けており、その結果隠され続けたものが明らかにされるだろうと私は信じるからである。教会にとって「縮少させられた」教育とは、教会であり続けることを越えてまで教会がなさねばならない、何らかの更なる活動のことではない。というのはキリスト者になるならば、私たちがテキサスで言うごとく、「違う言葉を話す」自分の発見を避けることはできなくなるだろうからである。さらに、自分たちの語る言葉が違いを作り出すことを発見した人々は、幸せに満ちた自分たちの人生をもまた見出すだろうと確信している。何故なら、やるべき良い仕事など何もないとの信仰によって増々追い込まれたこの世界の中で、彼らはやるべき良い仕事を与えられ続けてきたからである。

とりわけ良い仕事の中で、キリスト者が与えられてきたもの、それが祈りである。すべてのキリスト者の語る言葉は、被造物として神が私たちに与えた一つの仕事によって試されるべきである。その仕事を私たちは「礼拝」と呼ぶ。それは祈りの仕事なのである。そして私たちが、ビンセントやロジャーのように、与えられ続けてきたその仕事の喜びを学ぶとき、私たちの仕事は歌われることであろう。実際、信仰の言語とは賜物を分かち合う親方、つまり父、子、聖霊なる神を証言する行動そのものであるから、キリスト者の言葉は、私たちが何者かを教えてくれる物語は、歌われなければならないのである。[22]

第7章注

（1）修練を身につけるモデルとしてのレンガ積みに関しては、『キリスト教世界の次は？』(*After Christendom?* Nashville: Abingdon, 1999) pp. 101–111 で私は広範に説明している。モラルの合理性の特徴を示すために、一つの技巧において訓練が何を意味するか、アラスデア・マッキンタイアは彼の著作『道徳的探求の競合する三形態 —— 百科全書主義、系譜学、伝統』(*Three Rival Versions of Moral Enquiry: Encyclopedia, Genealogy, and Tradition*, Notre Dame: University of Notre Dame Press, 1990) pp. 63–68 で考察したが、彼の述べるそのモラル形成について、どのようにレンガを積むかの私の説明がヒントとなるかもしれない。この章での石工職人に関する私の記述は、伝統の持つ革新的な特性の説明と同じくモラル教育の説明のためになされた、親方に必須とされるものに関するマッキンタイアの記述に、全体を通して影響を受けている。

（２）この章は二〇〇六年ローマのヨハネ・パウロ二世教皇研究所が支援する『生活の方法 ―― 教育、倫理観への挑戦』という題での研究会のために書かれたものである。

（３）マージョリー・ハント『石工職人 ―― ワシントン大聖堂の職人の親方たち』(Marjorie Hunt, *The Stone Carvers: Master Craftsman of Washington National Cathedral*, Washington: Smithsonian Institution Press, 1999)「石工職人」からの全ての引用箇所は本文中に記す。

（４）この大聖堂が「全国民の (National)」とみなされて、全ての聖公会信徒は当惑するはずである。残念だがこれは事実ではないようだ。（訳注：ワシントン大聖堂の通称は "Washington National Cathedral"）

（５）これらはW・ジェームス・ブースが「厚みある記憶 "thick memories"」と呼んだ記憶の一種である。すなわちそれらは「長期にわたる関係性の地質学的堆積物」を構成する隠された振る舞いとしての習慣のことを指す。「この習慣の記憶はそれ自身、過去への固執の一形態である」（『記憶の共同体 ―― 証言、アイデンティティ、そして正義に基づいて』*Communities of memory: On Witness, Identity, and Justice*, Ithaca: Cornell University Press, 2006) pp. xi-xii. ブースは次のように考察する。「長期にわたる証言としてまた共同体へお返しするものとして保存され伝えなければならない記憶の形態を、守り続けようとする本能が人間の中に存在する。この義務はある意味極めて正義と類似しており、恩義の一つとして表現されるかもしれない。要するにそれは長期にわたる共同体という文脈内で負わされるものであり、共に生活を分かち合う私たちに課せられる義務なのだ」(p. 12)。ブースは記憶のこの観点を指す時に、証言という言葉を用いるが、それはつまり私たちが説明責任を貫く社会の一員であるが故に良い記憶も悪い記憶も証言しなければならないと言うことなのだ。

（６）マッキンタイアはこの様に語る。「その仕事における親方の持つ権威とは、その時点での最高の基準を例示すること以上のものでありまたそれ以外のものである。完全な仕事という究極の目的に向かいつつ、過去がもたらした伝統から学んだことを用い、より遠くへどうやったら行けるのか、とりわけ他者をどうやって遠くへ向かわせるかを知っていることが、何よりも重要な権威の本質なのである。この様に権威は過去と未来をいかにつなげるかを知ることであり、権威をもつ人々は伝統から引き出し、それを解釈しまた再解釈できるのである。結果として、特定の仕事の究極の目標へと向かわせしめる権威の方向付けは新しく、また特徴的に、想定外の形で明らかになる。そしてそれは、他者に学び方を教える能力によってこそ親方の権力は仕事の共同体内において理にかなうものである、と言う点を学びとることでもある」(『道徳的探求の競合する三形態』pp. 65–66)。親方が仕事上最も才能あふれた人物ではないことは、珍しいことではない。これは私の推測だが、多くの平凡な野球選手が監督になるのは、彼らがもともと才能ある選手たちよりさらに深く、ゲームの技術に加えゲームそのものを学ばねばならなかったからであろう。

(7)「理想主義」と「現実主義」の問題は、もしもこの問題に関心を示す人々が手仕事を学ぼうとするなら、全く違う様相を呈するであろうと私は信じている。例えばマッキンタイアはこう論じる。「芸術作品についてと同じく芸術的実践と美的評価を規定する基準について、生みだされた同じものそして異なるものへの文化を越えた評価を可能とする基準が見出されるが、それは各状況における絵画の現実の中から現れる」(「色、文化、そして実践」『哲学の使命 —— 精選評論集 第一巻』所収。"Colors, Cultures, and Practices," in *The Tasks of Philosophy: Selected Essays*, Volume1, Cambridge: Cambridge University Press,2006, pp. 47–48)。従ってマッキンタイアは色の名前は恣意的なものではない、少なくともターナーのような画家を説明しようとするならば、それは恣意的なものではないと論じる。

アンドリュー・ムーアはこう語る。「キリスト者は一つの叙述のもとにのみ現実を把握してきた。私たちは知っている。神は私たちにイエス・キリストという形でご自身をお与えくださり、聖霊によって私たちは信仰を与えられたということを。この一つの叙述のもとキリストの現実を捉えるということは、その叙述がなければ消えてしまうような現実を、その叙述自身が作り上げているということでは決してない。しかしながら宇宙とその創造主に関する完全な形而上的説明を得ようとして、この視点の外側(もしくは他のいかなる視点)の立場をとりいれることは、私たちにとって不可能であろう」(『リアリズムとキリスト教信仰』*Realism and the Christian Faith*, Cambridge: Cambridge University Press, 2003, p. 214)。

（８）手仕事を教えることが大学の業務ではない、との批判ももちろんあるだろう。しかしながら私はここで、石彫りが大学での知的修練の追求をとくと考えるために実り多いアナロジーを提供すると述べているのである。しかもこのアナロジーによって、厳しい修練や石彫りのような仕事を学ぶことの知的メリットを損なおうとしているのでは決してない。実際、このような修練が教育に役立ちしかも特有の伝統を守ることとなる大学においては、石彫りは教えられるべきであると私は主張したい。

（９）私たちの関心を石彫りに向けることによって、教育はたんに「専門化」から「非専門家」への情報移動に過ぎないとの仮説に、私は意義を唱える。「学問」習得が孤独で個人的な追求を通して身に付くにも関わらず、「知識」商品が学生の知的修練の獲得を通して手に入る場所としての大学もしくは学校というモデルに疑問を感じる。これは教育理論についての大切な問題であるのみならず、キリスト者になることを求めるあらゆる学校の核心に触れる、まさに知識の特性に言及する問題だと言える。ピーター・キャンドラーの著書『神に至る道に共に立っての神学、修辞学、指針もしくは聖書を読むこと』(*Theology, Rhetoric, Manuduction, or Reading Scripture Together on the Path to God*, Grand Rapids: Eerdmans, 2006）以上に、この問題に関して力強く意見を述べているものはない。神のいのちに参与するアクィナスの読解とテキストをテキストとして分離して読む現代の手法を比べながら、キャンドラーは私たちにいかに現代の読書の実践が読まれたものの特徴を歪曲しているかを紹介する。学生を神に導く身体的習慣――話すこと以上に重要な習慣はない――を師の手から受け取る中で、アクィナスが神学を手仕事のみならず取引として理解していることを、神学大全の形式が明らかにしているとキャンドラーは主張する。アクィナスの「想起の技術」理解とは、キリスト受難のリアリティを文字通り再演する時としての聖餐式によって形作られる想起の役割のことであるが、このことがいかに重要かキャンドラーは私たちに示す。(p. 151）何故なら知識としての神学は「百科事典的なものを拒むに違いない信仰と共に、神に向かっての魂の帰還の遂行」として正しく理解されるからである――この様に、神学大全は特定の結論を求めない。この問題の取り扱いについては、キャロル・ベイカーに負うところが大きい。

（10）ヴィトゲンシュタインに慣れ親しんだ人たちなら、私がここで彼の『哲学的探索』(Wittgenstein, *Philosophical Investigations*, Translated by G. E. M. Anscombe, New York: Macmillan, 1953, pp. 19―21 にある「石板 "Slab"」の例えを

引いて説明していることに気付いたのではないかと思う。「哲学的探索」のこの部分については、ラッシュ・リーズが『ヴィトゲンシュタインと話法の可能性』所収「ヴィトゲンシュタイン推進者たちの要約」(Rush Rhees, "Wittgenstein's Builders-Recapitulation" in *Wittgenstein and the Possibility of Discourse*, edited by D.Z. Phillips, Cambridge: Cambridge University Press, 1988) pp. 178—197. でコメントしている。ヴィトゲンシュタインが「石板」を言語の使用と人々の行動とのつながりを示すために用いたとリーズは論じる。だが、もし様々な事柄に対する秩序の付与は完全な民族の言語で成立しているというなら、ヴィトゲンシュタインは間違っているとリーズは言っているかのようだ。リーズは、この様な限界ある語彙で民族を理解することは不可能だが「完全にその民族の言語をもつ人々、行動を抜きにして言語を語ることなど決してない人々を想定することが問題なのである」と認めている。リーズは「それは言語を話せていたとは言えない」と考察する。(p. 182)「文法としての倫理学 —— ポストモダンの議題を変える」(Brad Kallenberg, *Ethics as Grammar: Changing the Postmodern Subject*, Notre Dame: University of Notre Dame Press, 2001) の中でブラッド・カレンバーグは、リーズの提議したニュアンスを生みだしたヴィトゲンシュタインの言語理解は必要とされるものだと論じ、ヴィトゲンシュタインを擁護する。

(11) アラスデア・マッキンタイア「誰の正義を?　どの良識を?」(Alasdair MacIntyre, *Whose Justice? Which Rationality?* Notre Dame: University of Notre Dame press, 1988) p. 109.

(12) アラスデア・マッキンタイア『誰の正義を?　どの良識を?』p. 110.

(13)「教育」の役割の最も展開されたマッキンタイアの理解については『教育に関わる哲学者たち —— 歴史的視点』に収められた彼の『アクィナスの教育批評 —— 彼の生きた時代に、そして私たちの時代に抗して』("Aquinas's Critique of Education: Against His Own Age, Against Ours", in *Philosophers on Education*: Historical Perspectives, edited by Amelie Rorty, London: Routledge, 1988) pp. 95—108 を参照。哲学は神学から独立を維持しなければならないとの彼の主張を考慮すると、この論文でのマッキンタイアの哲学と神学の関係に対する所見はとりわけ興味深い。ところが彼は、哲学者は彼らの探究様式に限界があることを神学からしっかり学ぶべきだと主張する。(p. 110) この主張はアクィナスの考える教育に対する重要な示唆を含んでいる。

何故ならマッキンタイアの見解によれば、本物にたどり着くための美徳の修練を含む、教育の目標に関するアクィナスの理解を考慮すれば、良い教育は学校や大学だけで与えられるはずはないのである。むしろ一族、家族、学校そして地域の政治団体の間での協同が求められているのである。しかしながらこれは家庭、学校、そして政治団体の間に神学的一致がなければいけないことを意味するのではない。そうではなく美徳の実践に関わる中で一致が求められること、そしてその一致は宗教的信念から独立していることを意味している。(pp. 105–106) 人によってはこの最後の結論はマッキンタイアの美徳の統合理解と矛盾なく繋がると思うかもしれない。選択の余地のないひとつの幸福を認めるために美徳の中で形作られる教育というアクィナスの理解は、「人類共通の幸福など存在しないと思いこみ、各個人がある時点で彼女もしくは彼自身のために、異なった競合する様々な幸福概念の中からどれかを選ばねばならない」アメリカの教育と反目し合っている、とマッキンタイアが考えていることは明白である。「アメリカでの良い教育とは、そのような選択をするよう個人を訓練する教育なのである。従ってこの基準でいけば、トマス主義の教育は悪い教育なのである」(p. 107)。

(14) アラスデア・マッキンタイア『誰の正義を？　どの良識を？』p. 99 例として『マッキンタイア選集』所収「ふつうの人々と道徳哲学 ―― 規則、美徳、そして財産」に出てくるマッキンタイアの「ふつうの人"plain person"」の解説 pp. 136–152 を参照。("Plain Persons and Moral Philosophy: Rules, Virtues, and Goods", in *The MacIntyre Reader*, edited by Kelvin Knight, Notre Dame: University of Notre Dame Press, 1988) マッキンタイアは「ふつうの人」とは原始的アリストテレス主義者であると論じる。何故なら人類全ては終局によって構築された物語の中で己の人生を最後まで生きるからである。この様な「ふつうの人」という見解を退ける哲学者でさえ、既にそれから影響を受けているとマッキンタイアは述べている。クワメ・アンソニー・アピアは最近、マッキンタイアの物語の重要性に対する理解は、ジョン・スチュワート・ミルに代表されるリベラリズムの流れと無関係ではないと『アイデンティティの倫理学』pp. 22–23 で述べている。(Kwame Anthony Appiah, *The Ethics of Identity*, Princeton: Princeton University Press, 2005)

(15) アラスデア・マッキンタイア『誰の正義を？　どの良識を？』p. 141. これらの論争は美徳の統合に関する難問題を含んで

いる。『誰の正義を？　どの良識を？』の中で、マッキンタイアは「美徳以降」において美徳の統合に関するアクィナスの理解を彼が批判したのは誤りだったと認めている。(p. 10) マッキンタイアの立場の変更の重要性に関する良き議論のために、クリストファー・ステフェン・ルツ「アラスデア・マッキンタイアの倫理における流儀 —— 相対主義、トマス主義、そして哲学」(Christopher Stephen Lutz, *Tradition in the Ethics of Alasdair MacIntyre: Relativism, Thomism, and Philosophy*, Lanham: Lexington Books, 2004) を pp. 101 ~ 104 参照。

(16) ジョージ・リンドベック『教理の本質 —— ポストリベラル時代の宗教と神学』(*The Nature of Doctrine: Religion and Theology in a Postliberal Age*, Philadelphia: The Westminster Press, 1984) pp. 16–18. リンドベックの本はマッキンタイアの「誰の正義を？　どの良識を？」が出る四年前に登場したので、彼はマッキンタイアの翻訳に関する極めて重要な理論を予想出来なかった。「英語だけ、もしくはヘブライ語だけ、もしくはラテン語だけとしての言語」(p. 373) など存在しないとのマッキンタイアの主張によって、リンドベックの考えは補強されると私は確信している。むしろ正しくはキケロの生きたローマ帝国の中でラテン語だけが書かれ読まれたのではないのである。だからマッキンタイアは翻訳が可能であることを否定はしないが、日常使用言語を翻訳することが可能であるとの考えは否定する。(p. 376) 使用されている言語を学ぶとは、私たちがそれを二番目の母語として受け止め、それを話せる者になることを学ぶ、ということを要求するのである。(p. 375) 私はこれを次のように受け止めている。キリスト者になるということが意味することは、キリスト者と呼ばれる二番目の母語 —— 学習過程においていかに学ぶべきことが多いか私に教える言語 —— を適切に話せる者となるよう献身することなのである。

(17) リンドベック『教理の本質』p. 129。ポール・ド・ハートはリンドベックの（そしてフライの）リベラリズムとポストリベラリズムの間にある強い対照性を引き出そうとする試みに最近異議を唱えている。その主張の過程で彼はリンドベックの課題とフライのそれの間にある大変有用な対照を提示する。ド・ハートの議論はリンドベックとフライの類型論の限界を見事に明らかにしていると思うが、リンドベックもフライも、自分たちの仕事がリベラルなプロテスタンティズムに関するほとんどの前提と無関係であることを正しく理解している。ハートの『証の苦難 —— ポストリベラル神学の隆盛と衰退』(Paul De Hart, *The Trial*

of Witness: The Rise and Decline of Postliberal Theology, Oxford: Oxford University Press, 2006）を参照。そうは言うものの、私がポストリベラルの立場をとって利害を被ったことは一度もない。

（18）リンドベック『教理の本質』p. 132.

（19）私が展開する立場に不要と思われるので、ここでは認識命題タイプは取り扱わない。

（20）リンドベック『教理の本質』p. 132.

（21）リンドベック『教理の本質』p. 133.

（22）この点をその著書『大学における神学と教会』（スタンリー・ハワーワス序文）の中でジュリアン・ハートほどに論じた者はいない。（Julian Hartt, *Theology and the Church in the University*, Eugene: Wipf and Stock, 2006）ハートの本が最初に出版されたのは一九六八年である。

第8章　エクレシアのため、テキサスのため

——テキサスの核心にある心を教育する

私たちは暗黒時代に生きていると信じる。「私たち」という言葉で私は私たちキリスト者と言うつもりである。私たちは全く文字通りに制御不能に陥った国に住んでいる。歯止めの利かない権力に所有されながら、アメリカ人は自分たちがしたいことは何でもできると考える。さらにセプテンバー・イレブン以後アメリカ人は世界を正常に戻すために何でもする覚悟ができているように見える。「正常に」の言葉で、自分たちの安全確保のために自分たち以外の世界にどんなに負担がかかっても自分たちが安全と思える世界に生きたいとアメリカ人は考える。アメリカ人の安全に対する欲求は、すなわち生活が死の現実からばかりではなく死ぬかもしれないとの認識から守られる事であるが、（その欲求は）最高善の理念という言語によって装われる。アメリカは己の利益のためには戦争に行かないが、世界を民主的にするためには出かける。[1] アメリカ人はもし彼らが資金と教育を持つなら、どこの誰でも自分達のようになりたいと思っていると信じる。要約すると、アメリカ人はアメリカが世界で最初の普遍的社会だと信じる。アメリカ人の最善の理想はいつか全世界がアメリカになる事である。

私たちが暗黒時代に生きていると信じる。「私たち」という言葉で私は私たちキリスト者がと言うつもりである。私たちはロータリークラブと見分けにくい教会にいる。教会は、私的領域の中に自分自身を置いながら、アメリカとの交渉を受け入れた。そのように匿われたので、私たちはこの世界に生きることをいわゆる私的領域でも上手くやっていけない。実際のところ私たちの生活が貪欲の形態に支配されているので、私たちの教会は性的行動の問題によって支離滅裂にされている。まさに私たちの時代の最も悩ましい展開の一つは、渇望が貪欲の形態になった事である。従って、戦時の教会は、私たちの生活を性に集中する悪魔の取引を受容する。その結果、私たちの性的倫理は支離滅裂になる、なぜならキリスト者はいかに私たちの生活が独身によって形成されていたかという事と、教会は世界に戦争に対して他の選択肢を提供するために存在すると私たちが覚えるときにのみ結婚を理解できることを忘れてきたからである。[2]

私たちは暗黒時代に生きていると信じる。「私たち」という言葉で私は私たちキリスト者と意味する。特に大学で働くキリスト者を意味する。もし私たちがセプテンバー・イレブンの後で何かを学んでいたら、私たちの学生に物事のあり方が物事のあるべき姿だと確認させた以上のことをしなかったので大学は私たちの特権的地位を悪用してきた。セプテンバー・イレブンは、すぐ自分のものにしたり理解したりできる事件でないことは明らかである。[3]しかし、セプテンバー・イレブンに反応して私たちの命を捉えた悲しみについての真実な説明を提供できなかった無力を大学の失敗というほかない。「これは戦争だ」は、悲しみに対する適切な言葉ではない。それは、アメリカ人が危険な世界で安全だと感じさせるのには必要な言葉であった。[4]

もし大学が何かを教えるなら、それは注意深い言語の使用法であるが、セプテンバー・イレブンへの応答は、言葉の配慮を気遣うあまりアメリカの大学は言語の使用法の形成に失敗したと確かに示唆する。[5]キリスト教信仰により形成されたと主張する大学が、世俗大学のように、自分たちが福音と無関係な政権に仕えている時、それを認識できないだけでなく、さらに残念なのはその同じ学生たちが政権の支配を援助したいと実際に欲している学生を生み出しているようにみえる事である。さらにその欲望は学生が大学で過ごしている間に学んだことだけによって高められている。

私の連祷は絶望を創造するためではない。私は確かに世界を今よりさらに暗くすることを全く望んではいない。ある人々は、私のアメリカ社会に関する否定的描写は誇張であり、私の教会に関する描写がロマンチック過ぎると思うだろう。実際、私はアメリカ社会を悪く見せることによって教会をよく見せようとしていると非難される。そうでないことを願っている。もしそんな戦略に関して責任があるとしたら、私が神学的間違いをしていることになる。結局のところ、キリスト者にとって絶望は罪である。さらに言うと黙示的人間としてキリスト者は、たまたま生きることになった時代が既にキリスト者が生きてきた時代よりもっと暗黒であるという主張をしない。キリスト者にとって「私の時はあなたの時より悪い」と言うゲームに巻き込まれることは、ただ自己正当化の現れでしかないはずである。暗黒は全く異なる。

なぜなら、キリスト者がその特徴を発見するのには、何が私たちを黙示的人間にするかに注目する必要がある。ダグラス・ハリンクは、彼の重要な書物 *"Paul Among the Postliberals: Pauline Theology Beyond Christendom and Modernity"* で次のように述べる。

一番単純に説明すれば「黙示」はイエス・キリストの速記録である。新約聖書において、特にパウロにおいてすべての黙示的熟考と希望は次の事に至る。つまり、神は決定的に、断固として、そして最終的にイスラエルに、地上の全ての民に、全宇宙に、イエスの生涯と死と復活そして再臨において行為され、神の目的はイスラエルのため、すべての人間性のため、そして森羅万象のために決定的に、断固として、最終的にイエス・キリストの歴史に開示され達成されるという方法で行動された。(6)

黙示の言葉は、神の行為に強調点を置く。それは、キリスト者が私たちの存在をキリストに現れた神の行為によって解放され、私たちを隷属させる諸権力との戦いとして私たちの実存を理解する以外ないことを意味する。したがって、キリスト者はイエス・キリストにおいて起こったことは、以前隠されていたことが明らかにされつつ宇宙的で「最高の、凌駕されない」ものと信じる。(7)

偉大な主張 —— さらにその主張はキリスト者が断固とした知的伝統を発展させる以外に選択の余地がないと意味する主張である。しかし、キリスト者にとって考えることは抽象的な試みはなく、ロバート・ウィルキンが強調するように、いつもキリストに起こったことを理解しようとする彼らの試みに反映させる。したがって、キリスト者の思想は、啓示の事実と聖書の言語とイメージという事実によって統御される。つまり「キリスト教共同体の生活と礼拝がキリスト者の思索に古代哲学になかった社会的次元を与えた(8)」方法によって常に統御されてきた。

これはキリスト者がキリスト教の知的伝統を打ち立てるために大学の設立を必要としないことを思い出させる。

正に、もしキリスト教の知的伝統の任務の一つは、暗闇を見分ける方法に関してキリスト者を助けるためだとするなら、私たちが知る大学はそれらの努力を助けるより邪魔するものでしかないのではないか。アメリカの大学では特にそうかもしれない。大学の富が学生たちに自分たちは歴史の終わりであると信じるように教育することを私たちに要求するように思える。テロリズムに対する戦争に出かける以外に合衆国に選択肢はなかったのか？　キリスト者であろうとなかろうとアメリカの大学を卒業した学生に関しては、その質問に対する答えは「なかった」である、キリスト教の大学であろうとなかろうとアメリカの大学は国家に仕えているという兆しがわれわれには分かる。

近代の大学と国家は相互扶助的プロジェクトにデザインされている。[9] たとえば正当化の物語を考えると、それは大学の多くの科目において国家の成立を正当化する物語である。国家は、過去四世紀の間に発展し地理的に定められた領土で物理的強制の独占によって行使される中央集権化した、また抽象的権力によって特徴づけられる独特の制度であると私たちに語られてきた国家は、ヨーロッパの宗教戦争を終了するために必要であった。[10] この物語のたった一つの問題、リベラリズムの民主主義に関するほとんどの擁護者たちの中心での物語はそれが真実でないことである。*Theopolitical Imagination* でウィリアム・カバナーが論じているように、私たちが知る国家はいわゆる宗教戦争が展開する以前から始まった。正にいわゆる宗教戦争のさなかに生まれた国家は、権力集中のために様々の宗教的忠誠をお互いに競い合わせるのが極めて有効であると知った。[11] 国家がその存在を正当化するために使用した正当化の物語は今では私的な部分だけにとどめることによって受け入れる「宗教」と呼ばれる何かをつくるために使用されたのと同じ物語であった。

そのように制定された国家は今や普遍的価値の例証として教会に代わっている。[12] カバナーは、「近代の国家の発展は教会、貴族、ギルド、部族、都市から権力の最高地位を簒奪し地域性に対する不変の勝利によってあらわされる」と主張する。[13] それゆえ科学は近代の大学における学問のパラダイムとなり、それらの歴史を抑圧するまでに近代の大学の特徴である様々な科学がなったことに、私たちは驚くべきではない。さらに科学が約束する結果たとえば「私たちはやがてガンを治すだろう」という約束は、科学が国家から受け取る援助にとって重要になる、また国家によって国家権力の正当性にとって、とりわけ必要な大衆の欲望を満足するために使用される。死を遅らせる研究に関する国家の援助は、今や大学の研究を支えるのに必要条件となっている。

この議論に起こりがちな痛烈な非難は、アメリカの大学にいる私たちの学生の心を教える学校教育の何に関係するのかと尋ねるかもしれない。アメリカの高等教育が道徳形成のとても成功したシステムであるという事は少なくともはっきりさせておくべきである。もちろん、そのような忠誠心は彼らが大学に来る前によく形成されている事は十分わかっている、しかし、教育を通して学生が受けるアメリカと呼ばれる国家への忠誠心は、彼らが「批判的に考える人」となるまで問われないのである。「批判的に考える人」を生み出す社会は、いまだ従順を求める社会より優れていなければならない。大学（colleges and universities）における「倫理学」の評判よりもこの分析を決定的に確かめる展開は少ないだろう。これから私が説明しようとしなければならないのはこの点である。

2　なぜ倫理学は心を不完全に形成するか

デュークにおける倫理学の発展についての物語からはじめよう。ノース・カロライナの慈善家が彼の最後の大きな慈善行為の一つとしてデューク大学で倫理学のセンターを計画、実施するために二千万ドル寄付すると決めた。彼は、私たちの社会が「ユダヤキリスト教」の文化遺産を失いつつあることを憂慮したのでそう考えた。彼の信託会社は、多額の金額を大学に寄付することは誤りだ、なぜなら「彼らのしていることはすべて座っておしゃべりしているだけだ」と彼に話した。それでもおよそ三百万ドルが私たちにセンターの計画と実施の機会のために大学に寄付された。これらの成り行きを私が聞かされた時、そのようなセンターは二つの障害に直面すると思った。すなわちデュークで最も著名な二人の倫理学者、アラスデア・マキンタイアと私自身（私は、マッキンタイアの仲間ではない）

は倫理学を信じていなかったし倫理学センターのようなものを全く信じていなかった。

案の定アラスデアがこれらの成り行きを聞かされた時、彼が最初に言ったといわれることは彼が信託会社の側に立つことであった。そして、彼は倫理学を教える者と彼らの生活の質の相関関係を観察できるのかどうかを尋ねた。もしその慈善家が真に大学としてのデュークの道徳的性質を強化するために何かしたいのなら、私たちの教室の清掃をしている人たちと、その同じ教室で教えている人々との間の賃金格差に対して何かするために彼らはその金を使うべきだと助言した。もちろん彼のコメントはセンターの実現を妨げなかった。

はっきりしておきたい。このようなセンターによってほとんど良いことはできないだろうと示唆しているのではない。私はデュークのセンターの委員会で働いてもいるし、センターが展開している多くのプログラムとセンターを率いている人々に感心している。私はサービスラーニングからある良いものを学べると思っている、しかしこのようなプログラムの悪い面は学部生が自分たちを真剣に道徳的行為者であると理解すべきだと信じるよう励ますことである。学部生が教えられるべき最も重要な学習は彼らが自分たちの欲すべきことと欲すべきでないことを判断するために自分たちは十分鍛えられていないことを知るべきだと思う(14)。

さらに私は学部生に倫理学を教える人々に本当に同情する。彼らが不可能な立場にいるのは彼らの過失ではない。その立場とは、彼らが倫理学のすべては真剣な教えをなすべきことであり、人生を変えるという方法で倫理学を教えるための権威に欠けるという単純なことである。彼らは人生を変える権威に欠けるので、私が「倫理学の標準コース」と呼ぶあれこれの形式でしばしば教えなければならない。標準コースは、学生がメタ倫理学と規範倫理学の違いの意味を理解する手助けをすることではじまる。これは重要な違いであると学生は教えられる、なぜなら、もし彼らが正しい人または善い人の立場を維持できなければ、相対主義がやってきてすべてをかごに乗せて地獄に落とすからである。

メタ倫理学を学習することに六週間費やした後、学生たちは善についての非自然主義者になるか、正しさについての自然主義者になるか決められない。しかし、彼らが一番正当と認めたメタ倫理学的位置がなんであろうと、彼らが一番正当と認めた規範的選択肢を含まないと学ぶと安心する。規範的選択肢はたいてい目的論や義務論である。基本的に見るとミルとカントのどちらかを選ぶという事を意味する。これらの規範的立場の短所と長所についてのディスカッションに数週間費やした後ほとんどの学生がそれぞれのどちらかが少しは好ましいことを発見する。

最後にコースは事例分析を始める、それは学生の興味を刺激する。そこで、もし彼らがほら穴を探検する学生グループの一人であったら何をするか想像するよう求められる。丁度ほら穴を出るところであるが、最初にほら穴を出る人はグループの一番大きい人になり入口でどうにも動けなくなってしまう。彼または彼女は前へも後ろへも進めない。行き詰った人物が彼か彼女かならジェンダー分析の機会になるだろう。突然みんなは警戒域までほら穴の中に水が上がってくるのに気付いた。お尻を濡らすだけで済むだろう太った人物をのぞいて彼ら全員が溺死するかもしれない。彼らはまだ乾いている場所を捜索し始める。そして一本のダイナマイトとマッチを見つける。自分たちが脱出するためにほら穴の入口から太った人を（ダイナマイトで）ふきとばすだろうか？　最大多数の最大幸福を論ずる功利主義者はその大きい人を吹き飛ばすだろう。義務論者は「善なる結果をもたらすために悪を行うな」と固く信じ、太った人間を殺すより死ぬ方が良いと決心する。学生はこの種のゲームが好きである。なぜなら、このような課題は自分たちの生活を脅かさないからである。

確かに、このような倫理学のコースは、あるコースはもっと実質的になるように望んでいるが、学生がこのようなコースを取る前に持っている主張に同意するためにデザインされている。学生は、倫理学は自分が決定しなければならない人生の部分を指定していると思う。私が今まで述べてきたような種類のコースはとにかく彼らが決めなければならない選択を描くために学生に名前を与えることによってその主張を正当化する。このような選択はよく人生を導くべき基本的価値観についての何かだと言われる。そのことは「価値基準」の考えが私たちの何を大事にするのかの問題になったとき、最終的には何に「価値を置く」かを決めるのは私たちだという主張を保障する考えを学生は決して受け入れないという事を意味する。

私はこのような倫理学のコースを教えてきた誰をも非難しようとしないと気付いてほしい。議論を維持するのに十分な共通の実践に関する背景のないところで彼らにどんな選択肢があるだろうか？　しかし私はそのようなコースは教えられない方が良いと思う。それらは教えられるべきではない、なぜなら、それらのコースは私たちや私たちの学生からアメリカでなすべき道徳議論を隠すからである。アラスデア・マッキンタイアは示唆する。諸課題の一つは

道徳哲学者は彼や彼女が生きる社会の確信を明確に述べるべきである。その結果、その核心は理性的吟味のために役立つようになるだろう。この課題は、様々な矛盾し相容れない信念が同じ共同体の中で確保されている時、重要な道徳問題に関して異なる敵対するグループによってまた道徳的忠誠を競い合っている同じ仲間または個人によって一層緊急な必要事となる。(15)

私が述べてきた倫理学コースの非歴史的性質は、倫理学者（道徳哲学者）の課題に関するマッキンタイアの理解を避けようとする試みである。さらにこのような倫理学コースの抽象的性格は偶然ではなくどこの誰にでも仕えられる非歴史的制度になろうとする近代の大学の試みの完遂である。もちろんどこの誰にでも仕えようとしながら大学は近代国家の意思的行為者となるように教育された人々を生み出している。さらにこれは倫理学におけるコースだけの問題ではない近代の大学における人文学のほとんどにあてはまる問題である。まさに大学が直面する大きな道徳的危機の一つは人文学における危機だと思う。多くの点でポストモダニズムと多文化主義により示された挑戦はより悪い時代に来たことはなかった。そのような挑戦は人文学の研究は最終的には考え方の問題であるという科学における私たちの同僚の判断を確かめただけであった。研究の大学のＡＰＴ委員会で働いたことのある誰でも科学

分野の同僚になぜ人文学のある研究の形式が重要だと説明しようとする人文学の人間が持つ困難を証言できる。私はデュークでの委員会の会合の一つで、ある統計学者が誠意から出たことであるとしても「モダニテイとは何か?」と尋ねた時のことを決して忘れない。多くの良い答えのある良い質問ではあるが、もしAPT委員会で働く前にモダニテイの概念に出くわしたこともない高等教育を受けた人を大学が生み出すのならどこからその質問に答えたらよいだろうか?

人文学における危機はもちろんこの例が示すより深刻である。人文学は記憶と観念、時を通じてよき共同体を表明する意見に規定された科目を指名する。しかし、私たちは記憶なしに生き延びようとする社会秩序に住んでいる。したがって人文学に学んだ研究は、現代の大学が認知できない規範的な約束に従っている。なぜなら、そのような認知は、大学のあやしい中立性を裏切ることになるかもしれないからである。

勿論歴史学のような人文学は、社会科学(政治学)の振りをして、これらの挑戦を避けようとする。しかし、倫理学と、例えば歴史学との間のたった一つの違いは、学生が自分たちの知らない何かを歴史学者が知っていると主張すること、また歴史学者の権威に従うということだと思う。[16] それで社会科学と同じように歴史学は、学生に対してより偉大で真実な地位を得るように思える。なぜなら、そのようなコースでは、その他の点では利用できない情報を得るからである。[17] というわけでこれがなぜ歴史学のコースが大学のほとんどの学生にとって倫理学のコースより大きな道徳的意味を持つかの理由である。歴史学のコースでは起きたことの「事実」が不可避だという主張を強化するために必要な説明を得るといわれている。第一次世界大戦は不可避であった、そして「善である」私たちは勝利した。歴史学は真実について知るもののように見える、しかし結果として戦争は常に「悪い奴」に対抗するために必要な可能性であると学生は結論を出す。歴史学は、あなたがしていることは現在の国民国家を保障する言説を学生に授けることとなのだと倫理学を教えるよりもっと影響力のある方法の一つである。

実のところ現在の大学で起こっている一番の道徳的訓練は科学であると思う。少なくともこれらの科目で学生は現在進行中の研究に参加するのに必要な習慣を取得するよう訓練される。「否定的結果は肯定的結果と同じである」は道徳的訓練の印象的形態であると思う。数学者が他の数学者に与える最高の賞賛が彼らのなした研究が「深い（deep）」であることは数学の道徳的特徴の素晴らしい暗示である。同じように物理学者が他の物理学者の研究を語るのに使う一番良いほめ言葉は研究が「優雅である（エクセレント）」である。これらの評価の審美的な性質は、科学が要求する道徳的形態は私たちが私たちの人生の他の局面でいかに生きるべきかを私たちに教え得る。もちろん困難は「私たちの人生の他の局面」という言葉は、現在の大学の学科の部門化を反映しまた近代生活の断片からなる区分化された性質に貢献もしていると言えることである。

従って学生が大学における教養教育の一部として取得しないと心配することを補うために、見込みがあまりない試み「倫理学」を教えて私たちの学生の心を訓練しようとすべきではない。もし大学におけるすべてのクラスで、彼らのなす研究によって学生の心が形成されないのなら倫理学を教えることは何の助けにもならない。また実際のところ害であるかもしれない。マッキンタイアが結論するように、

教育が道徳的意義を持つ限り、それは道徳、価値観、宗教または別の付加的な一連の科目によるまたはその中にあるものではない。むしろ教育の全体の構造の中に私たちが教えるすべてのものの中に道徳的意義はあるし、道徳性は本来私たちが追及する多様な目的をいかに私たちが追及するかという制約ではなくこれらの目的自身の本質の周りにある。[18]

3　〝キリスト教会の支持、テキサスの（文化と歴史）支持〟

私が「心の学校教育」について言わなければならなかったことは全く楽しい話ではなかったと気付いている。確

かに私はベイラーのような大学（キリスト教主義の大学）が学生の心の教育（the schooling of the heart）にどう励むべきかの示唆を与えるべきだった。私には穏当な助言がある。しかしそれを話す前に、私は「心を教育する」という言葉についての懸念を表明する必要がある。白状するが初めてこの会議でのタイトルを聞いた時とうとうバプテスト派の人々が降参してメソジストになったのかと思った。私たちメソジストは心の民である。バプテストに心はない。代わりにバプテストは服従に至るためにお互いを訓練するクラブとして使用する聖書がある。

この点に関して私はバプテストの側にいる。なぜならジム・バーチェルが *The Dying of The Light* でプロテスタントが彼らの大学でキリスト教の特徴を維持できない理由の一つは彼らが敬虔主義の信者であるからであると正当に理解していると思うからである。彼がこの説に関して正しいと思うが、その点は少なくとも私の知る限り多くの彼の書物に関する批評や反応が敬虔主義の役目に関する彼の論議についてほとんど議論していないという点だけでも注目に値する。もちろん、敬虔主義には今も昔も多くの種類がある。しかしバーチェルはこの運動を聖書の十全性に強調点を置くこととの関連、すなわち平信徒は聖職者に従属すべきでないこと、また礼拝の替わりとしての自発性との関連を正しく認めたことは確かである。[19] さらにバーチェルは、敬虔主義が理性主義に反するように見えるが実際のところは敬虔主義の教義主義、聖職権主義、律法尊重主義、形式主義などに対する批判は理性主義の基盤を正しく考えているという。確かにインマヌエル・カントの名は敬虔主義と理性主義の間の関係に通じる何かを示唆するのに十分である。[20]

敬虔主義の大きな欠点の一つは、キリスト教の知的伝統が見過ごしにされたに違いないということである。キリスト者はもはやキリストの二つの本質について議論する必要はない。さらにいうと敬虔主義はたいてい教会をほとんど必要としない。敬虔主義の見地から出た教会に対する過剰な強調とキリスト教の教義は宗教戦争とまでいかなくても闘争を導きだすだけである。もちろん、敬虔主義は知的伝統を発展させた。プロテスタントリベラリズム運動と呼ばれるものはプロテスタントが近代国家の成長を有効と発見した万人救済説の擁護者となった事を意味する。バーチェルは、一つのまたは他の形式の敬虔主義がアメリカの大学を創立したプロテスタントの教派のほとんどによって共有されたと論じる。結果としてこれらの教派は考えた――

キャンパスでの宗教的努力は個人の信仰生活に焦点を当てるべきである。学習の共有の働きとは異なったものとして。宗教が学園の表面に移動することは神なき学問人の働きであるよりは敬虔主義の開始から宗教を信仰の個人的専門職に全く独特な方法で具体化されているので社会的学習と関わりがあるとは理解されなかったと考える敬虔な教育者の働きである。(21)

そういうことで多分宗教の部門を除いては、大学のキリスト教の特徴はもはや大学の学問の教科には見出されないと考えられた。しかしその代りに「チャペルにおいて、ボランテイアの奉仕において、清潔な生活において、そして多方面にわたる成人らしさにおいて、教会的存在として住まなければならなかった(22)」。「教育された心」の言葉は、教会と大学の関係に関するこの理解を再生するはずだと、私は不安に思う。うまくいけばバプテストはメソジストが犯した間違いをするのには、あまりにもケチである（私はほめ言葉という意味で言っているのだが）少なくとも私はバプテストがメソジストになることから救いたいと望んでいる。最近のバプテストの生活の混乱を考えると、いわゆる「穏健派」といわれる人たちがメソジストになる道を進んでいると思う。やがてバプテストはメソジストの高等教育の委員会のようにバプテストの大学の宗教的課題は彼らの特性を「知的道徳的価値中心の問題に関して普遍的共同体のための普遍的福音を肯定するために」自分たちの学生を敏感にすることだというようになるだろう。(23) もしバプテストがそのような戯言を避けるようにするなら、バプテストが大体の場合普遍的だといわれるキリスト教の伝統の資源なしには自分たちは理解できないことを再発見すればベイラー大学にとってもまた教会にとってもより重要である。

事実ベイラー大学は学生の心を教育するために素晴らしい位置を占めている。バリー・ハーベーは最近私が五、六年前にベイラー大学でした話を私に思い出させてくれた。そこで私がベイラー大学のキリスト教実践が実際にそこで教えられていることに特徴を作る研究大学としてのよい位置を占めている方法の説明をしている。[24] 私はChurch and State センターの会議にいたのだと思う（私は政教分離についてのバプテストの信条主義を認めてきてはいないと言っておくべきである。分離は国家が何でもしたいことができる自由がありそして教会は黙していると普通意味する）。私はベイラーの盾とともにコーヒーをご馳走になった。それでベイラーのモットーが「教会支持（プロ・エクレシア）、テキサスの文化と歴史支持（プロ・テキサナ）」と知った。私は興奮して「なんとすばらしい大学。あなたの人生が存在論の現実によってだけ決定される」と叫んだ。

私はベイラーがハーバードの道を進むのではないかと心配している。ハーバードの本来のモットーは「真理はキリストと教会のために（"Veritas: Christo et Ecclesia"）」であった。いつハーバードがそのモットーを短くしたのか知らない、しかし現在ハーバードには「真理」だけで十分である。ベイラーがハーバードの道を進むのではないかと心配すると私は言ったと気づいた。[25] 大学が優秀性について語り始めるとすぐに、キリスト教をあきらめてしまう事ができるはずだ。しかしベイラーがそのモットーを短くしても、ハーバートよりはよい立場にまだいることになる。なぜなら「テキサス人」の言葉があるからだ、少なくともテキサスが罪の告白に基づく急進的伝統を述べるならばよりよい立場にいることになるだろう。真理としての真理（truth qua truth）を大学の目的にしようとする試みは、彼らが仕えるものの真理を承認するために「真理を探求する」事に大学で専心する人々の失敗という結果に陥る、なぜなら、彼らは特に誰の真理にも仕えていないと考えるからである。[26] 私たちがなんと答えてよいかわからないので、大学でほとんど尋ねられない質問がある「大学は何のためにあるのか？」、「誰のために仕えるのか？」である。

ベイラー大学がテキサスに仕えると言えるとしたらなんとすばらしい事だろう。いずれにせよそのような貢献は、国家に対する貢献への妨害をうみだすに違いない。もちろん、そのような貢献はもしそれがテキサスの砂嵐や有刺鉄線の貢献だとしたら用心しなければならない。なぜならビル・カバナーが指摘するように世界市場に支配されている世界では地域性と独自性は高い評価を受ける。なぜなら珍しいものになってきたからである。(27) 良いテキサス人であることはテキサスの学問ではない学問を要求しないと示唆しているのではない。むしろテキサス人は、プラトンの『国家』を読んだ後テキサス人であることの意味が何かをよく考えるべきだろう。

カイル・チルドレスが私に送った、*Goodbye to a River* の中でジョン・グレイブスはブラゾス川を下りながら観察した。

テキサス人として、中西部の人間として、ユダヤ人として、アンダルシア地方の人間としてまたは国際色ゆたかな（金持ち）混成の子供のようであることは必要がない。思うに、ある人が自分自身に率直に語りかける心のガラスのような小部屋で人はそれだったまたはそれであるという事を知ることとまたどんな人間の状況をも理解するためにそのものが何で構成されているかについて少しでも知ることは必要である。(28)

もしわれわれが「教会支持（プロ・エクレシア）」が「テキサスの文化歴史支持（プロ・テキサナ）」に先立つことを覚えているとしたらどちらがテキサス人はただテキサス人であり得ることを思い出させてくれるだろうか？　すべての世界の歴史のようにテキサスの歴史は血にまみれた歴史である。そのような歴史は否定されることはできないし、またそうされるべきでもない。そして忘れられるべきではない。しかし、もしそのような歴史が暴力を必要としたと正当化しようとすることなしに自分たちの歴史であると認められるようなより断固とした共同体がなかったなら、そのような歴史はさらなる暴力を引き起こす恐れがある。

そのような共同体は教会と呼ばれる、そこでの赦しの実践はテキサスの物語を真実に語るのを可能にする。(29) テキサスの物語のように、キリスト者の物語は神の子であるとわかった一人のユダヤ人に関する教区の物語でもある。

イエスと呼ばれる方を私たちが信じることは太陽や星を動かす方は、教区のものは言うまでもなくイエスの物語を作られる。

しかしキリストの物語によって形成されたどの大学も、嘘よりも死を選ぶ人々が多く登場する学校でもあると私たちは信じる。[30] そのような人々は、そのような教区の人々は彼らが固く立って動かされず同僚をそして彼らが私たちの生活を支配しようとする嘘に直面した時に真実に語るよう教えた学生を抱くべきだと間違いなく思う。（学校で）訓練された心は、訓練された発話を要求する、「普遍的価値観[31]」の名において私たちを台無しにしてしまうかもしれない権力にさらされることを可能にするような美しい発話である。

さてぜひベイラー大学が心を教育することに専心する大学であってほしい。特に教会の心に。心を教育することはキリスト教の伝統の資源により可能にされた勇気の偉大な保証を必要とするだろう。すなわちテキサス人であることはテキサスが福音によって形成されなければならないという真実を意味する。ベイラー大学の未来は ―― キリスト教的であり同時に研究大学の世界での参与者（競技者）としての大学であることに専心する未来 ―― そのような大学の存在を要求する教会が存在する必要があるだろう。そのような教会の存在を期待することは賭けである、しかしそのような賭けはキリスト者であることを結局意味する。

私たちが暗黒時代に生きていると信じる。私は「私たち」という言葉で私たちキリスト者というつもりである。しかし私ができることは何もないとは信じない。神がお互に真実を話すために私たちに与えて下さった時間を使うことができる。しかし正しいことと間違ったこととの違いを発見する為に必要な仕事をする時を私たちは常にこの世界で与えられていることをキリスト者は信じる。その発見とはなぜ蝶の羽は様々に彩られ、なぜダンテの詩は真実で燃え上がるかのような素晴らしい発見であるのか。大学は神の時の機関の一つとなる可能性があり、また時にはそうであると信じる。大学の働きをするよう呼び出されたという特権を持つキリスト者として、良い研究をすることから来る自信と喜びを持って私たちは私たちの仕事をやり遂げなければならない。もし私たちが喜びを持って私たちの研究をすれば私たちが学校における心の教育を考える必要がなくなるだろうと思う。そのような心は、私たちすべてのものが神の熱い輝ける創造であると理解するようになった時生まれる素晴らしい世界によって教えられる。

第８章注

（1）私がこの文章を書いた次の日コンドリーザ・ライスの"A 'Freedom Deficit' Haunts the Mideast,"と題する論説が the *Durham Herald-Sun*(August 8, 2003, p. A-11) に載った。それは私の一連の主張を明白に裏付けるものであった。サダム・フセイン体制がアメリカと世界の安全を脅かすのでアメリカはイラクに戦争に行ったと記しながら、その目的は「より民主的な、寛容な、繁栄と自由に向かっての進歩を求めている中近東の人々と共に働く」こととライスは主張する。そして彼女はブッシュの演説の一つを引用する。そこで彼は「世界は民主主義の価値観を広めることに明確な関心を抱いている。なぜなら安定して自由な国家は人殺しの観念を産まない。それはより良い生活の平和な追求を促す」。多くの人は合衆国が「人殺しの観念を産む」社会を代表すると考えているかもしれないということをブッシュのまたライスの心には浮かばないように思える。しかしながら、アメリカは大変強力なのでわれわれは我々の殺しの「戦争」と呼ぶことができる。合衆国の私利私欲による戦争に関する彼女の正当化でさえ世界の安全が脅かされているとライスが言うことは興味深い。こう言うことでアメリカは厳密に私利私欲から戦争には行かなかった。しかし世界の安全は我々が戦争に行く事を要求した。アメリカは世界であるのでアメリカの安全に必要なことは世界の安全にも必要であると彼女が想定したと人は主張する。

（2）たとえば私の論文"Why Gays(as a Group) are Morally Superior to Christians(as a Group),"*Dispatches From the Front: Theological Engagements With the Secular*, Durham: Duke University Press, 1994, pp. 153-5. を参照。論文の中で明らかに私は楽しんでいる、しかし教会のゲイ（同性愛者）に関する論議の困難さの一つはこのような論議が私たちの文化への教会の適応

によりどのように形成されたのかを理解することに失敗したことである（という意見）に関しては、私は正しいと思う。もしキリスト者がグループとして軍隊に入ることを本当に禁止されたとしたら、「ゲイ（同性愛者）の問題」は現在考えられているのと同じように見えるだろうか？ もしキリスト者が軍隊によって信頼されていなかったらゲイ（同性愛者）はキリスト教共同体の一員になりたいと思うだろうか？ ゲイ（同性愛者）は十分に問題である。なぜ彼らはキリスト者になることによって彼らの生活をさらに難しくしようとするのか？ さらにもし教会が軽蔑された民族を支える必要があるという教えによって構成されていたとしたら純潔の教えはそんなに「時代遅れ」とは見えなかっただろう。そのような教会ではゲイ（同性愛者）に純潔の人生を生きることを要求することは「圧制的」とは見えなかっただろう。

（3）たとえばローマン・ウィリアムズのセプテンバー・イレブンに関する素晴らしい意見を彼の *Writing in the Dust: After September 11, 2001*, Grand Rapids: Eerdmans, 2002 で参照。またスタンリー・ハワーワスとフランク・レントリッチャ編の Dissent From the Homeland: Essay After September 11, Durham: Duke University Press, 2003. ウィリアムの意見はこの本にある。

（4）私の"*Dissent From the Homeland*:" pp. 181-95 を参照。

（5）デニス・オブライエンは修道士の話す事と読む事は祈りの文脈で行われた（それは）「沈黙の生活に包まれている」事を私たちに思い出させるために修道院の学校ではじまった大学に注目させている。オブライエンは修道士の沈黙の中に表現される言葉に対する尊敬の念は私たちの時代にはまったく不可解であるとのジェレミー・ドリスコールの意見を引用している。私たちは言葉とイメージは多ければ多いほど良いと考える ―― 確かにほとんどの大学の文化では真実である ―― しかし「修道士は沈黙を実践しようと試み、彼らが話すときは注意深い。彼らは彼らがまさに神の言葉として尊敬する言葉を歌う、また彼らはこの言葉が彼らの心の中でわずかなイメージしか形成しないようにする」。The University: Before, After, and Beyond" march ,10, 2003, Holy Cross College における The Phi Beta Lecture で行われた未出版の論文。

（6）ダグラス・ハリンクス、*Paul Among the Postliberals: Pauline Theology Beyond Christendom and Modernity*, Grand rapids:

Brazos Press, 2003, p. 68.

（７）Harink, *Paul Among the Postliberals:*, pp. 68-9.

（８）Robert Wilken, *The Spirit of Early Christian Thought*, New Haven: Yale University Press, 2003, p. 3.

（９）たとえばコンドリーザ・ライスが中近東を襲うと見る「自由の欠乏」は「絶望の感情」に至るそれは「憎悪の観念の肥沃な土壌を提供し人々に大学教育、職業、家族を諦めさせ、代わりに自爆させ出来るだけ多くの罪のない命を彼らと共に失いながら」ライスは単になぜ大学教育を受けた人間が彼女を「テロリスト」であると思うように理性を失うことができるのかを理解できないだけである。大学の課題は現代社会のためまたそのテロリズムのために立派に形成された理性的な人間を生み出すことである。要約すると大学はコンドリーザ・ライスのような人間をもっと作り出さなければならないのである。

（10）William Cavanaugh, *Theopolitical Imagination: Discovering the Liturgy as a Political Act in an Age of Global Consumerism*, London: T&T Clark, 2002, p. 10.

（11）Cavanaugh, *Theopolitical Imagination*, pp. 20-31. カバナーはこう記しながら彼の論議をまとめている「中央集権化した官僚主義の勃興はこれらの戦争に先立っていた。そしてそれはフランスにおける教会に対する市民の優位性に関する十五世紀の断言を基礎とした。これらの戦争に関する問題は単にカソリック対プロテスタント、化体論対聖霊の存在ではない。聖バーソロミューデーの大虐殺を引き起こした皇太后は宗教的な狂信者ではなかった。むしろ絶対的権力に向かう王室の主張に対する貴族の挑戦を止めようとする火刑を伴う徹底した政治 (*Politique*) そのものであった」(pp. 29-30)。

（12）もちろん教会は〝普遍的な価値観〟を表してはいなかった。教会は教父によってお互いが出あわされた人々を表していた。キリスト者たちが共有していたのは共通の「価値観」ではなくパンと葡萄酒の聖餐にみいだされる共通の主であった。

（13）カバナー *Theopolitical Imagination*, pp. 99. カバナーに大変近い分析にはジョン・ミルバンクの "Sovereignty, Empire, Capital, and Terror," *Dissent From the Homeland*, pp. 63-82 である。

（14）私の知る限り出版されていない論文でマッキンタイアは述べる「学ぶこと、すなわち学問と理解力において成長することは学生が既に持っている欲望と目的——それは学生が教育の外から中に持ち込んだものであるがーを実行する手段を手に入れることであるという広く行き渡った概念が我々の学生の間にはある。時々学生ははじめに彼らの両親からまたはアドバイザーから「何をしたいの?」と聞かれる。これに対してある種まごまごしたような答えを彼らがした時彼らがしたいことを達成するために何をしなければならないかのアドバイスを受ける。ある人の教育はある目的に到達するには有効である。それに反して私は教育がすべきことは学生の自分の目的についての変質化であると助言したい。人が彼らの教育に持ち込む欲望、必要性、目的は一般的に言ってそれらをもたらした文化と同じように堕落していくだろう。そういうわけで彼らは人間として変質しなければならなくなるだろう。アリストテレスは徳の高い人物を喜ばせたり痛みを与えることは悪質な人物を喜ばせたり痛みを与えることとは非常に異なる、そして未熟な者に対するそれもまた異なると指摘している。このように道徳性は大変重要な点で欲望の教育に役立つ。人々が彼らの教育に持ち込む欲望は、もし彼らが知的で道徳的な徳を取得しようとするならば、彼らはそれを修正し、捨て去る事さえしなければならなくなるものである。もしわたしたちが学生の欲望と彼ら本来の目的を定められたものとするならば、私たちは実際彼らを知的で道徳的な徳へと教育する課題を放棄していることになる。" Values and Distinctive Characteristics of Teaching and Learning in Church-Related Colleges" 未出版の原稿。マッキンタイアはこの講義をメソジストの大学の責任者たちにしたと私は知っている。彼は私に彼が言わなければならなかったことはよく受け止めてもられなかったと話した。

(15) アラスデア・マッキンタイア " Is Patriotism a Virtue?" in *Theorizing Citizenship*, edited by Ronald Beiner, Albany: State University of New York Press, 1995, p. 209.

(16) 事実と価値観の間に厳格な相違を要求することにより自らを「客観的」と主張する大学の科目は学生が受けるべき道徳的訓練には最も破壊的でもある。「情報」に関するその観念はさらなる正当化を要求する記述の正当化を立証するのになれている。しかしながら「情報」は学生が道徳教育を受けていると認めることなしに学生を形成することを正当化してしまう。ウェンデル・ベリーは言う「教育は正しくは産業ではない、その適切な行使は職業訓練によってまたは企業援助の研究により産業に仕えることではない。その適切な行使は市民を経済的に、政治的に、社会的に、文化的に責任ある生活を営ませることである。このことは我々が今「情報」と呼ぶものを収集したり、評価したりすることによって出来ることではないすなわちそれは文脈がなく、優先順位のない事実ということであろう。正当な教育は若い人に彼らの生活を秩序立たせることつまりある事は他の事よりもより重要であると知ることを意味する、一番のものを一番にすることを意味するのである」（ウェンデル・ベリー " Thoughts in the Presence of Fear,"in *Dissent From the Homeland*, p. 41)。

(17) 歴史学の地位に関する歴史家たちの間の進行中の論議については気が付いている。すなわち歴史学が人文学の一つか政治学の一つかである。合理的選択の方法論に関する政治学の増加する優越性は歴史学が人文学であると認識するよう圧力をかけているように見える。もし私が歴史学者であったら歴史学にとっては歓迎すべき発展だと思うだろう。資本家の要求に応じる政治学の正当性を示す特徴は経済学、政治学、社会学、心理学などの学科における説明に役立つパラダイムとしての合理的選択理論の発展にこそ現れている。

(18) アラスデア・マッキンタイア " Values and Distinctive Characteristics of Teaching and Learning in Church-Related Co-lleges," p. 2.

(19) James Burtchaell, C. S. C., *The Dying of the Light: The Disengagement of Colleges and Universities From Their Christian Chu-rches*, Grand Rapids: Eeerdmans, 1998, p. 462 トーマス・ハワードがバートケルの現代のドイツの大学の形成における敬虔主義の役割についての示唆を実証していることについては彼の *Protestant Theology and the Making of the Modern German University*, Oxford: Oxford University Press, 2006. にある。

(20) たとえばカントの非常に興味深い意見は *The Conflict of the Faculties in Religion and Rational Theology*, Allen Wood and George Di Giovanni 訳編 Cambridge: Cambridge University Press 1996, pp. 276-80 を見よ。

(21) Burtchael, *The Dying the Light*, p. 842.

(22) Burtchael, *The Dying the Light*, p. 844.

(23) Burtchael, *The Dying the Light*, p. 849 から引用。

(24) この事は実際本当の話である。私は私があちらこちらで言ったとされる本当の話でないエピソードが存在するということを発見している。例えば私は事実ではないエピソードで紹介をされたことが少なくとも三回ある。どうもケンブリッジでハーバードのヤードを横切って付近を歩いていた時に図書館への道を知りたくて学部生を立ち止らせたとされている。そして私は尋ねた「図書館がどこか教えてもらえますか？ Can you tell me where the library is at?」その学生は答えた、「ハーバードでは文を前置詞で終了させません」と。それに私は応えた「図書館がどこか教えてもらえますか、まぬけ Can you tell me where the library is at, asshole?」私はこの類の話はまるで本当のように思われるようなものだとは思うが実際はなかったのである。もちろん「起らなかった」と言ったとしても「真実」を理解するためには不適切な方法かもしれない。

(25) カーチス・フリーマンが私に Wake Forest 大学のモットーは「人類支持」だと教えてくれた。

(26) 大学のために教会が作るべき相違についてのもっとも重要な本はデニス・オブライエンの" *The Idea of a Catholic University*, Chicago: University of Chicago Press, 2002. である。オブライエンの本を意味あるものにしているのは彼の主張である。彼が論じる重要なことは真実 —— さらに言うと重要な真実をオブライエンは「署名」と呼ぶ。芸術作品は「特定の光景や歴史的位置を表すまたは関係していることで本質的に歴史的である」(p. 35) という点で署名された真実の特徴を最も決定的に表す。彼は科学以外の大学の学問にとってこれは真実だという。私は彼が科学について正しいかどうかわからないが署名された真実の特徴がどんな真実も伝統から引き出されることはないと意味するという点では彼は正しいと思う。彼の Holy Cross Lecture において彼は簡潔に彼の本で行った議論を人間は芸術に署名することはできる、しかし我々は人生に署名することはできないと言いながら論じた。「キリスト教の衝撃は人生そのものに署名することのできる方がいる、その方は混乱、悲惨、罪、死を収容できる方であるとの宣言である。イエスは彼の十字架に人間のすべての破滅を引き受け、彼自身を破滅させることなく聖別された。彼は〝私は道であり、真実であり、命である〟ということができる」。

(27) Cavanaugh, *Theopolitical Imagination*, p. 111.

(28) John Graves, *Goodbye to a River*, New York: Knopf, 2001, p. 145. グレーブスの本を理解するためにPossum Kigdom

Lake での釣りの経験は必要ないと思うが、理解を助けるとは思う。私はあの素晴らしい赤い岩の渓谷で流し釣りをして最大のコイを捕まえたことがある。

(29) "A Tale of Two Stories: On being a Christian and a Texan," 私の本 *Christian Existence Today: Essays on Church, World, and Living in Between*, Grand Rapids : Brazos Press, 2001, pp. 25-45 を見よ。

(30) 私の正直さと嘘についての考察に関しては *Performing the Faith: Bonhoeffer and the Prctice of Nonviolence*, Grand Rapids: Brazos Press,2004. を見よ

(31) *The New York Catholic Worker*, June-July, 2003. の中の "How to Sing Our Days," と題されたマリー・マーガレット・ナスバウムの記事で彼女はわれわれの言語の堕落よりわずかの発展の方が我々の生活にとって悲惨であると論じている。彼女は英語をニューヨークの高校で教えている。彼女は生徒たちの心は「広告の広告文でいっぱいであり又不誠実にも美と現金をまた愛と宣伝を結婚させた文化の冷酷な言葉でいっぱいである。私たち自身の言葉はだんだん空虚で曖昧になるすなわち重要そうに聞こえる頭字語と小説技法に合った散文で満ちている。その結果私たちの言葉はだます能力が増す」(p. 7)。ナスバウムは言う「人はアンドロイドの言葉言いかえれば曖昧さに曖昧さを重ねた言葉で非個人的で機械化された文化と戦うことはできない。前世紀の平和の偉大な証人であるマハトマ・ガンジー、ドロシー・デイやネルソン・マンデラはスピーチ、行動、思想の人を見下すような手段を受け入れなかった。預言者として彼らはもっと良い道を理解した。読み手として彼らは彼らのヴィジョンを明晰に語る言葉を与えられていた。そしてウェンデル・ベリーが書くように彼らは「無知によって人々は彼らの搾取者を自由にする」。また「最も悪い言葉に抵抗する唯一の防御は最もよい言葉を知ることである」と分かっていた」(p. 8)。従ってナスバウムは我々を詩へと導いていく。私が考える大学が心を教育すべきであるという考察に関してナスバウムの記事が意味するものは明快である。大学は〝雑音〟が多くなりすぎてきている。私は大学の最終在職権の過程に関するある雑音を非難している。学部教授陣は彼らが言うべき何かを考える前に何か発言するよう強要される。我々が沈黙の重要性を復権する方法を見つけなければならないことは確かである。沈黙なしには我々が美を見たり聞いたりする時間を持てなくなってしまうだろう。

第9章　キリスト者と（私たちが住む）国家と呼ばれるもの

——二〇〇一年九月一一日以降の忠誠についての黙想

アメリカ合衆国政府への忠誠に関する問いは、特に二〇〇一年九月一一日以降、私にとって単なる理論上の問題ではなくなった。[1]例えば、ある友人は、セプテンバー・イレブンへのアメリカの反応に対する私の批判的な評価に対して返事を書いてきた。そこには「テロに対する戦争」と見なすことを私が拒否することで、人間として私たちを結び付けているすべての「自然的忠誠」を軽蔑することにならないかという問いが記されていた。私の「愛国的」であることへの拒否は、アメリカを偉大なる国にした諸々の戦争において犠牲となった人々を通して受けている賜物に対して、私が無関心であることを意味するであろうか。もしも「愛国心」が「自然的忠誠」であるなら、私はたしかに愛国的であることを否認すべきだと答えなければならない。[2]

それゆえ、アメリカの政治における政治上の右派に参加する人々によっては、私はアメリカに忠誠を誓うような期待に添うことはできないであろう。しかし、私にとっては左派も好ましくない。例えばジェフ・スタウトは、私以上に「世俗の政治的文化への憤慨を燃え上がらせた神学者はいない」と主張する。[3]実際、私の影響力についてのスタウトの評価には少々驚かされた。彼は私がアメリカのキリスト者たちに民主主義をあきらめるよう、ほとんど独りで納得させたかのように考えている。独りの神学者が、とりわけ他のキリスト者たちにそれほど大きな影響を与えるとは思ってもみなかった。

私がアメリカを支持しないことに対するこれらの評価は、私を困惑させるだけでなく、混乱させた。私は従前どおりアメリカの主流派の外側にいると考えられる。税金が毎月私の給料から引かれる。自分のお金がペンタゴン(国防総省)を支えるために使われているという事実は不愉快であるが、それに対する為す術を知らない。私が以前から国政に対して真剣でないことは事実である。私は先に行われた二度の大統領選挙で、ラルフ・ネーダー氏に票を投じた。投票が良い考えであるとそれほど確信していなくても、私は票を投じ続ける。私の友人であり、以前は私の学生でもあったマイク・バクスターは、「投票しないで。それは単に彼らを励ますだけだから」と言う。しかし私はテキサスの反労働組合上がりの民主主義者であり、投票は習慣となっていて中断するのは困難である。

私はまた、幾分か「成功者」である点が難問である。たとえば私はアメリカ芸術科学アカデミー（the American Academy of Arts and Sciences）の協会員に選ばれた。アカデミーへの歓迎文書で、このアカデミーはジョン・アダムズの指導を受けた愛国的な学者たちの小さなグループによって一七八〇年に設立されたことを知らされた。新しい共和国には新しい知識と思想が必要であるとの信条から、このアカデミーはアメリカ独立戦争が終わる以前、既に設立されていた。したがって、彼らはこのアカデミーの目的を、「自由で独立して高潔な人々の関心や名誉や尊厳および幸福を助長するのに資する全ての芸術、科学を深めるため」と採択した。私が今、アカデミーの一員であるということは、自分が良きアメリカ人であること、あるいは良きアメリカ人になる必要があることを確かに意味している。他の何かになることは恩をあだで返すことになるのは明らかである。実際のところ、私は恩をあだで返したくはない。しかしそれは同じ仲間になることを意味するのだろうか。

私が平和主義者であるゆえに、問題は自分にとって複雑である。平和主義者にとって、国家への忠誠の問題は、私たちに最も身近な問題、つまり私たちの非暴力への関与の意味についての問題ほど差し迫った問題ではない。ジョン・ハワード・ヨーダーの作品についての批評で、グラディ・スコット・デイビスは、キリスト教の非暴力についてのヨーダーの記事が、私たち自身の生命だけでなく、私たちが愛する人々の生命のためにも、私たちに「単に良い仲間」であることを止めることではないかと述べている。デイビスはこれが正当な理由に逆行するように思われる点に注目する。しかし、デイビスは、ヨーダーを「この結論を喜んで受け入れようとする彼の意欲」のゆえに賞賛する。デイビスによると、ヨーダーは彼の平和主義が正義と正当な理由を意味する良識とつながることを正しく主張しようとしない。むしろヨーダーは、イエスが革命を始めたと主張する。その革命とは、革命に参与する者たちが神の意志に自身を託することによって、神の呼び掛けに応えるという「最初の革命」である。イエスの生、死、および復活を通して、神は新しい政治を始めたとヨーダーが信じたゆえに、そのような献身が可能となったのである。ヨーダー自身の言葉では、イエスは従う者たちに、以下のものを与えた。

彼らを赦すことによって、罪人に対処する新しい方法を示した。イエスはご自分が苦しみを受けることにより、暴力に対処する新たな道を与えた。分かち合うことによって、金銭に対する新しい方法を与えた。古い掟を粉砕するのではなく、新しい秩序を作り上げることにより、腐敗した社会に対処する新しい方法を与えた。(4)

配偶者や子どもたちをも含む私たちの隣人に対して、キリスト者がこの世でどのように仕えることができ、仕えねばならないかを理解する建設的な方法を提供することを、平和主義者が必要とする政治、すなわち私たちが私たち自身とお互いのことを配慮するなら、暴力が避けられないと決めてかかっている世界において、私はヨーダーの政治についての理解を信じる。しかし、キリスト教の非暴力に取り組む以前の課題は、彼らが平和主義者であるゆえに、彼らに特有なものではない。むしろ、キリスト教の実践には本来つきものの教会と世界との間の緊張を、平和主義は象徴しているのである。アウグスティヌスが『神の国』の記述において提示した神の国と地の国との関係以上にそうした緊張が見られるものはない。アウグスティヌスはキリスト者が暴力を行使することを弁護した代表であるかのように多くの人が想定しているゆえに、私がアウグスティヌスに注目するのはかなり不思議に思えるかもしれない。しかし、アウグスティヌスは認められている以上に多くのものをジョン・ハワード・ヨーダーと共有していることを、私はあなたに信じてほしい。

アウグスティヌスとヨーダーとを関係づけるため、私はロバート・ウィルケンが彼の著書『初期キリスト教思想の精神』に記した説明を用いることにする。その中でウィルケンは、地の国に対するキリスト者の責任について、アウグスティヌスがどのように理解したかを述べている。ウィルケンは、ある人がキリスト教的非暴力と同一視するように試せないゆえに、私はそうするのである。しかし、二つの国とそれらの関係についてのアウグスティヌスの理解に関するウィルケンの注意深い表現が、「本当の」アウグスティヌスであるだけのためだとは私は思わない。

しかしまた、アウグスティヌスに関するウィルケンの記述が、キリスト者がアメリカにおける私たちの独特の状況を認識するのに役立つことを示すように私は望んでいる。

もしも私たちがアウグスティヌスのことを正しく理解するなら、アウグスティヌスは神の国と教会とを決して同一視はしないが、それにもかかわらずアウグスティヌスにとって教会は「空間を占有し、時の中に存在する、独特な生活様式をもつ人間の整えられた確固たる目的を持った集会、機関、法、信条、記憶、および礼拝の形態の共同体でなければならない」という点に注目することから私たちは始めなければならないとウィルケンは論じている。[5]こうしたアウグスティヌスの教会に対する意味を失うなら、教会が「私的な」ものへと格下げされる余地を提供するリベラルな制度の弁証家にアウグスティヌスをいとも簡単に変えてしまうことになる。

二つの国の関係を理解するために、神の国と同様に、地の国にとっての目的も平和であるというアウグスティヌスの主張の重要性を私たちは理解しなければならない、とウィルケンは主張する。「神の国が思い焦がれる平和とは、『神の享受における完全に整えられ、調和のとれた友情集団』である」。[6]教会は正しい礼拝によって制定される、すなわち教会は、真の犠牲を受けるに相応しい唯一の御方に真の犠牲が献げられる場所であるゆえに、そのような平和は教会にとって可能なのである。したがって、教会が自分自身のうちに見出す世界に与える最大の贈り物は、神の平和が何に似ているかを垣間見ることである。教会なしでは、地の国の政治は「政治」と描写することさえ値するか否か、アウグスティヌスは疑問に思っている。アウグスティヌスは言う。

それは私たち自身 —— 私たちは、彼の国 —— 彼の最高の、彼の最も輝かしい犠牲である。忠実な信者たちによく知られていて、私たちが捧げ物において祝うこの犠牲の神秘的なシンボル。……唯一の至高の神が、彼の恩寵に従って、従順な国を統治し、彼以外の存在に犠牲を捧げることを禁じる。そのような場所にこそ、正義は見出されるのである。したがって、この国に所属し、神に従うすべての人々において、魂は体を支配するのである。そして理性は服従という正当なシステムの中で悪を忠実に支配する。それゆえに、愛において働く信仰に基づいて個々の正しい人が生きるように、正しい人の団体や人民は、信仰の同じ根拠に基づいて生きる。愛において活動的であり、神は愛されるべきであるのと同様に、その愛をもって人は神を愛し、彼自身と同様に、彼の隣人を愛する。しかしこの正義が存在しない所では、「正しさの常識と関心の共同体によって一つにされた人間の協同」は確かに存在しない。それゆえ、国家が存在しない。なぜなら、「人」がいない所には、「人の幸福」も存在しないからである。[7]

すべての都市のテロス（究極的な目的）は平和であり、真の神を崇める真実の礼拝が不足しないことである。しかし現状では不完全でも、キリスト者は人の国の平和を達成するように努めなければならないというアウグスティヌスの主張に、ウィルケンは私たちの注目をまったく正しく促している。アウグスティヌスは、キリスト者が裁判官の役割を引き受けねばならないと感じるよう暗示さえしている。さらに裁判官という役割は、有罪か無罪かを決めるために、無実の人を拷問にかけることを要求するかもしれないのである。[8] オリゲネスが抱くことさえできなかった考え、すなわち、キリスト者は裁判官であるかもしれないと、アウグスティヌスは考えることができたという事実が、コンスタンティヌス大帝がキリスト教を合法化したことに依存したであろうとウィルケンは注目する。しかし、コンスタンティヌス大帝の公認を通して教会にどのような利点がもたらされようとも、それらの利点はアウグスティヌスに、この人生において見出される唯一の真の平和は、教会において見出されるであろうといった考えを少しも軽減する気にはさせなかった。[9]

したがって、二つの国の関係についてのアウグスティヌスの理解についてウィルケンが記した記述は、ラインホールド・ニーバーによって非常に顕著になった記述とは全く異なっている。終末の時の前であるこの時――混合した性格をもった国々を見分けることができない時――には、キリスト者はより小さな善を成し遂げるために地上の国の業に取り掛からなければならないと、ニーバーは主張した。[10] しかしニーバー派の記述が無視しているのは、教会が地上の国におけるキリスト者の役割についての識別の脈絡をキリスト教に提供するという、アウグスティヌスの見解である。たしかに神の国の民は「地上のものであり、世俗的であるものを利用し」なければならない。しかし、「彼らが忠実な信徒たちの魂を歪めたりしない限り、神とお互いとの交わりという究極の目的から彼らを逸らさない限り、社会の習慣を受け入れることはできる」ということも、同様に真実である。[11]

聖なる都、この世における巡礼の都は、すべての国から市民を呼び出し、あらゆる言語を話す寄留者の社会を集めると、アウグスティヌスは言う。したがって、習慣、法律、そして地上の平和が達成され、保持される制度における相違について彼女（聖なる都）はまったく考慮しないのである。彼女はこれらの習慣、あるいは制度の何も無効にしない、あるいは廃止しないのである。（そしてこれは、アウグスティヌスについてのニーバー派の解釈者たちが極めてしばしば無視している「もし……なければ」である）、これらの制度は、「唯一の最高であり、真の神が礼拝されることを教える宗教にとって」障害である。[12] アウグスティヌスは、二ないし三段落後のところで、「主ひとりのほか、神々に犠牲をささげる者は断ち滅ぼされる」という出エジプト記二二章二〇節を引用することにより、この予想外の刑の宣告を支持しているとウィルケンは述べる。

アウグスティヌスは、キリスト者がどのように彼らの分割された忠誠に折り合いをつけるかという問題を「解決」しない。むしろアウグスティヌスは、私たちが自分たち自身を見出す世界を、キリスト者がいかに折り合いを付けるかという問題を生じさせる。さらにアウグスティヌスは、そのような交渉がどのように行われることになっているかという記述を提供する。ウィルケンによると、彼は、あたかもしばしば装われるように、政治的生の理論を提供することによってそうすることはない。むしろアウグスティヌスは、

神が社会生活の周辺へ追いやられないことを示している。そういうわけで、その書物（『神の国』）は二つの国

について述べている。彼は、神の国の生活、神を中心にした生活と純正の社会的なそれ自身に集中した生活との対比を描くことを望んでいる。アウグスティヌスは、神のために神聖な場所を作るため、市民の領域を再定義することを望んだのである。カンタベリーの大司教であるローワン・ウィリアムズが述べたように、『神の国』は「終末」の視点の下に「人間が共同に生きる上での最適の形態」について記した書物である。アウグスティヌスの見解では、「それは真に公的で、確実に政治的になれないキリスト者の共同体の外にある生活である。その反対は公的なものと私的なもの、教会と世界との間にあるのではなく、政治的美徳と政治的悪徳との間にある。終わりの日に、その土台において「原子論的」であることが示されるのは、世俗的秩序である」。神の場所を持たない社会は、公益を破壊することになる競争や、自己権力を拡大することばかりに関心を持つ、道徳意識のない集合体へと崩壊する。最後には、暗闇に包まれるのである。[13]

しかし、アメリカ合衆国と呼ばれるその国で、キリスト者にとって意見が分かれた忠誠の問題をどうしなければならないだろうか。少なくともそれは、私たちには分かたれた忠誠があるということをキリスト者に想起させる。たしかに、アメリカにいるキリスト者がアメリカに対して為した裏切りの最たるものの一つは、アメリカと神の国を混同してしまったことである。アメリカは民主主義の国であり、民主主義は他の政治組織の形態よりも強制的でないと私たちは考えたからこそ、キリスト者はそのようにしたのである。伝えられるところによると、民主主義国家は、いくらかの主張が二つの国に対するアウグスティヌスの理解に初めて表れる政府の限られた形態である。それで、キリスト者は今、彼らは強制されない犠牲であるゆえに、民主主義は私たちに問題のない犠牲を払うよう頼むことができると主張する。あなたが、そのような主張について問題があると考えるような平和主義者である必要があるとは、私は思わない。私たちが、アメリカは犠牲のシステムだと名付けることを認められないので、民主主義と呼ばれる犠牲のシステムが、キリスト者に対して問題を含むままであると認めるために必要とするすべてのものを、アウグスティヌスは与えるのである。

『愛国心は美徳か？』という表題の論文の中で、アラスデア・マッキンタイアは、私たちの文化における支配的な道徳の根拠と愛国心との間には、深刻な緊張があると述べている(14)。道徳的に行動するために、行為者は、すべての社会的な特殊事情と不公平とを可能な限り引き受けなければならないと、私たちは信じている。この道徳についての理解を提出する私の方法は、あなたが物語（ストーリー）を持っていなかった時にあなたが選ぶ物語以外は、物語を持つべきではないと私たちが信じていることを指摘することである。私たちはこれを「自由」と呼ぶ。そうした自由の主たる表現は、私たちが何を行っているのか分からない時に行った決定に対し、責任を持つべきではないという前提に見出される。倫理的な生活についてのこの見解に関する唯一の問題は、結婚と子どもを持つことを理解し難いものとしてしまうことである。生涯に亘って一夫一婦であるという忠誠を誓った時、あなたは自分が何をしているか分かっていたであろうか？　さらに、あなたは自分が欲する子どもたちを得ることはできない。

マッキンタイアによると、愛国心は二者択一の道徳的見解によって構成される。愛国心は「私が生まれた時、その当時その場所を統治していた政府、私の両親は誰であったか等々と偶然的な社会的事実によって、高潔な行為とは何かという問いに対して私に求められる――少なくとも、それが問題となっている愛国心の美徳である限りであるが。それゆえに、道徳的な立場と愛国的な立場は、体系的に矛盾する(15)」。「もし私自身の個人生活の実行された物語が、我が国の歴史に深く根ざしたものとして私が理解しないなら(16)」、より良く生きる私の能力の重要な次元である愛国心の道徳性の中心的な主張は失われるのである。

アメリカ合衆国のようなリベラルな社会秩序は、そのような愛国心を道徳上の問題であると見なさずにはおれないとマッキンタイアは述べる。リベラリズムの社会秩序および道徳的合理性に相応する記述は、当然私が親、農民、あるいはアメリカ人として道徳的に行動するのではなく、私の行動の原則が自分の見せ掛けの地位によって合理的な行為者としての合理的な行為者として正当化され得る時にのみ、私が道徳的に行動すると主張することを私に要求する。愛国心の言語で理解され、リベラリズムの語で理解される、アメリカの大義と道徳の大義が特定されるようになったその独特な国にアメリカは名をつける。マッキンタイアは、この識別の歴史が混乱と矛盾の歴史にならざるを得なかったと述べる。「パティキュラリスト連合の道徳観にとって、矛盾なしで成し遂げられることができない方向で、つまりつながりと結束は、普遍的道徳、非個人的な、そして中立の原則と融合されてきた[17]」。

矛盾よりも（少なくとも私にとって）悩ませるのは、そのような愛国心とリベラリズムの普遍性の融合が、暴力という結果に終わらざるを得ないことである。――噂によれば私たちの暴力は利己的なものではなく、むしろ噂によると、すべての人々が共有する理想という名目で行なわれるため、暴力はなおさら強烈である。アメリカ空軍にいる若者は、彼らの家族や地元のコミュニティに対する義務の一環として軍隊に仕えていると考えるかもしれない。しかし実際のところ、そうした地域的な忠義というものは、それが単に帝国のためであると認める手段が欠如している帝国自身の利益のために利用されているのである。旧ユーゴスラビアにおける対立は、何世紀もの間、心に抱かれた憎悪によって激化した。しかし、少なくともユーゴスラビアの人々は、普遍的な理由という名目でお互いに殺し合うことをしなかったのである。

イラクで進行中の戦争は、普遍的な理由という偽りの下に隠蔽されたアメリカの傲慢の明らかな例である。アメリカはイラクの石油を必要とし欲しがるので、イラクを攻撃することはいろいろな点で道徳上の前進であろう。しかしアメリカ人は、私利私欲からでは武力に訴えることが出来ない。私たちは、自由と民主主義というアメリカの理想のためなら武力に訴えることが出来る。もっとも、自由と民主主義は、聖戦の約束に一致して戦争を実行することをなおさら困難にするものであるが。戦争を正当化するために訴える理想が高ければ高いほど、戦争を制限することは困難になる。たとえば、イラクが打ち負かされた今、「私たち」すなわちアメリカ人は、イラクを民主主義の国にしなければならないと考える[18]。どのような可能性を持つ理由から、その仮説は正当化され得るであろうか。

イラクにとって政教分離を受け入れることは、何を意味することが可能であろうか。イスラムには、教会か宗教かという考えがない。イスラム社会に宗教を「私事化する」よう依頼することは、イスラム教徒にイスラム教徒以外の者になるよう依頼するようなものである。

マッキンタイアが示唆する矛盾とは、アメリカのプロジェクトの中心で、キリスト者がアメリカの愛国者になることは不可能だということである。キリスト者、確かにカトリックのキリスト教徒は、真に普遍的であるものをアメリカが代表しているということを信じることはできないし、信じないのである。[19]普遍的ということを表すキリスト教の用語はカトリックである。さらに、普遍的な教会は、自由のような理想によって構成されているのではない。むしろキリスト者にとって、共通の物語で結ばれた実在の人々の間で、普遍概念は時間と空間を越えた関係を挙げるのである。私たちの一致を支えることに対して特別な責任を持つ教会の職務は「監督」と呼ばれる。その職務はさらに教会が世界のために一つの力強い祈りとなるように、監督が彼らの物語を互いに共有するため、多様な聖餐式の会合を助ける時にのみ、ある程度まで理解できるのである。確かに、私たちの世界が戦争以外に方法はないと考える理由が、キリスト者間の不一致であるというのが、私の意見である。

愛国心――少なくともマッキンタイアの愛国心についての理解――は、もし私たちが、国や人民に対する私たちの忠誠よりも、狭い忠誠によって決定されるなら、キリスト者にとって可能なものとなり得るのである。キリスト者であることによってキリスト者（であり続ける者）たちは、ウガンダ人、テキサス州民、あるいはアメリカ人であることとさえ否定することを求められない。しかし、ウガンダのキリスト者であることが何を意味するかと、アメリカのキリスト者であることが何を意味するかとは、まったく異なる難題を提示する。しかし、そうした難題は、どのように協議され、ウガンダ人であるかアメリカ人であるかを決定するかもしれない。それによって、教会が存在することを義務付け、ウガンダとアメリカのキリスト者は、当然ながらウガンダ人あるいはアメリカ人として役立つことを望んでいる。しかし、教会によってアメリカのキリスト者とウガンダのキリスト者との間で創り出される一致に対し、アメリカ人であることが優先権を持つことをそれが意味するならば、そのような奉仕は、私たちがキリスト者であることで緊張関係にあるという兆候を示すのである。

　そうした諸々の関係を鍛錬するのは平和である。そういうわけで私は、平和主義者が政治的に無責任であるとか、不誠実である等と非難されるのは奇妙に感じる。キリスト教非暴力主義に専念することは、アメリカにおいてさえ、私たちのお互いとの関係をより正しいものにしようと努めることを妨害するようであってはならない。しかし、アメリカの理想の推進のための新兵であることを拒否することにより、非暴力に専念していないキリスト者と同様に、アメリカと呼ばれるこの土地に最善の仕方で仕える方法があると私は考えている。私たちはむしろ、教区の人々であろうではないか。帝国の普遍的なイデオロギーに仕える誘惑から私たちが救われる唯一の方法については、私たちの実際の生命を可能にする具体的な関係を通してである。ノース・カロライナ州チャペルヒル市にあるホーリー・ファミリー監督教会で礼拝を守る人々の生活には私に最初の要求をする権利がある。アメリカ合衆国と呼ばれる抽象的概念が抱くであろう忠誠は何であれ、私が何をホーリー・ファミリー監督教会で礼拝する人たちに負っているか、そして私が彼らに負っているものがどのように世界中のキリスト者たちと接する中で私を配置するかという影響によってテストされる必要がある。

　最後に私は、アメリカを支えることについて嫌疑のかかっている怠慢に関して、左派と右派の人たちによって為されている批判に対して戻る必要がある。私は非常に世俗的な大学で教え、働いている。大学における生活の中で、私はできるだけ良い市民であるように努めている。大学の委員を幾つか務めているが、これは私がしばしば、神学を単に魔法より上の段階にあるものと見なしている人々と共に働いていることを意味している。実際、現在の大学では、魔法はキリスト教よりも興味深く、立派であるとしばしば見なされる。しかし私は、私たちの生命を形作る確信を探求するために必要である理性的な熟考をするために、大学は空間と場所を提供すべきであり、提供すると思い続けている。アメリカの道徳的かつ政治的エートスの矛盾について示すマッキンタイアのそうした種類の分析は、大学であるからこそ可能であり、為すべきであると私が信じている類いの仕事である。私はキリスト者およびキリスト者ではない（両方の種類の）隣人に、アメリカ人である隣人に、大学における私の仕事を通して仕えているると思いたい。しかし、正直な職人や女性たちはおそらく、公共の利益のために、より重要な仕事をしていることを思い出すように努めている。

大学における私の任務に注目を引かせることは、私のことをアメリカに忠実でないと考える人々、あるいはアメリカをより正しい社会にさせることに私が失敗したと考える人々を満足させはしないであろうと私は思っている。そのことに関しては、彼らは正しいかもしれない。しかし少なくとも、そうした判断は私についてではなく、私たちの公益の促進のための施設として、大学の役割と重要性をどのように理解するかに従うのである。お互いに平和のうちに生きるよう企てるため、そしてそのような平和が持つ価値のある正義とはどのように構成されているかを知るためにも、大学の仕事は重大であると私は思う。私は、大学があまりにもしばしば国務省とペンタゴンの関心に、それ自体を売ることにやぶさかでない点を憂慮していることを認める。しかし、少なくとも、そうした売却を批判することを可能にする責任によって大学は構成されるのである。

私は、私たちの時間に非常に特有な普遍概念に対する欲求から間隔を置くために、比喩としてテキサス州民であることをしばしば用いた。私がアピールする「テキサス」が、想像上のものであることを私は良く知っている。しかしテキサスには、あなたがフライドチキンのステーキを食べることのできる場所が今もなお存在する。フライドチキンのステーキを食べることは、普遍概念のおとりに対する抵抗の十分な形態ではなかったかもしれない。しかし、あなたたちはどこかへ出発しなければならない。キリスト者であることは、毎日行われている時間のかかる、そして時間を創り出す仕事に従事することにより、共同生活を促進させることを通して、お互いに配慮する訓練を受けることである。大学の仕事は、それが配達よりも、しばしば偽りであるかもしれないが、約束するものである。しかし、大学は、私たちが私たち自身とお互いとを平和のうちに生きることを援助するだけでなく、平和でもある制度であり得ると思う。大学の仕事に対する私の責任は、私が受けてきたものに感謝しても感謝しきれないと思う人々を満足させないかもしれないが、私が言えるすべてのことは、私が受けてきたことを私がすることであり、自分たちをアメリカ人と呼ぶ人々から受け取った贈り物を、私は僅かでも返すことができるかもしれないという希望である。

第9章注

（1）通常、私は自分が執筆する論文の主題を決めないが、この章の主題 —— すなわち、アメリカへの忠誠に関する問い —— について第一人称として自分の見解を述べることを避けるのは困難であることに気づいた。私のキリスト教理解に異議を申し立てる人々がいるが、幾分かは正しいであろう。なぜなら、私がアメリカの世話になっていることを裏切ると彼らは考えるからである。

（2）Stanley Hauerwas," September 11, 2001: A Pacifist Response," in *Dissent From the Homeland: Essays After September 11*, edited by Stanley Hauerwas and Frank Lentricchia (Durham: Duke University Press, 2003), pp.180-9.

（3）Jeff Stout, *Democracy and Tradition*, Princeton: Princeton University Press, 2004, p.140. スタウトの大変重要な著書に対する私の応答、および私に対する彼の批評については、次の文献を参照。"Postscript: A Response to Jeff Stout's *Democracy and Tradition*," in my *Performing the Faith: Bonhoeffer and the Practice of Nonviolence*, Grand Rapids: Brazos Press, 2004.

（4）Grady Scott Davis, *Warcraft and the Fragility of Virtue: An Essay in Aristotelian Ethics*, Moscow, ID: University of Idaho Press, 1992, p. 40. ヨーダーからの引用は、*The Original Revolution*, Scottdale, PA: Herald Press, 1977, p. 29.

（5）Robert Wilken, *The Spirit of Early Christian Thought*, New Haven: Yale University Press, 2003, p.191.

（6）Wilken, *The Spirit of Early Christian Thought*, p. 195.

（7）Augustine, *The City of God*, translated by Henry Bettenson, Harmondsworth: Penguin Books, 1977, pp. 889-90.

（8）Augustine, *The City of God*, p. 860. 裁判官についてのアウグスティヌスの記事に関するウィルケンの議論については、以下を参照されたい。*The Spirit of Early Christian Thought*, pp.198-9.

（9）アウグスティヌスはドナトゥス派を抑圧するために、「国家の力」を頻繁に用いた。しかし実際のところ、彼はドナトゥス派に死刑を執行することに対しては反対したのである。アウグスティヌスの伝記の中で、ゲイリー・ウィルスは、アウグスティヌスがキリスト教の人民擁護者であるマルケリヌスに宛てた手紙に注目を促している。アウグスティヌスはこの手紙の中で、ドナトゥス派に対して忍耐をもって扱うよう忠告している。（Gary Wills, *Saint Augustine*, New York: Viking, 1999, pp. 99-126）。

（10）アウグスティヌスの重要性について、ニーバーが著したものの中で最も優れたものは、『アウグスティヌスの政治的現実主義"Augustine's Political Realism"』という評論であり、これはニーバーの著書である *Christian Realism and Political Problems* (New York: Charles Scribner's Sons, 1953) の pp. 119–247 に収められている。ニーバーは、アウグスティヌスの現実主義がシニシズム（冷笑的な考え方）を回避できると主張する。なぜならアウグスティヌスは、「人間の自由の腐敗が、行動パターンを規範的にすることなく、普遍的にするかもしれない」と認識したからである（p. 130）。すなわち、自己愛というものが地上の国を（そして教会も）支配するが、愛を求めることによって作り出され得る相対的な正義に達することは依然として可能なのである。

（11）Wilken, *The Spirit of Early Christian Thought*, p. 203.

（12）Augustine, *The City of God*, p. 878.

（13）Wilken, *The Spirit of Early Christian Thought*, p. 208.

（14）Alasdair MacIntyre, "Is Patriotism a Virtue?" in *Theorizing Citizenship*, edited by Ronald Beiner, Albany: State University of New York Press, 1995, pp. 209-28.

（15）MacIntyre, "Is Patriotism a Virtue?", p. 212.

（16）MacIntyre, "Is Patriotism a Virtue?", p. 224.　リベラリズムのコスモポリタニズムと愛国心との間の緊張関係についてのマッキンタイアの分析は、人が難民に対して配慮する義務をどのように理解すべきかということについての深い意味を含んでいる。リベラリズムの政治形態に示された難民の課題について私が知り得る最高の論文は、Luke Bretherton, "The Duty of Care to Refugees, Christian Cosmopolitanism, and the Hollowing of Bare Life," *Studies in Christian Ethics*, 19, 1(2006), pp. 39-61である。ブレザートンは、マッキンタイアに似た仕方で、自由主義の国際主義者は、難民の主張が他の諸々の要求と比較して、なぜ特権的でなければならないのかという理由を明らかにする首尾一貫した報告を提供することができないと主張する。リベラリズムはキリスト者が理解する公共の利益に対して神との交わりの中で成し遂げられるほど究極的な目標があるということを、特定の忠誠がどのように理解されねばならないかを説明できないゆえに、彼らはそうすることができないのである。したがって彼は、「プラトン哲学の原論理的目的論が言語、血族関係および領土権の違いを含む人の特定の社会に分化を通して人類の遂行を取り入れることが不可能な未分化の『人類』への返送を断定する合理主義的なコスモポリタン」であり、彼は「創造の終末論の遂行に、歴史を通しての分化と発展を通して」キリスト教のコスモポリタニズム（彼はそれを運動として理解する）とを対比するのである（p. 48）。彼はそれから、難民の性格を描写するために、「裸の生命」というアガンベンの記事を用いながら議論を提供する。そして、一つの政治形態もすべての難民の原因となることはあり得ないと認めているのに対し、彼らの局地的な文脈の中では、キリスト者は難民を快く受け入れる義務があると述べる。ブレザートンは、政治形態がどのように難民の異なる人口に対する義務を区別するかもしれないかについては語らない。しかし、そうした差別は歴史の物語として確かに来るのである。例えば、アメリカには我々の帝国の野心のため、苦しみを被った難民を受け入れる義務が明らかにある。

(17) MacIntyre, "Is Patriotism a Virtue?", p. 228. マッキンタイアの分析を確認するには、次の書物を参照。Edmund Morgan's, "Inventing the 'Liberal Republic' Mind," *New York Review of Books*, LIII, 18, November 16, 2006, pp. 30-2. モーガンの論説はロバート・カーガンの書 *Dangerous Nation* の書評である。この書はアメリカの外交政策を「普遍的な国家主義」として描写（および弁明）している。

(18) 私は本論文を、ジョン・アルデン・ウィリアムズが二〇〇二年に行ったウィザースプーン講義「国家は徳の高いものとなれるか？――イスラム教の政治理論のこれからと今」を受ける前に書いた。私は、イラクを「民主主義の国家」にしようと努力している人々が向かい合っている仕事が、いかに見込みのないものであるかを理解するのに、彼の講義が役立つと思いたい。イスラム教には「国家」という現代的な概念の根拠がまったくない。二つの国についてのアウグスティヌスの理解と、「誤てる国」についてのアル・ファラビの記事とを比較し、対照させるのは興味深いことであろう。

(19) 政治的なリベラリズムは、普遍主義者の列車を動かす主要なエンジンではない。資本主義は偏狭であるように、リベラリズムの見解から何が現れざるを得ないかについて破壊するために、自由なドライブを物質的に具体化する最も決定的な実行である。それゆえに、アメリカのドルは世界中で最も決定的な形である。資本主義とローマ・カトリック教会の教義との矛盾について分析した先見の明のある書物は、次のものである。Michael Budde, *The Two Churches: Catholicism and Capitalism in the World System*, Durham: Duke University Press, 1992.

第10章　民主主義の時代

──ヨーダーとウォーリンから学んだ教え

1　民主主義に関するスタウトの説

本論考の主題は「キリスト教信仰とラディカル・デモクラシー」であるが、スタウトが『民主主義と伝統』[1] (*Democracy and Tradition*) の出版を通して提起した問題について、私が今だに熟考を与えられていることに対して、感謝の意を表さないのは、不誠実になってしまうと思う。最初、私がスタウトに応答した時、以前のいくつかの考え方をもう一度再考するようにと、私に促してくれたことに感謝している。また、キリスト者がこのいわゆる民主的な社会[2]と折り合っていく方法を理解する上で、彼が影響を与え続けてくれることに、(これから先もそう願っているのだが、) 感謝の辞を述べたい。しばしば著者の批評家に対する感謝の意思表示は、批評家には理解力がないとか、教養さえない場合には、彼らが批評する立場をつかめていないといったことを表明することで、批評を簡単に片づけてしまう。

たとえば、ポール・グリフィスは、彼の最近の著書『偽り――二枚舌のアウグスティヌス神学――』(*Lying: An Augustinian Theology of Duplicity*) の中で、ニューマンとヴィクトリア時代の人々一般の論証法の鋭さをほめている。それによれば、ニューマンは、キングスレーの反カトリック的論証法への応答として、キングスレーの誤解が悪意によるものではなく、むしろ「キングスレーの知性を用いた結果」であると考えた。「キングスレーは彼自身と全く異なる意見の持ち主に何が起こっているか理解できない傾向にあるように見える。さらに言えば、彼の無知について全く無自覚である」と。[3] このニューマンの判断を持ち出したのは、私の研究に対するスタウトの批評について、私がどのように考えるのか確実なものはないといわんがためである。私は全くスタウトに負うている。なぜなら彼は、私が過去に下した判断を再考するよう促してくれたからである。現段階において、私はかつての判断について、私自身が他者に十分に表現してこなかったものであると理解しており、私が何を考えるべきかを理解することが最も重要であると認識している。

従って、私はキリスト者が「ラディカル・デモクラシー」との関係を理解すべき方法について探求する機会をここに与えられ、大変感謝している。『民主主義と伝統』でスタウトはアメリカをより民主的にする戦いに参与するように私を強く促している。彼は私がアメリカ社会における正義、つまり、民主主義のための戦いに見向きもしないという態度で、リベラルな政治理論と民主的実践とを混同していると考える。(4) 確かに、彼は、私に影響を受けた多くの牧師が教会を民主主義の敵に仕立てるような方法で、彼らの教会員たちを形成していくのではないかと心配している。

なるほど、私がリベラルな理論と民主的実践とを合成したということにおいて、スタウトの理解は正しいといえよう。しかしそうだとしても私にはそうする理由があった。なぜなら、それは多くのリベラルたちがしてきたことだからである。私がこれから論じるように、シェルドン・ウォーリンがリベラリズムを民主主義の政治課題を避ける試みと解釈したのは正しいと思う。しかし、それでも最近の理論においてリベラリズムの前提には民主主義の正当化と統治理論があることは確かである。もちろん、その困難は何をもって、またどのように民主主義が理解されるかである。私たちがラディカル・デモクラシーは何でありまたどう理解すべきかを探求しようとする理由がここにある。

ラディカル・デモクラシーについての私の見解を明らかにするために、私はヨーダーとウォーリンからの教えを引用したい。しかしながら、その前に私がキリスト者たちにあきらめるよう覚悟させた、民主主義に関するスタウトの理解に関して、いくつかの問題を提起したい。スタウトは、彼の焦点がアメリカの民主主義にあるというが、彼の意味する民主主義、並びに、民主主義とアメリカとの関係の仕方が私にはよくわかっていない。(5) 時々、彼は急進的民主主義者のようにみえ、特に、彼がコミュニテイについて語る時がそうである。しかし、彼は別の選択肢を支持すると思われる最新の理論家についてめったに言及しない。思うに、仮に法に対する企業の影響があるとすれば、アメリカの政治形態は民主的とは呼べないと彼が主張するのは正しい[6]。しかし、私にはスタウトが何を別の選択肢と考えているのかはっきりしないままである。

スタウトの民主主義を語るお気に入りの方法は、「与える実践と、理由を問うこと」[7]である。確かに、このような主張は一般に知られている「プラグマティズムは民主主義的伝統主義である」ということ、すなわち、プラグマティズムはヒエラルキーへの反逆と愛の美徳とを結びつける空間であるという、彼の格言的、逆説的な意見と同じである[8]。それ故、スタウトにとって民主主義は政治形態とはいえず、むしろ「本来、一つの文化である」[9]。従って、彼は、民主的な個人の理想が完全な自立ではなく、市民が服従に抵抗しうるような勇気と自己信頼とを併せ持つ美徳であると主張する[10]。実際、スタウトは民主主義を論じる民主的な批評家が、寛容さをもって彼らの批評を鍛え上げなければならないと主張する。批評家は、彼らの告発が告発されることに対して開かれていることを示すために、寛容さが求められる[11]。

しかしながら、私にはスタウトが「人民」と民主主義の役割をいかに理解しているのかがはっきりしないままである。「私たちのような状況下」において、「人民は民主主義が屈する前に、民主主義のために行動するのに必要な霊的手段としての道徳的性質を奮い起こすことができる」[12]かどうかを彼は心配している。しかし、スタウトはエリオットの「イングランドびいきと伝統主義」について、自分の民衆から目をそむけ、他の場所と時代に目を転じたと批判する。その著作に対する反応で、スタウトはエリオットの「民主主義的賭けはこの世の望みと我々が抵抗すべき悪の原因の両方が、人民の間に見い出せる」[13]と告白する。私は、スタウトが民主主義における「人民」の役割について、これらの判断を一貫して保持できていないと暗示しているのではない。彼が人民とは誰であり、彼の述べる民主主義の中で人民がどんな役割を担うべきかをどう理解するかを私はもっと知りたいのである。

『民主主義と伝統』の冒頭でスタウトは、「厳密に政治的に付託された民主主義とは、統治された社会の成人の構成員すべてが統治者選出にかかわり、統治者たちが慎重に取り上げる広範囲にわたる討議で、彼らの意見を自由に述べることのできる、一つの政治形態である」[14]と述べている。公けの審議はこの政治形態にとって本質的なものであり、選挙民のために審議する人民の代表と選挙民の判断を必要とする。このようなコンテキストは、厳密な意味の政治形態における民主主義と文化的現象としての民主主義との間のつなぎ目となっている。

思うに、『民主主義と伝統』におけるスタウトの議論はまさしく、民主主義と政府諸機関とを結びつけることを避けている。しかし、私は、彼が今まで述べた中で「厳密な政治的付託」[15]としての民主主義によって何を意味しようとしているかわからない。たとえば、彼は、正義の説明が十分ではないと私を批判し、正義はテロリズムに対する闘いが正しく実行されることであるとするなら、その正義は危機に瀕しているという。彼は次の問いを説明するのに、正義が必要であるとみている。つまり、「なぜ我々がテロリストに対して武器を用いる大義を持つのか？」「なぜ我々の武装した軍隊は民間人に向けて発砲すべきではないのか？」そして「なぜ我々は、人民の民主的切望を我々に頼って挫こうとする政権を支えるべきでないのか？」という問いである。[16]しかし、私はこの文章中の「私たち」という言葉が現状を受け入れる権力に関する前提を正当化しているのではないかと心配する。

私はここで用いる「私たち」という語がスタウトの「市民国家」の意味で用いているのではないかと思う。デビット・ホリンガーの研究を引きながら、スタウトはアメリカを構成する三つの手ごわい有権者――ビジネスエリート、移住者としてのアイデンテイテイを持つ人々、そしてアメリカの中産階級――はすべて「市民国家」の一員であることを我々に思い起こさせる。[17]しかし、スタウトは、アメリカのような国がコミュニタリアン的な意味での共同体になることができると思うのは重大な間違いであるという意見も支持している。[18]

私にとって不明なことは、スタウトが彼の近隣地域で育った民主主義と、彼の理解する「市民国家」とがいかに関係づけられ依存しまた明示されたものになるのかを、どう理解するかである。私はこの疑問を批判のつもりで述べているのではなく、むしろこの疑問は私を含むラディカル・デモクラシーのある形態を主張するものすべてに対して向けられた問いであると思う。

この疑問はまたスタウトの「民主主義的規範とテロリズム」の章の核心にあると私は思う。私は、彼の論点が「汚れた手」の照らし出す限界と不可避性に関する論議で明らかにされていると思うが、スタウトが彼の民主主義の支持を立証する為にこの説明が必要だったかどうか疑問が残る。彼によれば、政府の指導者たちは特別な責任を負う職についている。たとえ人民を擁護することで手を汚すとしても、彼らは「人民」を擁護しなければならない。このような統治者は「他の私たちとは異なり、国民の生存と福利のために威圧的な力の行使に公的に責任がある」[19]。この統治者は統治者自身がしなければならないことを実行するようになる。単純に私たちの生存のために統治者の政策を実行するのに、スタウトが与えたような、注意深く適格と認められた理由があったとしても、なぜ統治者に合法化の理由を私たちが与える必要があるのか、私にはわからない。もっと言えば、スタウトが信じているように、民主主義は「人民」に仕えるという名目で統治し、行動する人々を分裂させることが意図されているとあなた方が信じるなら、これらの理由がどういう風に要求されるのか私にはわからない[20]。もし民主主義の理論が有力な統治力の正当性を示す理由を与えるとするなら、その時、民主主義の実践を覆すような攻撃は純粋にイデオロギー化した方法で機能する危険がある[21]。

しかしながら、スタウトの「汚い手」に関する章で彼が提起した問題は私の避けることのできない問題でもあることを明らかにする必要がある。『信仰を全うすること』(*Performing the Faith*)の評論の中で、テリー・テイリーは「私たちは教会の組織や役職者についてどう考えるべきか？　私たちの教会内における役職、職務、そして証しの多様性について私たちが何をいえるのだろうか？　私たちの指導者のある人々は教会を運営するのに『汚い手』をもっていないのか？」という[22]。私は断言するのだが、もし教会がもう一つの政治活動であるなら、このような問題は避けられない。このことは以下のことを意味する。教会がどのように統治されているかの問題は、キリスト者がこの世に対する信仰の証しをどう理解すべきかの問題の中心に置かれているということである。しかしそれは私がヨーダーの「政治学」の中心と理解していることである。特に、「教会の政治学」を理解する上で、教会の罪深さの自覚が極めて重要だということを、彼が私たちにどう教えているか、ということである。そこでヨーダーに目をむけていきたいと思う。[23]

2　ヨーダーの教会論と民主主義論

「民主主義に関するキリスト者の主張」("The Christian Case for Democracy")という論文で、ヨーダーは、「初期のキリスト者には、帝国が統治の最良の形態であるのか、あるいはそうではないのか、といった疑問は起こらなかった」[24]と述べる。これと同様に、〔現在でも〕民主主義にたいする要請は自明のことではない、ということは、世界中の多くの地域に当てはまる。従って、「何が最良の統治形態か？」と問うことは、コンスタンティヌス的問いである。すなわち、この問いは、この質問をしている人物が、権力の立場というものを想定している、「体制側の」(established) 社会的地位にある人物である、ということを前提しているのである。ヨーダーは、最良の統治形態とは何かを問うことのできる「典型的で倫理的な主体」は、「自由で、成人で、健康な、男性で〔このようなごく一般的な代名詞さえそう証言するように〕、地主であり、稼げる人」である、と指摘する。[25]

最良の統治形態とは何か、という問いにたいするヨーダーの否認は、私たちは政治的にはすべての猫は灰色であるような〔つまり、見方によりけりの〕世界に生きているのだ、と彼が考えているという意味ではない。キリスト者は異なった社会的、政治的な選択肢を識別することができるし、またそうすべきである。しかし、個々の政治的社会の相違を識別するためには、ある正当的な理論を必要とするのだと前定することなしに、そうしなければならないのである。キリスト者が最良の統治形態とは何かと考えることを否認することは、社会のより良い、あるいはより悪い形態を識別しようとする、すべての試みを放棄しなければならないということを、意味しているわけではない。非暴力主義は明らかに統治の評価の識別のために一定の役割を果たした。しかし、ヨーダーによれば、キリスト者が直面する最も根本的な問題は戦争の問題ではなく、彼らを戦争の必要性を想定するように導く社会的想定である。彼は次のように見る。すなわち、いかなるキリスト者も、彼らが戦争を好きだからとか、戦争は良いものだからと思って、戦争を受け入れるのではない。彼らは、教会が政府と協力して社会を運営するように要請されていると考えているゆえに、戦争を受け入れているのである[26]。

それゆえ、ヨーダーは、ラインホールド・ニーバーが一九二〇年代、また一九三〇年代に平和を高揚する教会（peace church）の平和主義〔すなわち戦争拒否〕を批判したことを、称賛している。人間は世界を正す能力を有しているのだとか、見識ある少数派は戦争を強圧的に非合法化し排除する彼らの抑制のテクニックによって世界を良くすることができるのだといった〔ピース・チャーチの一部の人々がなした〕仮定は、〔ヨーダーにとっても〕福音的ではなかったのである。しかし、そのことは、キリスト者は世界にたいして悲観的立場を取ることができる、ということを意味しない。「世界を変えることは教会の任務である。教会は、個人を変えることによってのみならず、世界の只中にあって異なる人間共同体として存在することによっても、その務めを果たすのである[27]」。

私がスタウトの『民主主義と伝統』における私に関する記述に不満があるとすれば、それは私自身のなかのこの強調点を彼が認めなかった点にある。それが私がまさにヨーダーから学んだことであった。ヨーダー（やハワーワス）は分離主義者（a sectarian）であるという、しばしばなされる非難は、教会は世界にたいして世界のあるべき姿の模範たる共同体となるべきだ、というヨーダーの強調点を、真剣に受け止め損ねているのである。私が国家についての正当性の説明を提供しないことは、ある人々には無責任と映っているかもしれないが、そうした批判は、少なくとも私に関する限り、「現実的」ではないことを示している。そうした正当性の説明を私が拒否することは、キリスト者は彼らが生きる社会の限界と可能性を識別する判断ができないのだ、ということを意味しない。キリスト者はそうした判断力をもっている。しかし、それは、キリスト者が政治的に圧制と見なしても仕方がないような社会においても、彼らが伝道者となっていくことを妨げないような、判断力なのである。

ヨーダーは宗教的説教運動から起こった言論や出版や集会の自由といった市民的自由はきわめて重要だと考えている。ただし、これらの自由が世俗の解釈のなかで「譲り渡すことのできない権利」となるのは、また別問題である。そのことはキリスト者にとって物議を醸し出すかもしれない。さらに、ヨーダーは、A・D・リンゼイの研究を引きながら、神の言葉が聞かれなければならないゆえに、説教や出版や読書の自由が与えられねばならないのだ、としたピューリタンたちの確信が、世俗のタウンミーティングの模範となった、ということは重要な意義をもつと考える。このことはキリスト者にとっても意義のあることである。ただし、これらの集会が個人は信頼できるものだという主張によって正当化されるなら、問題が起こってくるかもしれない。しかし、それはキリスト者が喜んで引き受ける問題であろう(28)。

ヨーダーは、非暴力主義に傾倒するキリスト者、とくに農村部で福音的志向をもった人々であっても、彼らがこの世界でも幸福であるあり方に関しては、十分に正直だとは言えない、とさえ指摘する。すなわち、彼らは、「過激なクウェーカーたち」を、キリスト者は国連と協力することによって世界を変えられると主張しているとして、非難するかもしれないが、彼らは、自分たちが誇るきれいな柵の列、そのトウモロコシ畑のなかに雑草がないこと、その畑が侵食されていないこと、また自分たちが輪作の重要性を発見したことが、「世界の全体主義の場所からから離れて、民主主義の場所へと移動する、平和な人々の傾向と結びついているのだ、ということを認識しなければならないのである。もし私たち（平和教会）がこのことを本当に真剣に受け止めるとするなら、それは次のことを意味する。すなわち、私たちは事実、より良い社会とより悪い社会の違いを理解し、私たちは皆、より良い社会に住みたいと願っている者である、ということである(29)」。

ある人々は、なぜ人々は民主主義的と言われる社会に住むのを好むのかということを平和教会は説明する必要がある、ということについてのヨーダーの考察は、彼が『国家にたいするキリスト者の証し』において述べる、「キリスト者の証しは政府のためのいかなる基盤をも、実践的にも哲学的にも、提供しない。むしろ、キリスト者は存在している権力を受け入れ、適切な方法でそれらに語りかけるのである」[30]という主張と、矛盾するではないか、と考えるかもしれない。私も、自分のヨーダーに関する初期の論文「無抵抗の教会」("The Nonresistant Church: The Theological Ethics of John Howard Yoder")において、ヨーダーは国家を判断するための正当性の理論を提供していない、と批判したことがあった。[31]しかし、私はヨーダーが次のように主張するのは正しいと思うようになった。すなわち、「国家は存在するために理論的に正当化される必要はない。それは〔そうした正当性に関係なく〕現に存在しているのである。私たちが国家について意見を述べることが、国家の存在理由に関する理論ももっていなければならないということを前提しているのかどうかは、私たちの批判の性質と根拠によりけりである」[32]。「国家」は正当性を必要としない、というヨーダーの主張は、新約聖書的理解に適合しているばかりではなく、彼のそうした立場もまた、政治を動かすのに重要な具体的な道を現実的に提供するものである。換言すれば、「正当性の理論」の提供にたいする彼の拒否は、彼の称賛に値する歴史主義の別の側面に他ならないのである。

ヨーダーは正当性の理論を提供しないのだが、しかし、政府の権威はそれ自身の敗北に導くような過程にある神の道具である、という認識をもつ点で、彼は依然としてパウロ主義者である。[33]人間社会に必要な秩序をできる限り多く維持するために、キリストの統治が暴力の流れを変え〔るところから始まり〕、〔最後には〕暴力をそれ自身と敵対させていくような、二つの時代(aeon)の中間時において、キリスト者はその秩序に服している。従って、キリスト者は政府にたいして無抵抗であれとは求めないが、権力者にたいしては、彼らが公正であり、孤児と寡婦を世話し、秩序を保つために可能な最低限の暴力的手段だけを用いるようにと、求めることができるのである。[34]キリスト者がそうできるのは、彼らが「政府」を「けっして、ただ剣でしかないもの」とは見なしていないからであり、そのことが、キリスト者が国家にたいして証しすることのみならず、政治に参加することをも、可能にするのである。[35]

政治に関わる人々にとって、「二つの時代」の話はせいぜい架空の事柄のようにしか聞こえないであろう、ということは、私も承知している。しかし、私は、この話は、ヨーダーを理解するためだけではなく、教会とキリスト者が自ら経験している政治にたいしていかに仕えるかという課題を理解するためにも、きわめて重要だと信じている。ヨーダーの政治理解の核心は「時間」である。つまり、私たちは、政治的になる「時間」はないとよく言うのだが、そういう世界で、キリスト者が急がせられることを拒否するような、黙示的な「時間」である。それゆえに、キリスト者は、歴史がただひどいものの連続でしかない、とは信じないわけである[36]。

そういうわけで、キリスト者は「もっとリラックスし、世界を動かすのに強迫的にならず」、そして、与えられているものを利用すべきである、とヨーダーは勧める。すなわち、私たちは、私たちの後援者であるとたえず主張する支配者の自己正当化の言葉を、いかに有効に利用するか、ということを学ぶべきである[37]。そのとき、国家権力の理論でしかなかった民主主義も、人々にたいする支配としてではなく、むしろ、「少数者に委託された、権威にたいして油断のない監視を行う、最も現実的な方法[38]」であると、最良の仕方で理解されるようになるのである。民主主義の名のもとに、私たちは、依然として、民主主義的過程の結果とは言えないような決定を下すエリートらによって支配されている。しかし、そうしたエリートらが彼らの決定に施す理由は、それらの決定に従う人々にとっては、それら支配者たちに説明責任を要求する手段を提供してくれるものなのである[39]。民主主義が、多数派の支配としてではなく、少数派にたいする梃入れための調整として理解されるなら、それはとくにキリスト者が正当に好む統治形態となりうるであろう[40]。

しかしながら、ヨーダーが「ラディカル・デモクラシー」の主張者であるかどうかという問題は、なお確認され続けなければならない。スタウトの『民主主義と伝統』への論評のなかでロム・コールズはヨーダーの教会の理解、とくにキリスト教的伝統の理解が、ラディカル・デモクラシーの特徴をもっと論じている[41]。コールズは、不断の改革の立場を要求する教会の罪深さにたいするヨーダーの理解は、ラディカル・デモクラシーによって要求される、ある種の実践の具体例であると考える。とくに、コールズは、健全な成長とは木から伸びる枝としてではなくむしろ葡萄の蔓に似たものとして理解されるのであり、伝統とはそのようなものだという、ヨーダーの伝統に関する理解を称賛している。キリストの統治(the Lordship of Christ)によって今日の実践を検証するという一種「閉回路」(looping back)的な作業は、キリスト教的伝統は「枝を剪定し新しく根を張るための機会を与えることによって、生物の成長に不断に介入するという物語」として最もよく理解される、ということを意味する。(42)

同様に重要なのは、共同体の行為者たち(agents)は聖書解釈のための開かれた過程を維持する責任をもつという、「一般庶民(peoplehood)の解釈学」に関するヨーダーの理解である。このような過程は、共同体が共通の判断に到達するために求められるものである。記憶、方向性、言語的自意識、秩序、然るべき過程といったものをもつ行為者〔キリストの代理者〕たちとは、共同体が「閉回路作業(loop back)を試みる」ために、また教会がキリストにたいして信仰深くあるために、何が必要とされるかを発見するために、共同体に必要な賜物なのである。(43) さらに言えば、ヨーダーにとってそれらの行為者たちは必ずしも教会内から発生するものではない。事実、啓蒙主義の行為者たちは、宗教的自由に関する決定的な教えを教会に教えてきたし、教え続けている。ヨーダーの観点からすると、キリスト教批判者たちが、教会改革を成就するためにプロテスタントが政府に依存したことを批判するために、反教会的な立場をとらねばならなかったことは、不幸なことであった。この不幸な展開の結果として、キリスト者が民主主義の発展のためになすべきであった貢献は蝕まれてしまったのである。(44)

コールズは、以上のヨーダーの教会理解の諸側面は、ヨーダーの教会理解がある人々がラディカル・デモクラシーを推奨する際に述べたいこととといかに対応しているかということ示すものだ、と指摘する。私はその点でコールズは正しいと思っている。教会は「一番弱い」教会員の世話をし、彼らの言うことに耳を傾ける余裕をもつ、というヨーダーの主張は、教会が民主的習慣を体現しうる方法を評価することと同様に、重要である。さらに言えば、ヨーダーは以上の対応に反対する理由をもってはいなかっただろう。なぜなら、彼が「民主主義に関するキリスト者の主張」で明らかにしているように、教会の実践とイエスに従わない社会組織の実践からは、両者の類似性を引き出しうるからである。(45)

(46) の確認を。原稿から抜けていました。

しかしながら、ヨーダーをラディカル・デモクラシーの代表にしようとするコールズの試みは、ヨーダーがいかなる政治的理論も展開しておらず、また現実的政治を描き出してもいない、ということを見落としている、とスタウトが批判することは尤もである。ヨーダーはむしろ教会論を述べているのである。しかしながら、彼が教会論を展開しているとき、彼はまた政治についても考えていたのである[46]（少なくとも、教会と世俗との相違が存在論的相違ではなく行為者たちの相違である、という点で彼が正しければ、彼は政治について考えていたのである）。キリスト者に可能なことと、キリストに従わない者（キリスト者ではない者）たちに可能なこととの相違は、キリスト者にとっては義務（a duty）であることと、キリスト者でない者にとっては可能性（a possibility）であることとの相違である。このことをヨーダーはこう表現している。すなわち、

「キリスト者にとってのキリスト教倫理と、国家にとってのキリスト教倫理との相違とは、従って、範囲とか段階の相違なのではなく、応答の二元性ということである。神が和解され約束された信者たちに語るところでは、『キリスト・イエスにあっていだいているのと同じ思いを、あなたがたの間でも互いに生かしなさい』（フィリピ書二章）という戒めは、聖霊と教会のあらゆる可能性を考慮に入れる。神の意志が神に反逆している一人の人間あるいは人々に伝えられるとき、神も神の究極的意志も変わることはない。しかし、そのとき、神の命令はその受け取り手の不信仰も考慮に入れる（それは、ちょうど、いかなる真に個人的な伝達も、そこにいる受け取り手に向かい合うのと同じである）。そして、それゆえに、神の命令は他の可能性の限界内に留まるのである[47]」。

ヨーダーの平和主義が脆弱な政治しか作り出さないのは、それがイエスに従うことの意味にたいする感受性を要求する政治であるからばかりではなく、ヨーダーは「彼が市民国家主義の最も称賛に値する傾向とさえ理解しているものに教会が同化すること」を拒否するからでもある、とコールズは正しく見ている。むしろ、ヨーダーは「互

恵的解釈の地域的な小さな取り組み」を追求している。コールズはその取り組みはスタウトが願っているものだと考える。こうした〔ヨーダーの〕立場は以下のことを求める。すなわち、キリスト者がキリスト教的約束ばかりでなく民主主義的約束をも果たすつもりなら、彼らは不測の事態に直面したときにその脆弱さ（vulnerability）を〔むしろ〕培わなければならない、ということである。

もちろん、ヨーダーの言うような教会が存在するかどうか、という問いは依然として残る。しかし、まさにその問いは、不信仰な教会は教会ではありえない、ということを前提としている。しかし、先に示したように、ヨーダーの教会理解の核心は罪の告白である(48)。教会を構成する〔キリストの〕「体の政治学」（body politics）は存在するはずである。なぜなら、その他に、教会は自らの罪を告白する手段をもちえないからである(49)。その体を作り上げている諸実践は、多かれ少なかれ、他の教会また他の時代においてではなく、今の教会また今の時代において、行なわれるものである。そして、それらの実践が教会を説明責任的な存在として保持することができればできるほど、それらはけっして実現されない理想のようなものとしてではなく、むしろまさに今ある現実として奉仕するのである。

スタウトにたいするその論評のなかで、コールズは、シェルドン・ウォーリン —— コールズは、彼を「ここ数十年間におけるラディカル・デモクラシーの最も深遠な理論家の一人」と見なしている —— が、ヨーダー的テーマと共鳴する政治的ヴィジョンを提供している、と指摘する。コールズがウォーリンをそう認識することは、私がこれから行なおうとしている議論にとって重要である。ウォーリンの政治理解がヨーダーの教会理解、すなわち教会はいかにその使命を遂行しなければならないかということに関するヨーダーの理解と共鳴するというコールズの指摘は、実は私はヨーダーを研究する以前にウォーリンを読んでいたのだということを思い出させた。そして、それはさらに私に次のように思わせた。すなわち、私がヨーダーの思想を説得力のあるものだと思う理由の一つは、彼が私に教会的存在に関する一つの説明を提供してくれたことであったが、もしウォーリンのリベラリズムにたいする批判が正しいのであれば、その場合に要請されるものこそ、この教会的存在なのではないか、ということである。それが私が以下に探究したいと願っている思想である。

3　ウォーリンの教え

コールズは、ウォーリンがスタウトが信奉するラディカル・デモクラシーの多くのアメリカ的実例を評価している、と見ている。それらの実例とは、死刑廃止論者、公民権運動、フェミニズム運動、搾取する法人型国家権力に反対するために形成された草の根の組織などである。しかし、コールズは、ウォーリンの歴史理解はスタウトが信奉していると思われる立場よりもさらにウォーリンを反政府的立場に押し進めている、と考える。そのことは当たっていると私は思う。その理由を理解するためには、ウォーリンが政治理論の発展の物語をどのように語ってきたか、そのやり方を振り返らなければならない。最近、拡大版の『政治とヴィジョン』(*Politics and Vision*)が出版されたが、この拡大版は読者を誘惑して第一版の内容を読まずにあるいは再読せずに新しい内容を読ませてしまうかもしれないと、私は心配している。この版に加えられた新しい諸章はきわめて興味深く、ドラマティックであり、また人がウォーリンに期待する日常の現実にたいする洞察（例えば、ポストモダンの経済がいかに全体主義の一変形のように見えるようになったかなどについての洞察）に満ちているので、このような判断と洞察が可能なのは、じつはウォーリンの稀なる学識と、彼の自然および政治理論の発展の物語の語り方とによるものなのだ、ということを人は忘れてしまうほどなのである。

ウォーリンは、プラトンが政治的なものを発見した、としてその業績を讃える。すなわち、プラトンは彼の追従者たちに、政治的社会とは、〔部分が〕相互に関連した、まとまりのある全体である、と教えた[50]。そのように教えながら、プラトンは政治理論家として欠かすことのできない決定的な想像力を駆使した。プラトンと彼の後継者たちは、誇張と法外さを用いて、そうでもしなければ私たちには見えなかったであろうものを見させてくれたのである[51]。しかし、ウォーリンにとって、プラトンは曖昧な開始をしるした政治理論家でもある。すなわち、プラトンが政治とは共同体のための公事（public affairs）を管理するために必要な支配の形態であると理解したという点、またアテネの民主主義の騒乱を遺憾に感じたという点で、プラトンはウォーリンにとっては両義的なのである。[52] その結果、ウォーリンは次のように論じる。すなわち、プラトンは「政治的なもの」と「政治」（the political and politics）との関係をめぐる適切な理解を確立できなかったのである、と。つまり、プラトンは、私たちが衝突や曖昧さや変化といった状況下で私たちが賢明に行動するために必要な知識はいかにして獲得されるか、ということを理解しなかったのである。[53] 以上すべてのことを述べたところで、ウォーリンは次のように判断する。すなわち、プラトンは政治と呼ばれる偶然的で不完全な技術（art）を最終的には哲学によって克服することを願ったのだ、と。しかし、ウォーリンによれば、「プラトンの政治学の結論は、人間は『時間』によって触れられることのない政体（polity）を作り出すことができるのだ、という極まりない尊大さの言葉ではなく、いつかは生じる敗北の予感によって鍛錬された英雄性（heroism）の言葉である。それは、シェリーの言葉で言えば、『時間に警告する永遠』("Eternity warning Time")なのである[54]」。

しかしながら、「時間」はまさしくキリスト者が政治にもたらしたものである。より詳しく言えば、彼らがそうしたのは、政治の可能性が失われるかもしれない危機の時期においてであった。すなわち、ギリシアの政治、つまりポリスの明瞭さに頼りすぎた政治が帝国に組み込まれようとしたとき、キリスト教は政治に時間の概念をもたらしたのであった。ウォーリンによれば、ポリスは、後代のストア哲学に比べると、ある種「神経質な熱烈さ」を求めた。ストア哲学のほうは「政治的生活を、差し迫った緊迫感なしに、ゆっくりと熟考した。それは宇宙そのもののように広々とした環境で行なわれたからである[55]」。帝国では人々はもはや共通の参加という感覚をもたなかった。それは政治的忠誠というものが権力への共通の畏敬ということに集中されていったことを意味する。[56] これらの変化の結果、利害の政治が作り出された。そして、それは官僚主義に陥らざるをえない政治であった。この官僚主義的発展は、現代においては、社会科学によって保証されてしまい、現状の事物の在り様は未来にも変わることのない唯一の在り様であるかのように確定してしまっている。キリスト教が政治思想を復興させることになったのは、キリスト者が政治について何かを言わなければならないということによってではなく、彼ら自身の生活について何かを言わなければならないということによってであった。キリスト者たちは、彼らの生活をいかに秩序づけるべきか、またその秩序をどう理解すればよいのか、と悩み、努力したのであるが、そのことが政治思想における諸観念のための新しい源泉を供給したのである。ウォーリンは言う、

「キリスト教は、ヘレニズムの哲学、そして後期古典哲学が失敗してきたところで、成功した。なぜなら、それは新しく力強い共同体の理念を示したからである。これは人々に意味ある参加を奨励する共同体であった。この共同体の本質は古典的な諸理念とはきわめて対照的であり、その究極の目的は時空を超えるものであったが、にもかかわらず、それは連帯や〔キリストの〕体の肢体としての相互関係（membership）の理念を含み、それが西洋の政治的思想の伝統にいつまでも残る ―― いつも良いものであるとは限らなかったが ―― 痕跡をしるすこととなったのである[57]」。

ウォーリンは次のように述べる。すなわち、キリスト者は政治的義務について疑義を示すことができた。なぜなら、彼らはもう一つ別の政治のメンバーであったからである、と。換言すれば、キリスト者は誤って政治を権力と同一視した。そして、教会のなかに、この世の政治の代替物として、より実定的（positive）な政治の形態をもち込んだのであった。しかし、結果として、教会は教会内で教会員にたいして権力が行使されているということをあまりにも見過ごしにしてきた。同様に問題であったのは、コンスタンティヌス大帝以降、その正当性維持のために世俗の権力を利用したという教会の傾向である。

ウォーリンによると、しかしながら、とくにアウグスティヌスと共にもたらされた、キリスト教の偉大な贈り物は、文字通り、「時間」という贈り物である。キリスト教以前、「時間」は古典的観念では円環として理解されていた。それとは対照的に、キリスト者にとって、そのような「時間」の理解はただ絶望に導くことでしかなかった。「キリスト教は閉ざされたその円環を壊し、漸進的な発展に沿った、戻ることのない一連の動きとしての『時間』の概念に変えていった。こうして、歴史は救済のドラマに変えられ、そのドラマは歴史的時間を終わらせ、選ばれた者にとって苦しみに終焉をもたらす、黙示録的な影のもとで、演じられるのである」[58]。ウォーリンは、この新しい時の次元はキリスト教の幾つかの形態にとっては非政治的であり反政治的でさえある、と言う。しかし、それにもかかわらず、キリスト者が政治と直面したことが、政治思想の伝統を再活性化した、ということは確かなのである[59]。

思うに、私たちが政治の理論と実践における近年の展開にたいするウォーリンの関心を評価できるのは、以上の背景があってこそである。ウォーリンにとって、政治的リベラリズムの発展は、政治的なるものの核心である偶然性（contingency）を否定する試みと、まさに同様に見える。そして、この否定はしばしば帝国に結びつけられてきたものである。ホッブスやロックのようなリベラルな理論家たちがもたらした影響（それはたしかに彼らが歓迎しなかったであろう影響ではあったが）は、政治を利害の経済学に――もっとはっきりと言えば――資本主義から発生する経済的主張に、従わせた。ウォーリンの『政治とヴィジョン』第一版の最終章「組織の時代と政治の昇華」は、政治の恐れ、つまり、ウォーリンがリベラルな理論家たちの核心に見出している恐れが、いかに近代の会社（corporation）において具現化している合理主義をもたらしたのか、ということを、私たちに理解させようとする彼の試みなのである。

『政治とヴィジョン』新版のなかの「リベラリズムと合理主義の政治」と「リベラリズムの正義と政治的民主主義」という章は、近代国家を含む近代の組織の分析のなかでウォーリンが始めた更なる省察である。それゆえ、ウォーリンにとって、ロールズは政治の終焉の具体例となっている。もちろん、ロールズは『正義の理論』を執筆する目的は、民主主義社会の利益をさらに促進することである、と宣言した。しかし、ウォーリンは、ロールズには政治や政治権力や市民の役割の概念が欠如している、と論じる。[60] ウォーリンにとってロールズは政治の否定を代表しているのであるが、そのことは、ロールズは政治的生活（political life）を非歴史的に説明するということと、相関関係にある。[61] ウォーリンの観点からすれば、ロールズはもともと歴史や特殊性や相違を否定する試みである契約主義者の伝統（contractarian tradition）の最終的完遂なのである。[62]

　そのような政治、すなわち記憶を抜きにした政治とは、「超巨大国家権力の構造とそれを支える受動性の構造におけるそうした〔記憶を抜きにした政治という〕一つの決定的な要素を形成する、メディアにより作り上げられた政治の厳密な定義[63]」なのである。『政治とヴィジョン』の拡大版の序で、ウォーリンは、自身の進化を「リベラリズムから民主主義への旅[64]」をした政治理論家のそれとして描き出している。リベラリズムはある時代には民主主義の希望の表現として働いた、とウォーリンは正しく考えていた、と私は思う。歴史に無関心なリベラリズムの特色は、それが私たちが「生得権」をもってこの世に生れてきたということを認識し損なったということである。[65] 生得権をもつ政治、すなわち歴史的な政治は、両義的な歴史的諸要素、つまり深い曖昧性によって構成されている。そして、そのことが理解の解釈学的様式を要請し、それが私たちに過去と現在の経験を再結合させることを可能にし、またそうした過程で私たちの政治を再構築することを可能にするのである。[66] しかし、そこで、記憶とはまさにリベラリズムの取り決め（arrangements）がこれを抑制しようと意図していたものである、ということが判明する。

　記憶の政治は、リベラリズムの政治を破壊せずにはおかない。少なくとも、ロールズが表明したようなリベラリズムは、これを破壊せずにはおかない。なぜなら、民主主義的な政治というのは、国家権力の正当性の問題に関わることを第一義で最重要の事柄とする（リベラルな理論はそうしているように見えるが）政治ではないからである。ウォーリンの見方からすれば、参加の政治生活に関心を抱く人々、すなわち他者と協力して行動を起こすことを促進したいと願っている人々は、国家権力の今日的な形態を破棄しなければならない。「国家中心主義がもたらす帰結において、その一方の極端な例は、専門家たちが科学的で合理的であろうと努める政治であり、他方の極端な例は、非理性的な集団や、操作されたイメージや、統制された情報や、単一争点の狂信主義や、強い波及力をもった恐怖の政治である」[67]。

それゆえ、ウォーリンは、私たちは国家権力のために必須であるような憲法と区別ができない民主主義の概念を受け入れるべきではなく、「民主主義は本来不安定なものであり、無政府主義に向かう傾向をもっており、革命と同一視されるものだ」という非難を受け入れるべきだと奨めるのである。「このような民主主義とは、合理的な秩序破壊の理念と実践として、総括されるものであるかもしれない」[68]。ウォーリンがこうした推奨をするのは、現代社会において民主主義は完全な政治的システムではありえず、それは現在はむしろ記憶によって存在する政治的存在様式への証人としてのみ成功しうる、と確信しているからなのである[69]。私は、ラディカル・デモクラシーとはローマ帝国において教会がそれを代表していたとウォーリンが考える一種の阻害のことである、と指摘することは不適切ではないと思う[70]。これを彼はラディカル・デモクラシーと名づけているのである。

ウォーリンは、私たちの状況はまったく希望をもてないものだとは考えていない。実際、彼は、私たちが病気であるとき、あるいは庭の除草が必要なとき、お互いに助けあう能力を頼りにする時間をもっている、と考える。そのように世話をすることは鍛錬された技術を要するが、その技術によって私たちが施す世話はまたその世話の相手への配慮によって和らげられるのである。そして、それは、彼らの人間的本性は彼らが歴史的な存在として、自分史をもった存在として扱われることを求めているのだ、と理解してなされる配慮である。人間は、自分の幸福に配慮してくれる、自分の必要に敏感である人からの、定期的な注意を必要としているのである」[71]。そのような政治的な配慮は、私たちの注意を、能力と技術の習慣によってなされている諸実践へと向けさせる。それらは、私たちにとって大切なことはまた配慮されるべきものであるということなら、日毎に要請される実践である。

そして、以上のことが「ラディカル・デモクラシー」であるとすれば、私は自分がラディカル・デモクラットだと宣言できると思う。私は、知的障害者と呼ばれる人たちについて私が保持してきた注意と省察が、私の最も決定的な政治的省察である、と考えたい。私たちのほとんどの者よりも「ゆっくりした」人々による諸実践で成り立っている共同体が、そうした人々のための時間をもちまた時間をかけることすなわち忍耐することができるなら、それは現代の私たちの生活を支配しているスピードの政治に代わる選択肢を提供しうる共同体であろう。

4　再びスタウトへ

私はウォーリンのリベラリズム批判とその代替物としての真の政治の回復としてのラディカル・デモクラシーという彼の理解とに集中しすぎたかもしれないし、それによってあまりにもたやすく自分の身元をラディカル・デモクラシーと規定してきたかもしれない。そのことにスタウトはたぶん異議を唱えるであろう。彼が、私たちがこの状況に辿り着いた経過や私たちのこの現状に関するウォーリンの理解や説明の適切さをめぐって、問いを提起することは疑いない。私は明らかにウォーリンが提供している分析全体に納得させられている。私がそれほど納得させられているのは、彼の分析が、私が〔理想と〕考えるキリスト教信仰と教会が政治的にも重要な意義を有している、ということを示してくれるように思えるからである。そして、もし彼の分析がそのことを示してくれているのだとしたら、私には彼の分析が失敗だとは思えない。しかし、少なくとも私が望むのは、以上によって、なぜ、私は、ジョン・ハワード・ヨーダーは私たちにたいして希望に満ちた政治の説明を提示してくれた、と考えているのか、そのことを明らかにすることができた、ということである。そして、その説明は、キリスト者にとってのみならず、誰にとっても価値あると思えるものであるようにと、願っている。(72)

第10章注

（1）Jeffrey Stout, *Democracy and Tradition*, Princeton: Princeton University Press, 2004.

（2）Stanley Hauerwas, *Performing the Faith: Bonhoeffer and the Practice of Nonviolence*, Grand Rapids: Brazos Press, 2004, pp. 215-41.

（3）Paul Griffiths, *Lying: An Augustinian Theology of Duplicity* (Grand Rapids: Brazos Press, 2004), p. 200. グリフィスが鋭い修辞学的性質を必要としながら、意見の不一致が重要であることをヴィクトリア時代の人々が知っていたと賞賛することは、もっともなことである。たとえば、「鋭い修辞学的性質」を確かめるために、David Newsome の素晴らしい著書 *The Parting of Friends: The Wilberforces and Henry Manning* (Grand Rapids: Eerdmans, 1993) を参照。たとえば、ニューサムはヘンリー・ウィルバーフォースのカトリックへの改宗は「彼の魂を永遠の滅びから救ったかもしれないが、確かに彼の性質を和らげたり、彼の作法をよりよくしたりはしなかった」(p. 361)。

（4）チャールズ・コリアーの指摘によれば、私が民主主義の召使とまではいかなくとも、適合するような方法でキリスト教神学をするようにという、スタウトの提案は逆転するだろう。スタウトの政治神学はキリスト教神学ではなく、それ故、どんな教会研究とも両立し得ないし、スタウトこそ神学をする必要があると私は主張し得るだろう。こういうわけで、スタウトの私に対する批判は、時々私に神学者以外の何者かになれと要求しているように思える。

（5）Stout, *Democracy and Tradition*, p. 15.

（6）Stout, *Democracy and Tradition*, p. 305.

（7）Stout, *Democracy and Tradition*, p. 6.

（8）Stout, *Democracy and Tradition*, p. 13.

（9）Stout, *Democracy and Tradition*, p. 195.

（10）Stout, *Democracy and Tradition*, p. 293.

(11) Stout, *Democracy and Tradition*, p. 60.

(12) Stout, *Democracy and Tradition*, p. 23. スタウトはP. 24で病理のリストを挙げ、それが今や市民である人々を特徴づけていると心配している。挙げられた病理の中で、市民が「自身を行動の有能な発起人であると確信すること」をやめ、「政治学から、従順と無関心と失望へと退き」つつある、という指摘がある。私は、彼がこうした私たちの時代の特徴に注意を向けさせたのはもっともだと思うが、なぜ私たちの生活がそのように確立されてしまったのかについて、意味のある説明を彼が提供しているとは思わない。もしスタウトがそのような説明を提供していたら、彼は資本主義による政治学の破壊について扱わなければならなかっただろうと思う。シェルドン・ウォーリンの指摘によれば、リベラルな資本主義者の社会の成就は行政がどうやって抑圧に頼ることなく政治学にとって代わることができたかを示すことによって、マルクス主義の思想を「完成する」はずであった。さらに、ウォーリンは次のようにみている。「対立の経済は民主主義が資本主義と同時に出現したとみる歴史的証拠によって、資本主義のために作られた政治問題に対する解決策である。資本主義は、民主主義的イメージで市民として位置づけられた消費者に依存している。問題は民主主義を大衆受けのする怒りによって焚きつけられた自意識のある民衆にすることなく、資本主義を遠ざけるのを避けたことである。解決策はその中心を自由選択に置くものとして、二つの文化を表すことであった。かつて組織化されたことがないにもかかわらず、主権を有する市民と主権を有する消費者らしきものたちはその二つの選択肢の間でどちらかを『選ぶ』ことになったことであろう。その時、変質の奇跡が起こったのである。大衆受けのする主権は経済的無力へと吸収され、消費者の主権は政治学的無力へと吸収されていった」(*Politics and Vision*, Expanded Edition, Princeton: Princeton University Press, 2004, pp. 575-6)。思うに、私たちがどうやって、またなぜ自分たち自身をもはや信頼できないのかについて扱ったウォーリンの分析は、スタウトが言及しなければならない挑戦的な課題となるものである。

(13) Stout, *Democracy and Tradition*, p. 57.

(14) Stout, *Democracy and Tradition*, p. 4.

(15) 私が提起したスタウトへの質問の一つの方法は、民主主義を政治の一形態として述べることに対するウォーリンの拒否をスタウトがどう考えるかということである。Wolin, Politics and Vision, p. 602 を参照。

（16）Stout, *Democracy and Tradition*, p. 160.

（17）Stout, *Democracy and Tradition*, p. 297.

（18）Stout, *Democracy and Tradition*, p. 303. これは、コミュニタリアンであることを否定したマッキンタイアによってなされた指摘である。なぜなら、まさしく、私たちの居住する世界においては、コミュニティに対する要求がしばしばしば国家の力の一形態となるからである。

（19）Stout, *Democracy and Tradition*, p. 190.

（20）スタウトの民主主義に関する説明の一連の問題は、民主主義がどうやって出現したのかに関する彼の理解にかかわる。彼は「近代の民主主義はある意味で過去との革命的決別である」（p. 201）と言う。とくに彼は「民主主義は封建的、神政的過去の後継者に対抗して近代世界に登場した」（p. 225）と主張する。これらの二つの主張は、ほとんどの歴史家または政治学の理論家に受け入れられないだろうと私は思う。いずれにせよ、スタウトは、民主主義の形成のためのピューリタンの教会員の役割についてのA・D・リンゼイの理解がなぜ間違っているのか、その説明を私たちにする義務がある。A. D. Lindsey の *The Modern Democratic State*, New York: Oxford Press, 1962. を参照。

（21）問題をこのように据えることはアレックス・サイダーに負う。アレックスもまた民主主義的実践につきものの分裂はそれ自身、事実上の統治権の承認であると言っている。

（22）Terrence Tilley, "Faith-Based Initiatives: Review of *Performing the Faith*," *Commonweal*, September, 2004, p. 31.

（23）C・B・マクファーソンに影響されて私は、つねに民主主義としての民主主義を推奨することに控え目であった。なぜなら、私が推奨していることを理解しているか疑わしかったからである。MacPherson, *The Real World of Democracy*, New York: The Oxford University Press, 1966. を参照。私は、民主主義の議論を民主主義にたいする資本主義者の破壊と分離することができない、ということもマックファーソンから学んだ。

(24) John Howard Yoder, *The Priestly Kingdom: Social Ethics as Gospel*, Notre Dame: University of Notre Dame Press, 1984, p. 154.

(25) Yoder, *The Priestly Kingdom*, p. 154.　統治形態で最良のものは何かを問うことのできる行為者についてのヨーダーの一般化はまさにこれである。彼は、生活の民主主義的形態にたいする要求は、奪われた者たちから出てくる、と喜んで認識するであろう。*Democracy Matters,* New York: Penguin Books, 2004. において、コーネル・ウエストはコンスタンティヌス主義（Constantinianism）を「キリスト教的アメリカ」を悩ませている問題であると確認している。ウエストによれば、キリスト者がコンスタンティヌス主義者になると、彼らはキリスト教信仰から「イエスの預言者的熱情と、パウロというユダヤ教からキリスト教への転向者の黙示録的炎」（p. 107）を奪い取ってしまう。疑いもなくヨーダーはコンスタンティヌス主義の影響にたいするウエストの批判に賛成するだろう。しかし、ラウシェンブッシュを「預言者的キリスト教」の代表とするウエストの判断からはおそらく遠ざかるであろう。ヨーダーがラウシェンブッシュの資本主義にたいする批判には同意見であることは間違いないであろうが、民主主義をキリスト教の統治形態とするラウシェンブッシュの承認はヨーダーには左翼のコンスタンティヌス主義と映るであろう。しかしながら、ヨーダーが「民主主義にたいする関わりはとても深いキリスト者として、しかしキリスト教の確信はもっと深いキリスト者として」語っていることについて、ウエストは明確である（p. 171）。*The Original Revolution*, Eugene, OR: Wipf and Stock, 1998. のきわめて重要な章である「世の希望たるキリスト」(Christ the Hope of the World) で、ヨーダーは、コンスタンティヌス主義が、ラテンアメリカの解放の神学から完全に世俗的な形態に至るまでの多様な形態のなかを、いかに移り住んでくることができたのか、それを理解させてくれる、ネオ、ネオ－ネオ、ネオ－非ネオ（neo, neo-neo, neo-not-neo）のコンスタンティヌス主義に関する説明を展開している（p. 132-54）。

(26) John Howard Yoder, "The Unique Role of the Historic Peace Churches, "*Brethren Life and Thought*, 14, Summer 1969, p. 136. ヨーダーはよくこれを主張するが、しかしヨーダーの「平和主義」の批判者たちは本当にまれにしか「それを理解しない」ということは興味深い。*Brethren Life and Thought* にこの論文を発見したことについては、チャーリー・コリーアーに負っている。

ヨーダーの批判者たちは彼にたいするその批判を証明するために必要な「読み」をまれにしかしない。批判者たちは、ジョンの論文が広い範囲の雑誌や本に散らばっているので自分たちは読んでいないのだと言い訳できるかもしれないが、彼らはしばしば広く利用することのできるヨーダーの資料さえも注意して読んではいない。

(27) Yoder, "The Unique Role of the Historic Peace Churches," p. 147. ヨーダーはこの世における教会という場所の理解のための霊的で神政政治的な別の手段を明らかに拒否している。教会は「新しい社会であるべきだ。私たちが会合をもてば、福音は社会的表現をもたないとは言えない。なぜなら、もし私たちが体面し合うのであれば、それはすでに福音の社会的表現だからである。そして、それは地域を変えることになるだろう。個人的従順と社会的衝撃のどちらを選ぶかという選択は、聖書的にもまた歴史的にも、選択とは言えない。各人は、ただ他者と共にあることによって、それぞれが許容され、それぞれが可能なのである」("The Unique Role of the Historic Peace Churches"), p. 149.

(28) John Howard Yoder," Response of an Amateur and a Religious Citizen," *Journal of Law and Religion*, 416 (1989), p. 415. この論文で、彼自身を「信仰深い市民」(a religious citizen) と認めることによって、彼が何を意味したのか、ヨーダーは説明していない。「信仰深い市民」であることの意味するところを彼がどう理解していたかということは、私には定かではない。私は、ジョンが、それはあなた（読者）が「市民」という語で何を意味するかで決まる、と言いたかったのではないか、と思う。

(29) Yoder, "The Unique Role of the Historic Peace Churches," p. 147.

(30) John Howard Yoder, *The Christian Witness to the State*, Scottdale, PA: Herald Press, 2002, p. 41.

(31) Stanley Hauerwas, *Vision and Virtue: Essays in Christian Ethical Reflection*, Notre Dame: University of Notre Dame Press, 1981, pp. 213-21.

(32) Yoder, *The Christian Witness to the State*, p. 78.

(33) Yoder, *The Christian Witness to the State*, p. 12. ヨーダーは、無政府状態のようなものは存在する、という見解を正しく拒否する（p. 39)。もちろん、統治形態には、専制政治から憲法に忠実な民主主義政治まで、様々なものがある。しかし、ヨーダーは、そうした秩序なしには無政府状態がまかり通ってしまうのだ、として、何らかの正当化しようとする人々を、受け入れなかった。「民主主義」を全体主義と無政府状態の間にあるもう一つの幸せな選択肢として正当化しようとする人々は、そのような非現実的な観念の受容を拒否したヨーダーに傾聴する必要がある。

（34）Yoder, *The Christian Witness to the State*, p. 42.

（35）Yoder, *The Priestly Kingdom*, p. 165.

（36）アレックス・サイダーは、黙示的というのは何か隠されたものが明らかにされる、という意味であると指摘して、歴史はひどいことの連続である、という主張にたいして、きわめて興味深い批判を展開している。明らかにされるもの、それは「時間」についての何がしかのことかもしれない。しかし、それは、少なくともヨーダーにとっては、「ほふられたが、しかし今、栄誉を受けるべき子羊」である。従って、時間をめぐる要点は、私たちはこの世ですべての時間をもっているということではなく、「復活の時に、時間は第一の原理であることを止める」ということなのではないか、とアレックスは考える。そこで、問題は、新約聖書にある緊急性の感覚と、時間を第一義的とすることへの拒否とをどのように結びつけるか、またその拒否と民主主義的実践とをどのように結びつけるか、ということである。アレックスは、彼の見解は「更なる解釈」が必要であろうと指摘する。それはたしかにそうであろう。しかし、その解釈が取るべき形態は、以下のことを示すものでなければならない。すなわち、忍耐に関するヨーダーの理解が可能になるのは、ただ復活において啓示されたもののゆえである、ということである。

（37）Yoder, *The Priestly Kingdom*, p. 158.

（38）Yoder, *The Christian witness to the State*, p. 19.

（39）キリスト者の政治的責任とは、ヨーダーの理解によれば、不断の洞察力を要求するものである。なぜなら、キリスト者は「入手可能な、あるいは少なくともありそうな、選択肢の立場から、語ら」なければならないからである。奇妙なことに、このことはヨーダーをきわめて「現実的」な政治的選択肢へと導く。キリスト者は政府にたいして、すべての悪を除去することではなく、むしろ一つの目に見える罪と戦うことを要求するのだが、そうであればあるほど、ヨーダーは先の傾向を強めるのである。

(40) Yoder, *The Priestly Kingdom*, p. 69.

(41) Romand Coles, "Democracy, Theology and the Question of Excess: A Review of Jeffrey Stout's *Democracy and Tradition*," *Modern Theology*, 21, 2 (April 2005), pp. 301-22.

(42) Yoder, *The Priestly Kingdom*, p. 69.

(43) Yoder, *The Priestly Kingdom*, pp. 15-45.

(44) Yoder, *The Priestly Kingdom*, p. 23.

(45) Yoder, *The Priestly Kingdom*, pp. 160-6. 私の直感で言うことだが、ヨーダーは、キリスト教教理から政治的生活への類比を展開しようとしたバルトの試みから類比ということを何らかの形で学んでいたにちがいないのだが、しかし、この論文においては、バルトとは異なる道を探求しようとしている。すなわち、いかにキリスト者が政治的証しができるかということについて、彼が *The Christian Witness to the State* で取った中間公理のアプローチとは異なる方法を、ここで示唆しようとしているのである。バルトの類比と比較してヨーダーの「一般化」の強みは、バルトの教理からのかなり強引な類比とは異なり、キリスト者共同体の現実の実践から類比を見出している、ということである。しかし、ヨーダーは、バルトの統治の権威のキリスト論的理解にたいする根本的な傾注には共鳴している。

(46) Yoder, *The Christian Witness to the State*, pp. 24-5. ヨーダーの政治学の理解でとくに大事なのは、彼の *Body Politics*, Nashville: Discipleship Resources, 1989. である。ヨーダーは、教会とこの世との間の境界には透過性がある、とつねに主張していた。

(47) Yoder, *The Christian Witness to the State*, p. 32. ヨーダーは、初期の *The Christian Witness to the State* において、キリスト者は、福音に基づいて、キリストに従わない人にたえず語っていくべきだ、と論じていた。例えば、キリスト者は非難されるべきと彼らが思う活動に関わっている政治家に語りかけるべきであった。その場合の前提は、もしその政治家が悔い改めなければ、彼らの役目はキリスト者であることと相入れなくなる、ということであった。しかしながら、〔今や〕ヨーダーはこうした結論をもって会話を始めたり、会話を始める前にこうした論理を政治家に押しつけるのは、「適切ではない」と論じる。例えば、アルジェリアにいるフランスの情報局の役人に、ジュネーブ条約に従って拷問をしないようにと要求するのは、福音的でないのではない。なぜなら、彼は彼の現在の選択肢において語りかけられているからである、とヨーダーは指摘する（p. 25）。ヨーダーにおける、この語りかけられる者、という観点は、非暴力主義の本質ということに関わることでもある。

(48) この点でヨーダーと最も近い現代の神学者はローワン・ウィリアムズである。

(49) John Howard Yoder, *Body Politics: Five Practices of the Christians Community Before the Watching World*, Nashville: Discipleship Resources 1989.

(50) Wolin, *Politics and Vision*, pp. 30-1.

(51) Wolin, *Politics and Vision*, pp. 18-9.

(52) Wolin, *Politics and Vision*, pp. 38-9. ウォーリンがプラトンに関して正しいかどうかは、私が彼の問題設定の重要性をいかに理解しているかということにとっては、重要ではない。

(53) Wolin, *Politics and Vision*, p. 40.

(54) Wolin, *Politics and Vision*, p. 62.

(55) Wolin, *Politics and Vision*, p. 66.

(56) Wolin, *Politics and Vision*, p. 69.

(57) Wolin, *Politics and Vision*, p. 87. アウグスティヌスに関するその議論のなかで、ウォーリンは、都市に関するアウグスティヌスの説明は政治秩序のための新しい次元を提示した、と述べる。しかし、「新しい時間の次元は非政治的でもあり反政治的でもあった。すなわち、創造、受肉、救済など、時間における生き生きとした有意味な要素も、政治的問題との本質的な関わりには欠けているという点で、非政治的であり、政治的社会は政治の終焉をしるすような最終的な完成に向かう一連の歴史的出来事に関与しているという点で、反政治的であった」（p. 112）。ウォーリンは、アウグスティヌスが人間社会は人間の最も根本的な必要を満たすことはできないと考えていた、ということを、正しく理解していると私は思う。しかし、ウォーリンはときおり、キリスト教、とくに神の国にたいする希望は、キリスト教を、かつてもまた今も疑いなく存在する「あの世」の側に据えている、と示唆しているように思える。しかし、それは来たるべき神の国にたいするキリスト教的希望の誤った説明になりうる、と私は思っている。

(58) Wolin, *Politics and Vision*, p. 112. この「時」に関するウォーリンの重要な典拠はオスカー・クルマンの *Christ and Time* と *The State in the New Testament* である、ということは興味深い。さらに言えば、クルマンはジョン・ハワード・ヨーダーの教師の一人である。私は、ウォーリンがヨーダーに似た響きで語るのは、彼らがクルマンから学んだからだと論じるつもりはないが、しかし少なくともこれらの問題の幾つかに関して彼らが同じ調子で議論していることは〔そういうわけで〕それほど驚くべきことではない、と言っておきたい。それでも、ウォーリンがギリシア人に帰した「時間」に関する円環的性質の説明はギリシア思想の多様性にたいしては公平を尽くしてはいない、と思うと言わざるをえない。ウォーリンとヨーダーは、今では問題の多いギリシアやヘブライの思想を一般化した時代の学問に依拠しているのである。ヨーダーの両者の対照の用い方にたいする批判については、Stanley Hauerwas and Alex Sider, "Introduction" to John Howard Yoder's *Preface to Theology: Christology and Theological Method*, Grand Rapids: Brazos Press, 2002, pp. 9-29 を参照。

(59) Wolin, *Politics and Vision*, P. 125. ウォーリンのカルヴァンに関する説明がこのテーマを繰り返すのは、カルヴァンは、マキャヴェリやホッブスと比較して、共同体の力は共同体の成員に積極的な参加意識を —— 強制的にではないとしても —— 要求している、とウォーリンが理解していたからである (p. 171)。

(60) Wolin, *Politics and Vision*, p. 538.

(61) Sheldon Wolin, *The Presence of the Past: Essays on the State and the Constitution*, Baltimore: Johns Hopkins University Pre-ss, 1989, pp. 142-3.

(62)「市民の健忘症は政治に無頓着な者たちが〔彼らによって〕忘れられた者たちの権力にたいして献じる貢物である。市民による祝典は、抑圧された者たちの復帰をかわすために、その健忘症を作り出すのである。その復帰は、〔その祝典によって〕克服されるか拒絶されるかするのだが、しかしなお脅威的であると見なされている」(*The Presence of the Past*, p. 83)。私は、ウォーリンがロールズを帝国主義的政治にたいするストア哲学的形態の現代版と解釈することは、けっしてこじつけとは思わない。

(63) Wolin, *The Presence of the Past*, p. 184.

(64) Wolin, *Politics and Vision*, p. XV.

(65) ウォーリンの *The Presence of the Past* のなかの "Contract and Birthright" という章は、この〔契約と生得権との〕対照に関する古典的発言である (pp. 137-50)。「私たちがヤコブに譲り渡した生得権とは私たちの政治性 (politicalness) のことである。この政治性という語によって私が意味しているのは、私たちの共通な集団生活の世話と改善に参加しまたそれに責任をもつということの本質と価値を知る存在に私たちが成長する能力のことである。政治的であるということは、政府の一部に加わるとか、あるいは政党に結びつくということと、同一ではない。そうしたことは構造化された役目であり、高度に官僚化されたものである。そういうわけで、そうしたことは真に政治的なものに敵対するものなのである」(p. 139)。

(66) Wolin, *The Presence of the Past*, p. 141.

(70) Wolin, *The Presence of the Past*, p. 140.

(68) Sheldon Wolin, "Norm and Form: The Constitutionalizing of Democracy," in *Athenian Political Thought and the Reconstruction of American Democracy*, edited by Peter Euben, John Wallach, and Josiah Ober, Ithaca: Cornell University Press, 1994, p. 37.

(69) Wollin, "Norm and Form: The Constitutionalizing of Democracy," pp. 54-5.

(70) ウォーリンは、民主主義は憲法の唯一の形態というより、せいぜいその大まかな形態と理解されるほうがよい、と示唆する。すなわち、民主主義とは、その主な優先事項が立派な存在を消し去ることであるような人々の側で感じ取る、諸々の苦しみということであり、その別名なのである。それを感じ取ることはまた時間とエネルギーを要する。小規模であるということが民主主義が動かしうる力に相応する唯一の規模である。「民主主義的政治の力は、地元民がコントロールできる地元の自治体や諸制度のなかに配置された多様な近代的諸機関（学校、コミュニティ健康サービス、警察、消防署、余暇や文化のセンター、税務署）のなかに、また普通の人々が彼らのニーズに合った一時的な諸形態を創造する創意のなかに、あるのである」。(*Politics and Visions*, p. 603) 私は、こういう政治の説明こそヨーダーに訴えるにちがいない、と思う。

(71) Wolin, *The Presence of the Past*, p. 89.

(72) 私のこの論文にたいするJonathan Tran, Charlie Collier, Alex Siderたちの批評に謝意を表したい。

第11章　世俗の国家——神学、祈り、そして大学

民衆の間に単なる信心と取るに足りないおしゃべりしか求めない運動は、
世俗世界の国家権力には無関心のままだ。

タラル・アサド(1)

1　ノートルダム大学とデューク大学の間のどこかで

「神学と世俗知的世界との出会いにおける危険と期待」という論題で講演するようにカトリック神学学会から依頼されたことは光栄である。また私が危うい立場だとされることにも気づいている。少なくとも一九八四年にカトリック神学学会でジェームス・ガスタフソンによって行われた講演で私は「分派主義者、信仰主義者、特定グループに立つ者」であると述べられた。(2) さらに最近ガスタフソンは、ピーター・オーチスとジョン・ミルバンクと共に、私を世俗的研究とくに諸科学に対する「拒否の戦略」の代表として見ている。(3) その著書「民主主義と伝統」でジェフ・スタウトは、私が「リベラリズム」を「信心深い人々が公言できる内容をコントロールする、差別的プログラムを覆い隠す世俗的イデオロギーだ」して斥けたと示しながら、ガスタフソンの非難を支持しているようである。(4)

とりわけこの話題に関してみなさんが私に講演するように依頼したことは、実に画期的である。もちろんあなた方は文化人類学のやり方でそうしたのかもしれない。つまり、あなた方はただ観察して確かめたかったのかもしれない。私が神学の名のもとに世俗を拒否すべきだと思いこむ「分派主義者、信仰主義者、特定グループに立つ者」であると確かめたかったのかもしれない。しかし、もしこれが文化人類学者の行為ならみなさんは注意深くあるべきだろう。なぜなら最近、文化人類学者は同分野の他の学者の研究から出された倫理的論点について敏感になっており、彼らは「他の」人類学者を研究することにほとんどの時間を費やしているからである。

さらに言うなら私は今カトリック神学学会にいることをわきまえている。私は「世俗の知的世界」について語らなければならないが、そのことで「自然」に関して適切な考えを私が持っていないとあなた方の多くが結論付けるだろうか。私が自然法の確固たる説明からキリスト教倫理学を始めないのは、恩寵は自然を破壊せずむしろ完成することを分かっていないことにつながるのか。私の著書『宇宙の結晶粒と伴に』（*With the Grain of the Universe*）で示した自然神学についての私の疑念とは、つまり神について他の資料から学べることを私が否定するに違いないということなのか。[5] これらを話したのは、これから展開する議論に関わるからである。すなわち一般的な道徳言説を確証しようとして自然法を世俗的理性と同じようにみなすことは、現状の発展した社会から示された難問を認め損ねることになってしまうからである。[6]

もちろん、私が「自然の法則に従うもの」、自然法また自然神学について不適切な説明しか持ち合わせていない訳ではない。私が自然法に関する確実で建設的な説を展開させてきただろうかと疑う方々もいることだろう。しかし、否定的な結論をくぐり抜け、私たちが被造物であることはどういうことかを少なくとも発見できると、私はしばしば論じてきた。[7] 自然法に対する私の異議は、このような法則が私たちの存在の構成要素となるかどうかの点にあるのではない。むしろ自然法が啓示と比較して理論的だとする自然法の擁護者たちの主張に対し異議を申し立てているのである。言いかえるなら、自然法を倫理学の理論的基盤にしようとの試みに対する私の批判は、一般的に既定事実を頭から正しいとみなす人々（foundationalist）の認識論的企てに関する私の疑問を反映している。[8]

認識論を「展開する」ことへの拒否を、私はヴィトケンシュタイン、アンスコム、マッキンタイアのような哲学者から学んだ。私が彼らから学んだ手法で神学してきたことが「世俗の源泉」から学びうることへの「拒否」であるという非難は、全く見当違いだろう。もちろん、ある人たちはヴィトケンシュタイン、アンスコムやマッキンタイアらが世俗の思想家だということに疑問を持つかもしれない。アンスコムとマッキンタイアはローマ・カトリックであるが、マッキンタイアは決してその哲学が自らの神学的確信に依存するのではないと主張した。[9]

さらにいうと、私にとってアリストテレスこそが最も重要な哲学者である。もちろん、アリストテレスを「世俗の知的世界」の代表とみなすのは間違いだろう。アリストテレスは世俗世界を代表しているなどということは、彼が異教徒だという主張と同じぐらい無益なことだ。世俗的で異教徒だとの二つの名称が意味することは、彼がキリスト者ではなかったということだけだろう。確かに彼はキリスト者ではなかったが、そのことはさして興味を引く事柄ではない。

「世俗の知的世界」を論じていく中で「世俗」の意味の複雑な問題が提示される。できる限り私は指定された話題について講演するため、世俗化に関する議論にだけ触れたい。一般的に現代社会の発展に関する差異化の過程は、私たちが住む世界を理解するために非常に重要だと思うが、この過程を「世俗化」と呼ぶことが有益かどうか私にはわからない。なぜなら合理化され、差異化された社会と結びついた発展は、そのような社会秩序がもはや魔術的でないことを意味するからである。[10] キリスト者が「脱魔術化の世界」に関係する理由は必ずしも明白ではない。「世俗」それ自身、キリスト教用語として規定されたとチャールズ・テイラーは述べる。

「(世俗は)」通常の歴史的連続の時である、それは堕落から再臨に至るまで人類が生き抜く時である。この時間は崇高な時、すなわちしばしば「永遠」と呼ばれる異なった形態、理念の時、または起源あるいは神の時と織りあわされる。人類はこれらのすべての時を通して生きるように見える。しかしある行動、生活、組織または社会的形態は、完全にある方向または他の方向へと導かれるように見なされていた。例えば、政府は教会に比較して「世俗的"in the saeculum"」である。国家は「世俗の権力」である。同じようなことが「この世的」と「神の霊的」の比較であらわされえた。また他の文脈では、この世と歴史にどっぷりとつかった民衆を牧会する通常の教区聖職者たちは、聖職位階または「正規の聖職者」と区別するために「在俗司祭」と呼ばれていた。[11]」

要するにキリスト者たちは、差異化された世界を作っていたのだ。確かにそれは私たちが現在生きる世界と異なったものではあるが、それにもかかわらずそれはキリスト教の起源に関係する世界なのである。

ジョン・ミルバンクの有名な言葉「かつて『世俗』はなかった[12]」を聞いて、人々は彼が「世俗」について極めて消極的な見解を持っているとみなした。しかしミルバンクは、テイラーがキリスト者が考える世俗の意味が神理解の本質につながることを正しく思い起させたと、明確に考えている。かつてミルバンクの考えた「世俗」は存在しない。彼の考えた世俗は不運な結果におちいった。彼は、キリスト教的世俗を近代の国家権力に仕える全く異なった世俗に置き換えた。(13) 色々と明らかになるにつれ私は「新しい、政治学という科学」に対するミルバンクの批判に多く同意するのだが、キリスト者がコンスタンティヌス主義の喪失を嘆く理由は全くないと信じる。実際この喪失は、キリスト者が神学を自由教会に仕えるための自由な科学として再主張するのを可能にしたのである。

世俗という言葉で、私は時間に与えられたその名について、また高次な時間ともはや結びつかないとテイラーが示唆する時間の中で呼応する政治学を考えている。そのような時間が、近代のあり方の発展に動かしがたい形式を与えてきた道筋を示したい。しかし、この時間と政治学に正当性を与えた媒介は、大学、とくに大学のカリキュラムを構成する諸学問であった。世俗的国家権力の正当化のために大学が形成されたとの事実は、キリスト教主義であろうと世俗の大学であろうと関係なく当てはまることであろう。実際キリスト教神学は世俗の機関において、より自由に教えられるかもしれない。私はノートルダム大学で教えることが大変好きであった。しかし、今私は全く世俗の機関であるデューク大学における神学者である方がノートルダムにいた頃よりもっと自由であると実感している。デュークにいる誰一人として神学を大学にとって、また大学が仕える社会の将来にとって極めて重大な科目だとは思っていない。ノートルダムでは、私はミニ・コンスタンティヌス主義体制の一員であったが、それにより神学が文明の将来のために批判的な科目であるという考えは避けがたいものとなった。そしてそれは大変束縛的な前提であった。

少なくともデュークにおいて私はキリスト者としてコンスタンティヌス的プロジェクトの一翼を担ってはいないが、だからと言ってデュークがコンスタンティヌス主義の形式を代表していない訳ではない。これは、私たちの時代の世俗がコンスタンティヌス主義の形式を主張してきた方法によって説明を試みなければならない点である。この主張を発展させて、近代の大学で世俗の知的科目に潜む危険が、物事を所詮変えられないと思わせる学問を生産、再生産する権力の中に、どのように存在するかを示せればと願っている。さらにこれは、非神学的科目だけの問題ではない。なぜなら、近代における神学もまた一つの世俗の科目である事を示したいと思うからである。危険は世俗の科目の「あちら側に」あるのではなく、神学自身の内部にもあるからである。神学が諸科目の中のひとつにとどまろうとするほどに、私たちは国家に仕える世俗的学問を正当化する機能を、根本から批判するための根拠を失ったのである。

2　国家形成としての世俗

近代において世俗がコンスタンティヌス主義の一形式になったと主張することで、何が見えてくるのだろう？この質問に答えるために、私はジョン・ハワード・ヨーダー、チャールズ・テイラー、タラル・アサドとガビン・デコスタ（Gavin D'Costa）の研究を引用したい。彼らとの対話を通して、近代国家の正当化にとって決定的な時間の説明に世俗が果たした役割を示そうと思う。キリスト者が私たちの時つまり教会の時間を、世界にもう一つの選択肢を与え損ねた国家の時間と混同した結果、この世界を形作る本質的な諸学問は徐々にその存在意義を失っている。

極めて重要であるが不幸にして見過ごされやすい論文『キリスト、世界の希望』("Christ, the Hope of the World")でジョン・ハワード・ヨーダーは、世俗がいかにコンスタンティヌス主義の一形態になったかを示す、コンスタンティヌス主義の多様な諸形態についての興味深い説明を展開している。「コンスタンティヌス主義」に注目する際、コンスタンティヌス帝のキリスト教支持をヨーダーが非難するのは誤りだとの前提から、多くの者がヨーダーを軽んじる。しかしヨーダーはローマ帝国時代のキリスト教公認にまつわる歴史的複雑さに十分気付いていた[14]。ヨーダーにとってキリスト者に提示されたコンスタンティヌス主義の重要な挑戦とは、神学に関することであった。コンスタンティヌス帝の命令のもとで、私たちが同時に二つの時間に生きているという終末論的確信をキリスト者は失い始めたのである。よく言われるように二つの時を生きることはキリスト者が二つの時の間に生きることではなく、むしろ来るべき新しい時代のリアリティによって生かされる教会が存在するときにのみ見極められる、二つの時の只中に私たちが生きることを意味している。なぜなら、自らの時が教会の時とは異なると知っているこの世界は、キリスト者の生活や思考様式が独自なものとなるよう求めているからである。[15]

このような終末論的確信は新約聖書を貫く主張によって具体化された政治学を構成する、とヨーダーは論じる。すなわち教会の政治的任務とは何と言ってもキリストの統治のリアリティを忠実に証言することだというのである。このような忠実さをもって、権力者たちに謙遜であれと呼びかける極めて難しい役割を教会は自己の役割として理解する。しかしこの謙虚さは、新約聖書が「この世の権威」とみなす構造を正当化しようとの誘惑に、キリスト者が抵抗することで実現する。[16]このような権威に正当化の必要はない。むしろそれらが謙虚であり続けるために必要なことは、支配者たちが彼らに与えられた限定的任務を越えて支配しようとする際、「否」と言える人々が存在することである。[17]

キリスト者が、キリストの復活によって新しくされた「時」と旧来の「時」を混同してしまった「時」を、ヨーダーはコンスタンティヌス主義と名付ける。教会と世界を同一とみなすことは、それを誰にとっても当てはまる倫理学にしてしまおうとの関心のもと、福音の終末論的性格を馴染みやすいものにすることを意味する。[18]もちろんキリスト教倫理学は、キリスト者が救済によって誰もが生きられると確信を持って考える倫理学であるが、キリスト者はその普遍的倫理学の理解と、キリスト者の生き方が教会員ではない人にさえ開かれているという確信とを混同してしまったのである。

しかしローマ帝国と教会を同一視するほどだったローマ時代のコンスタンティヌス主義が、彼らが礼拝する神はすべての人々の神であるという適切なキリスト教の確信を表明していた点に関して、ヨーダーは称賛する。その結果ローマ時代の教会はすべての人に仕えるものとして自分たちを考えていた。[19] だがローマ帝国の解体によって、教会と世界の統一は新しい局面に至る。すなわちネオ・コンスタンティヌス主義である。そこに於いて教会は自らをもはやすべての人々に仕える者として理解しないで、ある特定社会の統一の維持に関わる存在と理解したのである。

一七七六年から一八四八年にわたって世界を席巻した政治的革命は、もはや教会を特定社会と同一視できないという「世俗化」生み出した。アメリカとスウェーデンを具体例として比較しつつ、ヨーダーはこれらの発展が全く多様な形態をとりうることに注目した。アメリカでは教会と国家の法的分離があった。しかしアメリカ国民は教会と社会の間に緊密な関係が存在すると疑わなかった。スウェーデンでは国民の一般的支持がないままに、世俗化は教会に対する国家の支持の形に行き着いた。それぞれ異なった形ではあるが、これらの取り決めは、両者ともに教会と政府が相互に支えあうとのやり方で教会が国民を祝福できるという、コンスタンチティス主義の夢の世俗化したものなのである。

ヨーダーはこの段階に対し、まさに教会が国家に従属する点において、教会と世界の関係のさらなる弱体化を示してネオ・ネオ・コンスタンティヌス主義と呼んだ。しかしほどなく文化または国家からのいかなる宗教的支えにも、明白に反対する思想家たちが登場してきた。それに対抗し、教会の影響力を失うまいとする宗教的思想家たちは、国民が選択するどの宗教にも偏らないよう組み立てられた、中立性を指向する「世俗」政府という共通根拠を作らなければならないと論じた。彼らはしばしば自然法の立場を、合法的な政府の弾圧政治に対し共通道徳を守るための基盤として強く主張した。ヨーダーは、このような教会とポスト宗教の世俗主義との同盟をネオ・ネオ・ネオ・コンスタンティヌス主義と名づけた。

この事実は、教会がコンスタンティヌス主義の慣わしを未来に応用しようとしている現代に私たちを導く。未来はある特定の根拠や組織と結びついているだろうと確信するが故に、キリスト者は古い秩序が崩壊しないうちに新しい秩序に飛びつこうと模索する。このようにキリスト者は歴史の勝利者の側にいようとの望みの中で、政治革命に共鳴している。ある秩序を、それが存在する前に承認しようとする試みに対し、ヨーダーはネオ・ネオ・ネオ・ネオ・コンスタンティヌス主義と呼んだ。この最終的展開は、世俗的理性という邪魔者を前にして、教会の存在根拠を守ろうとするあらゆる努力が共通に持っている何かを明らかにする。すなわち歴史の真の意義、救いの場所は、教会のアイデンティティがより大きな世界に吸収されるという限りにおいて、被造世界の中に、教会の中だけに存在するのだ[20]。それ故コンスタンティヌス主義は、歴史の意義が教会の外にあり、その教会は今や国家を代理人としてしまったとの確信によって認識されなければならない。二つの時代の間の終末論的緊張は、国家の仲介によって生み出された時をただ利用するだけの、歴史の進歩的視点より重要性の低いものに成り下がる。

ヨーダーの物語は明らかに詳細な展開と修正が必要ではあるが、キリスト者が彼らの教会論によって立ちながら世俗の、とくに世俗国家の発展をいかに理解し評価したか、それらを理解する優れた手助けとなっている。さらに彼のコンスタンティヌス主義の変遷についての説明は、世俗のイデオロギーが国家形態を合法化する限り、私たちの時代のコンスタンティヌス主義の最も決定的な形式は世俗なのであるとする事が妥当だと教えてくれる。今や世俗的想像力をかきたてる習慣が、キリスト者が世界を理解する方法に強く浸透してしまい、それらがわたしたちを圧倒する力を私たちはもはや認識する能力すらない状態である[21]。

その力は思うに、時間としての時間が、福音に先立つ期間と名づけられて示さている。結果、時間はキリスト教の贖いの物語が起こる基礎なのだと存在論的に主張される。しかしジョナサン・トランが論じるように、キリスト者は「福音と呼ばれる物語を通じて時間を概念化する。なぜならキリスト者にとって『時間』とは『よき結末へと進む物語』の別名なのである。時間としての時間、すなわち過去、現在、未来のようなものはない。むしろ私たちの物語の習慣から生み出される束の間の存在がある。物語としての私たちの生活は時の性質をもつ故に、私たちは過去、現在、未来について語る。言いかえるなら、私たちの物語は、すべてを神の贖いという大きな物語の中で明らかにされる物語なのである[22]」。世俗とは、国家の物語によるその福音の物語の置き換えなのである[23]。

テイラーは世俗理解をコンスタンティヌス主義の一形態に実体化させて説明している。「架空の共同体」としての近代国民国家の発展に関するベネディクト・アンダーソンの説明を引用しながら、テイラーは世俗主義から逃れられないとの事実が「近代のあり方の本質から発出してくる。さらに詳しく言うと民主主義国家の本質から発出する」と論じる。[24] テイラーによると、この近代に起こった架空の共同体には二つの目立つ特徴がある。第一の特徴は、階層制度を媒介とした社会から、市民が権力をもつことに直接的に近づけるとされる水平的に理解された社会への移動である。ここで人々は自分たちが国家的な討論に直接参加でき、また同等の立場で保証された契約関係を持って市場経済に入り込むことができると考える。[25]

近代の架空の共同体が持つ第二の重要な特徴は、前近代のあり方と比べて、地域性を超えた実体を正当化しようとする試みの基盤が、もはや世俗の時における共通行動以外の何か優れたものの中に求められるとは考えられないことである。テイラーは以上の進展を、国家創設の時を訴える必要がもはやないような自然な国家からその国民が生み出される、との作り話を創造する政治的社会契約説に結びつけた。そこで「人々、言いかえると当時『国民』と呼ばれた人々が政治的憲法に優先しまた独立して存在できるとの考えが引き出されることとなった。その為、この人々は世俗時における自由な行動によって自分たちに自ら憲法を与えることができる」。[26] 近代国家の発展に関するテイラーの見解を論評しながらタラル・アサドは、そのような国家は対立する視点を統一した経験に置き替えることによって、階級、ジェンダー、宗教の違いを超越する市民権をアイデンティティの第一義的原則としなければならなかったと論じる。アサドによると

重要な意味で、この超越的な媒介が世俗主義である。世俗主義はたんに社会的平和と寛容を支持しようとする問題への知的解答ではない。それは階級やジェンダーや宗教によって明確にのべられた自己の特定のまた差異化した現実を、政治的媒体（市民性に代表される）が再評価したり超越したりする際に用いる法律である。[27]

アサドは世俗国家が時間についての極めて特別な理解を法律化していると論じる。その国家は均質化された時間に依存する。結果、国家の官僚制度と市場取引は、効果的に運営される。均質的な時を通じて、各種サーヴィスの保障人としての国家を合法化するのに必要となるものを携え、速度と方向性が定められる。[28] 時間に関するこの見解を考慮に入れつつ、人間であることの意味は何かというと

（カレンダー的時の流れが人間の各種出来事のために標準と方向を提供する）歴史の中に存在する自意識の作り手として、そして自然と社会についての普遍的に有効な知識という揺らぐことのない基礎としての意味がある。行為者は今や彼や彼女が行ったり差し控えたりする行動に対してのみ責任を持つ――答えうるのではない。責任は、彼や彼女が無意識にまたは不実にもわざと行ったことに対しても問われる。好機を思うように使いこなすなどとは考えられない。世界は非魔術化したのである。[29]

とりわけ空間と時間のこのような意味に対する政治倫理も求められていれる。テイラーは、政治には部分的同意（overlapping consensus）が不可欠とのロールズの倫理は、人々を団結させる共通のアイデンティティまで奪い取ろうとはしない、とみなしている。[30] 私的な理性と公的な理性の間には区別が求められた後、世俗は公的なものと関連付けられ、「宗教」は私的な理性の中に組み込まれる。[31] したがってロールズの世俗主義の否定にも関わらず、彼の部分的同意の説明は宗教的確信を排除した自治の独自な倫理への関わりを表している、とテイラーは論ずる。[32] しかしロールズの部分的同意が正しく修正されれば、つまりロールズ説の底流にある正当化を取り去るならば、その考えは私たちにとって最善の道であるともテイラーは述べている。[33]

ジェフリー・スタウトの世俗的理性の説明は、まさに私たちが必要とするテイラーの世俗的理性に関するある種

の修正であろう。スタウトによると世俗化の指標は「与えられたありとあらゆる現実の中で、参加者たちが対話者と当然のごとく同じ想定をするとみなせるような立場などない、という事実である」[34]。従って、スタウトの公的理性の理解はロールズの「条件」よりも包容力があるように思えるが、世俗に関するテイラーとアサドの説明を考慮に入れると、スタウトの世俗的理性に対する控え目な理解さえ、国家貢献へ容赦なく傾斜していく可能性があるという結論を避けるのは難しい。例えばスタウトは下記のような市民見解を採用するよう読者に薦めている。

（市民は）社会の条件、特に社会自ら行う政治的調整に対する何らかの責任の基準を受け入れる。この視点を受け入れることは、市民国家としての、国民の生きた道徳的伝統に参加することを意味する。厳密な監視の下で、国民のための国民の倫理的継承を明確に述べることが公共哲学の任務であると私は理解している。[35]

（もちろんスタウトは「私たちが市民国家の一員としての自己認識に先入観をもつように[36]」とは勧めてはいない。だがそれにもまして、民主主義の生活に不可欠と彼がみなすある種の会話の構成要素として、彼が理性の重要性を強調する点に、私は大いに共鳴する。おおむねスタウトの説明は、彼の考えるところの民主主義に参加するためにキリスト教や〈他の伝統に〉彼らの自己理解を委ねるようなどとは要求してはいない。要するにスタウトの説明に可能性があるといえるかどうか、まだ十分に結果は出ていないのである）。

コンスタンティヌス主義の変形に関するヨーダーの説明を踏まえ、もし近代国家の発展のための論説を正当化するのに世俗が必要であったという点でテイラーとアサドが正しいなら、奇妙なことにロールズとおそらくスタウトは一つのコンスタンティヌス主義を代表すると理解できる。さらに彼らのその立場は、私たちが世俗の知的学問に対する期待と危険について理解しようとする上で極めて重要である。ヨーダー、テイラー、アサドを対話させることとは、うまくいけば世俗、ことにスタウト説のごとく無邪気に見える世俗でさえ、国家に仕えるキリスト者に「平和」

への関心の下に生まれる現状理解を軽んじるよう要請する、ということを理解する手助けとなる。

もちろん、世俗は近代におけるコンスタンティヌス主義になったとする私の主張が正しかったとしても、なぜそれが問題なのかと疑問に思うことは当然である。コンスタンティヌス主義は教会の不可視的な戦略になってしまったと考える人たちにとってだけでなく、ある形式のコンスタンティヌス主義は望ましくはないが不可避であると考える人たちにとってもこれは問題であろう。世俗がコンスタンティヌス主義に陥った際、教会が政治的には周辺部へと追いやられ、私的なものへと格下げされるのはどうしようもない。そしてその結果、教会は当然のごとく国家の時が教会の時であると思うのである。アサドが「もし教義化した世俗主義が私的な理性と公的な原理の区別を要求するなら、前者の中にある『信仰的なもの』を『世俗的なもの』によって置き換えることをも要求する」と述べるのはまことに正しい[37]。

さらに問題は、世俗がコンスタンティヌス主義に陥る時、キリスト者がコンスタンティヌス主義の習慣に長くならされてしまったので、二つの時に生きていることを忘れる可能性があることである。時の全ては均質化されるとの前提がある。つまり、私たちが知っているすべては、基準から逸脱したに過ぎない時だということである。世俗の時を超えるリアリティによって決定されるもう一つの時があるだろうとの考えなど、まるで奇跡を信じるのと同じく、思いもよらないことである。最終的にキリスト者は、いらいらして生きなければならないと考え始める。なぜなら世俗の時だけが流れる世界には、公正に、非暴力的に生きるための時がないからである。問題は全く単純である。世俗の時は、終末論抜きで平和を確保しようとする試みに行き着くのである[38]。

大学は私立であろうと公立であろうと、このような世俗理解を正当化する学問を発達させるために極めて重要な機関であり続けてきた[39]。事実、国家と大学はかつての大学と教会の間につきものの共生の関係を反映している。中世の時代、大学は教会と国家のためのプロデューサーを生み出してきた。今や大学は、国家こそが世界秩序に不可欠だとされる近代の官僚制度に仕えるために教育された人々を、生み出すよう期待される。大学がこのような機能を果たすことは、近代の大学と国家がともに発展してきた事実を考慮に入れれば驚くには値しない。(40)推定を反映している。

近代の大学のカリキュラムを形成する学問を構成する学科は、さらに言うと、アサドが述べた均一化された時の時と異なる時が存在することを考えられなくしている。したがってこれらの学科によって生産また再生産された世界に関する説明は、私たちが世俗の科目がいかに近代国家の時を必然的に見せたかについて詳細な表示が求められるであろうが、世俗を維持するのに必要なある種の知性を生み出すために、私たちのカリキュラムの中でまさに諸学部がいかに機能したかを理解するのは困難ではなかろう。

たとえばダンテはなぜ神学における本質的な原典ではなく文学なのだろうか？　ウェンデル・ベリーはこういったと伝えられる「私たちは聖書を文学として読むべきではない。つまり私たちは文学も『文学』として読むべきではないのだ」。文学を文学として読むことは、共同体にとって記憶の精度を高めるための適切な分業となるだろうが、文学と神学の区分はアサドが突き止めた均一化された時の反映なのである。国家に代わるものとして教会が存在することなど求めない研究を創設しようとの関心の中、ダンテは文学になったのである。(41)

同じような分析によって、近代の大学での社会科学の特徴が説明されうるだろう。(42)学生は歴史研究が取り扱う一つの歴史を学ぶため、歴史学自体はおもしろいことにまれにしか教えられない。歴史学と社会科学のイデオロギー的特徴は、ほとんど学生の興味をひかない。たとえば社会科学における理性的選択の方法論（理性的選択理論）の勝利は、今や経済的合理性の拡張でしかない政治学を作りだすための「専門家」を、正当化するのに必要な能力の説明の後ろ盾となっている。(43)

私が大学で現在実施されている諸学科から多くを学びえないなどと言っているのではないと注意して欲しい。ただコンスタンティヌス主義、いや世俗のコンスタンティヌス主義と時の理解によって形成された知的な形態でさえ、現状はそうあらねばならない現実なのだとキリスト者に思い込ませようとする。もし私たちが神学の課題に忠実であろうとするなら、「世俗の知的世界」によって何が表象されているかを知らなければならないことは間違いない。それ自身に対する批判をよりよく生み出すためにも、私たちはこの世界を知らなければならない[44]。しかしもしわたしたちが世俗世界に貢献するのと同じように教会に仕えようとするなら、私たちは神学それ自身が世俗化からどうやって立ち直るかも再発見しなければならない。

3　抵抗の形態としての祈り

近代の大学または大学の学問的特徴が、明らかに世俗国家に盲従していると言っている訳ではない。確かに多くの大学やそこでの研究は、世俗国家に対し無関心なもしくは批判的な立場をとっている。しかし私は、学問の構造、いや国家に反対するように形成された学問でさえ、国家形成を正当化または合法化するのに必要な時間についての世俗的習慣を再生産する方法で構成されていると言いたい。「構成する」とはつまり、諸学問は世俗の実践を再生産しているということである。またその過程の中で、別の世界があることを否定するただ一つの世界に、人は存在しなければならないとの見えない選択肢をキリスト者に突きつけるということである。

"*Theology in the Public Square: Church, Academy, and Nation*"という大変重要な本でギャビン・デ・コスタは、近代の大学とくにキリスト教主義の大学は世俗化されてきたと論じる[45]。彼は、貨幣の勝利に代表される日常生活の実践と礼拝との繋がりが完全に失われた事実と、世俗化を結びつける[46]。後者の発展は、異なった学科間の親密な関係を維持しようとするあらゆる試みの喪失を明らかにしているとデ・コスタは考える。公正なるものまたは真実なるものの共通理解がなければ、大学は、何が売れるかが最重要事項となるのだ[47]。

デ・コスタはイギリス、アメリカの大学でキリスト教のアイデンティティが喪失しことについてフィリップ・グリーソンとジェームス・バートキールの説明に賛同しているが、彼の基本的な関心事は神学に何が起こったかである。ルクレールの"*The Love of Learning and the Desire for God*"における分析に影響を受けて、大聖堂の学校から大学への神学の移動は、神学研究の本質である実践から神学を分離する道を用意したかもしれない、とデ・コスタは論じる。パリ大学によって代表される学問の分割は、一七世紀における宗教改革と自然科学の発展によって作り出された世界の挑戦に対して、神学を準備不足の状態に陥らせる神学的知識の断片化の兆候であった。(48)

ハンス・フライの研究を引きながら、デ・コスタは神学が「大きな逆転」に従属されたと論じる。すなわち聖書を理解する唯一の方法は、聖書物語を世俗世界の前提に合わせることであったし、今もそうであると論じるのだ。(49)この変質の起きた場所はベルリン大学であり、そこではシュライエルマッハーの指示のもと、たまたま牧師という国家の代理人養成に必要とされた故に、神学は法律や医学と同じく大学での一つの学科となったのである。結果として「牧師の養成は完全に国家権力の管理のもとにおかれた。そしてこれによって学生が奉仕のために訓練されるような教育機関から、知的また教育的考えが根本的に対立する教育機関に牧師養成がゆだねられた(50)」とフライはみる。

デ・コスタの展開した神学の系譜が大変複雑であることは彼も認めている。しかし彼はそれから二つの主要な結論を引き出す。まず近代の大学に特徴的な制度化された神学は、神学が啓蒙主義にある大学に受け入れられるような一学科に変形される程度に応じ、世俗化の過程の見えるしるしとなる。次に神学のこの変質の問題は、大学の性格そのものを再検討しなければならないことを意味している。市場経済とその市場へ仕えるよう作られた官僚的国家組織に対する大学の従属は、神学の脆弱な地位をさらに悪化させるだけの人文学を危機に陥らせた。(51)

デ・コスタが「神学のバビロニア補囚」と呼ぶところの系譜は、教会と世界とのコンスタンティヌス主義的一体感の相似物であると私は考える。それ故、神学の革新のための彼の主張は、明確に反コンスタンティヌス主義の形をとる。なぜならもし神学が世俗の捕囚から逃れるのなら、もし神学が市場や国家によって定められない時間をとりもどすのなら、神学者たちが「神学者の召命として祈ることを学ぶ」時にだけそれが可能となるとデ・コスタは示唆するからである。[52] デ・コスタによれば神学は知的な厳密さを持って神を愛し、また神の共同体、すなわち教会を愛するとの文脈の中でのみ成立する。そしてこれらのもっとも偉大な愛に養われた人、つまり教会の一番すぐれた神学者は、祈る人である。[53] とりわけ彼は一九九〇年の文書、*"Instruction on Ecclesial Vocation of the Theologian, from the Congregation for the Doctrine of the Faith"* に注目するよう呼びかける。

神学の対象は、生ける神とイエス・キリストによって啓示された救いの計画という真理であるので、神学者は自らの信仰生活への深みに沈潜し、不断に科学的探究と祈りを一致させるよう招かれている。このようにして彼は自らが頼る「信仰の超自然的意味」に対してさらに開かれるようになり、そしてそれは彼の思索を導き彼の判断を評価する助けとなる確かな法則としてあらわになるであろう。[54]

さらに祈りは、世俗時間に挑まざるを得ない時を前提とする。祈りは礼拝の時に生ずる。それによって歴史的継続の時間以外の時間など存在しないとの確信に対し挑戦する。祈りは、神の国のリアリティによって必要となり可能となる礼拝の反復を通して知られるもう一つの時の存在を示す。したがって現状は変えられないと私たちに信じ込ませることを目指す世俗の学科の確信に挑戦するために、礼拝の時間は世界の再叙述のための必要条件となる。[55]

デ・コスタは、このような神学論が神学を大学の学科の中でユニークなものに押し上げる、とのいかなる主張をも否定する。なぜなら他学科と同じく神学は「その研究対象にふさわしい形で、研究対象との構造化され訓練された共存を推し進める多様な教義と実践によって特徴づけられた」探求の伝統に学生が「住む」ことを要求するからである。[56] しかも他学科のように神学も「大家」の人生に依存する。つまりその学科の可能性を押し広げる心と知性を備えた、熟練した有能な実践家に依存する以外ないのである。[57]

神学のための祈りの回復に関するデ・コスタの議論は信心深さのジェスチャーではなく、むしろそれが神学が学問として認知されるための必要条件であることを示す彼の試みである。(58) 神学の核心としての祈りの回復は、並はずれた政治的意味を持つ充実した形而上学的主張を含むのである。例えばサム・ウェルズはノリッジにある彼の聖エリサベス教会での牧会を描く素晴らしいエッセイで、祈りが作り出す政治的な特徴を明らかにする。聖エリザベスは、あるイギリスの一地域に立つ貧しい教会であったが、土地建物とも「地域共同体のためのニューディール」と題された政府による再開発地区の対象となった。教会の会合とニューディール計画の会合の間の歴然とした違いは、教会の会合が祈りによって始められたことだとウェルズは記している。

教会員にとって会合の最初に祈ることは習慣となっていた。考える余地もない。しかしニューディールの会合においては、当然のことと思う何かが失われたと奇妙に感じ始めた。この集まりは大変重要な課題を勝手に決めようとしているし —— そしておのれの持つ力だけでそれを成し遂げようと求めているとゆっくり気付いた。何と恐るべき光景だろう！　これを見極められたのも、共同の祈りの習慣があったからである。(59)

聖エリザベス教区がニューディール計画主導の中でもその働きを維持できたのは祈りのおかげであるが、この祈りの重要性は神学における祈りの復権に関するデ・コスタ説に有用なアナロジーを提供する。聖エリザベスでの祈りの習慣的形態はニューディール計画への参加を可能にした。聖エリザベスの人々はニューディールを仕切ろうとしたのではなく、むしろニューディール計画にそれまでにはなかった創造的エネルギーをもたらした。同様に祈りによって形成された神学が大学のカリキュラムを構成する学科の重要性を否定する理由はないのであって、むしろその神学は神学以外の学科の可能性と限界を照らし出す働きに関わることができるのである。

デ・コスタは祈りと神学を分離させないとの考えが、神学を大学での正当な学科として認められないことに繋がるかもしれないともちろん気付いている。しかしもしも祈りよって設定された時間、つまり神学者の働きを構成する時間を神学者が取り戻せるならば、彼らは大学を構成してはいるが一見横の繋がりの見えない諸学科を、一つに統合する可能性を持つ学科に自ら在籍していることに気付くかもしれない、と彼は論じる。「遠慮なく言うと」とデ・コスタは言う

大学の目的とは、すべての核心に愛を見出すことである。なぜなら愛は世界の根本だからである。これは原子研究がいずれニュートロンやプロトンの発見ではなく愛を指し示すことになろうとの意味ではない。むしろひとたび原子構造が明らかにされるなら、愛、調和、美、真理の可能性を推し進めると思わせるそのような秩序の問題が極めて重要であり、その問題はまた学科の倫理的方法論的次元を認知するもう一つの道となるという意味である。[60]

デ・コスタが提示していることがユートピアだとは思わないが、それは神学を重要な問題として研究している私たちのような神学者に責任ある応答を求めている。さらに言うと私たちがもはやコントロールできない世界において、私たちは自由に神学をするために自由が与えられているのである。少なくともこのことは、神学者に「私にはXまたはYについてコメントすることはできない、なぜなら、聖書は私の専門分野ではないので」と言わしめてしまう学科内の区分けを終結させなければならないことを意味するだろう。[61] 実際神学を歴史的科目へと変容して「客観的」にしようとする試みなど、神を讃美する源から神学を切り離そうとする方法であるとはっきりとみなされるべきである。もちろん神学研究のために知るべきすべてのことを、身に着ける能力のある者など一人もいないけれど、私たちは神学の研究を説得力のあるものにする為に、知る必要のあるすべてのことを知っていることを忘れるべきではない——つまり私たちは「かつてイスラエルをエジプトから導いた神は、イエスを死者から蘇らせた方

である」ことを知っているのだ。[62]

それゆえ神学の命の中心に祈りを再発見すべきとのデ・コスタの呼びかけは、神学が世俗学科への関与から身を引くことへの呼びかけにほかならない。実に周知のことではあるが、神学は宗教学と自然科学を含む世俗の学問から多くを学んでいると彼は正しく考えている。だがもし神学が、近代の大学の学問を構成する諸学科の主張に挑戦すると同様に、それらに関与することのでき学科であろうとするなら、私たちは祈りという神学の実践を回復しなければならないとデ・コスタは当然のごとく考える。このことは神学が教会の業としてのみ意味を持つことを、まことにシンプルに表している。

教会の業として、キリスト者の歴史、文学、政治学、経済学、物理学、生物学に対する取り組み方 —— それらが神学的観点を意識した研究となるかどうかは別にしても —— は、祈りの生活によって形成されていない人々によって認知され実践された研究方法と違ったものとなるであろう。[63] しかしはっきりしていることがある。神学者が祈りを彼らの務めとして再び学びなおすならば、私たちは少なくとも世界、つまり世俗国家が語る前提によって作られた世界に対して明らかにするだろう。私たちの信じているものは、「単なる信心」ではないということを。[64]

第11章注

(1) Talal Asad, *Formations of the Secular: Christianity, Islam, Modernity*, Stanford: Stanford University Press, 2003, p. 200.

(2) ガスタフソンの講演は "The Sectarian Temptation: Reflections on Theology, the Church and the University", in the *Proceedings of the Catholic Theological Society*, 40 (1985)pp. 83-94 として発行されている。私の応答としては私の本の序論をみよ。*Christian Existence Today: Essays on Church, World, and Living in Between*, Grand Rapids: Brazos Press, 2001, pp. 1-19. Christian Existence Today は一九八八年に初刊がでた。ガスタフソンの批判と私の応答に関するよい考察はギャビン・デコスタ

Theology in the Public Square: Church, Academy, and Nation, Oxford: Blackwell Publishing, 2005, pp. 77-87 を参照。

（3）ジェームス・ガスタフソン *An Examined Faith: The Grace of Self-Doubt*, Minneapolis: Fortress Press, 2003, pp. 37-44. ガスタフソンは彼の主張の基礎をピーター・オークスと私が編集した"Radical Traditions Theology in a Postcricical Key"のシリーズに入れた記述に置いている。ガスタフソンは私たちの〝モダニスト〟の研究習慣に対する否定に全く批判的である、しかし彼が、世俗の知的資源を否定しているとして私たちを批判するのは奇妙に見える。なぜなら〝モダニズム〟に対して批判的であるように私たちに教えたのは正にその知的資源だからである。また私たちを批判している人々に対して、私たちが適切な学問的な配慮をしていないと批判するガスタフソンが、ピーターと私の書いたものを読むことなしに安易に批判しているのは全く奇妙であると思う。

（4）ジェフリー・スタウト *Democracy and Tradition* (Princeton: Princeton University Press, 2004), p. 76. 白状するとスタウトの本の中でこの文を読んだとき私が少々びっくりした。なぜなら「世俗」を「リベラリズム」の表現として使った覚えがなかったからだ。スタウトは、例えばロールズが彼の公の理性に関する説と世俗の理性と価値体系は同じではないと、とりわけ Political Liberalism　以降に主張したことを正しく記している。特にロールズの"The Idea of Public Reason Revisited," in *The Law of Peoples* (Cambridge: Harvard University Press, 1999), pp. 143, 148 を参照。ロールズの理性の説が世俗的であると私が示唆している場所を、私はどこにもみいだせない。「世俗的」という語は私がよく使用する語ではない。しかし *Dispatches From the Front: Theological Engagements with the Secular*, Durham: Duke University Press, 1994. の脚注で私はそれを見つけてしまった。そこで私は世俗に関するどんな「理論」をも持つことを否定していた。しかし同じ脚注で私は、ミルバンクの世俗に関する説を推奨している。このことでリベラリズムが「世俗のイデオロギー」であると私が考えているとの印象をスタウトに与えたのかもしれない。とても啓発的であると思い続けているミルバンクの説明に対する推奨にも関わらず、私はウェーバー主義者による世俗に関する説を支持するのはためらう。この論文で明らかにすることではあるが、論じられている世俗の意味とは基本的に近代の政治的合意についてのことである。

（5）スタンリー・ハワーワス *With the Grain of the Universe: The Church's witness and Natural Theology*, Grand Rapids: Brazos Press, 2001.

（6）ジョン・ハワード・ヨーダーは考察する。「中世カトリック思想における『自然』の観念は、部外者といかに話すかを知っていた近代のものと同じではなかった。中世の自然法の概念は地域に非キリスト者がいない、また確信を伴う既知の世界に無神論者もいないような世界で発展した。… それ（自然法）はヘブライ人に残されたはずの聖書から生まれた神の道徳的導きの要素から、（キリスト者を含む）すべての人が従う必要のあるものを区別しようとしたものであった。"*The Priestly Kingdom: Social Ethics as Gospel*, Note Dame: University of Notre Dame Press, 2001, p. 42)

（7）たとえば私の著書 *Truthfulness and Tragedy: Further Investigations into Christian Ethics*, Notre Dame: University of Notre Dame Press, 1977, pp. 57-70 中の "Natural Law, Tragedy, and Theological Ethics," を参照。私は今日この問題に関しては全く異なった方法で論じたいが、少なくともこの論文は自然法を見過ごしにしてよいと私が決して考えていないことを明らかにしている。「否定的な結論」の語句で、私たちがどうして失敗から目を背けてきたかというその理由の中から、どのように失敗したかの道筋を発見したということを私は示す。私の論文を参照。"A Story-Formed Community: Reflections on Watership Down," in *A Community of Character: Toward a Constructive Christian Social Ethics*, Notre Dame: University of Notre Dame Press, 1981, pp.9-35. "The Truth About God: The Decalogue as Condition for Truthful Speech," in *Sanctify Them in the Truth: Holiness Exemplified*, Nashville: Abingdon, 1998, pp. 37-9.

（8）たとえば、私の "*The Peaceable Kingdom: A Primer in Christian Ethics*, Notre Dame: University of Notre dame Press, 1983, pp. 64-71 を参照。*Agency and Practical Reason: The Critique o f Modern Moral Theory From Anscombe and Hauerwas* と題された最近のバージニア大学博士論文で、マーク・ライアンはこの問題について私が理性と啓示を二分することを拒否しているとして、以下のように論じている。「聖書の啓示の特殊性と歴史的性質に論理性を持たせるために、それらを否定する（抽象化する）必要はない。むしろ『自然』のような抽象概念は、神がどのように、なぜ宇宙を創造されたかの物語を私たちが繰り返し語ることを思い出させるための簡略な合図のようなものである――すなわちそれは大いなる物語を社会が再構成するのを助けるための、実用的な道具である。『自然』や『啓示』のような抽象的な概念はその性質から考えて『それらを明瞭にするための物語的表象を必要とする』」(p. 150)

（9）彼のより最近の哲学的立場が、キリスト教の再評価を覆い隠してしまっているのかどうかという疑問への応答として、マッキンタイアは語る。「それは私の生涯を振り返っても、私の信仰体系の点からいっても間違いである。カトリックのキリスト教の真理を再び認める以前から、私は哲学的な信仰を深く信じるようになっていた。そして私は教会の教えにだけ応答することができるようになった。なぜなら私はアリストテレス主義から私の若いころのキリスト教に対する否認に関わる間違いの本質と、哲学的論議と神学的探究との関係を正しく理解する方法をすでに学んでいたからである。他の多くのアリストテレス主義者と同じように私の哲学は有神論である。つまり他の者と同じように内容において世俗的である」(*The MacIntyre Reader*, edited by Kelvin Knight, Notre Dame: University of Notre Dame Press, 1998, pp. 265-6)。マッキンタイアが自らの哲学の内容を世俗的と述べることで何を意味しているのかは不明であるとしか言いようがない。彼の哲学的論議が「有神論」をその妥当性のために必要としてはいないと主張しているのだと私は想像する。彼の初期の本、*Secularization and Moral Change* (Oxford: Oxford University Press, 1967) でマッキンタイアは「世俗化」をキリスト教のような信仰を主張する信仰、行為、そして制度から、無神論の信仰、行為、そして制度への移行の意味で使用している (pp. 7-8)。マッキンタイアは *Secularization and Moral Change* の中でイギリス社会での世俗化は宗教の衰退によるのではなく、キリスト教を意味不明なものとしてしまった都市化と組織化の中に生まれたと論じている。彼が言うには「ポスト産業革命社会における世俗的生活に直面したキリスト教は、人生に意味を与えること、または人々にその（キリスト教の）特有な形態を生き抜くための正当性を理解させたり見つけさせたりすることが不可能であると実際に気付いたのである。むしろキリスト教は近代の世俗的生活の勢力によって形成され、そして再形成されてきた。この様にキリスト教の主張がそれ自身社会的である限り、それは近代社会の現実の歴史から反駁されるまでなのである」(p. 66)。従ってキリスト教はキリスト教を社会生活の中で具現化することと、また彼らがそれをできないことの正当性を述べる価値をもはや見出さない。マッキンタイアの分析はマルクス主義を明らかに利用している —— つまり彼の（また私の）研究にまた特にこの章の論議に情報を与え続けているマルクス主義である。

（10）世俗化に関する論議の大変明快で情報に満ちた解説としてクリスチャン・スミスが編集した *The Secular Revolution: Power, Interests, and Conflict in the Secularization of American Public Life*, Berkeley: University of California Press, 2003, pp. 1-96 の序文を参照。スミスは「世俗化」は不可避な過程ではなく、むしろ彼ら自身をそして彼らのいる世界を宗教的権威から自由にしたいと望んだエリートたちの定められた結果であると説得力を持って論じている。確かに世俗化が信仰の衰退を意味するというよくある主張は経験的に間違っているように見えるが、特定の繁栄し続ける「信仰」は、現在「信仰」されているとの範囲まで世俗化してしまったことを認知できないかもしれない。サバ・マムードはこう説明する。「社会が世俗（非宗教的）であると言うことは『宗教』が政治、法律、また人々が集まる諸形態から追放されていることを意味しない。むしろ宗教はそれが特別な形態をとるという条件のもとこれらの領域に入ることを認められている。要するに宗教がこれらの形態から離脱する時、一連の取り締まりの壁と向き合うこととなる。トルコ、フランスでの婦女子の正装としてのベールの禁止は適切な例である」（"Feminist Theory, Embodiment, and the Docile Agent: Some Reflections on Egyptian Islamic revival,"*Cultural Anthropology*, 16, 2, 2001, p. 26)。もちろん「形態」の一つであるためには、それぞれの伝統が自らを「宗教」と理解しなければならないことである。

（11）Charles Taylor, "Modes of Secularism," in *Secularism and its Critics*, edited by Jajeev Bhargava (Delhi: Oxford University Press, 1998), p. 32. ロバート・マーカスはキリスト教だけが「世俗」理解を生み出せると語り、「世俗」によって彼はキリスト者が非キリスト者と分け合うことのできる何かを示す。(*Christianity and the Secular*, Notre Dame : Notre Dame Press 2006, p. 6)。マーカスの本をこの論文を完成したあとで手に入れたのは残念である。しかしながら彼が、その著作をアウグスティヌスを支持する私（とヨーダー）の立場をサポートしつつ締めくくってくれたことに感謝する。

（12）John Milbank, *Theology and Social Theory*, Second Edition, Oxford: Blackwell Publishing, 2006, p. 9.

（13）ミルバンクは彼の著書 "The Gift of Ruling: Secularization and Political Authority," *New Blackfriars*, 85, 996, March

2004, pp. 212-38 でキリスト教世俗と近代の世俗の違いに関する素晴らしい、明快な解説を提供している。ミルバンクはピエール・マネーに反論する形で、戦争の現実、処罰、慈悲と寛容の行為という取引を世俗にもたらそうとするキリスト者に世俗側が扉を開かなかった、などと決して教会は主張しなかったと論じている。(p. 216) ミルバンクは、すべての存在は借り物、つまり贈物であるという主張を維持できなかった神学的失敗の結果として、近代の世俗化の発展があると考える。結果として神の力に関する実証哲学者また形式主義者の神学がリベラリズムを発明した —— 人間と自然を超越した基準を欠いた世俗を発明したのだ。

(14) コンスタンティヌス帝の教会支持を逸脱として悪く語ることに対する優れた批評としてダニエル・ウィリアムスの "Constantine and the 'Fall' of Church in " *Christian Origins: Theology, Rhetoric, and Community*. ルイス・アイアーとギャレス・ジョーンズ編 (London: Routledge, 1998) pp. 117-36 を参照。ウィリアムスはポストコンスタンティヌス主義の教会におけるキリスト者が、イエスの教えに従って生きることより帝国を保持する方が大事だと考えていたとするデニー・ウェーバーの主張を「空想的一般化」と指摘している。アウグスティヌスの第一ヨハネに関する説教は、ウェーバーが根本的に間違っていることを示すのに十分である。

(15) John Howard Yoder, *The Christian Witness to the State*, Scottdale, PA: Herald Press, 2002, pp. 8-13.

(16) マーク・シーセンの新しい序文のついたヨーダーの *The Original Revolution* の "Christ, the Hope of the World, "Scottdale, PA: Herald Press, 2003, p. 141. コンスタンティヌス主義のいろいろな形態についてのヨーダー説のまとめは *The Original Revolution* の pp. 141-5 に見られる。

(17) 国家をそれ自身の方策に委ねることをヨーダーが正当化した、とのよくある批判はヨーダーの次の意見、「教会は国家がなぜ存在するかを知っている —— 実際国家自身よりもよく知っている。そしてこの理解が、教会の主張の正当化と、諸権威の機能行使の方法を評価するときに教会が用いる標準を提供する」を見落としている。(*The Christian Witness to the State*, Newton, KS: Faith and Life Press, 1964, p. 16)

(18) ジョン・ハワード・ヨーダー *The Christian Witness to the state*, Newton, KS: Faith and Life Press, 1964, p. 28. キリスト者のためのキリスト教倫理学は、キリスト者の生き方がすべての人にとって可能なのではない、とキリスト者が信じていることを意味しない。むしろそれはキリストの弟子として生きるためには聖霊の働きを必要とするが、その働きは教会の中だけに制限されていることではないことを意味している。

(19) もちろんそれはキリスト者が未開人を改宗させるぐらいなら殺す方が良いと思っていたとの考えと同程度に、必ずしも真実ではない。ヨーダーは「コンスタンティヌス帝は全世界を支配していたわけではない。そのことは他の国々は言うまでもなくすべての敵を北方へ、東方へ、南方へと消し去る事が必要であったことを意味する」(*The Original Revolution*, p. 149)。しかしながら中世の教会でさえ、この様な権力者に対して批判的な立場をとることができた。「聖職者の階層制度は独立した道徳判断を可能にする力の基盤と自己理解を持っていた。皇帝や王子を禁止令や追放令によって完全な形で強制的に聴従させることができた」(*The Original Revolution*, p. 150)。

(20) ヨーダーにとって「歴史の究極的意味は教会の働きの中に見つけられるべきである。キリストの死による子羊の勝利が教会の勝利を確定させている」(*The Original Revolution: Essays on Christian Pacifism*, Scottdale, PA: Herald Press, 2003, p. 64)。それゆえ *The Christian Witness to the State* でヨーダーは主張する。「教会は基本的により良い社会をつくるよう励ます道徳的刺激の源ではない —— 信仰深い教会はこの力をも持つべきではあるが —— むしろ社会が機能し続けるようにするのが教会の働きの目的である」。

(21) 「世俗が現代社会のあまりに多くの部分を占めるので、それを直接把握するのは簡単ではない。いわばうまい具合にそれは影だけ残して逃げ去っていく」(*Formations of the Secular*, p. 16)。例えば *Power of the Secular Modern: Talal Asad and his Interlocutors*, デビット・スコット、チャールズ ホーシュカインド編 (Stanford：Stanford University Press, 2006),pp. 297-9. で「宗教的な人々」と「世俗の人々」の変わりやすい特徴に関するアサドの説を参照。より深まった議論に向けて、いままで見過ごされてきたと思われる宗教的伝統と世俗化とのあいまいな関係に関する説得力ある解説としてヴィンセント・ペコラの

Secularization and Cultural Criticism: Religion, Nation, and Modernity, Chicago: University of Chicago Press, 2006. を参照。ベコラは世俗化の擁護者たちが、いかに自らを様々な宗教的アプリオリから切り離すことが出来なかったか、または切り離そうとすべきでなかったかを示しつつ、固定的で要約的な世俗化説への反対論を力強く展開している。

(22) ジョナサン・トラン " In the Far Country: Time, Eternity, and Memory After the Vietnam War", Ph. D. Dissertation, Duke University, Durham, NC, 2006, p. 4.

(23) ブルース・リンカーンは彼の "*Holy Terror: Thinking about Religion After September 11*, Chicago: University of Chicago Press, 2003, p. 63 の中で「現代国家の世俗化する特性と国家の潜在的な宗教的特性の間の未解決な緊張」と彼が特徴づけた、啓蒙的な説を提供している。

(24) テイラー "The Secular Imperative", p. 38.

(25) テイラー "The Secular Imperative", p. 39-40 テイラーは直接接近できると思い描くこれらの様式が、統一性の創造によって生まれた近代の平等性と個人主義とに関連付けられていると見る。ひとたび仲介の必要性が減少すると、個人は一個人としては肥大した自意識を持つようになる。しかし個人であるということはどこかに所属するのを中止することを意味しない。むしろ「もっと広範囲のもっと非個人的な存在、すなわち、国家、運動、人間の地域社会、に所属する個人を思い描くことを意味する」(p. 40)。

(26) テイラー　"The Secular Imperative,"p. 41.

(27) タラル・アサド *Formations of the Secular*, p. 5.　アサドは、リアルな人間生活が徐々に自らを「宗教」の拘束力から解放し、ついにその宗教の再配置を成し遂げる空間のように「世俗」を見なすべきではないと論じる。これこそが私たちに、世俗の領域を「汚染し」神学概念の構造を内に閉じこもって複製する宗教、について考えさせる主張である。今日における「世俗」概念は、世俗主義と呼ばれる教義の一部である。世俗主義は、政治の安定または「自由に考える」市民の自由を脅かすことのできない空間に、宗教的実践と信仰を閉じ込めるべきと単純に主張しているのではない。世俗主義は(「自然的」そして「社会的」)世界、そしてその世界によって生み出される諸問題に対する特有の構想を利用する」(pp. 191-2)。似た手法で、ウィリアム・コロニーは彼の著作 *Why I am Not a Secularist*, Minneapolis: University of Minnesota Press, 1999, p. 32. でカントの理性的宗教はそれが置き換えようとした「教義的」教会学と多くを共有していると論じている。

(28) アサド *Formations of the Secular*, p. 5 コノリーの論文 "Europe: A Minor Tradition" in *Power of the Secular Modern* に対する応答として、この著作の中でアサドは「現代社会においてさえも人々は多様で一時的なこの世に生きているし、しかも支配的な教義としての世俗主義の中心点は、資本によって均質化された時間を身に着けた多元性を超越しようとするまさしくその試みであると私は強調した」と述べている。(p. 223)。

(29) アサド *Formations of the Secular*, pp. 192-3. 行為者のそのような観点が、エジプトにおけるイスラム教の女性たちの運動を理解するためにいかに問題にされなければいけないかは Saba Mahmood, *Politics of Piety: The Islamic Revival and the Feminist Subject* (Princeton: Princeton University Press, 2005 を参照。行為者のリベラルな立場が、愛国心の育成促進による共通のアイデンティティを作りだす近代民主主義国家の必要性と相いれないとしばしば主張される。しかしテイラーは国家のために犠牲になろうとする意志は、市民がそのような約束を自由に行うのだといわれるほどに強力に形作られると述べる。("Modes of Secularization,"p.44) アサドの「非魔術化」の言葉の使用は、彼がウェーバーの世俗化に関する理解を受け入れたことを意味しない。むしろ彼は、上記の引用が示すように、世俗主義それ自身が非魔術化の形態であることを理解しているのである。同じように世俗社会の発展の中で宗教が消滅するであろうという主張に対抗して宗教の力に留まろうと主張する人々は、活気があるかのように見える「宗教」が世俗によって変質されて来ていることを理解していない。ミルバンクは「不寛容な宗教の再燃、これはリベラリズムが解決できる問題ではない、むしろこれはリベラリズムが生みだしがちな問題である」と注意している。("The Gifts of Ruling,"p. 235) 神学や礼拝を拒否するまでいかないが、頑迷に礼拝の再記述にこだわる世俗に関する説得力ある解説としてユージン・マッカラーの "*The Modern Theology*, 21, 3 (July, 2005), pp. 429-61 を参照。マッカラーは事柄 —— すなわち神の力への信仰から商品という変わり続ける資産への変動によってもたらされる品物 —— の非魔術化を求める人々を示すことで、

「非魔術化」に関する神学的批判は聖と俗の間にある未だ洗練されない対立を避けることができると考えている。(p.450)。

(30) テイラー "The Secular Imperative," pp. 48-53

(31) アサド *Formations of the Secular*, p. 8 ウィリアム・コノリーはこのことを彼の "Europe: A Minor Tradition," で上手に説明している。「今日のキリスト教とヨーロッパの内なる繋がりとは、全キリスト者が市民の条件としてのキリスト教共通の信仰を求めている —— 大多数は依然そうであるが —— ということではない。要するにその繋がりはキリスト教の啓蒙主義の中で育ち、組織化された実践に参加することから宗教的信仰表明を切り離そうとの要求の中に存在している。結果として宗教的信仰が個人の領域にまた個人の内面へと追いやられたので、すべての人が市民であるような世界を想像することが可能となったのである」(*Powers of the Secular Modern*, p. 78)。サバ・マムードは論じる。「今日の世俗に対する標準の理解に反して、その力は宗教から距離を置いた中立的な政治の場にあるのではない。それは合理性とリベラルな政治原則の行使と矛盾しない特定の宗教性を生み出す中に存在している。帝国主義の時代、この世俗主義の一面は合衆国政府がイスラム教の改革、作り直しを引き受けたという大キャンペーンの中に最も明らかである。(" Secularism, Hermeneutics, and Empire: Theopolitics of Islamic Reformation," *Political Culture*, 18, 2, p. 323)

(32) テイラーは以下のように論じる。宗教戦争の代替物を見出そうとしたところに世俗主義の現代的観念の始まりがある。そこでは平和に関する何らかの規則の発見が必要だった。二つの主たる方策が開発された。一つは平和共存の倫理の共通の根本方策が、全キリスト者に共通する教義を基礎にして維持された。共通の根本方策とは有神論であった。二つ目の方策はすべての宗教の信仰から引き出した独自の倫理の開発であった。ロールズ、テイラーはこの二つ目の方策を信じ、そこに留まっている。("The Secular Imperative,"pp. 33-4and 51)。宗教戦争から私たちを救うために、世俗国家の勃興が必要であったという間違った物語をテイラーが受け入れたのかどうか私には明確ではない。ただ仮にそうだとしても、世俗が近代国家の形成と相関関係にあると理解する彼は正しいであろう。救世主としての国家という神話に関する批判として、ウィリアム・カバナーの "*Theopolitical Imagination*, London: T&T Clark, 2002. を参照。

(33) Tailor, "The Secular Imperative," pp. 49-53.
(34) Stout, *Democracy and Tradition*, p. 97.
(35) Stout, *Democracy and Tradition*, p. 5 スタウトが市民国家に焦点を当てるのは、「汚れた手」の問題が彼にとって大変重要な問題だからであろう。したがって彼は主張する。「高い地位についているものはある意味特別である。人々の生存と福祉のための強制的な力の行使に対して、公の責任がある故に私たちみんなとは違う。彼らはその地位を持つとの理由で、私たちみんなが持たない権力と責任を持つ。彼らの責任は難しい選択を引き起こすこともある。これらの選択は彼らの手を汚してしまう権力の行使を招く」(p.190)。これは確かかもしれないが、なぜスタウトがこのような考察を「民主主義の標準」を解説する用件の第一位にするのか、民主主義が国家形成を明示すると考えない限り私には不明確である。確かにスタウトは市民という言葉を、ロールズの用いる市民――市民は自身を立法者または裁判官と考えるべきだと言う――の意味で用いてはいないかもしれない。それでもやはりスタウトの市民権への訴えは、彼の理性に関する考察が市民形成への興味に根差していることを示している。ロールズの立法者、裁判官としての市民権の考察は"The Idea of Public Reason Revisited," in *The Law of Peoples*, pp. 135 and 168 に見出だせる。
(36) Stout, *Democracy and Tradition*, p. 297.
(37) Asad, *Formations of the Sucular*, p. 8.
(38) ヨーダーは論じる。「『平和』は、歴史上無抵抗主義のキリスト者一般に起こったことの正確な記述でもないし、今日の多くの国で良心的兵役拒否者が扱われたありさまについての正確な記述でもない。またキリスト教の平和主義が戦争のない世界を保障するのでもない。『平和』は平和主義者のゴールを描き出しており、そのゴールは、彼の働きの輝き、彼の行動の特性、彼の立場を意味あるものにする究極的な神の確かさの中にある。つまりそれは彼の行動の外見や見える結果を示してはいないのだ。これこそが終末論によって意味される事柄である。すなわちそれは、目前の挫折をものともせず、意味を与えてくれるが未だ見えないゴールの観点から現在の立場を定義づける希望なのである」(*The Original Revolution*, p. 53)。ヨーダーにとって、世俗的な代替物として非暴力を支持すること、要するに終末論抜きの平和を求めることの問題とは、終末論抜きの平和がその反対の事態——歯止めなき戦争——を招くという点なのである

(39) もしこれに確証が必要ならC・ジョン・ソマーヴィルが彼の論文で提供している。"The exhaustion of Secularism," *The Chronicle of Higher Education*, LII, 40 (June 9, 2006) pp. B6-B7. ソマーヴィルは著書 *The Decline of the Secular University* (New York: Oxford University Press, 2006) で、大学における宗教の受け入れについての彼の議論を展開している。あいにく私の観点からするとソマーヴィルの宗教に関する考察はプロテスタント・リベラリズム説の繰り返しである。どうもそこでの宗教の目的は「究極的関心」なのである (p. 48)。

(40) *Seeing Like a State: How Certain Schemes to Improve the Human Condition Have Failed*(New Haven: Yale Uni-versity Press, 1998) で、ジェームズ・スコットは論じる。科学的な抽象概念によりしばしば例示された理性を通して、社会的習慣を作りなおそうとするモダニストの野望は、本来的に国家主権主義者の企てである。さらに言うとそのような企ては、あらゆる経験上の問題にひとつの答えが与えられるならば合理的思考と科学的法則は何一つ当然視出来ないと仮定し、分岐点 (a break) は過去から作り出されると推定する (p. 93)。スコットはこれらの主張を都市計画、第三世界の開発と農業からの具体的な研究により実証している。

(41) シェルドン・ウォーリンはこう見る「経済学、政治学、社会心理学と (さらにどちらとも言えないが) 社会学など、社会を研究する知的科目の多くが今までも、また過去においてもつねに外見上は反歴史的であった。そうでなかった時には、それらは過度な単純化の中にであった、すなわちそれらは歴史的カテゴリーを社会科学のそれに翻訳しようとし、また物語を論証に置き換えようとした。それに応じて歴史学者たちは社会科学の手法やカテゴリーを借りて記憶に頼った社会以降 (a post-mnemonic society) での正当性を見つけようとした」(*The Presence of the Past : Essays on the State and the Constitution*, Baltimore: Johns Hopkins University Press, 1989, p. 3)。ロバート・ポーグ・ハリスンは彼の並外れて素晴らしい本の中で同様の指摘をしている。*Forests: The Shadow of Civilization* (Chicago: University of Chicago Press, 1992) この中の啓蒙運動に関する章で、ハリスンは

キリスト教の時代以降は大まかに「過去からの歴史的分離」という言葉で定義づけられると指摘する。「the res cogitans つまり考える自己と the res extensa, または具体化された物質を区別する新デカルト主義者が、科学的客観性の用語そして歴史、地域、自然そして文化から抽出した概念の用語を提唱した」(p. 170)。

(42) 歴史研究の国粋主義的性質はしかしながら近年トーマス・ベンダーによって問題にされている。彼の "No Borders: Beyond the Nation State," *Chronicle of Higher Education*, April 7, 2006, pp. B6-4-B8 を参照。

(43) ウォーリンは、リベラル政治パラダイムの拡張としての、政治行動における合理的選択理解の発展が、皮肉にも政治から引き離された政治学を形作ったと正しく理解している。彼の *Politics and Vision* 拡大版 (Princeton: Princeton University Press, 200), pp.570-5, を参照。ウォーリンは記す「政治学の学問研究に情報を与える理論の概念は、企業の影響と国家の行動が分かちがたく混合した、現代の統治と政治の高度な官僚主義的性質を反映するようになってきた。それはモダニスト —— エリートで、科学を身に着け、経済的には合理的 —— が持つ政治学の絶望的努力を示している。彼らはとらえどころのない、頼りにならない一般市民を『統治』しようと奮闘する。だがその一般市民とやらは不安と気まぐれ、恐れ、怒りと苛立ち以外、不確かな自己を表現することはできない。それでも民主主義が必要だと考えられる一般市民ではあるが、もしも彼らが脆く、ただ感傷的なだけならば、徐々に電子メディアに依存し、その指示を仰ぐこととなる」(pp. 574-5)。

(44) 似た種類の批評はマイケル・フォーセットによって著されている。*The Order of Things: An Archaeology of the Human Sciences*, New York: Routledge, 1991. と Society Must be Defended, NewYork: Picador, 2003.

(45) ギャビン・デ・コスタ *Theology in the Public Square: Church, Academy, and Nation*.

(46) 時と貨幣の関係はピーター・モーリンの研究の一貫したテーマである。"In the Light of History" の中にある "1600-Banker" という見出しの部分で彼は考察する。「カルヴァン以前、人々は利子つきでお金を貸すことが許されなかった。ジャン・カルヴァンはイスラエル預言者と教父たちの教えにもかかわらず、利子つきで金を貸すことを法制化しようと決断した。このジャン・カルヴァンの後に続いたプロテスタント諸国家では、利子つきの金貸しは一般的慣行となる。そのように人々は分割払いで金を貸し、お金の視点から時を考えるようになり、そしてお互いに『時は金なり』と言いあった」(*Easy Essays*, Chicago : Francisca Herald Press, [1961]1977, pp. 78-83)。モーリンは、全ての人は最高の値段をつけてくれる人にその持ち物を売ろうとすべき、と考えたスミスとリカードなどの「全体主義的経済学者」に、「時は金なり」の流布の責任があるとしている。

(47) ギャビン・デ・コスタ *Theology in the Public Square*, pp. 2-3.

(48) ギャビン・デ・コスタ *Theology in the Public Square*, pp. 15-18.

(49)「大きな逆転」の組織化とは、神学から聖書研究を分離することである。多くの良いものが聖書の歴史的／批評的研究から生まれてきたが、あまりにも頻繁にそれは聖典と神学の学問的分割という聖書研究がいかにリベラルな国家の姿を反映するか（そして合理化するか）を隠蔽してきた。ジョン・レヴィンソンは彼の本でこのことを明確に見据えている。*The Old Testament, The Hebrew Bible and Historical Criticism*, Louisviller: Westminster/John Knox, 1993, pp. 106-26.

(50) ハンス・フライ *Types of Christian Theology*, edited by George Hunsinger and William Placher, New Haven: Yale University Press, 1992, pp. 101-2. フライは、ドイツでの教育の自由の達成に関する逆説的性質を憂慮するドイツの憲法史学者、ルドルフ・フーバーの言葉を引用する。「教育、研究そして教義の自由を成し遂げた世紀が、同時に国家の行方と学校組織の運営における大変極端な状況を創出した。しかしほとんど全地域で一九世紀の制度と二重写しのものに気付く。すなわち人々は、国家から個人のもっとも高い自由を与えられた時代は、同時に国家主権主義による最大効率化の時代であることに気づくのである」(p. 100)。

(51) もちろん「人文学」が「これまで高等教育制度を支える中心的イデオロギーであった宗教を基礎とした、道徳教育に対する世俗的代替物を求める気持ち」に対する答えとして生まれた、近代の発明品であることを忘れてはならない。(Steven Marcus," Humanities from Classics to Cultural Studies: Notes Toward the History of an Idea," *Daedalus* 135, 2, Spring, 2006, p. 16)

(52) D' Costa, *Theology in the Public Square*, p. 112.

(53) D' Costa, *Theology in the Public Square*, p. 112-14.

(54) D' Costa, *Theology in the Public Square*, p. 115. から引用

(55) ランデイ・ラシュコーバーの注目に値する著書 *Revelation and Theopolitics: Barth, Rosenzweig, and the Politics of Praise*, London: T&T Clark, 2005, pp.100-6 の中に出てくるローゼンツヴァイクに関する説により、私はこの見解を手にすることができた。

(56) D' Costa, *Theology in the Public Square*, p. 117.

(57) D' Costa, *Theology in the Public Square*, p. 123.

(58)極めて重要な論文" The ' Naked ' University: What if Theology is Knowledge, Not Belief? " *Theology Today*, 62, (Jan-uary, 2006) でジョン・ストーナーは「もし大学が理性の座を占めるとの主張を維持する、また場合によってはその主張を再び始めようと欲するなら、大学は今一度神学を、神についての考察によって構築された知識の信頼できる形態として取り扱わなければならない」と論じている。(p.525)

(59) Some Wells," No Abiding Inner City: A New Deal for the Church," in *Faithfulness and Fortitude: In Conversations with Stanley Hauerwas*, Edinburgh: E&T Clark,2000, pp. 136-7. 祈りが組織に大きな違いを作りだす点で、共同体の組織化における祈りの役割に類似した話としてマーク・ウォーレン *Dry Bones Rattling: Community Building to Revitalize America*, Princeton: Princeton University Press, 2001 ,pp. 117-18 を参照。

(60) D'Costa, *Theology in the Public Square*, p. 190. ダーウィン主義に関する似た議論はマイケル・ハンビーの "Reclaiming Creation in a Darwinian World, " *Theology Today*, 62, January, 2006, pp. 476-83 を参照。

(61)まだ出版されていない論文" The Ethics of Doing Theology: Towards the recovery of A Withering Practice," でバーンド・ウォネンヴェッチは神学者が神学という学問を神学的諸科目になるのを認めてしまった時点で、彼らは研究主題を捨ててしまったと論じている。

(62) ロバート　ジェンソン *Systematic Theology: The Triune God, I*, New York: Oxford University Press, 1997, p. 63.

(63) リネル・キャデイは、リベラルな高等教育機関が合衆国での急進的イスラム教徒の意見を理解できないのは、近代の大学における学科の分離により作り出された狭い視野の結果 であると論じる。なぜなら神学は神学校、哲学、歴史、のような芸術と科学の諸学科に組み込まれてしまい、政治分野の諸科学は宗教的確信の文化的側面にかかわることが出来なかったからである。キャデイの" Categories, Conflicts, and Conundrums: Ethics and religious/ Secular Divide," in *War and Border Crossing: Ethics When Cultures Clash*, edited by Peter French and Jason Short, Lanham: Rowman & Littlefield, 2005, pp. 153-4を参照。世俗学科の代表達が自分たちの信じないことについて余りにも愚かなので、強固な宗教的伝統を理解できなくなり始めていることこそが、はっきり言って私たちが今直面している問題なのである。

(64) この論文の素晴らしい応答の中でデニス・オブライエンは、周期的、線的、断片的時としての歴史と対照的な彼のドラマとしての歴史の理解を示しているが、それは私の終末的時の理解に大変近い。(もうすぐ出版される彼の本 *The Catholic Church Losing Its Voice* で彼はこの歴史の見解を発展させている)。周期的時はキリスト教歴史理解に対して無神論的であり、線的時は過去の価値を低くし、断片的時（脱構築）はイスラエルの召命とイエスの命がまさに時の意味を決定するというキリスト教の主張を無意味にする。これらの見解と対照的に、オブライエンはドラマとしての歴史は、厳密に言うとそれは全体的調和の中で個々の出演者を創造する作者を想定しているが故に、過去の独自性を尊重できるし、やがて訪れる最も意味あるものを尊重すると述べている。オブライエンは歴史のこのような理解は脱構築家のものに近いと見る。なぜならドラマの出演者は自らが歴史の只中いることに気付いているし、また与えられた歴史ではあるが、そこでの演じ方によって違いが生まれる歴史の中で何かが起こるとのキリスト教の主張の中に一切の手掛かりがあると気付いているからである。脱構築家と共に、キリスト者は真実が歴史的なものの中に埋もれていると信じるが、同時にキリスト者は一つの世界劇（a world play）があると信じる故に脱構築家とは異なる。

　結果として、キリスト教神学は非歴史的認識論によって形成された近代の大学の知性には一致しなかった、とオブライエンは述べる。作者のいる世界劇 —— そもそも作者のいない世界劇など存在しえない —— の中にいる意識は、キリスト者が「キリスト教を語る」時、彼らが劇の外側に立つのではなく「舞台の上」に立つことを意味する。さらに彼らはその劇が喜劇であることを知っているし、だからこそ彼らは祈ることができるのである。

オブライエンは、作者のいる世界劇に何の意味も感じていないが故に、近代の大学の発する意見は明らかに世俗的であると述べて話を締めくくる。結果として母なる自然、すなわち進歩の偉大なる遺伝子を持った周期的歴史が、作者と頻繁に置き換えられる。そのことが世俗の二番目の意識へと導く。つまりもし作者がいないのなら、私たちが自らの作者にならなければならないという意識である。残念なことに、ただお一人の作者を捨てて、自らが作者になるなら、そこにあるのは破滅である。

オブライエンのドラマとしての歴史理解は、サムエル・ウェルズの説とよく似ている *Improvisation: The Drama of Christian Ethics*, Grand Rapids: Brazos Press,2004. ウェルズの節はフォン・バルタザールの包括的な神学ヴィジョンに満ちている。ウェルズはこの劇が五幕あると述べる。つまり創造、イスラエル、イエス、教会、終末である。確かにこの劇は五幕物であると思うが、ウェルズが暗示しているように、各幕は連続性があると同時に相互に重なり合っている。黙示とはそれぞれの幕がそれだけでいかに完結できないかを示唆する名前である。そのことは出演者がつねに驚く準備をしなければならないことを意味する。ドラマがこのような黙示であることはまた、脱構築家の物語がキリスト教の物語と多くを共有する理由でもある。

第12章　神と貧しい人々と学問とを愛すること

――ナジアンゾスの聖グレゴリウスから学んだ教え

ポリスとは何かを私たちに教えてくれるのは貧しい人々である。

オスカー・ロメロ[1]

1　貧しい人々と大学

「私は災いだ」とナジアンゾスのグレゴリウスは書いたが、それは彼がナジアンゾスに戻り隠遁するために、コンスタンティノポリスから出発するのが遅れたときのことである。[2] まさにそれは、ナジアンゾスのグレゴリウスについて書くという課題に直面したときの私の感情であった。私は雄弁ではないのに、キリスト教的伝統における最も雄弁な神学者ナジアンゾスのグレゴリウスについて書かなければならない。私の状況はさらに嘆かわしい。なぜなら、私は学者ではなく、学者の子でもないからである。まして私は自分自身を教父学者と見なすことなどできはしない。残念ながら私はただの神学者にすぎない。つまりその意味は、いつか誰かがこのような論文に応答して、「あなたは自分が語っていることが本当に分っているのですか」と言うであろうことを恐れて生きているということである。この反論に対して私は、「もちろんその通りです。私は何について語っているのか分かりませんが、それは神について語ることが私の義務だからです」と答えることしかできない。自己弁護的な答えであるが、これは神学者たちが自己欺瞞の永続的な状態のなかで生きていることを示すものであろう。

私がそのような悲惨な状態にいるのは、フレッド・ノリスの責任である。彼が、私にナジアンゾスのグレゴリウスについて書かなければならないと告げたからである。そこで私は、フレッドが私に読むべきであると告げたナジアンゾスのグレゴリウスの演説を読んだ。私はまた、グレゴリウスに関するフレッド・ノリスとジョン・マックグキンとスーザン・ホルマンによるきわめて学術的な研究書を読んだ。しかしそれらを読んで、私は自分の不適格性を自覚しただけである。せいぜい私はそれらの研究書のレポーターであり得るにすぎない。私は読者に私を厳しく裁かないようにと願うことしかできない。なぜなら、私はフレッド・ノリスに頼まれたことをしているにすぎないからである。

しかしながら、私が事の発端として報告せねばならない実例は、「南部米国人の話し方」として知られている修辞学的工夫、すなわち、聞き手の共感を得るための見せかけの無能のことである。私の知る限り「南部米国人の話し方」の起源と発展を追跡する学術研究はなされてこなかったが、たまたま南部米国人に生まれた私たちが北部米国人に対してそれを用いるのは、彼らが間延びした話し方をする私たちを愚か者だと思い込むに違いないからである。あなたがたの敵が、あなたがたすべてを利口ではないと思い込むことは、きわめて有利なことだからである。

しかしながら私がグレゴリウスはしばしば「南部米国の話し方」を用いるのは、グレゴリウスに敬意を払うからである。マックグキンの観察によると、グレゴリウスはしばしば「修辞学」を「表面的装飾や冗舌」として見下していた。しかしマックグキンはこう指摘する。すなわち、仔細に検討すれば私たちは、グレゴリウスが「綿密に仕上げられた修辞学的工夫を用いるのは、ただ彼の聴衆を説得して、彼の議論の真価を確信させるために彼が使用している技巧に対する彼らの抵抗を取り除くためだけである」、ということを理解するであろう。ギリシャ人たちには、自分たちのルーツが南部にあったに違いない、ということが明らかになるのである。[3]

ただ一つの問題は、今回はこの言い方を真実なものにすることなのである。ナジアンゾスのグレゴリウス、とりわけ彼の演説「貧しい人々への愛について」[4]に関する論文を私が書くことで、私が何をしているかを、神だけが知っておられる。私が最初にナジアンゾスのグレゴリウスを読んでから年数がたっている。ウェスレアンとして、私はカパドキアの聖人たちに敬意をつねに払ってきたのであり、とりわけテオーシス（theosis）は、私たちメソジストが信じているのだが、ウェスレーの完全性の理解についての初期の先取りに他ならなかった。そのうえグレゴリウスを読んで、私がグレゴリウスの神学と文体とにどれほど深く敬服しているかを再び思い起こさせてくれた。しかしながら依然として真実なことは、グレゴリウスの神学について、特に演説14「貧しい人々への愛について」に対してこれ以上私が新たに言うべきことは何もない、ということである。

しかし、私はグレゴリウスの貧困への省察、とりわけハンセン病患者への省察を指摘して、大学の働きを維持するためになぜキリスト者が重要であるかを示したい。読者は、ハンセン病患者が大学に何の関係があるのかと、当然にも不思議に思うであろう。しかし私はフレッド・ノリスのライフ・ワークが、このほとんど不可能と思われる関連をつけてくれたものと考えている。ノリスは自称アナバプテストであるにもかかわらず、彼が生涯をかけて反カトリック・プロテスタントに教えようと試みてきたことは、コンスタンティヌス的決着に従って活動した神学者たちに注目しなければ、どうして彼らが彼らの教会的実践の意味を理解できないのか、という理由である[5]。私にはノリスのような学識はないが、彼のように、自由教会的カトリックであろうとしている。つまり私は、キリスト教的世界の諸制度が、たとえば大学のような諸制度が、あまりにもしばしばカイザルに奉仕して貧しい人々に奉仕しないという理由だけで、それを見捨てるようなことはしないのである。

そのうえ、大学は富に依存し、富に奉仕する制度である。ナジアンゾスのグレゴリウスは富裕で権力を持つ家庭の出身であるゆえ、彼の著しい修辞学的技能を発達させることができた。グレゴリウスのアテネ時代は、彼をその時代の最も優れた教養人の一人にしたが、彼は自分の修辞学的力を貧しい人々に仕えるために用いたのである[6]。したがって大学と貧しい人々のあいだに結合が存在することは不可能でないのであって、この結合をグレゴリウスの生涯とその業績が実例として示すのみならず、彼の生涯と業績は私たちキリスト者に、学問と貧しい人々とを愛することに参与する民として、何をなすべきであるかを再考させる助けでもありえることを、私は示したいのである。さらに、この結合こそが、私が最初に詳らかにする必要があると思う政治学（politics）を惹起するのである。

2　哲学的修辞学者としてのグレゴリウス

フレッド・ノリスによれば、ナジアンゾスのグレゴリウスは、「哲学的修辞学者であった[7]」。ノリスの叙述の優越性は、グレゴリウスは修道士であることを望んだにもかかわらず、彼はそこにおいてキリスト者が選択可能な政治的現実を創造し始めた、粗野で混乱した世界に引き込まれざるをえなかった、ということを明瞭にしていることにある。「哲学的修辞学者」であることは、言論によってキリスト教的公共社会（a Christian Commonwealth）を建設する課題、つまり政治的課題を担うことであった。私たちがグレゴリウスの偉大な演説「貧しい人々への愛について」の意義を適切に評価することは、ただこのような背景に対してのみ可能なのである。

グレゴリウスは、その修辞学的技能をヘレニズム文化に負っていた。グレゴリウスは、キリスト者が教会の働きを支えるためにヘレニズムの資源や賜物を用いなければならないと考えた。しかし、彼のヘレニズムへの傾倒はつねに彼のキリスト教的確信によって規制されていた。グレゴリウスは事実アテネで洗礼を受けたが、マックグキンによると、彼はその洗礼の意味が、彼の知的野心とのあいだに葛藤を生むかもしれないにもかかわらず、そのキリスト教的規律のもとへの徹底的傾倒であることを、知っていた[8]。それにもかかわらず、プロハレシウスの影響のもとでグレゴリウスはオリゲネスの伝統に立ち、神的ロゴスの働きと人間的文化の最善の発展のあいだには食い違いはありえないと信じたのである[9]。

しかしながらマックグキンは、グレゴリウスの文学と学問への傾倒が彼の禁欲生活への願いの対応物の一つにすぎないことを、私たちに思い起こさせる。グレゴリウスは思索の訓練を、なすべき禁欲の一形態であると理解していたので、禁欲的生活をすることは彼の学問と矛盾しなかったのである。グレゴリウスは怠惰な金持ちの型には従わなかったのであり、むしろ彼は「真面目な霊的探究において知性の要求に従おうとした人物」であった。彼の禁欲の道具は書物であり、対話術であり、孤独の中での思索であった。彼は確かに、徹夜の断食祈祷という肉体的禁欲と質素な生活様式についての初期の真剣な証人であり、またこのような仕方で、彼の知的ヒーローであるオリゲネスが主張した質素な生活様式という知的伝統に従ったのである[10]。

ヘレニズム世界で哲学者になることは、生活様式と政治学とを一致させることであった。グレゴリウスは雄弁家になろうとしたが、彼はその召命をキリスト教的ポリスの設立に貢献することであると理解した[11]。ヘレニズムのポリスのように、グレゴリウスが奉仕した都市は、言葉による都市であった。ブリアン・デイリ、S・Jによれば、ヘレニズム的都市とは、

言葉の力、修辞学の力、すなわち哲学と呼ばれるものの具体化によって支えられるものであった……バシリウスと二人のグレゴリウスは、巧みに整えられた言葉の魔術によって、そしてまた行動への新しい決意を引き出す想像力によって、[人々の]心を動かそうと求めた。彼らは聴衆に、ピエール・アドがある種の古代的な「霊的訓練」と呼んだものによって、自己自身の中に入り自己自身を知ると同時に、人間本性の普遍的性格について省察するようにと勧めた。彼らの目的は、都市において成功裡に生きる道を勧めるだけでなく、善く生きる道を勧めることであって、その道は人間の卓越性と完全性とを自己統御と社会的責任において実現する道であり、賞賛のみならず羨望さえも得るように都市の人々の前で行動する道である。[12]

これらのカパドキア人たちの学問と修辞学的美への傾倒の意義は、皇帝ユリアヌスがキリスト者に教授職を保持することを禁止する政策を背景にすると、最もよく理解できる。ユリアヌスの「教授職についての勅令(Edictum de Professoribus)(三六二年の六月一七日)によると、「考えることと教えることが異なるのは、不誠実である。したがって、神々を信じない教師は古代の文章家たちを解釈してはならない」のである。[13] 文化は、それを損傷することなしに宗教的遺産から引き離すことはできない、とユリアヌスは論じた。コンスタンティヌスは、神々をキリスト教に置き換えようと試みたが、ユリアヌスの見解からはその目論見は失敗せねばならない。ローマは神々なしには存続しえないであろう。

ナジアンゾスのグレゴリウスは当然にも、ユリアヌスの勅令は彼の修辞学的使命への挑戦であると理解した。したがって、彼はユリアヌスに対するキリスト教的代案の本性を探求することを彼の課題としたのである。それゆえ

彼は、キリスト者用の教室のための修辞学的テキストを創作したが、それは彼が「キリスト教的訓練のための一団の教育的資料の準備の重要性を確信したからである」[14]。彼は生涯の終わりに、貧しい人々に金銭を与えるために彼の書物を売り払ったが、彼は自分の手紙と演説が収集されることをもまた望んだ。なぜなら、それらの著作は教会の指導を課せられた人々にとって重要である、と彼が考えたからである。

善きヘレニストであったグレゴリウスにとって、雄弁術は善き人々を訓練するために必要な善き社会の形成に本質的なものであった。彼は、彼が言うことに対して、そして同時に、彼が言うべきことをいかに言うかということに対して、責任があると考えていた。真理を語ることは、語り手が真実であることを要求する。スーザン・ホルマンは次のことを観察している。ヘレニズム世界において指導者の道徳的位置は、「彼の階層と彼の教育と所与の修辞学的構造内での雄弁によって自分自身を言語的に表現する彼の首尾一貫した能力とに基づいて判断された。言葉はこの文化においては、語られたのであり、それらが文書化された場合も、語られたのである」[15]。言葉と行動によって、それらはナジアンゾスのグレゴリウスにとって同じであるが、彼はユリアヌスが再建しようとしていた世界に対抗するような世界を建設することを求めたのである。

グレゴリウスの演説「貧しい人々への愛について」の意義は、このような背景に対立するものとして理解されなければならない。というのは、グレゴリウスは、貧困とハンセン病に苦しんでいない人々に、それらに苦しんでいる人々を助けるようにと勧めているだけではないからである。むしろ、苦悩する人々についての彼の叙述の修辞学的な力は、それらの人々を、キリスト教的と呼ばれる、新しく誕生しようとする政治学（politics）の不可欠な市民にすることを求めるからである。「貧しい人々への愛について」において、グレゴリウスは貧しい人々を見えるようにすること、貧しい人々を共同体の一部にすることを求める。というのは、彼らが共同体にとって不可欠であると見られないとすれば、私たちはキリストを見ることができなくなるからである。スーザン・ホルマンの言葉によると、偉大なキリスト教的雄弁家であるグレゴリウスは、彼の熱弁の物理的スタイルによって道徳的卓越性を表現する。そうして、彼はまた聴衆に、受肉の言葉であるキリストを示す……。自分自身の修辞学的な声をもたない貧しく見捨てられた人々に御言葉の受肉は意味を与えるのであり、その雄弁家の（すなわちこの監督の）言葉によって、これらの貧しい人々とキリストの体とを同一化することによって、意味を与えるのである。カパドキアの聖人たちが伝統的な新約聖書のイメージを貧しい人々とキリストとの同一化のために用いるとき、貧しい人々の身体は文字通りの、すなわちその最も無常な意味のままで、社会的有意義性を獲得する。受肉の神学は、それを規定する文化との関連において意味を得るのであり、その理解のされ方はその文化に深く影響されるである。[16]

3 「貧しい人々への愛について」

さて私たちは今、グレゴリウスの演説「貧しい人々への愛について」における彼の議論を評価できる立場にあると言えるであろう。[17] グレゴリウスの演説の日付や理由を正確に定めることはできない。グレゴリウスの演説を、飢饉に対応してのカイザリアにおけるバシリウスによる貧しい人々とハンセン病患者のためのホスピスの建設に関連づけることは、妥当であると思われる。[18] マックグキンは、「貧しい人々への愛について」が書かれたのは、三六六年か三六七年であり、それはバシリウスのハンセン療養所のための資金を集める目的であったと示唆するが、それは十分納得できることである。グレゴリウスの演説がバシリウスの貧しい人々のための建築と結合したことは、そのような結合が、この建築と演説が「公共奉仕として（レイトルギアとして）」理解されるべきことを明らかにするゆえ、重要である。

古代世界における「レイトルギア（公共奉仕）」は、市民による自費で行われる何らかの私的な「公共サーヴィス」

として理解されていた[19]。ユリアヌスは、貧しい人々へのキリスト者たちの人間愛に注目するように呼びかけ、彼の異教の司祭たちが貧しい人々のためにキリスト者たちがする以上のことをするようにと促した。ユリアヌスは十分な論拠もなく、貧しい人々への物質的配慮は――敬虔の行為として――ヘレニズム宗教によって求められている、と主張した。それゆえ、バシリウスの建築とグレゴリウスの演説は、ユリアヌスの政策への対抗政策であった。貧しい人々への配慮は、彼らが理解していた仕事の中心を構成するものであり、彼らが確立しようとしていた共同体の憲法にとって必要なものであった

バシリウスの貧しい人々のための説教とグレゴリウスの「貧しい人々への愛について」の演説は、ヘレニズムの公共奉仕（レイトルギア）の実例であった。ギリシャ人たちは、都市の福利に貢献することが裕福な市民の義務だと考えていた。異なる点は、ホルマンがイヴリン・パトラゲアンの著作を引用して論証するように、新しいタイプの増与者の出現である。これまでは卓越した市民であった贈与者は、今やそのような市民の特権――すなわち、結婚、家庭、財産――を放棄して、「貧困、独身、禁欲的無欲を選択する」のである[20]。公共奉仕（レイトルギア）の組織は保護者（パトロン）組織であったが、今や保護者の性格が変革されたのである。

それゆえ、グレゴリウスは「貧しい人々への愛について」を、彼自身が貧しい人々と一つであるとして、説き始める。すなわち、「私の兄弟たち、仲間である貧しい人たちよ、――私たちは、神の恵みに関わる場合には、たとえ私たちの卑しい基準によって測れば、ある人は他の人より多くを持っているように見えるとしても、すべてが貧しく無力であるから――、貧しい人々への愛についての私の演説に耳を傾けてほしい」（14：1）。この演説を通してグレゴリウスが一貫して強調することは、裕福である人々が、そうであるという理由で彼らが貧しい人々やハンセン病患者と根本的に異なっている、と考えるようになってはならないということである。結局のところ、私たちすべては「愛想のよい敵にして陰謀をたくらむ友」を、すなわち肉体を共有しているのであり、この肉体は私たちに自らの弱さと真の価値とを思い起こさせるために与えられたのである（14：7）。

ある人が貧しく、ある人が富んでいるのは、私たちすべてが気まぐれな運命のもとに服していることを思い起こさせるためなのである。「私たちの運命は、次々と変化をもたらす循環した型で推移し、しばしばたった一日のうちに、ときには一時間のうちでさえ変化するのであって、人は人間的な繁栄を当てにするよりも、移り行く風や航海中の航跡や一夜のはかない夢幻や子供が遊びで砂に書いた線を当てにする方がましであろう。賢い人々とは、現在に信頼しないがゆえに、来るべき世界を自ら失わないようにする人々である」(14：19)。グレゴリウスは私たちに、もし私たちの繁栄が永遠であると考えることが許されたならば、私たちはどれほど見棄てられた者になるかを考えるようにと勧める。私たちが所有物に愛着を持つようになるほど、私たちが財産に執着するほど、私たちが富みの奴隷にされてしまうほど、私たちに降りかかる不幸はいかに運命的なものであろうか[21](14：20)。

したがってグレゴリウスは、苦難が本当に神に由来するかどうかを思弁することを拒絶する。「ある人がその誤った行為のゆえに罰せられ、他の人が賞賛に値する行動のゆえに高められるかどうかを、あるいはその反対が真理であるかどうかを、誰が知るであろうか。ある人はその邪悪のゆえに尊敬され、他の人はその善良のゆえに審問され、一方はより激しく転落するためにより高くされ、他方はその不浄を、たとえ不十分であるとはいえ、精錬されるために、明白な理由なしに迫害されるからである」(14：30)。誰も堕落から自由ではなく、それゆえ苦難のあらゆる場合を道徳的な卑劣や敬虔の軽減のせいにすることはできないのである(14：31)。

ある者が恩顧を受け、ある者が苦難を受けることは、しばしば私たちには理解できないことであるが、その不可解性はそれ自体が賜物なのである。というのは、恩顧または苦難の背後にある理由を把握することが私たちに困難なことは、「すべてのものを超越する理由」を私たちに指し示しているからである。「というのは、容易に捉えられるものは、何でも容易に軽視されるが、私たちを超えるものは、それを理解することが困難であるのに応じて、私たちの賞賛を増すからである。そして、私たちの範囲を凌駕するものは、何でも私たちの欲求をそそるのである」(14：33)。これが次のことの理由、すなわち、私たちが「無差別的に」健康を賞賛すべきでなく病気を嫌悪すべきでないという理由であり、また、私たちがむしろ、「罪をその果実とする無知な健康への軽蔑を奨励すべきであり、列聖者であることの印を担うあの病気を、その苦難を通して勝利に至った人々への畏敬の念を示すことによって、尊重すべきであるという理由である」(14：34)。

列聖者であることの印を担うあの病気をグレゴリウスはハンセン病と同一視して、肉と骨の髄まで食い尽くすこの病気を「聖なる病気」と呼ぶのである[22](14：6)。「列聖者であることの印を担う病気」への彼の「尊重」は、この病気を負う人々への彼の深い共感によって証言されている。彼らの苦しみについての彼の叙述には感傷的なところがまったくない。それは彼が次のように理解しているからである。ハンセン病患者の肉体的な形状破壊はさらに深い形状破壊の表面的な徴にすぎないのであり、すなわち、彼らは自分自身を識別できないということである。そこで、彼らは以前の面影によって同一人であると確認されることを期待して、母や父の名を大声で呼ぶのである。しかしながら、そのように苦悩する人々の父母でさえ、かつて愛したはずの彼らを恐れて、彼らを追い払うのである。哀れな女性であるその母は、「彼女の子供の身体を抱こうとするが、その思いに反する恐れに捕えられて身を引くのである」(14：11)。

ハンセン病の苦悩は身の毛のよだつほどのものであるが、さらに悪いのは、苦悩する人々が彼らの不幸のゆえに憎まれるという認識である(14：9)。彼らが追い払われるのは、それが私たちに感染するかもしれないという理不尽な恐れからだけでなく、私たちが彼らの苦悩を理解することを拒絶するからである[23]。「そこで彼らは夜も昼もさ迷い歩くのであり、寄る辺なく、裸で、彼らの皮膚のただれをすべての人に見せながら、以前の状態に未練を持ちながら、創造主に懇願しながら、失った手足の代わりに互いの手足に寄りかかりながら、心の奥深い感情を絞り出すような歌を口ずさみながら、パンの耳や一片の食物や彼らの恥を隠すための、あるいは彼らの傷を覆うためのぼろきれを乞い求めながら、そうするのである」(14：12)。しかし彼らの共同の苦難においてさえ慰めは存在しない。「彼らは互いに横たわっているが、それは病気から生まれた悲惨な団結であって、各人は自分自身の不幸をさらに共同の悲惨に増し加えているのであり、こうして互いの苦悩を高めているのである。彼らの苦悩は憐れむべきであるが、さらに憐れみに満ちたことは、その苦悩を共有することである」(14：13)。

グレゴリウスは、ハンセン病に苦しむ人々についての彼の詳細な叙述が聴衆の陽気な精神にそぐわないであろうと危惧する。しかしながら、彼がそれほど詳細に述べてまで彼らに伝えるのは、「しばしば苦悶は快楽より、悲しみは祝いより、功徳ある涙は不適切な笑いより、価値がある」ということを彼らに納得してもらおうとするからである(14：13)。なぜなら、聴衆がそれを好むと好まざるとにかかわらず、彼が叙述するハンセン病患者は彼らと同じ土から造られているのであり、ハンセン病患者は彼らと同じ骨と腱によって組み立てられているのであって、さらに重要なことに、ハンセン病患者は「私たちとまったく同じ神の似像を持っているのであり、彼らは肉体を損なうにもかかわらず、おそらくそれをさらに良く保持するのであり、彼らの内的本性は私たちと同じキリストを着ており、私たちと同じ聖霊の保証を与えられているのである」(14：14)。

最大の危機にあるのは、ハンセン病患者ではなく、そのように苦悩している人々を見過ごしにする裕福な人々である。富んだ人々についてのグレゴリウスの叙述は、貧困とハンセン病に苦しむ人々について彼が描いた肖像画と同じく、妥協を許さないものである。「私たちについて言えば(彼は富んだ人々に「私たち」と呼び掛ける)、私たちは高くしつらえた寝台の上に優雅で繊細な上掛けをまとって身を横たえているとき、しきりに聞こえてくる物乞いの声に気分を害するのである。私たちの床は花の香りで――しかも季節外れの花の香りで――装われねばならないし、私たちの食卓は――食欲を一層旺盛にするために――香水をしたたらせねばならない。無遠慮で感謝を知らない私たちの食欲に取り入るように整えられた豪奢な食卓から私たちは食べる。葡萄酒は断られても、誰かが並外れた酒豪であるとの名声を得ようと努めるときには、賞賛されるのであるが、それはまるで堕落した者と見なされないことが恥であるかのようである」(14：17)。

グレゴリウスは問う。どうして私たちの魂はそんなに病んでいるのか。その病は、肉体を冒すどんな病よりも悪いのである。どうして富んだ人々は彼らの兄弟たちの不幸の只中で酒宴に耽るのか。じつにその理由は、私たちがただ「慈愛の行為によってのみ私たちの命を得ること」ができるということを見ようとしないからである。[24] そのように与えることとは、神の性格に倣うことである。グレゴリウスが聴衆に、どれほど多くを与えたかに関係なく、次のことを思い起こさせるのである。「あなたがたは、たとえあなたがたの全資産とあなたがた自身を売り渡したとしても、決して神の寛大さを超えることはできない。じつに、最も真実な意味において受けることは、神に自分自身を与えることとなのである」(14：22)。

グレゴウスは「貧しい人々への愛について」の終わりに聴衆に向かって、憐れみ深い人々は幸いであるという「祝福を自分のものにする」ようにと訴える（14：38)。彼はこう結論づける。

「そこで、もしあなたがたが私の言うことを少しでも信用してくれるならば、キリストの僕たちよ、私たちの兄弟たちであり同じ相続人たちよ、キリストのもとを訪れようではないか、キリストを癒し、キリストに食べさせ、キリストに着せ、キリストを歓待し、キリストに栄誉を与えようではないか。それも、ある人々のように、ただ食物によってではなく、マリアのように、香水によってではなく、アリマタヤのヨセフのように、墓によってではなく、半分しかキリストを愛さないニコデモのように、葬儀によってではなく、これらの人々より前に捧げた博士たちのように、黄金と乳香と没薬によってではなく。むしろ、万物の主が欲せられるのは、「憐れみであり、犠牲ではない」(マタイ九章一三節）のだから、そして寛大な心は何万もの「肥えた羊」(Dn3：39）よりも価値があるのだから、これを私たちは今日虐げられている貧しい人々を通して、主に捧げようではないか。私たちがこの世を離れるとき、彼らはキリスト御自身にあって、私たちを永遠の住まいに迎え入れてくれるであろう。私たちの主に、栄光が永遠にありますように。アーメン[25]」(14：40)。

4　貧しい人々の大学

グレゴリウスの「貧しい人々への愛について」はレイトルギア（公共奉仕）の行為であって、それは、彼の美しい言葉の力によって、貧しい人々とハンセン病患者をキリストによって支配される都市の中心に置くものであった。ハンセン病患者は慈愛を受ける者ではなく、むしろ彼らは、慈愛によって形成され、慈愛へと形成される共同体のための神の慈愛なのである。グレゴリウスは貧しい人々に「資格を与える」が、それはホルマンが認めるように、「貧しい人々の力は、神の国において第一の栄誉を受けることに基づくからである。その力は彼らを同族とする修正された身分証明に基づく。これらの貧しい人々の権利は、彼らの構成的な宗教的役割に基づくのである。すなわちそれは、施しを受けることで贖罪の働きをなすという、市民的贈与の交換に従事するパトロンの役割である。[26] グレゴリウスの偉大な賜物は、それは彼の古典的教育によって可能になったものであるが、彼の言葉を有効に働かせることができたのである。ノリスはグレゴリウスの言葉の働き方を、次のように美しく記述している。

グレゴリウスは彼自身の生活の外にある他者の生活に目を向けたとき、彼は貧しい人々とハンセン病患者の状況を絵画的な言語を用いて語ることによって、どのキリスト者にも彼らをどのように見るべきかを容易に示して見せることができることに気づいたのである。彼は人間の罪のためのキリストの死と、経済的に恵まれない人々やかくも痛ましい病気に苦しむ人々についてのキリスト教的な取り扱いとを、雄弁の力で結び付けることによって、コンスタンティノポリスの共同体の注意をそのような問題に向けさせた。彼は彼の訴えを、強力な修辞学的論証を駆使して説得的な形象にした。貧困とハンセン病との醜悪さを、キリストによって創造された美しい生との対比において描いた瞑想者として、彼はここで、救われた人々、癒されて健康にされた罪人は、重篤な状態の人々を援助すべきであるとの認識を可能にする力を、彼の会衆に与えたのである。瞑想は善いことであるが、行動もまた善いことである。彼は、苦しむ人を痛切な用語で描写した。声もなく、息もなく、手も脚もない人々は、彼らが自分たちの略奪された肉体を見る目を持たないことに感謝するのである。人間の生それ自体の悲惨でさえ、形象と注意深く仕上げられた章句がなければ、詳細に描くことはできないであろう。醜悪さの提示は、美についての瞑想が壮麗さについて語る際に要求するのと同一の詳細な注意をもってなされねばならないであろう。その対比は、同じ方法が相互の討議において用いられている場合にのみ、適切に強調されるであろう[27]」。

グレゴリウスは裕福のなかに生まれたが、貧困のなかに生まれた者として生きることを学んだ。グレゴリウスは可能な限り最善の教育を受けたが、その教育は彼を貧しい人々から疎外させなかった。しかしながらこの疎外は、まさに今日大学教育を受ける大多数の者に起きていることなのである。最善の場合でも、近代の大学が産み出す人々は、貧困の中から学びに来たかもしれない人々であって、彼らは大学を出てから「貧しい人々のために何かしたい」と思う人々である。大学は、グレゴリウスがなしえたように、貧しい人々を美しい者と見なして描くような人々を産み出すことができない。彼はキリストに学んで、彼らを否定する理由や彼らが存在しないことを望む理由を持つことがなかったゆえに、彼は貧しい人々の美を見ることができたのである。ハンセン病に苦しむ人々についての彼の叙述が愛すべきものであったのは、彼がキリストを愛することを学んでいたからであり、したがって苦悩する人々を、じつにハンセン病で苦悩する人々をも、愛さずにいられなかったからである。

しかしながら、貧しい人々とハンセン病患者への愛は、現代の大学の想定によって教育された人々にとって甚深な挑戦である。サバ・マームードは、彼女の素晴らしい書物『敬虔の政治学：イスラムの復興と女性の主体（*Politics of Piety: The Islamic Revival and Feminist Subject*）』において、貧しく抑圧された人々を支援するための近代的大学による奨学金は、彼女たちの主体性を奪っているとの見解を述べている。マームードの主題は、祈りとベールによって服従的な謙遜の人生を生きるように決定されているイスラム女性なのである。マームードの見解によれば、このような女性は学問的研究において、自由の倫理を実行する能力を奪われたものとして記述されるのがふつうであり、この自由は「彼女たち自身の(真の)欲求を(外的な)宗教的文化的要求から区別する能力から生まれるのである。[28]しかし、マームードは次の見解を述べる。

規範からの自由の欲求や、あるいは規範の破壊の欲求が、すべての事物をすべての時に動機づける生得的な欲求ではなく、文化的歴史的条件によって深く媒介されているのである。もしこれが認識されえるならば、そのとき提起される問いは、解放的政治学の精神 (entelechy) に従わない軌跡を描く雑多な種類の団体や知識や主観性を構成するような権力の行使を、私たちはどのように分析するか、ということである。[29]

マームードが指摘するのは、奨学金で獲得され正当化されるような政治学にはイスラム女性の主体性を奪うものがある、ということである。自由の前進的実現への関心において、宗教的確信を私的領域に限定する役割を担うのが世俗的自由主義の政治学である。[30]大学は国家を解放の実行者であると認めることによって、そのような政治学を正当化するためのきわめて重要な制度である。権利や財産や福祉を求める要求は、行政機関の自由主義的理解によって造形された同一性を基礎とするものであって、それらの成就の根源である国家に向けられる。その結果として、家族、教育、礼拝、福祉、商取引、誕生と死亡など人間生活に関わる全局面は、いまや「国家の管理機構のもとに置かれるのである」[31]。

科学の特権的位置、特に医療に関わる科学のそれは、現代の大学において、このような自由のエートスとそれに続く国家の合法化を反映している。科学的知識は人間性に関わる知識よりも恣意的でないと称されるゆえに、科学は特別な地位を占めるものとしばしば判断される。しかしながら現在の大学における科学の威信は、自称その認識的立場に関わるのではなく、科学は肉体の制限から解放する力を私たちに約束するという想定に関わるのである。したがって科学は政府の支援を享受するが、その理由は、現代の政府が私たちを病気と死亡から救うと約束することによって自己正当化するからである。

そのような世界においては、グレゴリウスの演説「貧しい人々への愛について」は理解できないものである。実のところ「貧しい人々への愛について」は、苦しみの根絶を約束することでその正当性を獲得しようとする、今日の私たちの政治学の根本的な前提への挑戦なのである。もしもグレゴリウスへの政治的な挑戦がユリアヌスのようなものであったとすれば、キリスト者は幸運だったであろうが、私たちの問題はさらに複雑なのである。挑戦者である私たちは、現在、グレゴリウスのように言論の力の賜物によって苦悩の孤独を打倒する共同体を創造する人々を産み出すような教育的代案を保持していない。現代の大学の修辞学的慣習によって形成されたキリスト者も非キリスト者も同じく、グレゴリウスの「貧しい人々への愛について」を応答物として読まざるを得ないのである。

私たちは貧しい人々を愛すべきである、というグレゴリウスの呼びかけに相反する制度が大学であるならば、いったいキリスト者はどうして大学を必要とするのかということが、もちろん問われるべきであろう。そのような挑戦への答えは、グレゴリウスの「貧しい人々への愛について」のような著作が継続的に研究され、できれば模倣されるような研究の場が、キリスト者に必要である、ということである。[32] グレゴリウスのように、キリスト者はヘレニズムから学び続けなければならない。私たちは貧しい人々を愛すべきであり、また貧しい人々から愛されるべきであるが、私たちがそのことを自分自身と世界とに対して語るときに、なぜ雄弁が重要であるか、しかも忍耐強い努力から得られた雄弁がいかに重要であるか、を示すことができるならば、その学びは疑いもなく驚くべき形をとるであろう。[33]

そのような企てにとって決定的に重要なことは、ナジアンゾスのグレゴリウスのような人々が現存することである。教会の実存そのものにとって本質的な普遍性とは「修道士でもキリスト教でもない」と、私は考える。そうではなく私は、貧しい人々を愛することのできる人々を育成しようとするどの大学も、貧しい人と共に生きることによって貧しい者として生きることを学んだ人々を必要とするであろう、と考える。例えば、教授する内容が福音によって訓練されたものであることを欲求する大学は、その活動の中心にラークホーム、すなわちカトリックの働く者の家を持つのがよいであろう。[34]

グレゴリウスは雄弁家になるためにヘレニズムから学んだが、彼がキリストの中へと洗礼されていなかったならば、「貧しい人々への愛について」のような演説を書くことはできなかったであろう。今日グレゴリウスたちを輩出するために、私たちは大学の賜物を必要とするであろうが、しかし私たちは同様に、洗礼に忠実に生るために大学に行く必要のない人々をも必要とするであろう。なぜなら、グレゴリウスは偉大な雄弁家であったが、「貧しい人々への愛について」で用いたような言葉の美が説得的なものになり得るとすれば、真実の神の礼拝によって訓練された耳を持つ人々が現存しなければならない、ということを彼は知っていたからである。キリスト者としての私たちの課題は、とりわけ大学に奉仕する特権を持つ私たちの課題は、グレゴリウスのような著作を読みかつ受容できるような人々になると同時に、そのような人々を訓練することである。フレッド・ノリスは、私たちをグレゴリウスに傾聴させるために、その生涯を費やしたのであるから、私たちがこの機会にノリスの名誉を称えることはきわめて相応しいことなのである。[35]

第12章注

(1) 引用は、Susan Holman, *The Hungry are Dying: Beggars and Bishops in Roman Cappadocia*, Oxford: Oxford Uni-versity Press,2011, p. 107.

(2) Letter 182 in *The Fathers Speak: St. Basil the Great, St. Gregory of Nazianzus, St. Gregory of Nyssa*, selected letters translated by Georges Barrois, Crestwood, NY: St. Vladimir's Seminary Press, 1986, p. 71.

(3) John McGuckin, *Saint Gregory of Nazianzus: An Intellectual Biography*, Crestwood, NY: St. Vladimir's Seminary Press, 2011, p. 41.

(4) St. Gregory of Nazianzus," On Love for the Poor," in *Select Orations*, translated by Martha Vision, Washington, DC: Catholic University of America Press, 2003, pp. 39-71. "On Love for the Poor" の本文中のすべての引用の数字は、この演説の段落番号による一般的な形式を使用している。

(5) ノリスのアナバティストとしての叙述については、*The Apostolic Faith: Protestants and Roman Catholics* (Collegeville, MN: The Liturgical Press, 1992), p. xiii. を見よ。見逃してはならないのは、彼の家族についての素晴らしい報告とその宗教的な背景である。

(6) アテネに行く前にグレゴリウスはカイザリアのマリティマで学んでいたが、マックグキンの叙述によれば、そこは「四世紀におけるキリスト教的大学都市に最も近いもの」であった。グレゴリウスがアテネで修辞学を学ぶという決断は、彼の母の意に適うものではなかったと思われる。マックグキンによれば、アテネは神々への信仰によって有名であり、異教的祭儀への献身においてローマをさえ凌駕していたからである。しかしながら、グレゴリウスはバシリウスと異なり、アテネを愛し、聖書の研究のみならずヘレニズム的古典の研究においても卓越していた。彼の父は送金を絶って、強制的に彼をアテネから去らせようとした。

(7) Frederick Norris, "Introduction," *Faith Gives Fullness to Reasoning: The Five theological Orations of Gregory Nazianzen*, translated by Lionel Wickham and Frederick Williams, Leiden: E. J. Brill, 1991, p. 25.

(8) McGuckin, p. 55.

(9) McGuckin, p. 61.

(10) McGuckin, p. 97. 非常に裕福な土地所有の監督の息子としてグレゴリウスは、彼の生涯の多くの時間を富の道徳的価値の省察に費やした、とマックグキンは指摘する。人が富に対して取りうる唯一の態度は、物質的財産が一時的なものに過ぎないことを認めることである、これが彼の到達した結論である。私たちが演説14において見るように、マックグキンの言葉で言えば、「施しだけが、恩恵からの太古の堕落において人間性が喪失した自由の状態を人間に回復させ得るのである。というのは、それがリベラルである私たちに神の似像を与えるのであり、私たちを抑圧の徴である金銭欲のなかに閉じ込めることはないからである」(pp. 152-3)。

(11) グレゴリウスは雄弁家であったが、雄弁術を個人的権力の獲得のために使用しなかった。ナジアンゾスのグレゴリウスは、いつもの率直な言い方で、ニュッサのグレゴリウス宛の手紙において、彼が聖書を押しのけて異教の文学のための栄光を求めていることを咎めている。「あなたは無味乾燥な書物を手に取っている。あなたには、雄弁家の名のほうがキリスト者の名よりも聞こえが良いのだ。しかし、私たちはキリスト者の名を好み、神にすべてを感謝することを好む。親愛なる者よ、もはやこのようなものに服従するな。もう目を覚ませ、自分自身に立ち帰れ、信仰者の前で私たちを弁護せよ、神の御前と自ら離れ去った神秘の前で自分自身を弁護せよ! 雄弁家の流儀で『いったい何なのか、雄弁家である私は、キリスト者でないのか?』と言って、揚げ足取りの議論を私に仕掛けるな。親愛なる者よ、あなたはキリスト者ではないのだ! あなたを悲しませたら許してほしい、これは友情から出たことだから。あるいは、あなた自身の善のために、そして祭司的秩序全体の善と、私はさらに言わねばならないが、全キリスト者の善のために、私が語気を荒げたとしたら、許してほしい。私たちはあなたと共に、あなたのために祈るべきだから、神があなたの弱さを助けてくださるように祈る。この神は死者を命へと呼び戻してくださるのだから (Barrois, pp. 37-8)。

(12) Brian Daley, S. J., "the Cappadocian Fathers and the Rhetoric of Philanthropy," *Journal of Early Christian Studies*, 7(3), 459. Daley は次のように論じる。バシリウスの偉大な社会的修道院的企画、すなわち「バシレイアス」として知られるようになった大規模で複雑な福祉制度は、「ギリシャ的文化と社会を、その伝統的な形を吸収すると共にそれを根底的に再確認する仕方でキリスト教的な方向に沿って再建するという、高度な教養を備えた監督たちや彼らの同時代のキリスト者たちの一団への、新たで意図的な衝迫を表すものであった」（p .432）。
（13）McGuckin, p. 117.
（14）McGuckin, p. 118.
（15）Holman, p. 22.
（16）Holman, p. 22.
（17）「貧しい人々への愛について」を「論証」とする叙述に反論する人がいるかもしれない。論証としてのグレゴリウスの「方法」の十分な擁護については、ノリスの「序論」を見よ（pp. 35-9）。
（18）McGuckin, p.145-6. ホルマンは、いつ、どのような理由でグレゴリウスが演説14を書いたかという様々な議論についての大変よい概観を pp.144-6 で提供している。マックグキンの考えでは、「貧しい人々への愛について」は「一般的な基金の調達者として考案されたのであり、したがってそれは、人間愛というキリスト教的至上権の政策を表示するための用語を提供する重要な講話として役立った」のである。そのようなものとして、それは政治的演説のなかの基調演説であると同時に、決定的な神学的論文であって、そこにおいてグレゴリウスは、キリストの内的精神を特徴づける社会的利他主義に関する彼の考えを述べているのである（p. 147）。
（19）Holman, p. 21.
（20）Holman, p. 17.
（21）グレゴリウスは言う、「他の人々が貧困に喘いでいるのに、私たちは蓄財のために齷齪することをやめようではないか。それは、神の人アモスが私たちをこのような厳しい審判の言葉で、さあ、あなたがた、私たちは売りたいのだ、『新月祭はいつ終わるのか』と言う者よ……、と、一方的に私たちを責めないためであり、私たちが将来の日に同じ破滅を避けることができるためである。私たちは神の憐れみを侮るほどまで深く贅沢に耽ってはならない。たとえ神は罪人たちにその罪過の瞬間かその直後にその怒りを注がれないとしても、このよう行状を断罪されるのである」（14：20）。演説17のグレゴリウスの観察によれば、「思慮深い人」は苦しむことが善であると宣言するのである。それゆえに私たちは、「幸福の時に不安を手放すべきでなく、悲嘆の時に確信を手放すべきでない。晴天においてさえも嵐を忘れてはならないし、暴風雨でも舵手を忘れてはならない。然り、私たちは苦悩の只中で意気阻喪してはならないし、良い待遇をしてくれる主人だけを認め、厳しく矯正しようとする主人を拒絶する邪悪な僕になってはならない。たしかに、苦痛が健康より好ましく、忍耐が休息より好ましく、天罰が無視より好ましく、罰が赦しより好ましい時がある。要するに、私たちは困難であるからと言って、うち萎れてはならないし、幸運の絶頂にあるからと言って、威張ってはならないのである」(17：5)。

(22) ある人々は、グレゴリウスがハンセン病に焦点を当てたことは十分理解できる、と考えるであろう。ハンセン病を治すためにできることはほとんどないが、貧困を軽減するためにできることは多くある、と私たちは考える。たしかにグレゴリウスは、私たちが考えるように、貧困は存在すべきでないと考えた。しかし彼は、貧しいことが人に起こりえる最悪のこととは考えなかった。実際彼は、私たちがキリストに従うべきであるなら、貧しいことには明らかに何らかの利点があると考えた。グレゴリウスの観点からは、貧しい人々でなく、裕福な人々こそが最も不利な人々である。サム・ウエルズは最近この真実を次のように陳述した。「キリスト者であれば、裕福な人々は貧しい人々を必要とするが、それは、貧しい人々が裕福な人々を必要としないのと同じである」。私の同僚のローマンド・コールズは、私の論文への応答の手紙のなかで、次のような見解を表明した。グレゴリウスの演説の含意は、「貧困への真実の対応が世界を徹底的に変革するということであり、その変革は、富裕と貧困の意味を根源的に問うことによるのであり、また、私たちが貧しい人々との忍耐強い関係を保つなかで、与えることのできるものよりもはるかに多くものを、私たちは受けているということを自覚することによるのである」。

(23) グレゴリウスは聴衆に、少なくともハンセン病に苦しむ人々を励まし彼らの仲間となることによって、彼らを助けるべきであると告げた。「あなたがたは行動において自らを貶めようとしないであろう。あなたがたに彼らの病状が感染することはないであろう、たとえ臆病な人々がそのような愚かなことを信じさせようと画策しても、そうである。むしろそれは、臆病な人々が自分たちの行動を正当化する手段に過ぎず、過剰警戒あるいは神を冒涜する行動なのである。この点について、科学の証拠も、彼らを治療する医師や看護師の証言も信頼できる。そのうちの一人も、これらの患者との接触によって健康を害したことがないからである。そこで、あなたがた、神と隣人に献身するキリストの僕たちよ、憐れみによって疑いを、神への畏敬によって嫌悪を、克服しようではないか」(14：27)。

(24) グレゴリウスは「貧しい人々への愛について」を、主要なものと考えられていた二〇の徳目の叙述から始めるが、慈愛が第一の最も偉大な戒めであると結論づける。なぜなら、「憐れみほど神への奉仕にふさわしいものはなく、それは憐れみ以外に神に固有なものは存在しないからであって、神の憐れみと真理がまず先立つから、私たちは断罪に対する能力よりも憐れみに対する能力を神に証明しなければならないからである。そして、何ものにもまして、私たちの隣人に同情を示すことにより、私たちは憐れみを秤にかけて正しく測り、正しく報いてくださる方の手から同じく憐れみ深い扱いを受けるのである」(14：5)。

(25) ホルマンが提起する興味深い問いは、貧しい人々とキリストとのグレゴリウスの同一化にとって、キリスト論はアリウス的であるかニカイア的であるか、という問題に関するものである。彼女の観察によれば、貧しい人々に関するバシリウス、ニュッサおよびナジアンゾスのグレゴリウスのテキストのいかなるものも神学的な論文ではないのであり、彼女は次のように言う。「このカパドキア人たちのテキストにおける、貧しい人々の超越的神性と受肉した神性との関係という、貧しい人々についての高められた見解は、キリストに関するエウノミウスのアリウス的な見解に論理的に伴うような含意とは異なるのであって、少なくとも彼らカパドキア人はその見解を、御子はただ生まれたという本性ゆえにのみ御父と異なるという見解として理解していた。エウノミウス的な貧しい人々とキリストとの同一化は、論理的には、少なくとも理論上は、(それがキリストであれ貧しい人々であれ) 生まれた本性と超越的な本性とのあいだのある種の否定しがたい分離を支持することになるであろう。三人のカパドキア人の誰ひとり、そのような障壁を認めていない。貧しい人々の宗教的な力は事実上、彼らが神性の最高の領域に接近する直接的な線を保持しているとの信仰に基づくのである。彼らの生まれた本性は、決してこの接近を制限しないし、この接近の最も特徴的な性質のひとつなのである」(Holman, p. 181)。

グレゴリウスの雄弁術は、この引用で明らかなように、聖書的な引喩で満ちている。私は聖書の使用が彼の議論の修辞学的力にとって不可欠であるとは決して思わない。

（26）Holman, p. 151.

（27）Frederick Norris, "Gregory contemplating the Beautiful: Knowing Human Misery and Divine Mystery Through and Being Persuaded By Images," in *Gregory Nazianzus: Images and Reflections*, edited by Jostein Bortnes and Tomas Hagg (Copenhagen: Museum Tusculanum Press, 2006), pp. 19-35. 私が使用する版では、上記の引用がp. 11になっている。

（28）Saba Mahmood, *Politics of Piety: The Islamic Revival and the Feminist Subject*, Princeton: University of Princeton Press, 2005, p. 148.

（29）Saba Mahmood, *Politics of Piety*, p.14. マームードの見解によれば、抑圧された人々は転覆あるいは抵抗による行動なしには依然として抑圧されたままであることを示そうとする研究でさえ、自由への普遍的な欲求によって形成された行動概念が実存することを想定している。これに対照してマームードは次のように指摘する。彼女の研究が焦点を当てる対象は「モスクの礼拝に参加する人々の慣行であるが、その研究は、それらの人々が自ら行う活動や作業が自立的な意志の産物であることを意味するのではない。むしろ私の論証は、これらの活動が権威的に論じられてきた伝統の産物であって、その伝統の論理と力は、その伝統のもとで許される行動主体の意識をはるかに超えるということである。私がここで研究している種類の行動は女性たち自身に属するものではなく、そのなかに彼らが置かれている歴史的に論じられてきた伝統の産物である」（p. 32）。これは、グレゴリウスの演説「貧しい人々を愛することについて」がハンセン病患者のために成し遂げることについての、ほぼ正確な叙述であると私は信じている。

（30）私は「リベラリズム」という表示を使用するのを躊躇するが、マームードはその術語を次の確信を叙述するために使用する。すなわち、「すべての人間は自由への生得的な欲求を有しているという確信、そして、自分たちを擁護しないような社会的規範に挑戦する行為から人間の行動が主として成り立つものとして行動することが認められるとすれば、いずれにせよ私たちすべては自律を主張することを求める、という確信である」（p. 5）。この見解は、彼女はそれを世俗的なものと同一視するが、国家の見解であっても、単純に国家のそれではなく、むしろ彼女はそれを「生活の形式」と同一視する（p. 192）。私は、彼女がこの立場を「リベラル」と呼ぶのはまったく理にかなっていると考える。

（31）Mahmood, p. 193. しかしながら重要な指摘は、現代の大学の信頼のためにマームードのような人が産み出されたということである。大学の特徴である知識のリベラルな形成は、私たちが知るように、自己修正を可能にする。そのことはキリスト者が、私たちが望むように、リベラルな大学の働きを貶すことはできないし貶すべきでない、ということを指摘しているのである。「後退」は存在せず、私たちは自らが存在する世界において前進しなければならないのである。

（32）Harry Huebner は、教会が大学に対して次のような要求をその計画書に入れるように促す必要がある、と論じる。すなわち、国民の信仰は、彼らが競合する諸主張をもつ世界において、経済学、政治学、科学、社会学、そして聖書的信仰の哲学を協議できるように訓練されているときにのみ、維持され得るという要求である。「教会は人間本性 —— 暴力、罪、平和、そして愛 —— について、大抵の人々のもつ、通俗的文化から学んだ多少とも偏った見解よりも複雑な見解を表明できるように教育された民を必要とする。教会が必要とするのは、正義や国際関係についての問いに対して選択可能な答えを提示できるように教育された民であり、断絶から解放し、断絶を癒す仕方で人々が共に生きることのできる選択可能なモデルを提示できる力なのである。教会が必要とするのは、生活保護的文化において第三者を歓待する技能を育成する機構を促進するように教育を受けた民であり、資本主義の時代において真理は所有ではなく贈与であることを促進することであり、恐怖の文化において赦しが社会的再建の生残り戦略であることを促進することなのである」（"Leaning Made Strange: Can a University be Christian? in *God, Truth, and Witness: Engaging Stanley Hauerwas*, edited by Greg Jones, Reinhard Hutter, and Rosalee Velloso Ewell, Grand Rapids: Brazos Press, 2005, p. 303）。しかしながら Bruce Kaye が私に気づかせることは、グレゴリウスの研究は、必要であれば教会で行うことができる、ということである。

（33）マームードは「サブル sabr」の徳を高く評価するが、それはキリスト教的忍耐と同族語であって、その意味は「困難に直面して不平を言わずに辛抱すること」（p. 173）である。

（34）さらに忘れられてはならないことは、カトリックの働く者の運動とドロシー・デイとピーター・モーリンは大学に由来する世界を理解することから形成されたのであり、そしてその理解の仕方を形成した、ということである。例えば次の書を見よ。Mark and Louise Zwick, *The Catholic Worker Movement: Intellectual and Spiritual Origins*, New York: Paulist Press, 2005. ラークの創設者であるジャン・ヴァニールはアリストテレスの友情に関する博士論文を書いた。彼の書、*Made for Happiness: Discovering the Meaning of Life with Aristotle* (London: DLT, 2001) は、ラークから学んだことによって彼がアリストテレスの幸福と友情についての理解を変革する能力の素晴らしい実例である。エルンスト・ブロッホの著作を引用してローマンド・コールズは、胃袋の飢えと精神の飢えは分離できないと論じる。コールズは示唆するが、知的作業は、もし飢えの問題を飢えと関与させることなく進めようと求めるならば、それは失敗するであろう。彼の次の書を見よ。"Hunger, Ethics, and the University: A Radical Democratic Good in Ten Pieces."

（35）私は、大学と貧しい人々との関係を明確にするようにと私に強く勧めてくれたセイラ・マックキャシーに感謝しなければならない。

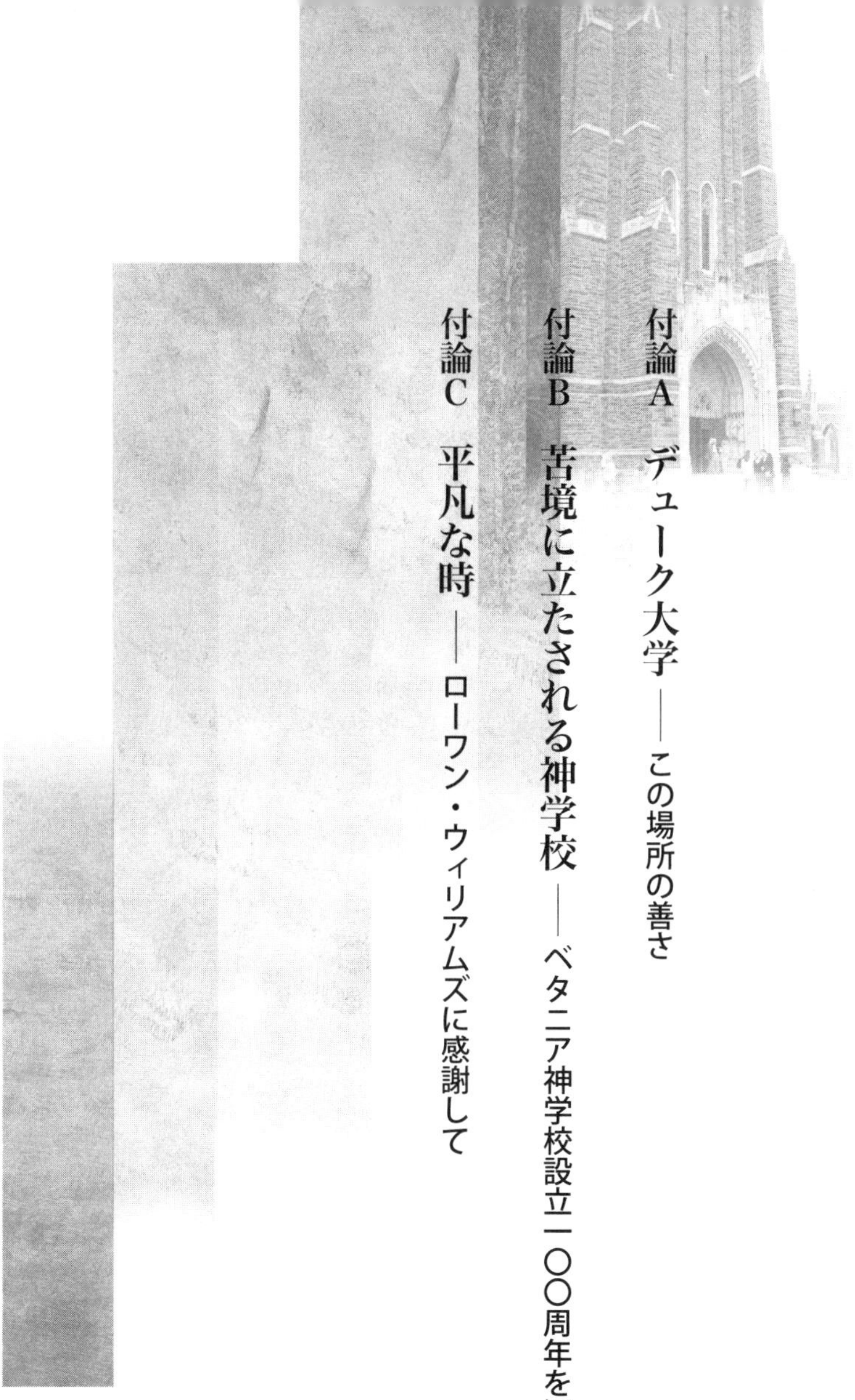

付論A　デューク大学——この場所の善さ

付論B　苦境に立たされる神学校——ベタニア神学校設立一〇〇周年を深く省みて

付論C　平凡な時——ローワン・ウィリアムズに感謝して

付論A　デューク大学――この場所の善さ

「この場所の善さ」[1] (*The Good of This Place*) と題されたイェール大学の感銘深い退任講演において、リチャード・ブロードヘッドは「イェールのような学校は何のためにあるのか?」と大胆にも問う。この質問をするのに勇気がいるのは、私たちがその答えの端緒をもつかどうかさえ明らかでないからである。現在の大学において問うことができない質問が二つある。すなわち「それは何のためにあるのか?」と「それは誰に仕えるのか?」という問いである。私はこの短い論述において、私たちがなぜこれらの質問を歓迎しないかという理由の一つを示したい。それらの質問は、私たちが知らないことを前提する、すなわち、現代の大学が特別な「場所」であるかどうかを前提するのである。

この問題は新しいものではないが、私たちはこの問題が新しい形態をとり始めた時代にいると私は考える。「大学」という名称は、大学がそれ自身の占めるいかなる場所をも超越しようとする大望を抱くことを示す。かつて、大学であろうとする大望は、いかなる真理も大学の本質をなす研究活動によって発見されるという前提と相関するものであった。その真理概念は、アラスデア・マッキンタイアが主張するように、「無時間的」[2] なものである。「無時間的」真理はまた「無場所的」真理であるように思える。真理そのものは具体的で特殊な真理であることが真理であるとしても、そう思える。それゆえ大学とは、真理が何であるかを知ろうとする欲求が、どの場所でもよいのではなくある場所でなければならないという必要と緊張関係にとどまり続ける場所であった。

新入生へのある講演のなかで、ブロードヘッドは新入生たちに、彼らが入学した大学は無数のものであり、無数のことを行うと述べる。しかし彼は、二つの思想が大学を団結させていると指摘する。

第一にこの共同体は、多くの形態における卓越した美の感覚とそれに到達しようとする努力の喜びによって統一されている。第二に大学は、探究の共同体である。すなわち、何ものもまだ真理の全体性ではないという仮定の上に設立された共同体である。こう言うことによって大学が、何も真理ではない、あるいは真理のようなものは存在しない、ということを意味するのではない。むしろその意味は、人間の理解力は真理の全体を所有しないし、保有し得なかったということである。すなわち、何ものも拡張、挑戦、修正、より深い認識を必要としないほど真理ではない、ということである。(3)

これは超越概念の統一性として知られているもの、すなわち真・善・美の不可分性に関する素晴らしい声明である。この統一性が、あるいはもっと良い言い方をすれば、さらなる探求を必要とするそのような統一性への暗示が、なぜ大学の目的とそのような目的を実現すべき方法との間につねに緊張が存在せねばならないかという理由である。任意のバラが美しいはずはないが、あるバラは美しいはずである。

しかしながら、しばしば近代と呼ばれるこの時代に、別様の普遍概念が大学のホールに出没するのであり、その普遍概念は、何が真理であるかを知り、かつ言おうとさえする欲求と混同されうるものである。市場の条件の下において、大学はあえて多様になりすぎないようにするのであり、すなわち、あえて一つの場所になろうとする。アメリカの人々は、若い人たちが総合大学や単科大学で過ごす時間を買うために金銭を費やすことはよいことであると考え続けている。その結果、大学で教えたり大学を運営したりする人々は、ある学校は他より優れているという以外にどの学校も他の学校と同じようであると考える学生をひきつけるために、学校の歴史や場所を強調できないようになっている。忘れてはいけないが、資本主義は世界が今まで知らなかった平等主義の運動なのである。不幸にも、私たちは金銭を儲ける能力においてすべて平等であるとみなされる。そして学生たちが大学にやって来るのは、大学が彼らを隣人たちよりもっと平等であるために援助しくれると希望するからである。それゆえ、市場は大学が特定の場所になることを大変難しくする。特殊性が強調され得るのは、ただ私たちが市場の取り分を得るための戦略としてだけである。

近代の大学が特定の場所であることに困難をも持つのは、学問の基準として科学が支配するからである。誤解しないでほしい。私は近代科学の発展を遺憾に思う神学的ラダイトではない（私はラダイトたちがひどく曲解されてきたというウェンデル・ベリーの見解を共有するが）。むしろ私が注意を喚起しているのは、科学ができる限り転写可能であることを、近代科学の核心すなわち再生可能な実験が、どれほど要求しているかということである。どの実験室もあれこれの研究課題に関わる他のどの実験室とも同じであるべきである。科学の実際的な実践はこのような説明が示すものより複雑であると私は思う。しかし、少なくとも科学の理想（私はあえてイデオロギーと言うが）として、この基準が現在の大学の「無場所性」に大いに貢献していることは否定しがたい。さらに、このような無場所性は、「もっと良い待遇を得る」ことを望んで、ある大学から他の大学へと教員たちが絶えず移動することに貢献している。

大学が場所として存在することが困難であることは、今度は、現在の大学が人文学の役割を算定できないという無能力にも貢献している、と私は信じる。この問題は、シェイクスピアやダンテが読まれるべきかどうかではなく、それらが他の文学との関連でいかに読まれるべきか、ということである。文学と芸術は伝統的な学科であり（それは科学にも言えると思うが）、たとえ伝統に異論の余地があるとしても、良い伝統であれば、そうである。読むことの学問はその核心部においてなぜ論争があるかということを、人文学に携わる私たちのような者が、何でも真理であるものは明白であるはずだと考える大学の同僚たちに明確に語ることは、困難な課題である。ダンテの真理は誰にとっても真理であるような真理であるが、フィレンツェと呼ばれる特定の場所について何かを知ることはダンテを理解する助けになる。

このことによって、私は今デュークと呼ばれるこの特定の「場所」について語ることができる。デュークはダーラムにあり、ダーラムは南部にある。デュークにはフィレンツェの雄弁さはない。しかし私たちは南部米国人であるので、無礼であるが、少なくともダンテのフィレンツェ市民と同じぐらい罪深いと私たちは信じている。

デュークが南部の場所であると印されることは、かつてここで栄えた奴隷制度と今なお現実として残る人種差別をデュークは忘れることができない、ということを意味する。このことは、「歴史の霞」の中に消失されることを望みえないし、望むべきでないような記憶と現実である。特に私たちはキリスト者が奴隷を所有していたことを決して忘れるべきではない。言い換えれば、私たちが奴隷制度と人種差別の物語を真実に語り、繰り返し語ることに専念しない限り、デュークはデュークではありえない。

さらに南部にいることの意味は、私たちの生活が赤粘土によって、すなわち、私たち南部で育った者が大げさに土地と呼ぶものによって、決定されていることを忘れることができないということである。デュークで私たちが育て上げられた土地は、デュークをデュークとする木をも育てている。したがって、環境学部ほど重要なものは大学の学部にないと思う。私は環境学部の部長であるビル・シュレジンガーの親友であるが、ビルが私に教えてくれたことによって、その学部が非常に重要であると私が考えるようになったのは確かである。しかしながら、私たちの友情がデューク・フォレスト（キャンパス内の特定の森、訳者）の重要性についての私の見解に影響を与えたことを弁解しない、なぜなら、友情は私たちが自分自身のいる場所を愛するようになるために欠くことのできない道の一つだからである。

Blue Devil Advocate（二〇〇四年八月）に発表された「学長の就任あいさつ」においてブロードヘッド学長は、「デュークの各部分にはそれぞれの特徴があるが、それらの部分は一貫した全体をなしている」と述べている。私は彼が正しいと思うが、現在の大学における最近の部門化によってその「一貫した全体」を看取ることがきわめて困難になっている、と告白しなければならない。しかし私は、友情がその「全体」を見えるようにする鍵であると確信する。そ私たちは共同して私たちの学科に関与することによって、そのような友情を発見し続けられるであろうと思う。そ

のような関与は、創造の友であるとは何を意味するのか、また特に、この大学の基礎を作り上げている創造の特別な役割に対して友であることが何を意味するのか、を発見するために必要なのである。

最後に、デュークはチャペルなしにデュークでありえないであろう、あの素晴らしい、私たちをこの場所にしっかりと繋ぎ止める輝かしい建物がなければ。デュークはこの建物をどのように扱うべきかをまだ確信していない、と私は認識している。私はかつて、この建物は「すべての学問の精神的次元の象徴」であると語られるのを聞いた。私はそう語った人に手紙を書き、このチャペルは神を礼拝するためにあると考える、と述べた。しかし私たちの文化における多くの人たちにとって、神は究極的な普遍者であると考えられる。それはふつう、何者かがすべてを始めなければならなかったということを信じなければならないという意味である。しかしながら、神の問題は、少なくともこのチャペルが讃美する神は、まったく特別であり、まったく固定されているので、ユダヤ人と呼ばれる特別な民をとおして知られるということである。これ以上の特別なことはない。もし私たちがこのチャペルが存在するこの場所を利用しないとすれば、デュークは私たちの学生や世界に奉仕することにならないであろう。

さて、ブロードヘッド先生、この場所へようこそいらっしゃいました。『この場所の善さ』(*The Good of This Place*)のなかで、あなたはご自身を大学の善さのためにエネルギーを使うこと以外は何も欲しない「強い愛着と力ある献身」の人であると述べておられます。私たちは、あなたがこの神に取りつかれた南部の大学に愛着を持ち、重荷を担う用意ができていることを喜んでいます。あなたの本の終わり近くの素晴らしい一節で、あなたはこう述べています。

音楽はいつも時と共に奏でられる一つのゲームである。そこでは、時の形のない継続は整然と構成されたものへと新しく作り直される。しかし、音楽が人間の秩序のなかにそれを刻みつけることによって時を克服しても、音楽は依然として時のものであり、消失の法則から逃れることなく、その美で瞬間を満たしているのである。[4]

デューク大学があなたにとってそのような音楽であることを希望いたします。

付論A注

（1）Richard H. Brodhead, *The Good of This Place: Values and Challenges in College Education*, New Haven: Yale University Press, 2004.

（2）Alasdair MacIntyre, *Whose Justice? Which Rationality?*, Notre Dame: University of Notre Dame Press. 1988, p. 363.

（3）Broadhead, *The Good of This Place*, p. 18.

（4）Broadhead, *The Good of This Place*, p. 215.

付論B　苦境に立たされる神学校

―― ベタニア神学校設立一〇〇周年を深く省みて

神学校は苦境に立たされている。アメリカの教会が苦境に立たされているが故に、神学校は苦境に立たされている。独立した神学校 ―― 要するに大学の拘束から自由な神学校 ―― はとりわけ苦境の中にいる。プロテスタント主流派の神学校はさらに困難な状況の中にいる。ベタニア神学校がその問題ある神学校であることを例証しようとか、しないとかを私はここで論じるのではない。私の神学校に対する憂慮を「ぶちまける」ためにこの目出度い機会を用いるならば、実際それは思慮の足りないことであろう。しかしもしも私がブレザレンの現実について何か知っているのであれば、それがたとえ不愉快なものであっても、真理を語る責任が誰にでもあると彼らは考えよう。必ずしも真理が私たちを自由にするとは信じていないが、まるで今日の神学校で何が行われているかを知っているかのように進み続けるならば、それは神への信仰に至るものではないと私は確信している。

神学校はイエス・キリストの教会の宣教のために人々を訓練するところだと思われているらしい。しかしながら現代における宣教の曖昧な性格を考慮に入れると、宣教の場で生き残るためのみならずそこで活躍するために人々を訓練することに、どんな意味があるのかはっきりしていない。神学校内のよりアカデミックなコースと、実践もしくは牧師養成コースとの間にまことしやかに語られる対立の中に、この問題が最も明らかに現れる。前者は、宣教における現実的課題に向けての学生訓練に何の役も立たない、とあまりにしばしば宣教の現場にいる人々から愚弄されている。どれほどこんなスローガンを聞かされてきたことか。「人々は（つまり教会員は）あなたが何を知っているかなど気にしない。あなたが牧会してくれるかどうかを知りたがっている」。

結果として神学校にやってくる学生の間に、深刻な反知性的な文化が醸成されてきた。現実に幾つかの神学校では、カリキュラム内のよりアカデミックなコースに ―― それぞれ全く違った根拠に基づき ―― 異議を唱えるプロテスタント聖職者、ファンダメンタリスト、解放運動家、そしてフェミニズム間でおおよそ考えうる最も奇妙な連帯が生じている。もっと牧会に敏感な神学校を形作るためカリキュラムの「レベルを下げ」ようとの要請を黙認することと以上に、教会に悲惨な結果を与える事態はほとんど考えられないかもしれない。消費社会の只中で教会の前に立ちはだかる諸課題が、教会が神学と呼ぶ知的スキルの中で整理されることが少なくとも求められている。

私は以上で、拘束を受けない自由な神学校が、とりわけより「牧会する」牧師を輩出すべきとの要求に影響されているようだと言及した。彼らは自身の支持母体とあまりに親密なため、それほどに影響されている。大学と繋がる神学校はそれ固有の病理をもってはいるが、少なくともそれらが大学の中に存在すると言うことは、その機関の中での神学部が知的な厳しい大事業であり続けなければならないことを意味する。カール・バルトが何者かを聞こうともしない、ましてや『教会教義学』(*Church Dogmatics*)の一巻を読むことをも決してしようとしない人々に「分かりやすい」神学を構築しようとする傾向に対し、抑止力として働くのがこの手の機関で終身在職権を持つ者が少なくとも大学が要求する基準を満たさなければならないとの事実なのである。

もちろん、学生が神学校での学びに準備不足でやってくることがこの問題の原因ではある。神学校はもはや宣教について「勉強」したい、いかなる人をも拒む余裕などない。しかも最も優秀で有能な学生は、必ずしも宣教の場へと出向こうとはしない。宣教の仕事は厳密には権威ある専門職ではない。とはいえ学生たちの多くが抱える問題は彼らに準備が不足していることではなく、彼らが実に怠惰であると言う点だ。良くあることだが「人々と一緒に働くこと」が好きだからという理由で、彼らは宣教の場に「呼ばれた」と感じている。しかしイエス・キリストの名のもとに人々と共に生きると言う働きは、良い人となる以上のことを意味しているということに、彼らは全く気付いていなかった。あまりに多くの者が宣教の場を離れ、もしくは気がつけばどっちつかずの立場にいる自らの姿に気づかされるその原因は、「良い」人であり続ける生涯に向き合うという相も変わらぬ退屈さに起因しているのではなかろうか。

数年前私は、コース選択に悩むある一年生にアドバイスをしていた。彼はテキサス大学に通い、そこで経営学を専攻していた。卒業後彼は数年間働いたが、ほどなく牧師になりたい自分に気付いた一人である。私は彼に、学部時代に何らかの人文学関係の講座を選択したかどうか尋ねた。彼は人文学なら幾つか選択したと答えたので、では何らかの哲学の授業をこれまでに取るには取ったかと尋ねた。彼は答えた。「はっきりしませんね」今まで私が聞いた中で、これは最も聡明なる、もしくは間抜けな答えだろう。その哲学の授業が何か確認のため、私は今までプラトンを読んだことがあるかどうか尋ねた。彼は答えた。「それ、誰ですか？」

イエス・キリストを礼拝するためには、プラトンが何者か知らねばならないなどと私が論じるなんて意外だろうか。しかしアメリカと呼ばれるこの社会の荒野を突っ切って教会員を導く訓練を受けた牧師になろうとするなら、あなたはプラトンが何者かを知るだけではなく、プラトンがオリゲネスとアウグスティヌスにとってなぜこれほど重要な人物なのかを知らねばならないと私は強く感じている。確かに「ふつうのキリスト者」は自分たちの牧師がプラトンやアウグスティヌスを知っていようがいまいがおそらく気にも留めない。しかし今日の宣教に仕える者で、アウグスティヌスの遺産を見失った者たちは誰でも、あらゆるものを喰い尽すマーケットと言う欲望の中に教会員たちを見捨ててしまう恐れがある、と言うのが私の意見だ。私たち自身の自由意思によって求めたと考えるものによって、逆に所有されると言うことが何を意味するのか、アウグスティヌス以上に私たちに教えてくれる者がいるだろうか？

宣教が今日何であるべきかについての明晰さの喪失、もしくは神学校に来る学生の質のみが問題なのではなく、現代の神学校を構成する専門科目の部署もまた問題なのである。ほとんどの神学校で聖書の学びが「歴史的研究」になったことは深刻な問題である。聖書は恒常的に（不幸にもヘブライ語聖書として教えられていることだろう）旧約聖書と新約聖書のコースに分けて取り扱われることが当然だとされているが、そのことは組織神学と倫理を教える者たちが聖書を研究の構成要素とすることから自由になったことを意味する。たとえ神学と倫理を教える者たちがより聖書的でありたいと願ったとしても、（大学院教育の性格を考慮に入れるなら）私たちは学生に神学的聖書釈義を示すに必要とされるスキルを喪失している。結果として実に多くの学生が聖書学コースで学んだ事柄は神学で学んだことよりもより信頼できると考えている。何故なら後者は大部分、「見解」の相違の問題に過ぎないからだ。

神学校が苦境に立たされている理由に関する私の説明を聞き、それが誇張されたものだと多くの人々が感じるであろうことを私は十分に承知している。多くの神学校が称賛に値する形で未来の宣教を形にしようとしている。しかしそれはそれらの神学校が今日の教会と神学校の前に立ちふさがる難問について率直に向き合ったと言う理由から可能となっているのである。それらを誠実に遂行する神学校は、思うにデューク神学校は実にそうあろうとしていると喜ばしく思っているが、神学校が雇用する教職員などの課題に極めて意識的に関わろうとする故に、未来を形作ることが可能なのである。結局のところ、人間の問題なのだ。それはつまり教会や個々の信徒が、神の招きと言う高い要求に見合う才能と熱意を持った人々を神学校に送り出す責任を持ち続けなければならない、と言うことだけではなく、彼らが送り出した人々をまた受け入れ採用する準備をしなければならないことを意味している。

私の発言がベタニア神学校とどう繋がるか、もしくはしないかを述べてもそれはおそらく推測の域を出ないことであろう。私は光栄なことに数年前ベタニア神学校で講義を行ったが、だからと言って神学校を熟知している素ぶりなど出来ない。しかしブレザレン教会が将来に期待を寄せつつ実に具体的な幾つかのアドバンテージを持っていると私は強く感じている。最初のアドバンテージは人数の少なさである。ブレザレン教会がアメリカのプロテスタントの主流派の一部を占めることは決してなかった。あなたがたは失うものなど何もないのだから、福音に忠実であるという限りにおいてあなたがたの信仰の遺産に忠実であったらよいであろう。それはつまりあなたがたがプロテスタントの主流とされる神学校を真似る必要はないということ、いやむしろイエスが死者の中から復活しなかったのなら自分たちが何ものなのかは理解できない、との認識に立つ教会となることがあなたがたの使命であることを意味している。

さらにブレザレン教会は非暴力に取り組んでいる。神学校教育を考えるにあたり非暴力に興味を喚起するのは奇妙に思えるかも知れない。しかし神学校カリキュラムにおけるアカデミックコースと牧会コースという誤った区分けを克服しようとするなら、教会の牧会的宣教を形成すると同じく非暴力を理解可能とすることが必須とされる神学的作業は、絶対になくてはならない独創的挑戦の一種なのである。ベタニア神学校がブレザレン教会の神学校として栄えますように。そしてその繁栄を通して、信仰を持って神に仕える私たちすべてが力づけられますように。

付論C　平凡な時

――ローワン・ウィリアムズに感謝して

「この世で最も困難なこととは、いる場所にふみとどまることなのだ」とローワン・ウィリアムズは彼のレントに関する書物『試みにあうキリスト――福音はいかにして私たちの判断を乱すのか（*Christ on Trial: How the Gospel Unsettles Our Judgment*）』の中で述べている。この大司教の発言「この世で最も困難なことは、いる場所に踏みとどまることなのだ」は奇妙に聞こえるかもしれないが、教会と世界の前に立ちはだかる現代の課題を信仰深く克服しようとする人々にとって、それは一つの熟考に値する言葉とは言えないだろうか。この発言についてあなたが私と一緒に考察してくれることを通し、私はなぜこの時代にカンタベリー大司教としてローワン・ウィリアムズがいてくれることが幸いなのか明らかにしたいと願っている。彼は卓越した神学者であり、彼の業績は教会が「いる場所に踏みとどまる」ことを助けるための計り知れない力の源となっている。神が私たちを呼び集めた本来の姿の教会に、私たちが踏みとどまること可能としてくれる彼の時間に関する理解について説明しながら、私はローワンに敬意を表するためにこの機会を用いたい。

人類学者のデイヴィッド・スコットは、私たちの時代を損なわれたものとして描いて見せた。彼は損なわれたものという言葉を用いて、時間の親しみやすいかつての特徴がもはや力を失った時を私たちは生きていると言っている。スコットによれば、「過去の拭い去ることのできない残余が、私たちの行く手を守るため信頼してきた時間のかなめにへばりつく。結果として、時は柔軟であると信じてきたのであるが、それとは全く違うものになっている」。私たちの生きる時を損なうであろう「過去の拭い去ることのできない残余」、人種差別と戦争の残存がある。私たちは公民権を手にし、冷戦後を生きているにもかかわらず、基本的には何一つ変わっていないかのようだ。未来に何らかの希望を見出すためには、過去は今のところ役に立たないようだとの理由で、実際人種と戦争の問題はますます手に負えないかに見える。

損なわれた時代において、私たちは教会が希望ののろしとなることを期待 —— もしくは少なくとも希望 —— するかもしれないが、その代わりに私たちは性行為に関する論争に擦り減らされている自らに気付く。「セクシュアリティ」と呼ばれる事柄の周辺の課題に惹きつけられていることは、教会がお金、階級、そしてリベラルな政治協定に惹きつけられていることの一つの兆候と言える。教会が「プライベート」な問題へと格下げされたこと以上に、この状況を明白に示す事実はない。セックスが「プライベート」な領域に属するが故に、セックスは教会にとって第一の課題となったのである。キリスト者が性行為をめぐってバラバラに分裂する姿は、世俗の力を喜ばせるだけでなく、教会から受ける挑戦など存在しないとの確信を世俗に与えている。もしも私たちが損なわれた時代に生きているのであれば、残念ながら教会は破壊された残骸の一部ではないかとさえ思う。

しかし損なわれた時代、損なわれた教会での生活の中に、あえて神は私たちをおかれたのだと私は確信する。「この世で最も困難なこととは、いる場所にふみとどまることなのだ」との発言は、与えられてきた時、つまり私たちを混乱させ損なわれた時とは、私たちを悩ませる手に負えない不慮の諸問題と見なされる事柄を、忍耐強く取り扱わねばならない全ての時であることを思い起こさせてくれる、ローワン・ウィリアムズの流儀に沿うものだ。この時に対して与えられた名称こそ、ウィリアムズの働きの核心にあり続けた名称、平凡な時 (ordinary time) なのである。時間は存在しないと信じるこの世界の只中に、神の愛の海で私たちが泳いでいることに気付くために不可欠な対話に忍耐強く参与する時が、十字架と復活を通して与えられたとの確信が、ウィリアムズの宣教活動に命を吹き込んできた。

この平凡な時をよりよく生きることを学ぶには、時、そして時を構成する言葉が賜物であるとの認識が必要になる。著書『失われたイコン（*Lost Icons*）』の中でウィリアムズは、「選択の余地なき宇宙の真理」に依存するという認識、「そして究極的にあらゆるものを最も網羅する『事実』と共に、その中にある森羅万象の依存性と言う条件」の認識を通して、神に栄光を帰すことを学ぶために、私たちには言葉が与えられてきたと述べる。空の鳥を見なさい、野の百合のことを考えて見なさい、そして太陽と星を動かすその愛に目を向けなさい。そのような愛だけが、今日の苦労は今日だけで十分である、と気づける場所で生きることを可能とするのである。

言葉が完全な贈物であることに注意を促すことにより、ウィリアムズは平凡な時の奇跡的な特徴を知らしめようとする。というのは平凡な時により良く生きることは、人生をヒロイックとは言わないまでも重要なものに形作ろうとの危険な試みの中で私たちがドラマチックな事柄に誘惑されているからこそ、簡単に実現できることではない。『試みにあうキリスト（*Christ on Trial*）』の中でウィリアムズは述べているが、想像を絶する代価を支払って暴力行為の命令に立ち向かった殉教者たちの教会に私たちは連なっている。この殉教者たちと比べ、私たちの人生、平凡な人生、殉教者が向き合った暴力と直面する必要もないであろう人生が、キリストによって暴力が圧倒され沈黙させられてきたとの真実を、いかに表明できるのかとウィリアムズは問いかける。

ドラマチックな振る舞いで私たちの人生をより本物にしようとすることは出来ないし、またすべきではないとウィリアムズは論じる。むしろ日常で真理を語ること、そしておそらくより困難であるが対話と言う時間のかかる務めを通して真理を聴くことを学びながら、ありふれた日々の仕事に関わっていくことを私たちは学ばねばならない。何故ならもはや真理を語ることも聞くこともできなくなる時、私たち自身を、もしくは私たちの隣人を信頼することを不可能にする形で、言語は腐敗するからである。ウェンデル・ベリーの表現で言えば、私たちは「言葉を守る」能力を失ったのである。しかしウィリアムズが『失われたイコン』の中で私たちに思い起こさせてくれたが、「もしも言葉の中に存在がないのなら」その時すでに「話し手の中に存在」もあり得ないのであろう。「言葉と世界の間、話すことと応答しようと試みる事柄の間にある契約を信頼できないのなら、両者の『間で』知覚する事柄で信頼できるものは何もない」。

もはや私たちが自分自身を信頼しない、もしくは言語を信頼しないという事実によって、暴力の土壌が育てられる。それは真実を話し、真実を聴くことを学ぶことが、平和の働きであることを意味する。それは私たち自身への不信とお互いの不信という圧倒的な事実と直面する、困難で時間のかかる働きである。対話の中に立ち続けるためには、他者の目を持って、いわば世界への私たちの立ち位置を疑問に付した形で、自らを眺めることが求められる。「私は直面し、対決しなければいけない。退屈さと、世界はいつも私を満足させる役割を与えるであろうとの期待と。より突っ込んで言うなら、私は平凡な生活を過ごす技を生みださねばならないのだ」。

ウィリアムズは、平凡な生活の技を身につけるためには、日常生活の複雑さに対する恐れを乗り越えて生活することを学ぶ必要があると言う。日常生活の複雑さと共に生きることを学ぶとは、平和のためには避けられない衝突を教会が恐れる訳にはいかないと言うことを意味する。加えて教会がそのような衝突を受け止める能力があるならば、他者への恐れを前提として生まれた現状の世界の権力システムに対し、教会はとてつもない脅威とならざるを得ない。平和によって構築された教会は、世界から隠遁することがない故に、逆にこの世界そのものが引きこもった私的領域であることを暴露する。従って非暴力に関わるなら教会は非政治的でなければならないとのしばしば提出される議論とは対照的に、ウィリアムズは『神の休戦(*Truce of God*)』の中で「人々のもつ恐れと責任逃れに直面させ、その意思から無駄なものをそぎ落とすことによってこの世への参画に必要な技能を身につけさせる孤独」を目指し、世界のプライバシーを放棄するのが修道生活だと論じている。

複雑さを担って生きることを学ぶ技つまり平凡な生活の技は、既に混乱し、今も混乱し続ける教会の複雑さを担って生きることの学びに、明白な影響をもたらす。「試みにあうキリスト」でウィリアムズが述べているが、南アフリカの聖公会教会で数カ月働いてイングランドに帰った際、彼はかの地に残してきた教会への郷愁に圧倒されている自分に気づいた。南アフリカでは、重要な問題は明らかに思えた。南アフリカでは、選択すべき事柄は劇的なほどにはっきりしている故に、人々はどの立場に立つべきか知っていた。イギリスへの帰国は、重要な問題ははっきりせず、いかなる「抵抗」が可能もしくは建設的であるかを誰も知らないという状況に直面することを意味した。彼は痛ましくも、南アフリカで学んだことをイングランドの「より混乱しくたびれた社会環境」に結びつけることが容易ではないことに気付いたのである。

自らに誠実である教会を熱望する、とウィリアムズは告白する。それは戦争に反対する決意をさらに固めた教会、ゲイを含む居住外国人へのおもてなしができる教会、貧困を永続させる経済的慣行に戦いを挑める教会であろう。ウィリアムズは、そのような教会への熱望は信心深いものではあるが、

今行えるしまた行わなければならない単調な仕事に取り組むため、そして私もしくは私と似た人たちの意見に耳を傾けない人々との関係性の中で今この時に働くため ―― 何故なら神が私に求めることは未来にではなく現在を誠実に注意深く生きること、すなわちホームグラウンドにいることなのだから ―― ありのままの教会の現実に生き、参与することを学ばねばならないとも信じている。私たちはたえず今いるところ以外のどこかから出発しようとあがいている。私たち自身が自己満足に浸るのではなく忍耐を持って、今この瞬間にも、神の働きの道具となるために今日の私たちが神によって十分に愛されまた価値ある者とされていること、そして今この時、単純にこの場に宿る愛と価値を拒んでいては熱望する変革はやってこないであろうことを認識する私たちの地に足のついた生活が、真実な生活には必要とされるのである。真実に生きるには、あらゆる不満足な特徴を抱え持つそこにあるものに対し ―― 肉体、イス、床、聞こえる声、見える顔に対し ―― 同じ冷静な注意を払わねばならない。しかしこれこそがイエスの治めたもう王国、つまり防衛すべき国境を持たない王国に生きることの意味なのである（『試みにあうキリスト』*Christ on Trial*, pp. 85–86）。

これをスタンリー・ハワーワスが言っているなんてありえない——と読者の幾人かが考え始めていないか不安である。自己満足に浸った教会を批判するために生涯を費やしてきたハワーワスは年老いて丸くなったのか？　聖公会に移ったことが彼を迷わし、彼は今や主流派の側となったのか？　彼は思いもよらないことをやろうと、要するにリベラルに関して良いことを言おうとしているのか？　はっきりさせておきたいが私は自分が丸くなったと思っていないし、私はいつだって主流派にいたがその立場を正当化しないよう努めてきたし、リベラルに関し良いことを言おうとしたことなど決してない。しかし私たちがキリスト者として生きなければいけない時間について、そして見出した世界にいかに生きなければいけないかについてのウィリアムズ大司教の理解は、私が最初にジョン・ハワード・ヨーダーから学んだ内容と実に多くを共有していると、私は確信している。

なるほど一人の再洗礼派とカンタベリー大司教の組み合わせは奇妙に映るであろうが、混迷する時代が、今まで気付かなかったが私たちに仲間がいることを見出させてくれた。ヨーダーの働きの核心は、私たちがいる場に生きると言う困難な務めを伝えようとする試みであり続けた。ヨーダーのキリスト教的非暴力への擁護論は、ローワン・ウィリアムズの考えと大変似通った時間の理論に依拠している。何故なら戦争のない世界を私たちに約束するのではなく、むしろお互いが平和に共存するという一向に前進しない痛みの多い働きに関わる時間をもつような人々がこの戦争の続く世界に存在するとの前提に、キリスト教平和主義はよって立つからである。彼らはそのような仕事をする時間を持っている。次のように歌うことを学んできたからである。

あなたは、巻物を受け取り、
その封印を開くのにふさわしい方です。
あなたは、屠られて、
あらゆる種族と言葉の違う民、

あらゆる民族と国民の中から、
御自分の血で、神のために人々を贖われ、
彼らをわたしたちの神に仕える王、
　また、祭司となさったからです。
彼らは地上を統治します。（ヨハネの黙示録五章九―一〇節）

子羊と共に「世界を治める」ということは「時としてエレミヤと共に文化の根本を謙虚に立ち上げることを意味するだろう」とヨーダーは述べる。「それは時として（ヨセフとダニエルがそうだったように）異教徒の王がある問題を解決することを同時に手助けすることを意味するであろう。時としてそれは（またダニエルとその友達がそうだったように）王からの偶像崇拝の命令に従わないこと、王からの新しい紫の衣のプレゼントもしくは燃え盛る炉という申し出や脅しによって、言葉巧みに騙されることを拒否することを意味するであろう」。生きるとはまさにキリストの働きの実現だと信じるからこそ、私たちは「私たちの置かれた場」の時代を生きることができるのである。

イエスが弟子たちの足を洗った際、彼はパレスチナの衛生問題に関し永続的な貢献をしたわけではないとヨーダーは指摘する。「同様にキリスト者が精神的遅滞者や、働けなくなった高齢者の深刻な病に正面から取り組もうとする際、その奉仕の成果はいかなる経済効果の統計上の指標によっても計測できない」。それこそが平和を生みだす手法であるが故に、むしろ私たちが「私たちの置かれた場所」で生きることを学んできたいわば損なわれた時間そして損なわれた教会の中で、その行いの意味は明らかにされる。つまり私たちは耐えうるに必要なものは全て与えられてきたのだ。

私の友達の一人が他教会への「教会移動」を決断したのだが、その人物はこの件についてもう一人の私の友達と最近議論していた。そのような移動に反論していた友は、神の国にはたくさんの住まいがあることを指摘した。その指摘は、それは事実かもしれないが、とはいえ幾つかの部屋は他の部屋より家具がしっかりと備えられているよ、との応答を引き出した。申し分ない家具が揃った教会の中で私たちは実に幸運にも生きていると思う。私たちの置かれた場所に生きるに必要なものは全て私たちの手の中にある。私たち自身を他者から引き離してしまうことへの拒絶を通して、時の中に忍耐強くとどまることが何を意味するのか、それを例証してくれる大司教が少なくとも私たちには与えられている。そのような拒絶を、私たちは「交わり」と名付けるのである。

私たちの大司教の宣教の働きの中に示された忍耐はまたあなたにも要求されよう。病人や死にゆく人々に対する平凡な仕事、分別があってしかるべき人々の間に起こる紛争、全く馬鹿げたことをしでかしてしまった子供もしくは若者、あなたが好まない人々の人生の祝賀会、特定の礼拝観を手放せない人々のために八時の礼拝がまだ必要かどうかの問題などに対応することに、あなたは人生の大部分を費やすことだろう。つまりあなたは平凡な時間に、ドラマチックではない時間に生きようとしているのであり、その時間の中であなたの人生は砂時計の一粒の砂と共に落ちて行くように見える。しかしあなたは、あなたが置かれた場を知ることになる。あなたは神の実現させた時、王国の時の中にいるのであり、あなたのなす働きは神の平和となるのである。忍耐強く、言葉を磨き、対話を継続せよ。そしてこの損なわれた時を受け止める際に抱く唯一の希望としての、損なわれた教会を愛することを学ぶことさえ、神が助けてくださいますように。

訳者あとがき

東方敬信

本書には、二一世紀の最新の学問とまた最新のキリスト教神学との対話が見られる。つまり、急速に発達してきた自然科学の知見や二つの世界大戦を経験した前世紀に展開した政治学や法学を含んだ社会科学の展開などを現代神学がどのように見ているかが分かる。これまでマックス・ヴェーバーなどの近代世界の成立とキリスト教信仰の関係を論じたものがあったが、最近はポスト近代の視点から自明とされてきたものを問い直す作業が生まれてきている。とりわけアラスディア・マッキンタイアやチャールズ・テーラーなどの社会哲学にその視点が見られる。

著者スタンリー・ハワーワスは、そのポスト近代の状況のなかでキリスト教神学の立場から自由自在に対話の相手を見つけて論陣を張っていく。しかも、近代の人間観や世界観から生み出される人間のありさまを的確に把握しながら、キリスト教神学の立場から対話していくダイナミックな議論が見られる。とりわけ、セプテンバー・イレブンの事件を経験したアメリカ社会での学問の役割やキリスト教信仰の役割などが興味深く展開されている。ある意味では英語圏の思想的雰囲気が分かる対話群である。しかも、序章の注にあるように、代表的なリサーチ・ユニバーシティの一つで知性の形成と道徳性の形成の間の矛盾が生じたのであるが、そこに示される人間の限界と痛みがこれからの社会のあり方への不安を暗示しているようである。このような実存的要請にも答えようとするのが本書である。その点でも私たちの将来の社会のために参考になる対話群である。

さらに本書は、青山学院大学総合研究所の研究活動の一環として生まれたが、そのことをまずもって感謝したい。それは、大学の学問体系とキリスト教信仰の関わりを検討するプロジェクトであった。今や渋谷の青山キャンパスの正門右の高層ビルとして青山学院大学総合研究所ビルが周囲を睥睨するようにして立っており、そのビルのなかに総合研究所の会議室や事務室があるが、その最上階に総合研究所の「大会議」があり、二〇〇〇年にスタンリー・ハワーワスが来日し、そこで講演会を催したことを思い出す。その総研ビルの入口の上にジョン・ウェスレーの立像が据えられている。ウェスレーの言葉に、「社会的宗教」という言葉があったが、大学は高等教育として、初等教育から始まる教育過程の完成をめざし、その上で社会人を生み出す使命を負っている。その意味では、大学で教えられている内容（自然科学にしても社会科学にしても人文科学にしても）が将来の社会を形成していくと考えても良いだろう。したがって、キリスト教大学にはキリスト教信仰と現状の社会のあり方についての対話が必要になる。その意味で、将来の社会と大学の使命だけでなく、ポスト近代と将来のキリスト教信仰の使命とあり方が問われてくる。はたして、大学教育はどうあるべきなのか。そして、この問いの射程は、中等教育、初等教育、さらには幼児教育にまで、伸びていくにちがいない。つまりグローバル化した現代の世界において、人間形成や社会形成はどの方向に向かっているのであろうか、と問いは深まっていくのである。本書はこのような問いに答えを求めて探求する人々にヒントを与えてくれるにちがいない。

ところで、本書の邦訳は、私もその一員である総合研究所の研究プロジェクトメンバーを中心に、他の方々のご協力も得てなされたが、短期間にこの骨の折れる作業を遂行して頂いたことに、心から感謝の意を表したい。さらに、株式会社ヨベルの安田正人氏には、大きなご苦労とともに、貴重なご貢献を頂いた。感謝したい。

二〇一四年二月二八日

監訳者

レヴィンソン , ジョン（Levenson, Jon）*321*
レノ , ラスキー（Reno, Rusty）*86*
レントリッチア , フランク（Lentricchia, Frank）*150*
ローゼンヴァイク , フランツ(Rosenzweig, Franz）*14, 322*
ロック , ジョン（Locke, John）*71, 274*
ロメロ , オスカー（Romero, Oscar）*325*
ローリン , ジェラード（Loughlin, Gerald）*43, 62-3*
ロールズ , ジョン（Rawls, John）*274, 287, 299-300, 309, 317-8*

25
マクドナウ , エンダ（McDonagh, Enda） *27*
マーシャル , ブルース（Marshall, Bruce） *13*
マーズデン , ジョージ（Marsden, George） *12*
マッカラー , ユージン（McCarraher, Eugene） *316*
マッキンタイア , アラスデア（MacIntyre, Alasdair） *12, 54, 62, 65-6, 91-3, 96-7, 101, 104-6, 128-9, 156-9, 198, 200-2, 206-8, 210-2, 220-1, 223, 225, 233-4, 247-50, 254, 280, 291, 311-2, 352*
マックグキン , ジョン（McGuckin, John） *326, 329, 332, 345*
マックグラン , バーナード（McGrane, Bernard） *113*
マネ , ピエール（Manent, Pierre） *313*
マムード , サバ（Mahmood, Saba） *312, 317, 339-40, 348-9*
マンデラ , ネルソン（Mandela, Nelson） *237*
ミッチネシ教授（Miccinesi, Professor） *94*
ミラー , ケネス（Miller, Kenneth） *65*
ミル , ジョン・スチュアート（Mill, John Stuart） *211, 222*
ミルトン , ジョン（Milton, John） *142, 149, 155-6, 160-1*
ミルバンク , ジョン（Milbank, John） *39-41, 46, 57-8, 113, 115, 131, 233, 290, 292-3,309, 312-3, 316*
ムーア , アンドリュー（Moore, Andrew） *208*
モーガン , エドモンド（Morgan Edmund） *254*
モーリン , ピーター（Maurin, Peter） *320-1, 350*
モリージ , ロジャー（Morigi, Roger） *193-201, 204, 206*

〈ヤ行〉

ユードフ , マーク（Yudof, Mark） *162*
ヨーダー , ジョン・ハワード（Yoder, John Howard） *14-5, 22, 74-7, 109-10, 115-22, 125-6, 128, 131-5, 181, 189, 241-2, 259, 262-70, 277, 281-86, 288, 294-7, 300, 310, 313-4, 318, 368-9*
ヨハネ・パウロ二世（John Paul II , Pope） *102, 133*

〈ラ行〉

ライサールト , テレーズ（Lysaught, Therese） *183*
ライス , コンドリーザ（Rice, Condoleeza） *233*
ラウシェンブッシュ , ウォルター（Rauschenbusch, Walter） *127, 281*
ラシュコーバー , ランディ（Rashkover, Randi） *14, 24, 322*
ラーナー , カール（Rahner, Karl） *118, 125*
リヴィングストン , デイビッド（Livingston, David） *54*
リーズ , ラッシュ（Rhees, Rush） *210*
リンカーン , ブルース（Lincoln, Bruce） *130, 315*
リンゼイ , A・D（Lindsay, A. D.） *265, 280*
リンドベック , ジョージ（Lindbeck, George） *13, 117, 202-5, 212*
ルイス , ハリー・R（Lewis, Harry R.） *27*
ルクレール , ジーン（Leclercq, Jean） *304*
レヴィン , リチャード（Levin, Richard） *31-4, 38, 42, 51, 54*

Andrius) *189*
パウロ六世 (Paul VI, Pope) *123*
バシリウス (Basil of Caesarea) *332-3, 344, 347*
バーチェル, ジェームズ (Burtchaell, James) *12, 226-7, 304*
ハート, R・G (Hart, R. G.) *172*
ハート, ジュリアン (Hartt, Julian) *213*
パトラゲアン, イヴリン (Palagean, Evelyne) *333*
バニエ, ジャン (Vanier, Jean) *205, 350*
ハリソン, ロバート・ポーグ (Harrison, Robert Pogue) *165, 319*
ハリンク, ダグラス (Harink, Douglas) *218*
バルト, カール (Barth, Karl) *14, 25, 284, 359*
パルンボ, ビンセント (Palumbo, Vincent) *193-201, 204, 206*
バレル, デイビッド (Burrell, David) *22, 51, 122-5, 136*
ハント, マージョリー (Hunt, Marjorie) *193-4, 197*
ハンビー, マイケル (Hanby, Michael) *322*
ハンリク, ダグラス (Harink, Douglas) *218*
ヒトラー, アドルフ (Hitler, Adolf) *76*
フィッシュ, スタンリー (Fish, Stanley) *22, 125-6, 141-56, 157-63*
フォーセット, マイケル (Foucault, Michel) *320*
ブース, ジェームズ・W (Booth, W. James) *207*
ブッシュ, ジョージ・W (Bush, George W.) *110, 230*
ブッデ, マイケル (Budde, Michael) *182*
フーバー, ルドルフ (Huber, Rudolf) *321*
フライ, ハンス (Frei, Hans) *16, 24, 212, 304, 321*
ブラドヘッド, リチャード (Brodhead, Richard) *21, 352, 355*
プラトン (Plato) *166-7, 201, 229, 271-2, 285, 360*
ブレザートン, ルーク (Bretherton, Luke) *254*
ブレンキンソップ, ジョー (Blenkinsopp, Joe) *123*
ブロッホ, エルンスト (Bloch, Erbst) *350*
プロハレシウス (Prohaeresious) *329*
ベイスヴィッチ, アンドリュー (Bacevich, Andrew) *27*
ペコラ, ヴィンセント (Pecora, Vincent) *314-5*
ヘスバーグ神父 (Hesburgh, Father) *123*
ベリー, ウェンデル (Berry, Wendell) *19, 22, 167-83, 185, 188, 234, 237, 302, 354, 365*
ペリカン, ヤロスラフ (Pelikan, Jaroslav) *60*
ヘリック, ロバート (Herrick, Robert) *171*
ベンサム, ジェレミ (Bentham, Jeremy) *71*
ベンダー, トーマス (Bender, Thomas) *320*
ホッブス, トマス (Hobbes, Thomas) *274, 280*
ホリンガー, デビット (Hollinger, David) *261*
ホルマン, スーザン (Holman, Susan) *326, 331, 333, 338, 342, 345*
ボンヘッファー, ディートリッヒ (Bonhoeffer, Dietrich) *84-5*

〈マ行〉

マイモニデス (Maimonides) *124*
マーカス, ロバート (Marcus, Robert) *312*
マークス, ステファン (Marcus, Stephen)

gory）59-60
シル，エドワード（Shils, Edward）52
スキナー，クェンティン（Skinner, Quentin）112
スコット，ジェームズ（Scott, James）187, 319
スコット，デイヴィッド（Scott, David）363
スタウト，ジェフ（Stout, Jeff）20, 23, 115, 131, 136, 240, 252, 258-62, 264, 269-71, 277, 279-80, 290, 299-300, 309, 318
ステグナー，ホレス（Stegner, Wallace）175
ストーナー，ジョン（Stoner, John）322
スミス，クリスチャン（Smith, Christian）112, 312
スローン，ダグラス（Sloan, Douglas）91
ソマーヴィル，C･ジョン（Sommerville, C. John）319
ソールズベリー，G・W（Salsbury, G. W.）172

〈タ行〉

ターナー，デニーズ（Turner, Denys）132-3
ダン，リチャード（Dunn, Richard）112
ダンテ，アリギエーリ（Dante Aligheieri）166, 302, 354
ツウィック，マーク（Zwick, Mark）350
ツウィック，ルイーズ（Zwick, Louise）350
デ・コスタ，ギャビン（D'Costa, Gavin）303-8
デイ，ジェレマイア（Day, Jeremiah）32
デイ，ドロシー（Day, Dorothy）205, 237, 350
ディノイア，ジョセフ（Dinoia, Joseph）114-5, 120
デイビス，グラディ・スコット（Davis, Grady Scott）241
テイラー，チャールズ（Taylor, Charles）72-3, 75, 292-4, 298-300, 315-7
ティリー，チャールズ（Tilly, Charles）112
デイリ，ブライアン（Daley, Brian）330
テオドシウス（Theodosius）116-7
デブリース，ピーター（DeVries, Peter）140
テリー，テイリー（Tilley, Terry）262
デリダ，ジャック（Derrida, Jacques）62
デンジャーフィールド，アンソニー（Dangerfield, Anthony）151-5, 158-9, 162
ド・ハート，ポール（De Hart, Paul）212-3
トーマス，スコット（Thomas, Scott）26
トラン，ジョナサン（Tran, Jonathan）297

〈ナ行〉

ナジアンゾスのグレゴリウス（Gregory of Nazianzus）21-2, 326-39, 341-7
ナスバウム，マリー・マーガレット（Nussbaum, Mary Margaret）237
ニーバー，ラインホールド（Niebuhr, Reinhold）109, 126-7, 244, 253, 264
ニューサム，デビッド（Newsome, David）278
ニュッサのグレゴリウス（Gregory of Nyssa）344, 347
ニューマン，ジョン・ヘンリー（Newman, John Henry）32-4, 41-9, 58-64, 153, 258
ネーダー，ラルフ　（Nader, Ralph）240
ノリス，フレッド（Norris, Fred）22, 326, 328, 338, 342-3, 345

〈ハ行〉

バイエルスキー，アンドリウス（Bielskis,

カバナー，ウィリアム（Cavanaugh, William）*111-2, 115, 130-1, 219, 229, 233, 317*
ガーブランド，ジェラルド（Gerbrandt, Gerald）*166*
カルヴァン，ジャン（Calvin, John）*286, 320*
カレンバーグ，ブラッド（Kallenberg, Brad）*210*
ガンジー，マハトマ（Gandhi, Mahatma）*237*
カント，イマニュエル（Kant, Immanuel）*16, 40, 57-8, 222, 226, 235, 316*
ギッサーニ，ルイジ（Guissani, Luigi）*22, 88-9, 93-102, 104-5*
キャディ，リネル（Cady, Linell）*323*
キャンドラー，ピーター（Candler, Peter）*209*
ギルバート，パウラ（Gilbert, Paula）*68, 71, 79, 83*
キングスレー，チャールズ（Kingsley, Charles）*258*
グリーソン，フィリップ（Gleason, Phillip）*303-4*
グリフィス，ポール（Griffinths, Paul）*25-6, 120, 130, 134-5, 258, 278*
クルマン，オスカー（Cullmann, Oscar）*286*
クレイグ，ケネス（Craig, Kenneth）*133*
グレイブス，ジョン（Graves, John）*229, 236*
クワメ・アンソニー，アピア（Appiah, Kwame Anthony）*211*
ケイ，ブルース（Kaye, Bruce）*22, 68-72, 77-84*
ケイ，ルイーズ（Kaye, Louise）*68, 78-80, 84*
ケリー，ボブ（Kerrey, Bob）*142*
皇帝ユリアヌス（Julian, Emperor）*330-1, 333, 341*
コールズ，ローマンド（Coles, Romand）*27-8, 133, 267-71, 346, 350*
コロニー，ウィリアム（Connolly, William）*316-7*
コンスタンティヌス大帝（Constantine）*116, 118, 121-2, 244, 273, 294-5, 313-4, 330*

〈サ行〉

サイダー，アレックス（Sider, Alex）*280, 283*
サネー，ラミン（Sanneh, Lamin）*135*
サムナー，ジョージ（Summer, George）*110-1, 117, 120, 128-9, 132*
サンタヤナ，ジョージ（Santayana, George）*36, 38*
ジェファーソン，トマス（Jefferson, Thomas）*33-4*
シェリー，パーシー・ビッシュ（Shelley, Percy Bysshe）*170, 272*
ジェンソン，ロバート（Jenson, Robert）*323*
シュクラー，ジュディス（Shklar, Judith）*111*
シュペーア，アルバート（Speer, Albert）*76-7*
シュライエルマッハー，フリードリヒ（Schleiermacher, Friedrich）*24, 304*
シュリン，ケン（Surin, Ken）*113-5*
シュレジンガー，ビル（Schlesinger, Bill）*355*
ジョーダン，デイヴィッド・スター（Jordan, David Starr）*35*
ジョーンズ，L・グレゴリー（Jones, L.Gre-

人名索引

（索引は人名に限りました。しかし原書の索引に加えて全書のページを掲載しています）。

〈ア行〉

〈カ行〉

髙砂民宣（たかさご・たみのぶ）：青山学院大学経営学部准教授・同大学宗教主任。
著書：『栄光のキリスト ― ヨハネによる福音書の受難物語』（新教出版社）。
論文：'It is Finished!'— John's Passion as the Climactic Narrative of the Triumph of God 他。
── 9章を担当。

東方和子（とうぼう・かずこ）：恵泉女学園大学非常勤講師、慈恵大学看護学科非常勤講師。
論文：「通所介護施設における虚弱な高齢者向け園芸活動プログラムの効果」（『老年学雑誌』）他。
── 8章を担当。

清水香基（しみず・こうき）：青山学院大学大学院総合文化政策学研究科修士課程在学。
研究ノート：「世俗化の研究—P. Noriss & R. Inglehart の "Sacred and Secular" (2004) に関する研究ノート」（『青山総合文化政策学』）。
── 2章を担当。

西谷幸介（にしたに・こうすけ）：青山学院大学専門職大学院国際マネジメント研究科教授・同大学宗教主任。
著書：『ニーバーとロマドカの歴史神学』（ヨルダン社）。
共著：『宗教間対話と原理主義の克服』（新教出版社）他。
訳書：グロール『トレルチとバルト』（教文館）。
共訳：ニーバー『復活と歴史的理性』（新教出版社）他。
── 1章、10章2、3、4節を担当。（「まえがき」）

【訳者一覧】

東方敬信（とうぼう・よしのぶ）：青山学院大学名誉教授。元青山学院・大学宗教部長。

著書：『H・リチャード・ニーバーの神学』（日本基督教団出版局）、『物語の神学とキリスト教倫理』（教文館）、『神の国と経済倫理』（教文館）、『文明の衝突とキリスト教』（教文館）他。

―― 監訳。（「訳者あとがき」）

塩谷直也（しおたに・なおや）：青山学院大学法学部准教授・同大学宗教主任。

著書：『なんか気分が晴れる言葉をください』（保育社）、『信仰生活の手引き―聖書』（日本基督教団出版局）、『忘れ物のぬくもり』（女子パウロ会）他。

―― 3、4、5、7、11 章、付論B、Cを担当。

大森秀子（おおもり・ひでこ）：青山学院大学教育人間科学部教授。

著書：『多元的宗教教育の成立過程』（東信堂）。

共著：『ジョン・ウェスレーと教育』（ヨルダン社）、*Religious Education in a World of Religious Diversity*（Waxmann）他。

―― 序文、序章、10 章1節を担当。

清水　正（しみず・ただし）：東京大学文学部哲学科卒、東京神学大学大学院修了、神学博士（組織神学）。

著書：『神学の方法と内容』（新教出版社）。

論文：「ティリッヒ組織神学におけるキリスト論の組織的研究」（東京神学大学『神学』）。

訳書：『ブルンナー著作集第一巻、神学論集』（教文館）、『ティリッヒ　諸学の体系』（法政大学出版局）他。

―― 12 章、付論Aを担当。

山室吉孝（やまむろ・よしたか）：鶴見大学短期大学部教授。

論文：「デューイの宗教論の課題」（『日本デューイ学会紀要』）、「教育におけるデューイの宗教論の再評価」（『日本デューイ学会紀要』）、「デューイ教育学における『信仰』の位置」（『教育哲学研究』）他。

―― 6章を担当。

【著者の紹介】

スタンリー・ハワーワス（Stanley Hauerwas）

1940年7月24日生。現在、アメリカのノースカロライナ州ダラム市にあるデューク大学神学部に所属し神学的倫理を教えるギルバート・ロー教授。2013年名誉教授になる。2001年に『タイム誌』で最高の神学者（Best Theologian）として選ばれた英語圏で最も著名な神学者。2000年と2001年に世界的な講義、ギフォード・レクチャーに依頼を受け、“With the Grain of the Universe”という題名でバルト的神学による自然神学を展開して現代神学に刺激と論争の火蓋をきった。テキサス州出身でホスピタリティ豊かな性格で、明るくデューク大学院の指導的教授として大学全体で活躍し、デューク大学法科大学院でも教鞭をとる。

他方、大の野球ファンで、3Aのダラム・ブルズの試合に出かけ甲高い大声で声援を送る愉快な側面も見せる。従ってデューク大学の学生、教授、職員たちに愛されている性格の持ち主でもある。しかし、論争するときの舌鋒は鋭く、神学のみならず時代の最先端の思想と対決している。アメリカのキリスト教思想界の台風の目のような存在であり、平和主義を標榜する。

彼の弟子たちが英米の大学で活躍している。2000年には来日し幾つかの大学、神学校で精力的に講義を展開した。ポスト・リベラルの立場で神学、キリスト教倫理を主張し、神学と政治学の対話、教会論と社会倫理の立場から、アメリカ支配の世界観に挑戦し、資本主義、戦争論に徹底的に批判を加えている。

著　書（これまでに邦訳された作品）：

『平和を可能にする神の国』（現代キリスト教倫理双書）
　スタンリー・ハワーワス、東方敬信訳（新教出版社、1992）
『主の祈り —— 今を生きるあなたに』
　W. H. ウィリモン、S. ハワーワス、平野克己訳（日本キリスト教団出版局、2003）
『旅する神の民 ——「キリスト教国アメリカ」への挑戦状』
　S. ハワーワス、W. H. ウィリモン、東方敬信、伊藤 悟共訳（教文館、1999）
『美徳の中のキリスト者 —— 美徳の倫理学との神学的対話』
　S. ハワーワス、C. ピンチス、東方敬信、伊藤悟共訳（教文館、1997）
『神の真理 —— キリスト教的生における十戒』
　S. M. ハワーワス、W. H. ウィリモン、東方敬信、伊藤悟共訳（新教出版社、2001）
　その他、多くの書物で現代社会に問題提起をおこなっている。

青山学院大学総合研究所叢書

大学のあり方 ――諸学の知と神の知

2014年4月15日 初版発行

著　者 ―― スタンリー・ハワーワス

監　訳 ―― 東方敬信

発行者 ―― 青山学院大学総合研究所

発行所 ―― 株式会社ヨベル　YOBEL, Inc.

〒113 - 0033 東京都文京区本郷4 - 1 - 1 - 5F
Tel 03 - 3818 - 4851　Fax 03 - 3818 - 4858
e-mail : info@yobel. co. jp

DTP・印刷 ―― 株式会社ヨベル

配給元 ― 日本キリスト教書販売株式会社（日キ販）
〒162 - 0814　東京都新宿区新小川町9 - 1
振替 00130 - 3 - 60976　Tel 03 - 3260 - 5670
ISBN978-4-907486-04-4 C0037　Printed in Japan